普通高等院校经济管理类"十四五"应用型精品教材

【物流系列】

物流系统规划与设计

第 2 版

主　编　陈德良
副主编　陈建华
参　编　李义华

LOGISTICS SYSTEM
PLANNING AND DESIGN

机械工业出版社
CHINA MACHINE PRESS

本书结合行业实际和高等院校教学需要，紧紧围绕物流系统规划与设计的理论和实践，全面、系统地分析、研究了物流系统规划与设计的内容、步骤及方法，并以《国家物流枢纽布局和建设规划》《国家综合立体交通网规划纲要》《交通强国建设纲要》等典型案例来展示相关理论的应用。

本书主要内容包括：物流系统规划与设计概述、物流网络结构规划与设计、物流节点选址规划与设计、物流运输系统规划与设计、物流系统现状调查与需求预测、物流园区规划方法、物流配送中心规划与设计、物流系统综合评价方法等。每章还设计了开篇案例、复习思考题和案例分析，方便开展课堂讨论和课程思政教学。

本书结构科学，叙述严谨，内容全面，系统性强，图文并茂，通俗易懂，具有较强的针对性和实际可操作性。本书适合普通高等院校物流管理工程类、交通运输类等专业本科学生使用，也适合作为物流理论研究者、物流规划设计及运营管理人员的专业参考书。

图书在版编目（CIP）数据

物流系统规划与设计/陈德良主编．— 2 版．—北京：机械工业出版社，2023.10（2024.11重印）
普通高等院校经济管理类"十四五"应用型精品教材．物流系列
ISBN 978-7-111-73667-7

Ⅰ.①物… Ⅱ.①陈… Ⅲ.①物流－系统工程－高等学校－教材 Ⅳ.① F252

中国国家版本馆 CIP 数据核字（2023）第 151657 号

机械工业出版社（北京市百万庄大街 22 号　邮政编码 100037）
策划编辑：施琳琳　　　　　　　　责任编辑：施琳琳
责任校对：韩佳欣　张　征　　责任印制：任维东
河北鹏盛贤印刷有限公司印刷
2024 年 11 月第 2 版第 5 次印刷
185mm×260mm・17.25 印张・393 千字
标准书号：ISBN 978-7-111-73667-7
定价：49.00 元

电话服务　　　　　　　　网络服务
客服电话：010-88361066　　机　工　官　网：www.cmpbook.com
　　　　　010-88379833　　机　工　官　博：weibo.com/cmp1952
　　　　　010-68326294　　金　书　网：www.golden-book.com
封底无防伪标均为盗版　机工教育服务网：www.cmpedu.com

第2版 前言

承蒙广大师生和读者的厚爱，本书的第1版自出版以来，受到了广泛肯定和好评，多次重印。鉴于物流系统规划与设计理论及实践的快速发展，我们清醒地认识到教材修订的紧迫性和必要性。因此，为了进一步适应高等院校教学的需要，贯彻落实党的二十大精神和习近平新时代中国特色社会主义思想，我们根据近几年物流系统规划与设计理论的发展情况、行业最新趋势、读者的反馈意见以及教学中发现的一些问题，对本书进行了修订。

基于师生和读者的持续反馈，首先，我们选择物流行业发展的最新资料作为每章开篇案例。其次，本书选择了国家的有关物流和交通规划，如《国家物流枢纽布局和建设规划》《国家综合立体交通网规划纲要》《交通强国建设纲要》《物流园区分类与规划基本要求》等，作为教学案例展示相关理论的应用，教师可根据教学需要选作"课程思政"材料。我们这样编排，是期望将物流系统规划与设计的理论和方法与当前的行业实际很好地结合起来。

物流系统规划与设计的涉及要素众多，是一个非常复杂的科学问题，在相关理论和行业实际中还有许多要研究的方面。在本书的编写过程中，我们参考了国内外专家、学者、企业家和工程技术人员的著作、报告和论文。在此，谨向他们表示诚挚的谢意。

由于编写者学识水平有限，本书难免有不当和错漏之处，恳请各位读者和专家不吝赐教。

编　者

2023 年 7 月

第1版 前言 PREFACE

"物流系统规划与设计"作为高等院校物流类专业的核心课程,涉及社会和技术两大领域,它综合了物流学、系统科学、管理科学与工程、运筹学及现代优化理论等学科的研究成果,并形成了独特的专业体系和领域。然而,在我国物流系统的规划与设计实践中,经常出现忽视物流系统整体性、集成性、全局性的要求,对物流系统不能进行统筹规划等问题,严重降低了社会资源的使用效率,影响了物流业的健康发展。为此,编者在综合现有教材、文献资料和相关研究成果的基础上,结合多年来科学研究与教学实践的经验和积累,立足于我国现代物流业发展和相关从业人员的实践需求,编写了本教材。

本教材的编写按照物流专业规范、培养方案以及课程教学大纲的要求,合理定位,由长期在教学第一线从事教学工作的教师完成,在内容编排、呈现方式、章节安排上特色鲜明。本教材的具体特色体现在以下几个方面。

(1) 编写体例新颖。借鉴优秀教材,特别是国内外精品教材的写作思路、写作方法,图文并茂。每章都精心设计了开篇案例,章后附有小结、复习思考题。

(2) 教学内容更新。充分展示了最新、最近的知识以及教学改革成果,并将当前的热点问题和发展趋势以案例分析的方式介绍给学生。

(3) 知识体系实用。着眼于学生知识结构和就业所需的专业知识与操作技能,着重讲解应用型人才培养所需的内容和关键点,与时俱进,学而能用。

(4) 以学生为本。本教材的每一部分内容尽量配以例题和案例,通过例题和案例的学习,读者可较容易地掌握本教材的理论方法。

全书共 8 章，第 1 章简要介绍物流系统的概念及构成要素、物流系统规划与设计的含义及步骤；第 2 章详细介绍物流网络的含义、物流网络结构的类型和结构模式、物流网络规划与设计的内容和原则等；第 3 章介绍物流节点选址规划的含义与目标、物流节点选址规划的定性分析方法、单一物流节点选址规划的技术与方法、多物流节点选址规划的技术与方法、物流节点布局规划；第 4 章介绍物流运输方式决策技术、物流运输路线优化技术和方法；第 5 章介绍物流系统现状调查、物流需求分析、物流需求预测的定性方法、物流需求预测的定量方法；第 6 章介绍物流园区规划的系统分析、物流园区规划与设计的主要内容、物流园区选址规划；第 7 章介绍物流资料收集与 EIQ 分析、物流配送中心选址规划、物流配送中心规模确定、物流配送中心功能区布局规划、系统布置方法等；第 8 章介绍物流系统评价的含义、方法与指标体系。

本书由陈德良担任主编，李义华、陈建华、曹益平提出了很好的编写建议并参与部分编写。本书在编写过程中，参考或直接引用了国内外的相关论文和著作等文献资料，也参阅了许多刊物和网站的资料，唯恐遗漏，在此向有关专家、学者表示感谢。由于编者水平有限，书中难免存在不妥之处，恳请广大读者和同行批评指正。

陈德良
2016 年 4 月于长沙

教学建议

教学目的

本课程是面向物流管理、物流工程、工业工程等专业学生开设的专业课,是一门理论与实践相结合的课程。通过该课程的学习,学生能了解和掌握物流系统规划与设计的基本理论和基本方法,掌握其在物流实践中的运用,并培养解决物流系统规划与设计领域实际问题的基本能力。

课程要求

1. 了解系统及物流系统的基本概念,会进行物流系统分析。
2. 理解物流系统的要素构成及相互关系,掌握物流系统规划与设计的一般原则及步骤。
3. 重点学习掌握物流网络结构规划与设计、物流节点选址规划与设计、物流运输系统规划与设计、物流园区规划方法及物流配送中心规划与设计的理论、方法和技术。
4. 了解物流系统现状调查与需求预测的理论和方法。
5. 掌握物流系统评价理论与方法。

理论教学内容与目标(含学时分配)

序号	章节	教学内容	教学要求	学时
1	物流系统规划与设计概述	1. 物流及物流系统概述 2. 物流系统的构成要素与目标 3. 物流系统规划与设计的含义、内容、基本原则和步骤	掌握物流系统的构成要素及其关系,以及物流系统规划与设计的含义、内容、原则和步骤	4

（续）

序号	章节	教学内容	教学要求	学时
2	物流网络结构规划与设计	1. 物流网络的含义与组成 2. 物流网络结构的类型及比较 3. 物流网络结构模式 4. 物流网络规划与设计的原则和影响因素 5. 物流网络规划与设计的内容和流程	了解物流网络的含义、组成、结构类型和模式；理解物流网络规划与设计的原则、影响因素、内容和流程	4
3	物流节点选址规划与设计	1. 物流节点选址规划的含义与目标 2. 物流节点选址规划的定性分析方法 3. 单一物流节点选址规划的技术与方法 4. 多物流节点选址规划的技术与方法 5. 物流节点布局规划	了解物流节点规划的含义和目标、物流节点选址的定性分析方法；掌握物流节点选址的技术与方法；理解物流节点布局规划	6
4	物流运输系统规划与设计	1. 物流运输系统概述 2. 物流运输方式决策技术 3. 物流运输路线优化技术和方法	了解物流运输的功能、构成要素和分类；理解物流运输方式决策技术；掌握物流运输路线优化技术和方法	6
5	物流系统现状调查与需求预测	1. 物流系统现状调查 2. 物流需求分析 3. 物流需求预测的定性方法 4. 物流需求预测的定量方法	了解物流系统现状调查的主要内容及方法；掌握物流需求预测的定性方法和定量方法	4
6	物流园区规划方法	1. 物流园区概述 2. 物流园区规划的系统分析 3. 物流园区规划与设计的主要内容 4. 物流园区选址规划	了解物流园区的含义及功能、物流园区规划的主要内容、物流园区规划的影响因素与步骤；掌握物流园区选址的影响因素和决策步骤	6
7	物流配送中心规划与设计	1. 物流配送中心概述 2. 物流资料收集与 EIQ 分析 3. 物流配送中心选址规划 4. 物流配送中心规模确定 5. 物流配送中心功能区布局规划 6. 系统布置方法	了解物流配送中心的概念及分类；理解并掌握 EIQ 分析法；掌握物流配送中心选址规划方法、配送中心规模确定的方法；掌握物流配送中心功能区布局规划理论及 SLP 方法	6
8	物流系统综合评价方法	1. 物流系统评价 2. 物流系统评价的指标体系 3. 物流系统评价方法	了解物流系统评价的含义、目标及范围；掌握物流系统评价的方法	4
理论教学课时小计				40
9	实践教学	实验学时（或课程设计）		8
学时合计				48

开课建议

  本门课程对物流类专业的学生来说有一定的难度,建议在学生已经修完物流学的有关基础课程,具备一定的数学、运筹学、计算机程序设计等基础后再予以开设(比如大学三年级学生)。主要采用课堂讲述的教学方式,并结合物流系统规划的实例进行案例式教学来提高学生兴趣和加强学生对知识点的理解与掌握。

目录

第 2 版前言
第 1 版前言
教学建议

第 1 章　物流系统规划与设计概述　　1
　学习目标　　1
　开篇案例　解读《"十四五"现代物流发展规划》　　1
　1.1　系统概述　　2
　1.2　物流系统概述　　6
　1.3　物流系统的构成要素与目标　　11
　1.4　物流系统规划与设计概述　　15
　本章小结　　19
　复习思考题　　20
　案例分析　《国民经济和社会发展第十四个五年规划和 2035 年远景
　　　　　　目标纲要》中的"物流"关键词　　20

第2章　物流网络结构规划与设计　24

- 学习目标　24
- 开篇案例　中华人民共和国国民经济和社会发展第十四个五年规划和2035年远景目标纲要（节选）　24
- 2.1　物流网络的含义与组成　25
- 2.2　物流网络结构的类型及比较　28
- 2.3　物流网络结构模式　30
- 2.4　物流网络规划与设计的原则和影响因素　36
- 2.5　物流网络规划与设计的内容和流程　37
- 本章小结　39
- 复习思考题　39
- 案例分析　关于进一步降低物流成本的实施意见　39

第3章　物流节点选址规划与设计　44

- 学习目标　44
- 开篇案例　2022年全国物流运行情况　44
- 3.1　物流节点选址规划概论　45
- 3.2　物流节点选址规划的定性分析法　48
- 3.3　单一物流节点选址规划的技术和方法　54
- 3.4　多物流节点选址规划的技术和方法　62
- 3.5　物流节点布局规划　74
- 本章小结　77
- 复习思考题　77
- 案例分析　"十四五"现代物流发展规划（节选）　78

第4章　物流运输系统规划与设计　87

- 学习目标　87
- 开篇案例　《交通强国建设纲要》发布　到2035年基本建成"交通强国"　87
- 4.1　物流运输系统概述　88
- 4.2　物流运输方式决策技术　93
- 4.3　物流运输路线优化技术和方法　99
- 本章小结　111
- 复习思考题　111

| 案例分析　交通强国建设纲要 | 112 |

第 5 章　物流系统现状调查与需求预测　118

学习目标	118
开篇案例　中国物流业景气指数	118
5.1　物流系统现状调查	119
5.2　物流需求分析	124
5.3　物流需求预测的定性方法	128
5.4　物流需求预测的定量方法	132
本章小结	146
复习思考题	146
案例分析　国家综合立体交通网规划纲要	147

第 6 章　物流园区规划方法　161

学习目标	161
开篇案例　《物流园区分类与规划基本要求》国家标准批准发布	161
6.1　物流园区概述	162
6.2　物流园区规划的系统分析	169
6.3　物流园区规划与设计的主要内容	174
6.4　物流园区选址规划	179
本章小结	183
复习思考题	184
案例分析　物流园区分类与规划基本要求（GB/T 21334—2017）	184

第 7 章　物流配送中心规划与设计　189

学习目标	189
开篇案例　京东上海"亚洲一号"：智能化电商物流中心的成功实践	189
7.1　物流配送中心概述	190
7.2　物流资料收集与 EIQ 分析	196
7.3　物流配送中心选址规划	207
7.4　物流配送中心规模确定	212
7.5　物流配送中心功能区布局规划	216
7.6　系统布置方法	226
本章小结	232

| 复习思考题 | 232 |
| 案例分析　某配送中心规划的 EIQ 分析 | 233 |

第 8 章　物流系统综合评价方法　　238

学习目标	238
开篇案例　物流园区新升级：智慧物流园	238
8.1　物流系统评价	239
8.2　物流系统评价的指标体系	241
8.3　物流系统评价方法	245
本章小结	257
复习思考题	257
案例分析　基于层次分析法的运输方式的选择	257

参考文献　　263

第 1 章 物流系统规划与设计概述

学习目标

- 掌握系统的概念、特性、基本原理和模式。
- 掌握物流系统的概念、特点、结构。
- 掌握物流系统的构成要素与目标。
- 理解物流系统规划与设计的含义、内容、基本原则和步骤。

开篇案例

解读《"十四五"现代物流发展规划》

2022年12月29日,国家发展改革委举行专题新闻发布会,介绍了《"十四五"现代物流发展规划》(以下简称《规划》)有关情况,并就"十四五"时期现代物流体系规划布局、物流基础设施网络建设、物流降成本、农村现代商贸流通体系建设、国家物流枢纽及示范区建设、现代物流服务保障社会民生、物流标准规范体系建设、智慧物流发展等方面情况回答了记者提问。

《规划》聚焦构建现代物流体系这一主题,明确了"十四五"时期现代物流发展的总体思路、空间布局、重点任务和重大工程,既有效接续国务院2014年印发的《物流业发展中长期规划(2014—2020年)》,又根据国内国际经济社会发展形势,对现代物流发展提出一系列新思路、新要求。《规划》共7章、33条,以及11个专栏14项重大工程,系统回答了"为什么"建设现代物流体系、现代物流体系"建什么"以及"怎么建"等重大问题。

……

《规划》有三方面主要特点，概括起来就是"三个坚持"：一是坚持问题导向。重点聚焦物流成本高效率低、物流基础设施和服务体系结构性失衡、现代物流大而不强、部分领域短板较为突出等问题，提出系统性、针对性解决举措，包括推动物流提质增效降本、加快物流枢纽资源整合建设、完善现代物流服务体系以及补齐大宗商品物流、农村物流、冷链物流、应急物流、航空物流短板等。二是坚持创新驱动。发挥创新在建设现代物流体系中的引领作用，促进物流业与制造业深度融合，强化物流数字化科技赋能，推动绿色物流发展，培育枢纽经济、通道经济等物流经济新形态。三是坚持系统推进。统筹加强国家物流枢纽和国内国际物流大通道建设，"点""线"结合加快构建内外联通、安全高效的物流网络；统筹发展物流新业态新模式和提升传统物流服务质量效率，"创新""转型"并重加快完善集约高效的现代物流服务体系；统筹健全现代物流发展支撑体系和强化政策支持引导力度，"强基础""优环境"协同发力加快现代物流高质量发展。

....

资料来源：中国政府网，https://www.gov.cn/xinwen/2022-12/30/content_5734915.htm。

案例思考

什么是现代物流体系？"为什么"要建设现代物流体系？

1.1 系统概述

系统一词频繁地出现在社会生活与学术领域中，系统的思想和方法已渗入社会生产与生活的一切领域。因此，了解系统的概念对于物流系统规划与设计的建设具有重要意义。

1.1.1 系统的概念

系统（system）的概念源于人类长期的社会实践。在日常生活中我们经常能接触到系统的概念，如经济领域的工业系统、商业系统，自然界的气象系统、生态系统，军事领域的作战系统、后勤保障系统，日常生活中的交通系统、通信系统等。

通常，系统被认为是一个整体，它是由若干个具有独立功能的元素（element）组成的，这些元素之间互相联系、互相制约，共同完成系统的总目标。

任何一个系统都具有一定结构。系统的结构（architecture）是指系统内各元素之间物理上或逻辑上的关系，如各元素在数量上的比例关系，时间上的先后关系，空间上的连接关系，管理上的隶属关系等。系统内各元素间的关系有些是静态稳定的，有些是动态变化的。

系统的功能（function）是系统的基本属性。不同的系统一般具有不同的功能，但从本质上讲，系统的功能就是接受物质、能量与信息，将它们进行变换，然后产生并输出另一种形式的物质、能量与信息。由此可知，系统就是按照某种结构把元素组织起来让元素形成一个具有某种整体功能的统一体。

一个大的系统往往比较复杂，人们通常会按复杂程度将其分解成一系列小的系统，这些被大系统包含的小系统被称为子系统，子系统有机地组成了大的系统。

1.1.2 系统的特性

系统一般都具有集合性、相关性、层次性、整体性、目的性和适应性等特性。

1. 集合性

集合是指把一些具有某种属性的对象看作一个整体，这个整体就是一个集合，集合里的对象叫作集合的元素或要素。系统的集合性是指一个系统至少要由两个或两个以上可以互相区别的要素所组成，如一个企业管理信息系统从管理的组织和职能上一般由市场、生产、后勤、人事、财务、信息处理、高层管理等要素组成。

2. 相关性

组成系统的各要素既相互作用，又相互联系，相关性说明这些联系之间的特定关系，如结构联系、功能联系和因果联系等。如果它们之间的某一要素发生了变化，就会影响其他要素乃至系统整体。因此，在系统要素变化时，应对其他相关联要素做相应的改变和调整，以保持系统整体的最佳状态。

3. 层次性

系统作为一个相互作用的诸要素的总体，存在一定的层次结构，可以被分解为一系列的子系统，这是系统空间结构的特定形式。系统层次结构表述了不同层次子系统之间的从属关系或相互作用关系且不同的层次结构中存在着动态的信息流和物质流，这构成了系统的运动特性，为人们深入研究系统之间的控制与调节功能提供了便利条件。

4. 整体性

具有独立功能的系统要素以及要素间的相互关系是根据逻辑统一性的要求，协调存在于系统整体之中的，即任何一个要素都不能离开整体去研究，要素间的联系和作用也不能脱离整体的协调去考虑。系统不是各个要素的简单集合，脱离了整体性，要素的机能和要素间的作用便失去了原有的意义，研究任何事物的单独部分都不能得出有关整体的结论。系统的构成要素和要素的机能、要素的相互联系要服从系统整体的目的和功能，在整体功能的基础上开展各要素及其相互之间的活动，这种活动的总和形成了系统整体的有机行为。在一个系统整体中，即使每个要素并不完善，但它们通过协调也可以综合成为具有良好功能的系统。

5. 目的性

人造系统都具有明确的目的，其目的一般通过具体的目标来体现，比较复杂的系统具有多目标，因此人们需要建立指标体系来描述系统的目标。系统的目的或功能取决于系统各要素的组成和结构，如衡量一个工业企业的经营业绩，不仅要考核它的产量、产值指标，还要考核它的利润、成本和规定的质量指标完成情况。在指标体系中，各个指标之间有时是相互矛盾的，有时是互为补充的。为此，要从整体出发，力求获得全局最优的经营效果，寻求平衡的方案。

为了实现系统的目的，系统必须具有控制、调节和管理的功能，管理的过程就是系统的有序化过程，使系统进入与目的相适应的状态。

6. 适应性

任何系统都是在一定的环境中产生，又在一定的环境中运行、延续和演化出来的。系统必然要与外界环境产生物质、能量和信息的交换，外界环境的变化必然会引起系统内部各要素之间的变化，不能适应环境变化的系统是没有生命力的。

1.1.3 系统的基本原理

系统的基本原理包括整体性原理、最优化原理、木桶原理、模型与模拟化原理等，理解这些基本原理有助于理解系统理论的内涵，掌握其实质。

1. 整体性原理

系统之所以称为系统，首先是系统具备整体性原理。若干要素或子系统按一定的结构组成系统后，便表现出它们在分别独立作用时所不具备的性质和功能，从而表现出整体的性质和功能不等于各个要素的性质和功能的简单相加。从"质"的方面讲，整体具有其构成要素所没有的性质；从"量"的方面讲，整体可以大于、等于或小于其部分之和。

整体大于部分之和的基本力量来自系统内各子系统（要素）的分工与协同效应。有人用"1+1>2"来形象地表达协同效应。协同效应随处可见，"三个臭皮匠，赛过诸葛亮"，形象说明了若同心协力，三个普通人的智慧就能赛过足智多谋的诸葛亮。当系统要素协力配合时，将发挥出很好的作用，带来很好的效益，比如一个经营有方的企业的经济效益显然会超过其中的生产、销售、财务等部门单干的经济效益的总和。

整体等于部分之和是人们认识最早也最熟悉的关系，如一个国家的人口总和等于各地方人口之和，整体的质量等于各部分质量之和等。

整体小于部分之和的关系往往容易被人们忽视，但实际上它却客观存在，"一个和尚挑水吃，两个和尚抬水吃，三个和尚没水吃"就是通俗易懂的说明。和尚运水的效果是可以累加的，而"没水吃"的结果说明三个人的整体功能不仅低于三个人独立挑水之和的功能，而且低于单独每个人的独立功能。

系统整体与其部分和之间之所以存在上述三种关系，主要原因是系统结构带来了组合效应，这是各要素单独作用时所没有的。这些组合效应对系统目标来说可能是正面的协同效应，也可能是负面的消耗效应，还可能无任何效应。

2. 最优化原理

系统结构的演进受系统目标的控制和系统环境的影响，服从一个统一的自然规律，即在保证实现环境允许系统达到的目标的前提下，使整个系统对时间、空间、物质、能量及信息的利用率最高。最优化原理指明了系统结构演进的方向。

系统的结构是完成系统目标的基础。例如，只有把计算机的芯片及零件设备按设计的结构装配起来，才能组成一个计算机系统，并具备计算的功能。如果只是把芯片和零件设备混乱地放在一起或随意地装配在一起，则显然达不到计算的功能，因而也不是一个计算机系统。

不同的结构产生不同的功能和性能。一个有相同要素的系统，如果其结构不同，达到的功能一般也不同。如果一个管理信息系统的单个模块数及其独立功能都不变，仅改变部分或全部模块之间的调用关系，即改变系统结构，则常常会产生不同的系统功能。在一个企业或组织中，如果人员、设备都不改变，仅改变其管理及运作模式，如采用优化劳动组合，引入竞争、监督及保障机制，即改变系统结构，则往往会提高企业或组织的效益。

对于既定的系统，系统的功能与性能要想达到最好，就要让系统内各要素按照一定的原则进行分工和协作。系统最优化原理认为，只要在许可的条件下，系统的时间、空间、物质、能量和信息五个方面的利用率尚未达到最高，那么该系统内分工和协作的方式（即结构）就不会稳定，就一定要从落后的结构向先进的结构发展，直到在许可的条件下上述五个方面的利用率达到最高为止。

3. 木桶原理

系统技术水平的高低不仅取决于构成系统的各个部分技术水平的高低，而且取决于系统整体技术水平的高低，这就是我们常说的"木桶"原理。

木桶的装水量不取决于桶壁中的长板，而是取决于桶壁中的短板。这对工程技术和系统技术改造等工作都具有重要的指导意义。增强弱项，特别是迅速添补"缺项"，是提高和改善系统整体性能的重要环节。

系统中各个要素的地位和作用并不相同。在一个系统中，各个要素不是平等关系，而是各自占有不同地位并起着不同的作用。例如，木桶的"底板"和木桶的"把手"是组成木桶的两个要素，虽然看起来有"把"没"底"的桶，比有"底"没"把"的桶在外形上更像桶，但是，有"底"没"把"的桶具备装水的功能，是真正的桶，只是不太好用，而有"把"没"底"则不能称为桶。

4. 模型与模拟化原理

由于系统之间具有相似性，从某个系统上总结出的规律，可以推广和还原到与它相似的系统上去，这称为模型与模拟化原理。

模型是对相应的真实对象和真实关系中那些有用的与令人感兴趣的特性的抽象化。因此，模型可视为对与真实世界中的物体或过程相关的信息进行形式化的结果。模拟就是在模型上做实验。

人类认识世界和改造世界的过程先是建立模型与分析模型，然后根据分析的结论去指导人类的行动。建立模型就是通过对客观事物建立一种抽象的表示方法，用来表征事物并获得对事物本身的理解，从而建立现实世界的虚拟形象。分析模型是依据模型进行计算、求解验证，通过对模型的考察建立对客观事物的分析结论。

1.1.4 系统的模式

系统是相对于外部环境而言的，外部环境对系统的作用表现在对系统的输入，系统在特定的环境下对输入进行必要的转换处理后，新产生了输出。把输入转换处理为输出，就是系统功能。因此，系统可以理解为把输入转换处理为输出的转换机构。输入、转换处理和输出是系统的三要素。外部环境因受资源有限、需求波动、技术进步以及其他各种因素变化的影响，会对系统加以约束或影响，这些影响称为环境对系统的限制和干扰。此外，输出的结果不一定是理想的，可能偏离预期目标，因此要将输出结果的信息返回给输入，以便调整和修正系统的活动，这个过程称为反馈。根据以上关系，系统的模式如图 1-1 所示。

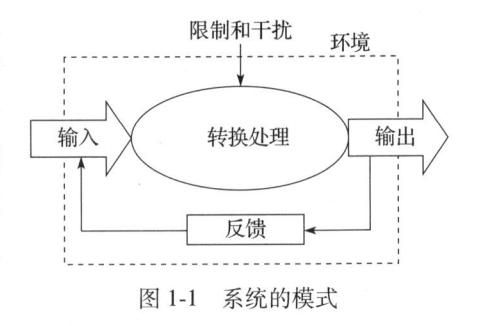

图 1-1 系统的模式

1.2 物流系统概述

1.2.1 物流的定义

在国家标准《物流术语》（GB/T 18354—2021）中指出：物流是根据实际需要，将运输、储存、装卸、搬运、包装、流通加工、配送、信息处理等基本功能实施有机结合，使物品从供应地向接收地进行实体流动的过程。

物流（logistics）的最初定义来自第二次世界大战期间美国的军事后勤保障。那时的物流是军事科学的一个分支，即从事采办、保障和运输军事物资、人员以及设备的活动。对于那时的物流，我们可以理解为：在准确的时间，将正确数量的人力、食品、武器、弹药，运送至精确的地点，在战斗中供应前线。

在第二次世界大战以后，军事上的后勤概念逐渐被引入了经济生活。进入 20 世纪 60 年代以后，由于西方管理科学研究的重点从生产领域转向服务领域，由此形成了 PD 的概念（physical distribution），即从生产厂家到用户的"货物配送"或"实物分销"。当日本引入 logistics 的概念时，其内涵似乎与 PD 的概念类似。因此，当我国从日本引入这一概念时就将这一概念称为"物流"。当物流的概念用于工商界时，其含义便成为：一个企业对其原材料管理、货物运输和仓储与集散之间实施的计划、组织、指挥、协调和控制。

随着经济的发展，社会对物资流通的要求越来越高。人们已不能满足于原先那种分割式的物资流通模式，逐步要求形成一体化的物流管理系统。

1.2.2 物流系统的概念

1. 物流系统的含义

物流系统是指由两个或两个以上的物流功能单元构成，以完成物流服务为目的的有机集合体。物流系统中的"输入"即指采购、运输、储存、流通加工、装卸、搬运、包装、销售、信息处理等物流环节所需的货物、能源、劳动力、设备、资金、信息等要素，由外部环境向系统提供的过程。所谓物流系统是指在一定的时间和空间里，由所需输送的物料和有关设备、输送工具、仓储设备、人员以及通信联系等若干相互制约的动态要素构成的具有特定功能的有机整体。

物流系统是由存在有机联系的各要素所组成的综合体。物流系统要受内部要素以及外部环境的影响，由于其内部存在着相互依赖的物流功能因素，其外部又存在过多的不确定因素，因而物流系统整体结构十分复杂。

2. 物流系统的模式

物流系统基本模式和一般系统一样，具有输入、转换处理及输出三大功能，通过输入和输出使物流系统与社会环境进行交换，使物流系统和环境相依而存，而转换处理则是这个系统最具特点的系统功能。物流系统的模式如图1-2所示。

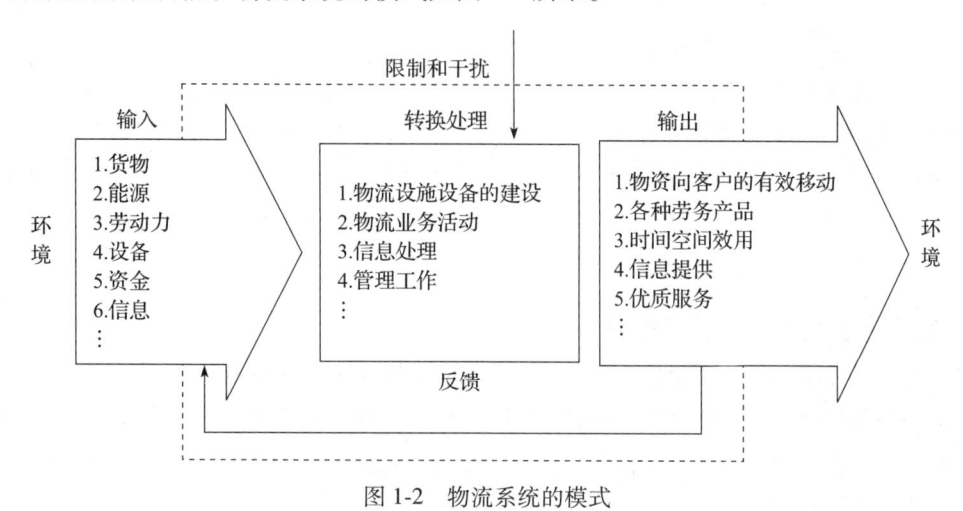

图1-2 物流系统的模式

（1）输入。它是指外部环境对物流系统的输入，即通过提供货物、能源、劳动力、设备、资金、信息等手段对物流系统发生作用。

（2）转换处理。从输入到输出之间所进行的生产、供应、销售、服务等活动中的物流业务活动称为物流系统的转换处理。具体内容有：物流设施设备的建设；物流业务活动，如运输、储存、包装、装卸、搬运等；信息处理及管理工作等。

（3）输出。物流系统的输出即物流服务，包括物资（原材料、在制品、制成品）向客户的有效移动、各种劳务产品、时间空间效用等。

（4）限制和干扰。外部环境会对物流系统施加一定的约束，称为外部环境对物流系统的限制和干扰。具体有：资源条件、能源限制、资金与生产能力的限制；价格影响、需求变化；仓库容量；装卸与运输的能力；政策的变化等。

（5）反馈。物流系统在把输入转化为输出的过程中，由于受各种因素的限制，不能按原计划实现，需要把输出结果返回给输入并进行调整，即使按原计划实现，也要把信息返回，以对工作做出评价，这称为反馈。反馈的活动包括：各种物流活动分析报告、各种统计报告数据、典型调查、国内外市场信息与有关动态等。

（6）环境。物流系统总是处在一定的环境当中的，它受环境中各个因素的限制和干扰，只有在适应环境的情况下采取相应的措施才能发展。这些环境因素可以分为两种：第一种是内部环境，如生产系统、财务系统和销售系统等；第二种是外部环境，如市场环境、科技因素、经济和产业结构等。一般来说，外部环境是系统不可控的，而内部环境则是系统可控的。

1.2.3 物流系统的特点

物流系统是一个复杂而又庞大的系统，具有一般系统的共有性质，即集合性、整体性、层次性、相关性、目的性和适应性。同时，物流系统作为现代科技和现代观念的产物，还具有自身的一些特点。

1. 物流系统是一个"人机系统"

物流系统是由人和形成劳动手段的设备、工具所组成的。它表现为物流劳动者运用运输设备、装卸和搬运机械、仓库、港口、车站等设施，作用于物资的一系列物流活动。在这一系列的物流活动中，人是系统的主体。因此，在研究物流系统的各方面问题时，要把人和物有机地结合起来，作为不可分割的整体加以考察和分析，而且要始终把如何发挥人的主观能动作用放在首位。

2. 物流系统是一个大跨度系统

这反映在两个方面，一是地域跨度大，二是时间跨度大。在现代经济社会中，企业间物流经常会跨越不同地域，国际物流的地域跨度更大。企业通常会采取储存的方式解决产需之间的时间矛盾，但即使这样时间跨度往往也很大，大跨度系统带来的主要是管理难度较大，对信息的依赖程度较高。

3. 物流系统是一个可分系统

作为物流系统，无论其规模多么庞大，都可以将其分解成若干个相互联系的子系统。这些子系统的多少和层次的阶数，是随着人们对物流的认识和研究的深入而不断扩充的。系统与子系统之间，子系统与子系统之间，不仅存在着时间和空间上及资源利用方面的联系，而且存在总的目标、总的费用以及总的运行结果等方面的相互联系。

通常可以将物流系统的运行环节划分为以下几个子系统：物资的包装系统、物资的装卸系统、物资的运输系统、物资的储存系统、物资的流通加工系统、物资的回收复用系统、物资的情报系统和物流的管理系统等。

上述这些子系统构成了物流系统，而物流各子系统又可分成下一层次的系统，如运输系统中可分为水路运输系统、航空运输系统、铁路运输系统、公路运输系统及管道运输系统。物流子系统的组成并非一成不变，各子系统因其管理目标和管理分工而自成体系。因此，物流子系统不仅具有多层次性，而且具有多目标性。

物流系统本身虽然是一个复杂的社会系统，但它处在国民经济这个比它更大、更复杂的大系统之中，就是国民经济系统中的一个子系统，而且是一个非常庞大、非常复杂的子系统，它对整个国民经济系统的运行起着特别重要的作用。因此，对物流系统的分析既要从宏观方面去研究物流系统运行的全过程，也要从微观方面对物流系统的某一环节（或称为子系统）加以分析。

4. 物流系统是一个动态系统

一般的物流系统总是联结多个生产企业和用户，并随需求、供应、渠道、价格的变化，系统内的要素及系统的运行也经常发生变化。这就是说，社会物资的生产状况，社会物资的需求变化，资源变化，企业间的合作关系，都随时随地影响物流系统，物流系统受到社会生产和社会需求的广泛制约。物流系统是一个具有满足社会需要、适应环境能力的动态系统，人们必须对物流系统的各组成部分不断修改、完善，这就要求物流系统具有足够的灵活性与可改变性。在有较大社会变化的情况下，物流系统要重新进行设计。

5. 物流系统是一个复杂的系统

物流系统运行对象——"物"，遍及全部社会物质资源，资源的大量化和多样化带来了物流的复杂化。从物质资源上看，品种成千上万，数量极大；从从事物流活动的人员上看，需要数以百万计的庞大队伍；从资金占用上看，占用着大量的流动资金；从物资供应点上看，遍及全国各地。这些人力、物力、财力资源的组织与合理利用，是一个非常复杂的问题。

在物流活动的全过程中，始终贯穿着大量的物流信息。物流系统要通过这些信息把各子系统有机地联系起来。如何把信息收集全、处理好，并使用其指导物流活动，也是非常复杂的事情。

物流系统的边界是广阔的，其范围横跨生产、流通、消费三大领域。这一庞大的范围给物流系统带来了很大的困难，而且随着科学技术的进步，生产的发展，物流技术的提高，物流系统的边界范围还将不断地向内深化，向外扩张。

6. 物流系统是一个多目标函数系统

物流系统的多目标常常表现出"目标悖反"。因此我们讲系统要素间有着非常强的"悖反"现象，常被称为"交替悖反"或"效益悖反"现象，在处理时稍有不慎就会出现总体恶化的结果。通常，对物流数量，希望最大；对物流时间，希望最短；对服务质量，希望最好；对物流成本，希望最低。显然，要满足上述所有要求是很难办到的。例如，在储存子系统中，站在保证供应、方便生产的角度，人们会提出储存物资的大数量、多品种问题，而站在加速资金周转、减少资金占用的角度，人们则提出减少库存。又如，最快的运输方式为航空运输，时间效用虽好，但运输成本高，经济效益不一定最佳；选择水路运输，则情况相反。所有这些相互矛盾的问题，在物流系统中广泛存在。要使物流系统在各方面满足人们的要求，显然要建立物流多目标函数，并在多目标中求得物流的最佳效果。

1.2.4 物流系统的结构

物流系统的结构是指物流系统内部各要素在空间和时间上的有机联系，或者各要素之间相互联系的方式，它是物流系统保持整体性并具有一定功能的内在根据。虽然物流系统的要素分类方法各不相同，但它们都不会影响物流系统本身的结构。这里只针对物流系统的流动结构、功能结构以及物流网络加以说明。

1. 物流系统的流动结构

物流系统是一个完整的"流"。它具有七个流动要素：流体、载体、流向、流量、流程、流速和流效。

流体的自然属性决定了载体的类型和规模，流体的社会属性决定了流向、流量、流程和流速。

（1）流体、流量、流向、流程和流速决定采用的载体的属性。

（2）载体对流向、流量、流速和流程有制约作用，载体的状况对流体的自然属性和社会属性均会产生影响。

（3）流体、载体、流向、流量、流程和流速决定流效。

因此，建设物流系统时应该根据流体的自然属性和社会属性，流向、流程的远近，具体运行路线，流量、流速的大小与结构来确定载体的类型和数量，以尽可能地提高流效。

2. 物流系统的功能结构

整个物流系统的功能要素包括运输、储存保管（含仓储管理和库存控制）、包装、装卸、搬运、流通加工、配送、物流信息处理和物流增值服务等。这些要素之间相互联系、相互作用，它们的组合方式以及时空关系的表现形式形成了物流系统的功能结构。

在物流系统的功能结构中，运输和储存保管是重要的支撑要素，因为运输创造了"物"的空间价值，储存保管创造了"物"的时间价值，这两者是物流服务价值的核心部分。装卸、搬运功能伴随运输方式或运输工具的变化、物流作业功能之间的转换而产生；包装功能是在流通过程中发生的，但不是每个物流系统必需的。因此，物流系统的功能结构取决于生产、流通的模式，衡量其是否合理的标准是能否以最低的成本满足生产和流通的需要，而不是功能要素是否完备。

3. 物流网络

在国家标准《物流术语》（GB/T 18354—2021）中，对物流网络的定义为：通过交通运输线路连接分布在一定区域的不同物流节点所形成的系统。

物流网络是物流活动的载体，从网络的角度来说，就是由线与点以及它们之间的相互关系所构成的，物流节点是指具有与所承担物流功能相配套的基础设施和所要求的物流运营能力相适应的运营体系的物流场所和组织。物流网络也是由执行运动使命的各种运输方式（铁路、公路、水路、航空等）和执行停顿动作的节点这两个基本元素所组成的。各种运输方式与节点之间相互联系、相互配置，由于它们的结构、组成、联系方式不同，因而形成了不同的物流网络。物流网络辐射能力的大小、功能的强弱、结构的合理与否直接取决于网络中两个基本元素的配置和其本身。

物流网络是适应物流系统化和社会化的要求发展起来的，是指物流过程中相互联系的组织和设施的集合。物流网络由点和线组成，而点和线之间的联系构成物流网络的结构。表示物流网络通常是用图论中的有向赋权图。节点一般代表网络中的工厂、物流中心、配送中心

(distribution center，DC）或销售点，连线代表在两点之间存在一条路。

根据物流网络在实际构建中的模式来分类（以销售物流为例），物流网络可分为三种基本形式，一种是直送形式，一种是多个供应地通过物流枢纽节点即配送中心（DC）处理后配送到多个需求地的模式，还有一种是回路运输模式，如图1-3所示。详细介绍请参见2.3节的内容。

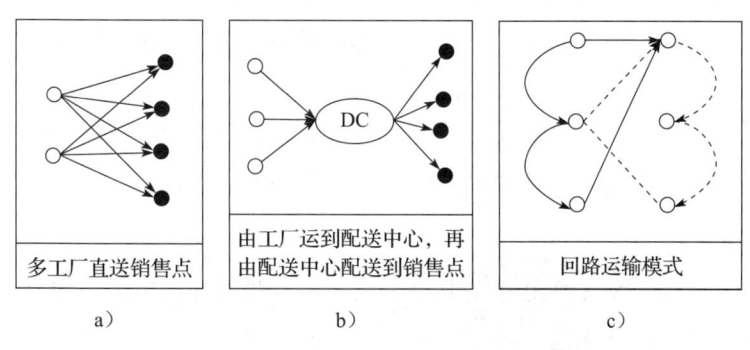

图1-3 物流网络实际构建中的基本形式

1.3 物流系统的构成要素与目标

1.3.1 物流系统的构成要素

1. 一般要素

（1）人的要素：所有系统的核心要素，也是系统的第一要素。
（2）资金要素：所有企业系统的动力。
（3）物的要素：包括物流系统的劳动对象，即各种实物。
（4）信息要素：包括物流系统所需处理的信息，即物流信息。

2. 功能要素

物流系统的功能要素指的是物流系统所具有的基本能力，这些基本能力有效地组合、连接在一起，变成了物流系统的总功能，便能合理、有效地实现物流系统的总目的。

物流系统的功能要素主要包括运输、储存、包装、装卸、搬运、流通加工、配送、物流信息处理和物流增值服务等要素。

3. 流动要素

（1）流体：物流中的"物"，物质实体。流体具有自然属性和社会属性。
（2）载体：承载"物"的设备和这些设备据以运作的设施，如汽车和道路。
（3）流向："物"转移的方向。
（4）流量：物流的数量表现。
（5）流程：物流路径的数量表现，亦即物流经过的里程。
（6）流速：流体流动的速度。

(7) 流效：流体流动的效果，如时间效用、空间效用等。

4. 支撑要素

（1）法律制度：决定物流系统的结构、组织、领导和管理方式。国家对其的控制、指挥、管理方式以及这个系统的地位、范畴，是物流系统的重要保障。

（2）行政命令：决定物流系统正常运转的重要支撑要素。

（3）标准化：是保证物流环节协调运行，物流系统与其他系统在技术上实现联结的重要支撑要素。

（4）商业习惯：是整个物流系统为了使客户感到满意所提供服务的基本要求。企业应了解商业习惯，使物流系统始终围绕客户进行运营，从而达到目的。

5. 物质基础要素

（1）基础设施：是物流系统运行的基础物质条件，包括物流场站、物流中心、仓库、运输线路、建筑、公路、铁路和港口等。

（2）物流装备：是保证物流系统开动的条件，包括仓库货架、进出库设备、加工设备、运输设备和装卸机械等。

（3）物流工具：是物流系统运行的物质条件，包括包装工具、维修保养工具和办公设备等。

（4）信息技术及网络：是掌握和传递物流信息的手段，根据物流所需信息水平的不同，使用更适合的手段传递物流信息，手段包括通信设备及线路、传真设备和计算机及网络设备等。

（5）组织及管理：是物流系统的"软件"，起着连接、调运、运筹、协调和指挥其他各要素的作用，以保障物流系统目的的实现。

1.3.2 物流系统的目标

物流系统可以被看作为实现物流的目标而设计的一种机制。它的总体目标就是以尽可能低的成本向客户提供尽可能优质的服务，即在恰当的时间，将恰当数量、恰当质量的恰当商品送到恰当的地点。一般认为，物流系统就是将运输、储存、包装、装卸、搬运、流通加工、信息处理和配送等功能结合起来，以实现服务目标、节约目标、快速与及时目标、规模性目标、库存调节目标的综合体。在这五个目标中，服务目标和节约目标是最基本，也是最关键的目标。

1. 服务目标

物流系统是联结生产与再生产、生产与消费等的桥梁和纽带，因此较强的服务性是物流系统的重要目标。例如，物流系统采取送货、配送等形式，就是其服务性的体现；实时响应、无脱销、无货损等事故，是其服务质量的具体表现。近年来出现的"准时供货方式""柔性供货方式"等，也是物流系统不断提高其服务性的表现。

2. 节约目标

节约是物流系统提高相对产出的重要手段，包括各种人、财、物投入的节约，以及时间的节约。物流系统的各个环节都要产生成本，其中最主要的是运输和仓储成本，在激烈的市场竞争环境下，所有的物流业务活动都需要注意节约。物流活动过程中所采用的节支、省力、降耗等措施都是为了实现节约这一目标。

3. 快速与及时目标

快速与及时目标是指能按客户要求的时间、地点、数量和质量，把货物准时送到。快速与及时不但是服务性的延伸，也是流通对物流提出的要求。快速与及时不仅是传统物流系统的目标，更是现代物流系统的重要目标，尤其是现在随着社会化大生产的发展，快速与及时显得尤其重要。在物流领域中采取的诸如直达物流、多式联运、自动仓库、计算机信息管理等手段，都有助于快速与及时目标的实现。

4. 规模性目标

追求物流系统的规模性，是以此来追求物流系统的"规模效益"。规模与经济性密切相关。如何规划物流设施的集中与分散，规划中的货运枢纽站场能否与现有物流设施兼容、协同运作，货运站场、配送中心、仓库的分布数量与规模大小如何，怎样对各种物流要素进行合理配置以达到最佳系统状态等，都是在实现物流系统的规模性目标时所需考虑的问题。

5. 库存调节目标

物流系统通过本身的库存来保障消费者和各企业的需求。但是，如果库存太多，就需要更多的保管场所，有可能会因库存积压而浪费资金。正确确定库存控制方式、库存数量、库存结构、库存分布，努力协调仓库、物流设施、物流中心或运输枢纽中的仓储功能与库存控制功能等，都是为了实现这一目标的体现。

1.3.3 物流系统中的目标冲突

物流系统是一个复杂的社会经济系统，它的总目标是实现其整体经济效益极大化。但物流系统各要素都有各自的目标，这些目标各不相同，往往相互冲突，这通常被称为"二律悖反"或者"效益悖反"现象。物流服务水平与物流成本之间、物流系统要素之间、物流系统要素内部、物流系统与外部系统之间都存在目标冲突。具体表现在以下几个方面。

1. 物流服务水平与物流成本之间的目标冲突

物流成本与物流服务水平之间存在着"效益悖反"。一般来说，提高物流服务水平，物流成本即上升，成本与服务水平之间受"收获递减法则"的支配。有时物流成本增加的幅度要远远大于服务水平提高的幅度。

菲利普·科特勒提出"物流的目标必须引进投入与产出的系统效率概念，才能得出较好的定义"。决策层虽然可以提出降低物流成本的要求，但这时必须认真考虑物流成本下降与物流服务水平之间的关系。一般来说，物流服务水平与物流成本的目标冲突有下述四种。

（1）在物流服务水平不变的前提下考虑降低物流成本。不改变物流服务水平，通过改变物流系统来降低物流成本，这是一种通过尽量降低成本来维持一定服务水平的办法，即追求效益的办法。

（2）为提高物流服务水平，不惜增加物流成本。这是许多企业提高物流服务水平的做法，是企业在特定顾客或其特定商品面临竞争时，所采取的具有战略意义的做法。

（3）积极的物流成本对策，即在物流成本不变的前提下提高物流服务水平，也就是在给定物流成本的条件下提高物流服务水平。这是一种追求效益的办法，也是一种有效地利用物流成本性能的办法。

（4）用较低的物流成本，实现较高的物流服务水平。这是增加销售、增加效益，具有战略意义的办法。

2. 物流系统要素之间的目标冲突

当物流系统中各功能要素独立存在时，各自的目标明显存在相互冲突的地方。例如，运输功能要素追求的目标一般是及时、准确、安全和经济。为达到这些目标，企业通常会采用最优的运输方案，但是在降低运输费用，提高运输效率的同时，也可能会导致储存成本的增加。

从储存的角度来看，为了达到降低库存水平的目的，企业可能会降低每次收货的数量，增加收货次数，缩短收货周期；或者是宁可紧急订货，也不愿提前大批量订货。但这样就无法达到运输的经济规模，导致运输成本增加。

从上面的分析中可清楚地看出，物流系统中运输子系统的目标与储存子系统的目标是冲突的。但是运输与储存是物流系统的两个重要组成部分，运输与储存的冲突是运输要素与储存要素的一种联系，在物流系统还没有形成的时候，它们都在追求着各自的目标。显然，它们的目标是无法简单地实现的，而必须通过物流系统集成来达成。

在包装与运输这两个要素之间也存在着目标冲突。包装既要保护商品在物流过程中避免损坏，又要降低成本。因此，在包装材料的强度、内装容量的大小等方面就会考虑以能够确保商品安全为第一目标，但这常常导致"过度包装"，不仅增加了包装成本，同时由于包装过大、过重、过于结实，还增加了无效运输的比重，并且在包装回收系统不健全的情况下，当商品抵达收货人时，收货人往往还要花费资源专门处理这些包装。如果能将包装要素的目标与运输要素的目标进行协调，就可以既实现包装的目标又实现运输的目标，从而实现这两个要素目标的协同。

3. 物流系统要素内部的目标冲突

从系统的角度看，物流系统的功能要素都是物流系统的子系统，如果将物流系统内部功能要素之间的目标冲突应用于任何一个功能要素的话，物流系统要素内部也存在着类似的目标冲突。以运输功能为例，各种运输方式都存在各自的优劣势。比如采用铁路运输成本比较低，但不够灵活；采用公路运输灵活性强，可提供"门到门"的服务，但长距离运输运费相对昂贵，且易污染和发生事故；采用航空运输速度快，不受地形的限制，但成本昂贵。因此，如果追求速度快、灵活性强，就要付出成本高的代价。由于任何运输方式都有其特定的目标和优势，各种运输方式的优势不能兼得，所以在选择运输方案时就要综合权衡。

4. 物流系统与外部系统之间的目标冲突

物流系统本身也是一个大系统中的子系统，它要与外部系统发生联系，而构成物流系统环境的就是这些与物流系统处在同一层次的子系统。与物流系统一样，环境中其他系统都有着特定的目标，这些目标之间的冲突也是普遍存在的，物流系统以这种方式同环境中的其他系统发生联系。

1.4 物流系统规划与设计概述

1.4.1 物流系统规划与设计的含义

系统的思想是物流系统规划与设计的重要思想体系。在实际工作中，面对影响物流系统规划与设计的复杂因素，国家或企业要有意识地应用系统的思想和方法。

物流系统规划与设计是对拟建的物流系统做出长远的、总体的发展计划与蓝图。它以国家、地区的经济和社会发展的规划为指导或者以企业的发展战略为指导，以物流系统内部的自然资源、社会资源和现有的技术经济构成为依据，考虑物流系统的发展潜力和优势，在掌握运输、储存等基本要素的基础上，研究确定物流系统的发展方向、规模和结构，经济、合理、有效地配置各种资源，统筹安排运输、仓储等物流设施，使物流系统可持续发展，以获得最佳经济效益、社会效益和生态效益，为物流运作创造最有利的环境。

物流系统规划与设计涉及面广，战略性、政策性和整合性强。因此，要善于从宏观着眼、微观入手，对运用系统方法论解决问题的方法和步骤进行综合分析认证，全面规划，统一布局，协调各方面矛盾，使规划方案在经济上合理、技术上先进与适用、建设实施中现实与可行。

1.4.2 物流系统规划与设计涉及的内容

物流系统规划与设计涉及三个层次的内容，即战略层次、策略层次和运作层次。

战略层次的规划侧重于宏观控制，解决的是影响企业长远发展的战略决策等问题。物流系统战略层次的规划在各种规划层级中是最高的，时间也是最长的。战略规划的内容都是在战略层次上的引导，所考虑的是企业的目标、总体服务需求以及管理者应通过何种方式来实现这些目标。

策略层次的规划则是指在战略规划框架下更为细致的指导性规划，通常是一个中期的规划,它在内容上比战略规划更为具体,包括配送策略规划、供给策略规划、国际物流策略规划、减少物流时间的策略规划和提高资本生产率的物流策略规划等。

运作层次的规划是在操作层次上的规划,是企业物流规划与设计的最后一层。详细的操作规划是用来指导每时每刻的物流活动的。它所包括的内容比较繁杂,所涉及的领域也极为广泛,如建立合理的流程计划、确定车辆调度方案、简化环节和合理的资源整合,以及IT系统的构建等。

按照物流范围的不同,物流系统可以构成一个完整的层次秩序,即国家一级的物流系统,省、市一级的物流系统,企业的物流系统。高一级的物流系统包含低一级的物流系统,在进行物流规划时应该表现出这种层次性。其主要表现在以下几个方面。

第一,国家一级的物流系统规划。国家一级的物流系统规划应着重以物流基础设施和物流基础网络为内容的物流基础平台规划,且和国家基础设施建设的国策相吻合。这个物流基础平台的规划,应当从现代物流综合的角度进行,组建综合的网络,其中包括不同运输方式线路的合理布局和使网络发挥更大效用的综合物流节点——物流基地,以及相应的综合信息网络。

第二,省、市一级的物流系统规划。省、市一级的物流系统规划应当着重于地区物流基地、物流中心、配送中心三个层次的物流节点以及综合的物流园区规模和布局的规划。物流基地、物流中心、配送中心三个层次的物流节点是省、市物流内连外接的不同规模、不同功能的物流设施,也是较大规模的投资项目。这三个层次的物流节点规划是省、市物流运行合理化的重要基础。

第三,企业的物流系统规划。现代物流系统规划的发展离不开供应链大环境。物流就像是供应链体内的"大动脉",研究物流系统规划还需要研究供应链,进而分析物流与供应链的关系,尤其是它们之间的区别,从而规划出一个有效的、整合的物流系统。

物流系统规划与设计要解决的主要问题有以下几个。

(1) 客户服务目标设计。当要求的客户服务水平较高时,可以保有较多的库存,利用较昂贵的运输方式,特别是当服务水平接近于企业能力的上限时,物流成本的上升比服务水平上升得更快。因此,物流系统规划与设计的首要任务是确定客户服务水平。

(2) 设施选址战略。好的设施选址应考虑所有物品的流动过程及相关成本。在保证客户服务水平的前提下,寻求利润最高、成本最低的配送方案,这是选址战略的核心所在。战略内容主要包括确定设施的数量、地理位置、规模,并规划各设施所服务的市场范围等。

(3) 库存规划与管理。库存管理分为将存货分配到需求点的推动式库存管理和通过补货自发拉动库存的拉动式库存管理。库存规划的主要内容有:仓库内部的布局设计、安全库存水平的设定、订货批量的确定以及供应商的选择等。

(4) 运输网络规划与设计。物流系统上的各个节点主要是通过运输连接起来的,运输网络规划与设计的内容主要包括运输方式、运输批量的选择,以及运输时间和运输路线的确定等。

1.4.3 物流系统规划与设计的基本原则

一个物流系统由许多要素组成,要素之间相互作用,物流系统与环境相互影响。这些问题涉及面广且错综复杂,因此在进行物流系统规划与设计时,应遵循以下一些基本原则。

1. 经济效益与社会效益相结合

经济效益是在物流系统的功能与服务水平一定的前提下,追求成本最低并以此来实现系统自身利益的最大化,是物流系统规划与设计所追求的一个重要目标。追求社会效益是指在物流系统规划与设计中应考虑环境污染、可持续发展、社会资源节约等因素。在实际规划工作中,必须兼顾这两方面效益,这样才能保证所规划的物流系统可持续发展。一个好的系统不仅仅在经济效益上是优秀的,而且在社会效益上也是杰出的,这一点越来越受到政府和企业的重视。目前倡导的循环经济、绿色物流也是其中的重要组成部分。

2. 整体效益与局部效益相结合

在规划与设计物流系统时,物流子系统的效益与物流系统整体的效益并不总是一致的。有时从物流子系统来看是经济的,但从物流系统整体来看效益并不理想,这种方案就是不可取的;反之,如果从物流子系统的局部效益来看是不经济的,但从物流系统整体来看效益是好的,这种方案则是可取的。

3. 当前利益与长远利益相结合

在进行物流系统规划与设计时,既要考虑当前利益,又要考虑长远利益。如果所采用的方案对当前和长远都有利,这样当然最为理想。但如果方案对当前不利,而对长远有利,则需要通过全面分析后再得出结论。一般来说,兼顾当前利益和长远利益的物流系统才是最好的物流系统。

4. 定量分析与定性分析相结合

在进行物流系统规划与设计时,不仅要对物流系统做定量分析,而且要做定性分析。物流系统分析总是遵循"定性—定量—定性"这一循环往复的过程,不了解物流系统各个方面的性质,就不可能建立起物流系统定量分析的数学模型。只有将定性与定量二者结合起来分析,才能达到最优化的目标。

1.4.4 物流系统规划与设计的步骤

在进行物流系统规划与设计之前,必须明确物流系统规划与设计的目标以及各种限制条件,因为规划目标、各种限制条件会对物流系统规划内容、系统规模、资源的可得性等方面产生决定性影响。

物流系统是由若干个子系统组成的,物流系统规划与设计需要对每一个子系统或各个环节进行规划与设计。每一个子系统的规划与设计都需要与物流系统其他部分的规划与设计相互平衡、相互协调。因此,物流系统规划与设计首先要确定一个总体的框架,在总体框架的基础上，采用协调分析的方法对整个系统的各个部分进行规划与设计，最后把各个独立部分集成为一个整体。虽然社会物流系统与企业物流系统的规划与设计在步骤上存在一定差异，但总体上都包括如图1-4所示的步骤。

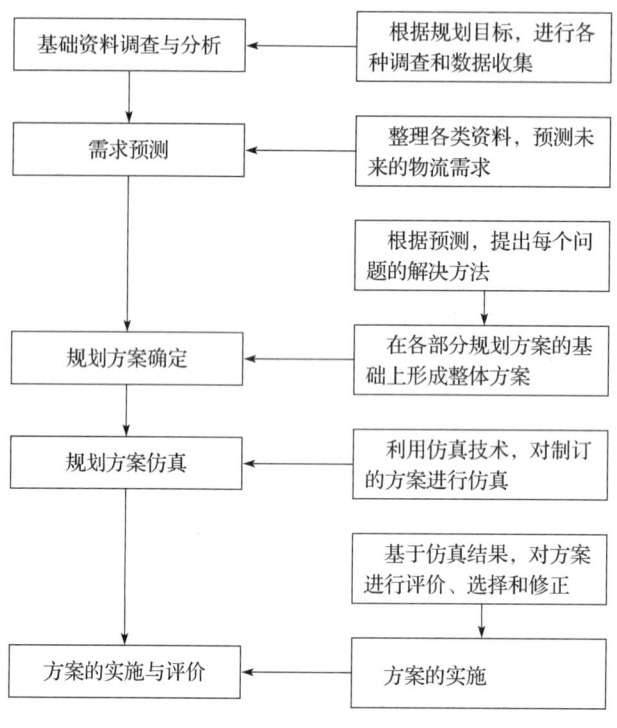

图1-4 物流系统规划与设计步骤

1. 基础资料调查与分析阶段

对物流系统规划与设计所需的各项资料进行调查分析，这是一项基础性工作。调查资料是否全面、准确、真实，将直接影响到物流发展预测及物流系统现状评价的准确性，进而影响物流系统规划与设计的合理性。

调查的主要内容包括物流需求、物流资源状况、社会经济发展状况、物流技术状况。

（1）物流需求：服务水平、客户分布、产品特征、需求特征、需求规模、需求的环境条件等。

（2）物流资源状况：物流节点设备状况、物流系统的营运状况、限制现有物流资源发挥作用的制约因素。

（3）社会经济发展状况：物流服务区域的社会经济发展状况，如区域经济规模、产业构成、空间布局等。

（4）物流技术状况：目前物流市场上物流技术的使用情况、发展水平、技术结构、发展趋势以及新技术的开发能力与开发情况。

2. 需求预测阶段

物流需求预测是物流系统规划与设计的主要部分，对物流需求量的大小进行预测，进而对物流用地、物流企业和物流基础设施的布局、数量和容量进行分析预测，为物流系统的规划和评价提供依据。

3. 规划方案确定阶段

现代物流系统规划的内容主要有发展规划、布局规划、工程规划三个方面，一般包括以下内容。

（1）客户服务目标（服务水平、功能定位）。
（2）物流网络（物流节点的位置、数量、功能、运输通道）。
（3）物流节点的内部布局。
（4）仓储系统。
（5）运输管理。
（6）运营管理。
（7）管理组织。

4. 规划方案仿真阶段

规划方案的仿真过程就是对规划和设计的物流系统模型进行试验的过程，利用人为控制环境条件，通过改变特定的物流参数，观察系统模型的反应，以分析规划方案在现实中实施的现象和过程，进而有助于对规划方案进行评价、选择和修正。计算机仿真方法相对于解析法能够更加全面、准确地描述复杂系统及其过程，因此它是物流系统规划与设计的重要方法。

5. 方案的实施与评价阶段

方案在制订完成并经过决策后，就要进入实施中，为此要在方案制订时，提出方案的实施方法，包括阶段、政策、措施和工程等。

物流系统规划的评价体系通常包括四个主要方面，即技术性能评价、经济评价、社会环境影响评价和综合评价。

本章小结

物流系统是指在一定的时间和空间里，由所需输送的物料和有关设备、输送工具、仓储设备、人员以及通信联系等若干相互制约的动态要素构成的具有特定功能的有机整体。它是由存在有机联系的各要素所组成的综合体。

物流系统的要素可以分为一般要素、功能要素、流动要素、支撑要素、物质基础要素等。一般要素包括人、资金、物和信息。功能要素包括运输、储存、包装、装卸、搬运、流通加工、配送、物流信息处理和物流增值服务等。流动要素包括流体、载体、流向、流量、流程、流速和流效。支撑要素包括法律制度、行政命令、标准化和商业习惯。物质基础要素包括基础设施、物流装备、物流工具、信息技术及网络、组织及管理。

物流系统的五大目标：服务目标、节约目标、快速与及时目标、规模性目标、库存调节目标。物流系统是一个复杂的社会经济系统，它的总目标是实现其整体经济效益极大化。但物流系统的要素之间、要素内部以及物流系统与外部系统之间都存在目标冲突。

物流系统规划与设计是对拟建的物流系统做出长远的、总体的发展计划与蓝图，涉及三个层次的内容，即战略层次、策略层次和运作层次。在进行物流系统规划与设计时，应遵循以下基本原则：经济效益与社会效益相结合，整体效益与局部效益相结合，当前利益与长远利益相结合，定量分析与定性分析相结合。

物流系统规划与设计流程大致可分为五个阶段：基础资料调查与分析阶段、需求预测阶段、规划方案确定阶段、规划方案仿真阶段、方案的实施与评价阶段。

复习思考题

1. 什么是系统？系统的特点是什么？
2. 什么是物流系统？其特点和结构有哪些？
3. 物流系统有哪些构成要素？物流系统目标冲突表现有哪些？
4. 物流系统规划与设计主要包括哪些内容？
5. 物流系统规划与设计应遵循哪些原则？

案例分析

《国民经济和社会发展第十四个五年规划和 2035 年远景目标纲要》中的"物流"关键词

2021 年 3 月 12 日，《国民经济和社会发展第十四个五年规划和 2035 年远景目标纲要》（简称《规划纲要》）正式发布。《规划纲要》是我国开启全面建设社会主义现代化国家新征程的宏伟蓝图，是全国各族人民共同的行动纲领。《规划纲要》提出要"提升产业链供应链现代化水平""加快建设交通强国""强化流通体系支撑作用"等。全文提到"供应链"相关内容有 13 处，提到"物流"（物流体系、物流网络、物流通道等）相关内容有 20 处。此外，《规划纲要》在制造业优化升级、产业数字化、企业数智化等方面提出的任务，也将更进一步推动物流业发展。这也是我国历史上五年规划中首次如此高频部署物流与供应链。专家分析指出，《规划纲要》体现了国家对交通物流发展、供应链创新的高度重视。下面对《规划纲要》中关于"物流""供应链"等重点论述进行简要归纳。

关键词一：提升产业链供应链现代化水平

第八章第二节。坚持经济性和安全性相结合，补齐短板、锻造长板，分行业做好供应链战略设计和精准施策，形成具有更强创新力、更高附加值、更安全可靠的产业链供应链。推进制造业补链强链，强化资源、技术、装备支撑，加强国际产业安全合作，推动产业链供应链多元化。立足产业规模优势、配套优势和部分领域先发优势，巩固提升高铁、电力装备、新能源、船舶等领域全产业链竞争力，从符合未来产业变革方向的整机产品入手打造战略性全局性产业链。优化区域产业链布局，引导产业链关键环节留在国内，强化中西部和东北地区承接产业转移能力建设。实施应急产品生产能力储备工程，建设区域性应急物资生产保障基地。实施领航企业培育工程，培育一批具有生态主导力和核心竞争力的龙头企业。推动中小企业提升专业化优势，培育专精特新"小巨人"企业和制造业单项冠军企业。加强技术经济安全评估，实施产业竞争力调查和评价工程。

关键词二：加快建设交通强国

第十一章第二节。建设现代化综合交通运输体系，推进各种运输方式一体化融合发展，提高网络效应和运营效率。完善综合运输大通道，加强出疆入藏、中西部地区、沿江沿海沿边战略骨干通道建设，有序推进能力紧张通道升级扩容，加强与周边国家互联互通。构建快速网，基本贯通"八纵八横"高速铁路，提升国家高速公路网络质量，加快建设世界级港口群和机场群。完善干线网，加快普速铁路建设和既有铁路电气化改造，优化铁路客货布局，推进普通国省道瓶颈路段贯通升级，推动内河高等级航道扩能升级，稳步建设支线机场、通用机场和货运机场，积极发展通用航空。加强邮政设施建设，实施快递"进村进厂出海"工程。推进城市群都市圈交通一体化，加快城际铁路、市域（郊）铁路建设，构建高速公路环线系统，有序推进城市轨道交通发展。提高交通通达深度，推动区域性铁路建设，加快沿边抵边公路建设，继续推进"四好农村路"建设，完善道路安全设施。构建多层级、一体化综合交通枢纽体系，优化枢纽场站布局、促进集约综合开发，完善集疏运系统，发展旅客联程运输和货物多式联运，推广全程"一站式"、"一单制"服务。推进中欧班列集结中心建设。深入推进铁路企业改革，全面深化空管体制改革，推动公路收费制度和养护体制改革。

第十一章第三节。完善煤炭跨区域运输通道和集疏运体系，加快建设天然气主干管道，完善油气互联互通网络。

关键词三：强化流通体系支撑作用

第十二章第三节。深化流通体制改革，畅通商品服务流通渠道，提升流通效率，降低全社会交易成本。加快构建国内统一大市场，对标国际先进规则和最佳实践优化市场环境，促进不同地区和行业标准、规则、政策协调统一，有效破除地方保护、行业垄断和市场分割。建设现代物流体系，加快发展冷链物流，统筹物流枢纽设施、骨干线路、区域分拨中心和末端配送节点建设，完善国家物流枢纽、骨干冷链物流基地设施条件，健全县乡村三级物流配送体系，发展高铁快运等铁路快捷货运产品，加强国际航空货运能力建设，提升国际海运竞争力。优化国际物流通道，加快形成内外联通、安全高效的物流网络。完善现代商贸流通体系，培育一批具有全球竞争力的现代流通企业，支持便利店、农贸市场等商贸流通设施改造升级，发展无接触交易服务，加强商贸流通标准化建设和绿色发展。加快建立储备充足、反应迅速、抗冲击能力强的应急物流体系。

关键词四：培育智慧物流新增长点

第十五章第二节。加快推动数字产业化。培育壮大人工智能、大数据、区块链、云计算、网络安全等新兴数字产业，提升通信设备、核心电子元器件、关键软件等产业水平。构建基于5G的应用场景和产业生态，在智能交通、智慧物流、智慧能源、智慧医疗等重点领域开展试点示范。鼓励企业开放搜索、电商、社交等数据，发展第三方大数据服务产业。促进共享经济、平台经济健康发展。

第十五章第三节。推进产业数字化转型。实施"上云用数赋智"行动，推动数据赋能全产业链协同转型。在重点行业和区域建设若干国际水准的工业互联网平台和数字化转型促进中心，深化研发设计、生产制造、经营管理、市场服务等环节的数字化应用，培育发展个性定制、柔性制造等新模式，加快产业园区数字化改造。深入推进服务业数字化转型，培育众包设计、智慧物流、新零售等新增长点。加快发展智慧农业，推进农业生产经营和管理服务数字化改造。

关键词五：推动供应链金融创新发展

第十章第一节。摘要：以服务制造业高质量发展为导向，推动生产性服务业向专业化和价值链高端延伸。聚焦提高产业创新力，加快发展研发设计、工业设计、商务咨询、检验检测认证等服务。聚焦提高要素配置效率，推动供应链金融、信息数据、人力资源等服务创新发展。聚焦增强全产业链优势，提高现代物流、采购分销、生产控制、运营管理、售后服务等发展水平。推动现代服务业与先进制造业、现代农业深度融合，深化业务关联、链条延伸、技术渗透，支持智能制造系统解决方案、流程再造等新型专业化服务机构发展。培育具有国际竞争力的服务企业。

关键词六：完善城镇化空间布局

第二十八章第二节。摘要：依托辐射带动能力较强的中心城市，提高1小时通勤圈协同发展水平，培育发展一批同城化程度高的现代化都市圈。以城际铁路和市域（郊）铁路等轨道交通为骨干，打通各类"断头路"、"瓶颈路"，推动市内市外交通有效衔接和轨道交通"四网融合"，提高都市圈基础设施连接性贯通性。

第二十八章第三节，摘要：有序疏解中心城区一般性制造业、区域性物流基地、专业市场等功能和设施，以及过度集中的医疗和高等教育等公共服务资源，合理降低开发强度和人口密度。

第二十八章第四节，摘要：充分利用综合成本相对较低的优势，主动承接超大特大城市产业转移和功能疏解，夯实实体经济发展基础。立足特色资源和产业基础，确立制造业差异化定位，推动制造业规模化集群化发展，因地制宜建设先进制造业基地、商贸物流中心和区域专业服务中心。

关键词七：深入实施区域重大战略

第三十一章第一节，摘要：加快推动京津冀协同发展……基本建成轨道上的京津冀，提高机场群港口群协同水平。

第三十一章第二节，摘要：全面推动长江经济带发展……围绕建设长江大动脉，整体设计综合交通运输体系，疏解三峡枢纽瓶颈制约，加快沿江高铁和货运铁路建设。

第三十一章第三节，摘要：积极稳妥推进粤港澳大湾区建设……加快城际铁路建设，统筹港口和机场功能布局，优化航运和航空资源配置。深化通关模式改革，促进人员、货物、车辆便捷高效流动。

第三十一章第四节，摘要：提升长三角一体化发展水平……加快基础设施互联互通，实现长三角地级及以上城市高铁全覆盖，推进港口群一体化治理。

关键词八：加强国际供应链保障合作

第十三章第一节，摘要：推动加工贸易转型升级，深化外贸转型升级基地、海关特殊监管区域、贸易促进平台、国际营销服务网络建设，加快发展跨境电商、市场采购贸易等新模式，鼓励建设海外仓，保障外贸产业链供应链畅通运转。

第十三章第二节，摘要：坚持引进来和走出去并重，以高水平双向投资高效利用全球资源要素和市场空间，完善产业链供应链保障机制，推动产业竞争力提升……支持企业融入全球产业链供应链，提高跨国经营能力和水平。

第四十章第四节，摘要：建立重要资源和产品全球供应链风险预警系统，加强国际供应链保障合作。

关键词九：推动共建"一带一路"高质量发展

第四十一章第二节。推动陆海天网四位一体联通，以"六廊六路多国多港"为基本框架，构建以新亚欧大陆桥等经济走廊为引领，以中欧班列、陆海新通道等大通道和信息高速路为骨架，以铁路、港口、管网等为依托的互联互通网络，打造国际陆海贸易新通道。聚焦关键通道和关键城市，有序推动重大合作项目建设，将高质量、可持续、抗风险、价格合理、包容可及目标融入项目建设全过程。提高中欧班列开行质量，推动国际陆运贸易规则制定。扩大"丝路海运"品牌影响。推进福建、新疆建设"一带一路"核心区。推进"一带一路"空间信息走廊建设。建设"空中丝绸之路"。

资料来源：中国政府网，http://www.gov.cn/xinwen/2021-03/13/content_5592681.htm。

案例思考

1. 谈谈国家在《中华人民共和国国民经济和社会发展第十四个五年规划和2035年远景目标纲要》中如此高频部署物流与供应链的意义。

2. 从上述9个关键词中选择你最感兴趣的内容，谈谈你的理解。

第 2 章

物流网络结构规划与设计

| 学习目标 |

- 掌握物流网络的含义与组成。
- 理解物流网络的基本结构模式。
- 了解物流网络规划与设计的原则和影响因素。
- 了解物流网络规划与设计的内容和流程。

| 开篇案例 |

中华人民共和国国民经济和社会发展
第十四个五年规划和2035年远景目标纲要（节选）

第八章　深入实施制造强国战略

第四节　实施制造业降本减负行动

强化要素保障和高效服务，巩固拓展减税降费成果，降低企业生产经营成本，提升制造业根植性和竞争力。推动工业用地提容增效，推广新型产业用地模式。扩大制造业中长期贷款、信用贷款规模，增加技改贷款，推动股权投资、债券融资等向制造业倾斜。允许制造业企业全部参与电力市场化交易，规范和降低港口航运、公路铁路运输等物流收费，全面清理规范涉企收费。建立制造业重大项目全周期服务机制和企业家参与涉企政策制定制度，支持建设中小企业信息、技术、进出口和数字化转型综合性服务平台。

第十二章　畅通国内大循环
第三节　强化流通体系支撑作用

深化流通体制改革，畅通商品服务流通渠道，提升流通效率，降低全社会交易成本。加快构建国内统一大市场，对标国际先进规则和最佳实践优化市场环境，促进不同地区和行业标准、规则、政策协调统一，有效破除地方保护、行业垄断和市场分割。建设现代物流体系，加快发展冷链物流，统筹物流枢纽设施、骨干线路、区域分拨中心和末端配送节点建设，完善国家物流枢纽、骨干冷链物流基地设施条件，健全县乡村三级物流配送体系，发展高铁快运等铁路快捷货运产品，加强国际航空货运能力建设，提升国际海运竞争力。优化国际物流通道，加快形成内外联通、安全高效的物流网络。完善现代商贸流通体系，培育一批具有全球竞争力的现代流通企业，支持便利店、农贸市场等商贸流通设施改造升级，发展无接触交易服务，加强商贸流通标准化建设和绿色发展。加快建立储备充足、反应迅速、抗冲击能力强的应急物流体系。

资料来源：中国政府网，http://www.gov.cn/xinwen/2021-03/13/content_5592681.htm。

案例思考

随着《中华人民共和国国民经济和社会发展第十四个五年规划和 2035 年远景目标纲要》的实施，我国物流业将在哪些方面产生积极变化？

2.1　物流网络的含义与组成

2.1.1　物流网络的含义

物流网络是指通过交通运输线路连接分布在一定区域的不同物流节点所形成的系统。物流的过程如果按其运动的程度即相对位移的大小来观察，是由许多运动过程和许多相对停顿过程组成的。物流网络是为适应物流系统化和社会化的要求而发展起来的，是物流过程中相互联系的组织和设施的集合，是物流系统的空间网络结构，是物流活动的载体。它包括物流节点的类型、数量和位置，节点所服务的相应客户群体，节点的连接方式以及货物在节点之间的空间转移的运输方式等。

从图论的角度看，可以将物流网络抽象成由点与线以及它们之间相互关系所构成的网络。物流的过程如果按其运动的程度即相对位移的大小来观察，又可以看成是由多次的"运动—停顿"所组成的，与这种运动形式相对应，物流网络也是由执行运动使命的线路和执行停顿的节点两种基本形式组成的。运输线路与节点相互联系、相互匹配，通过不同的连接方式与结构组成，形成不同的物流网络。物流网络辐射能力的大小、功能的强弱、结构的合理与否直接取决于网络中这两种基本元素的匹配程度与方式。

2.1.2　物流网络的组成

全部物流活动是在线路和节点上进行的。其中，在线路上进行的活动主要是运输，包括集货运输、干线运输、配送运输等；在节点上完成的主要活动包括包装、装卸、保管、分货、配货、流通加工等。

物流网络的主要构成要素是物流系统的节点与节点的连接方式（即线路）。在一个物流网络中，不同层级、不同类型的节点之间的连接必须通过运输，想要把节点们有效地连接起来，这包括运输方式的选择及采用的运输线路。物流节点与运输线路之间构成了运输网络的主要框架结构，管理者应在这个基础上选择不同的物流处理方式来完成物流系统的功能要求，达到物流系统的目标。

(1) 物流节点：具有与所承担物流功能相配套的基础设施和所要求的物流运营能力相适应的运营体系的物流场所和组织。

物流节点的种类很多，在不同线路上节点的名称也各异，在铁路运输领域，节点的称谓有货运站、专用线货站、货场、转运站、编组站等。在公路运输领域，节点的称谓有货场、车站、转运站、枢纽等。在航空运输领域，节点的称谓有货运机场、航空港等。在商贸领域，节点的称谓有流通仓库、储备仓库、转运仓库、配送中心、分货中心等。

(2) 运输线路：运输线路广义是指所有可以行驶和航行的陆上、水上、空中路线，狭义仅指已经开辟的，可以按规定进行物流经营的路线和航线。运输线路有以下几种类型：铁路线路、公路线路、海运线路和空运线路。

在物流网络规划与设计中通常会运用一种或多种以下运输方式，如铁路运输、公路运输、水路运输、航空运输、管道运输等，并选择恰当的路线以完成物流任务。各种运输方式及其技术经济特点将在第4章中详细介绍。

2.1.3 物流节点的功能与种类

1. 物流节点的功能

现代物流网络中的物流节点对优化整个物流网络起着重要作用。从发展来看，物流节点不仅执行一般的物流职能，而且越来越多地执行指挥调度、信息神经中枢的职能，是整个物流网络的灵魂所在，因而更加受到人们的重视。所以，在有的场合也称其为物流据点，对于特别执行中枢功能的又称物流中枢或物流枢纽。物流节点是按以下功能在物流系统中发挥作用的。

(1) 处理功能。物流节点是物流系统的重要组成部分，是仓储保管、物流集疏、流通加工、配送、包装等物流活动的载体，是完成各种物流功能、提供物流服务的场所。

(2) 衔接功能。物流节点将各个运输线路联结成一个系统，使各个线路通过节点变得更为贯通而不是互不相干。

在物流未形成系统化之前，不同线路的衔接有很大困难。例如轮船的大量输送线和短途汽车的小量输送线，两者输送形态、输送装备都不相同，再加上运量的巨大差异，所以往往只能在两者之间有长时间的中断后再逐渐实现转换，这就使两者不能贯通。物流节点应利用各种技术的、管理的方法，有效地起到衔接作用，让中断转化为通畅。

物流节点的衔接作用可以通过多种方法实现，主要有：①通过转换运输方式，衔接不同运输手段；②通过加工，衔接干线物流及配送物流；③通过储存，衔接不同时间的供应物流和需求物流；④通过集装箱、托盘等集装处理，衔接整个"门到门"运输，使之成为一体。

（3）信息功能。物流节点是整个物流系统或与节点相接的物流信息传递、收集、处理、发送的集中地，这种信息功能在现代物流系统中起着非常重要的作用，也是复杂物流单元能联结成有机整体的重要保证。在现代物流系统中，每一个节点都是物流信息的一个点，若干个这种类型的信息点和物流系统的信息中心结合起来，便成了指挥、管理、调度整个物流系统的信息网络，这是一个物流系统建立的前提条件。

（4）管理功能。物流系统的管理设施和指挥机构往往集中设置于物流节点之中。实际上，物流节点大都是集管理、指挥、调度、信息、衔接及货物处理为一体的物流综合设施。整个物流系统运转的有序化和正常化，以及整个物流系统的效率和水平均取决于物流节点管理职能的实现情况。

2. 物流节点的种类

现代物流发展了若干类型的节点，在不同领域起着不同的作用，但学者们尚无一个明确的分类意见，这有两个原因：其一是许多节点有同有异，难以明确区别；其二是各种节点尚在发展过程中，其功能、作用、结构、工艺等尚在探索阶段，使分类难以明朗化。根据节点的主要功能分类如下：转运型物流节点、存储型物流节点、流通型物流节点和综合型物流节点。

（1）转运型物流节点。它是以连接不同运输方式为主要职能的节点，如铁道运输线上的货站、编组站、车站，不同运输方式之间的转运站、终点站，水运线上的港口、码头，空运中的空港等都属于此类节点。一般而言，由于这种节点处于运输线上，又以转运为主，所以货物在这种节点上的停滞时间较短。

（2）存储型物流节点。它是以存放货物为主要职能的节点，货物在这种节点上的停滞时间较长。在物流系统中，储备仓库、营业仓库、中转仓库、货栈等都是此种类型的节点。

尽管不少发达国家的仓库职能在近些年发生了巨大变化，一大部分仓库转化为不以储备为主要职能的流通仓库甚至流通中心，但在现代任何一个有一定经济规模的国家，为了保证国民经济的正常运行，企业经营的正常开展，市场的流转，还是会有一大批仓库仍以储备为主要职能。在我国，这种类型的仓库还占较大比重。

（3）流通型物流节点。它是以组织物资在系统中运动为主要职能的节点，在社会系统中则是以组织物资流通为主要职能的节点。现代物流中常提到的流通仓库、流通中心、配送中心就属于这类节点。

需要说明的是，各种以主要功能分类的节点都可以承担其他职能，而不是完全排除其他职能。如转运型物流节点往往设有储存货物的货场或站库，因此其具有一定的储存功能，但是由于其所处的位置，以及其主要功能是转运，所以分类时按其主要功能归入转运型物流节点之中。

（4）综合型物流节点。它是指在物流系统中集中于一个节点全面实现两种以上主要功能，并且这些功能在节点中并非独立完成，而是将若干功能有机结合于一体，是有完善设施、有效衔接和协调工艺的集约型节点。这种节点是为了适应物流大量化和复杂化，使物流更为精密准确，在一个节点中实现多种转化，以使物流系统达到简化、高效的要求而出现的，是现代物流系统中节点发展的方向之一。

另外，物流节点可以根据物流节点主要服务地域层次划分为国际物流节点、区域物流节点、城市物流节点；根据物流节点经营性质划分为自用型物流节点、公共型物流节点；根据物流节点在物流网络中发挥的作用划分为转运型物流节点、集散型物流节点；根据物流节点在供应链中的地位划分为供应型物流节点、销售型物流节点；等等。

2.2 物流网络结构的类型及比较

2.2.1 物流网络结构的类型

物流网络由点和线组成，点和线之间的联系构成了物流网络的结构。根据结构的复杂程度，物流网络结构可以分为五类，如图 2-1 所示。

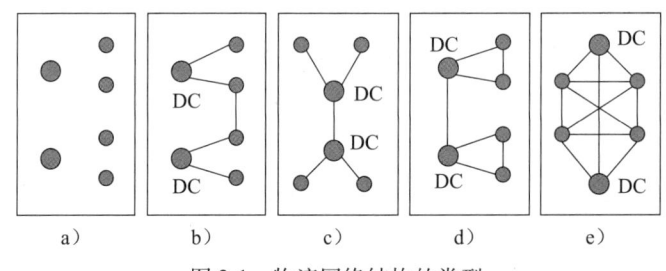

图 2-1 物流网络结构的类型

1. 点状结构

如图 2-1a 所示，它是由孤立的点组成的物流网络，这是物流网络结构类型中比较极端的情况，只有在封闭的、自给自足的系统中才存在，比如废弃的仓库、站台等。

2. 带状结构

如图 2-1b 所示，它是由点和连接这些点的线组成的物流网络，是两点之间只有一条线、没有连接成圈的简单网络。带状网络用一条线将各个物流节点串联起来，让每个物流节点依次经由若干个中间节点后可以和其他物流节点间产生物流活动。一个农副产品的供应链网络可能符合这样的结构，首先在产地建立配送中心（DC），然后由配送中心将产品收集起来，再卖给沿着公路线上的各个销售点。

3. 树状结构

如图 2-1c 所示，它是无圈但能够连通的物流网络。汽车物流基本上采取这种结构方式。树状物流网络中，物流节点有层级之分。每个层级的节点只和上一级或下一级的节点产生连线，不会越级连线。同时，同一层级的节点间不会产生连线。例如，一个汽车制造商按照市场区域设置分销和配送网络，每个细分市场选择一个经销商。公司设立 2 个 DC，DC 之间通过干线运输连接，每个 DC 覆盖一定的市场区域，负责供应不同的经销商，经销商之间的物流是不连通的。

4. 圈状结构

如图 2-1d 所示，它是至少包含一个连接成圈的线组成的物流网络。例如，一家酒厂在 2 个市场区域各设置一个 DC，每个 DC 覆盖各自的市场区域，区域内部各供货点之间可以调剂，同时 2 个 DC 通过干线运输连接起来，这是一种物流效率比较高的物流网络结构。

5. 网状结构

如图 2-1e 所示，即由"点—点"相连的线组成的物流网络，是一种非常复杂的物流网络结构。例如，一家饮料生产商在销售市场上供应一些超市，公司用 2 个 DC 来为所有的超市提供饮料配送，DC 之间通过干线运输连接，每个 DC 都负责为一定的超市供货，任何一个超市都可向任何一个 DC 或其他超市进货。这样的优点是极大地方便了超市的饮料销售，有利于超市中该饮料的存货控制和及时补货，缺点是物流管理的难度较大。如果没有完善的信息网络和集中统一的数据库支持系统，物流和配送环节就会出现混乱。

2.2.2 建设成本比较

物流网络的建设成本主要包括节点的建设费用和线路的建设费用两个部分。网络中的节点越多，网络中连接线的总长度就越长，这会使网络具有更高的建设成本。由于物流网络中节点的数量多少对网络结构没有影响，故本节仅考虑线路的建设费用。

(1) 在带状物流网络中每个节点依次与邻近的节点相连接，连接线短，网络中线的数量也少，所以其连接线总长度较短。

(2) 在树状物流网络中由于每个节点只与其上层的节点相连，底层节点不直接与最顶层的节点进行连接，所以连接线总长度较短。但容易看出，树状物流网络的连接线总长度比带状物流网络长。

(3) 圈状物流网络中的各节点分别与枢纽节点相连，普通节点之间也有连接线，情况与树状物流网络类似。但容易看出，圈状物流网络的连接线总长度比树状物流网络要长。

(4) 网状物流网络中任意两个节点间都存在连接线，连接线的数量非常多，并且不论两个节点间距离远近，都进行了连接，所以网络中连接线的总长度非常长。

(5) 从物流网络的建设成本来看，带状物流网络的成本最低，树状、圈状物流网络成本较高，而网状物流网络的建设成本最高。

2.2.3 可靠性比较

物流网络的可靠性是指在物流网络中某些节点和连接线失效后，即某些节点被删除、某些连接线被断开后，物流网络中的各个节点是否还能保持连通。物流网络的可靠性需要通过节点的度来分析。一个节点的度是指与这个节点相连的线的数量。如果物流网络中节点的度都比较小，则网络可靠性低；如果物流网络中节点的度都比较大，则物流网络的可靠性高；

如果物流网络中少数节点的度大而多数节点的度小，则该物流网络具有对随机攻击的可靠性和对蓄意攻击的脆弱性。

1）带状物流网络中，节点的度都非常小，一般都是2，所以只要有任意一两个节点失效，就会使整个网络断开而失去连通性，因此其可靠性很差。

2）圈状、树状物流网络中，节点的度的情况比较类似，都是少数中心节点的度非常大，多数普通节点的度很小，所以这两类结构的物流网络都比较脆弱。

3）网状物流网络中存在一部分度较大的节点，一般是两条线路的交汇点，也存在一部分度较小的普通节点，总体可靠性较高。

可见，在上面对比的几种结构类型的物流网络中，网状物流网络的可靠性最强，带状物流网络的可靠性最弱，其余类型的物流网络都在一定程度上表现出对随机攻击的可靠性和对蓄意攻击的脆弱性。因此，要加强物流网络的可靠性，对带状物流网络来说只有改变其网络结构才能实现；对树状、圈状等物流网络来说，则应尽力保障少数中心节点的安全。

综上所述，点状结构没有什么实际意义；带状结构过于简单，树状结构的物流成本过高，两者适用范围都非常有限；网状结构节点之间的联系处于原始状态，组织化程度不高。通过对网状结构进行优化，在不改变这种物流网络"商流"模式的前提下，将该物流网络的"物流"模式改造成圈状结构，则物流效率会大大提高。

2.3 物流网络结构模式

2.3.1 物流网络基本结构模式

不同的物流系统因功能目标不同，需要采用不同的物流网络结构。但综合来看，将货物从供应地运送到需求地一般可采用三种基本的物流网络结构模式：一种是直送模式，一种是多个供应地通过物流枢纽节点处理后配送到多个需求地的模式，还有一种是回路运输模式。物流网络的其他结构模式都可看作这三种基本结构模式的混合或变形。物流网络的三种典型结构模式如图2-2所示。

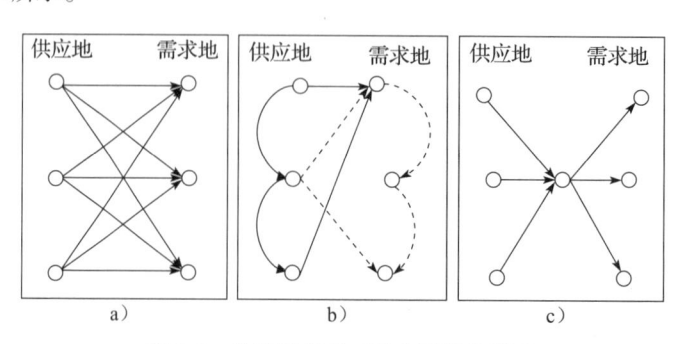

图2-2 物流网络的三种典型结构模式

图2-2a表示直送模式，即从一个或多个供应地直送到一个或多个需求地。

图2-2b表示回路运输模式，即从一个供应地提取的货物连续运送到多个需求地，或从多

个供应地连续收集货物后送到需求地。这种运送的路线是一种旅行商问题（travel sale problem，TSP）的线路结构，也称为"送奶路线"（milk-run）网络结构。

图 2-2c 是多个供应地通过物流枢纽节点处理后配送到多个需求地的模式。图中只是一般模式，多个供应地可以用直送方式将货物运到物流枢纽节点，也可以用"送奶路线"方式集货到物流枢纽节点，配送也是如此。这种物流网络结构模式是一种可以普遍应用于经济活动的集运物流网络结构模式。

2.3.2 直送模式

在直送模式中，所有货物都直接从供应地运送到需求地。每一次运输的线路都是指定的，管理人员只需要决定运输的数量并选择运输方式。要进行这样的决策，管理人员必须在运输费用和库存费用之间进行优化比较。

直送模式的主要优势在于环节少，不需要中转节点，减少了物流枢纽节点的建设和运营成本，而且在操作和协调上简单易行，效率比较高。由于这种运输的规划是局部的，因此一次运输决策不会影响别的货物的运输，同时由于每次货物的运输都是直接的，总的来说，从供应地到需求地的运输时间较短。

如果需求地的需求较大，每次运输的规模都与整车的最大装载量相近，那么直送（直达）运输十分有效。但如果各个需求地的运输需求量过小，没有达到满载的话，则直送模式的成本会较高。

随着物流系统业务范围扩大，"一对一"直送模式将变成"多对多"直送模式，这种直送模式的效率将大幅下降，从而无法满足业务增长的需要。另外，"一对一"或者"多对多"直送模式辐射的范围非常有限，区域物流系统根本无法使用这种方式。

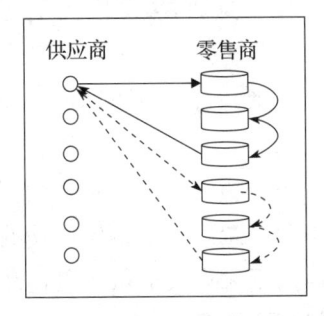

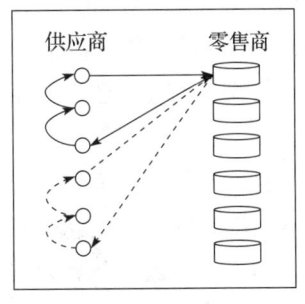

2.3.3 利用"送奶路线"的网络结构模式

这种物流网络结构模式是通过一辆卡车（或其他运输工具）向一个或多个供应地运送，或者由一辆卡车从一个或多个供应地装载一个需求地的货物，再直接运送。一旦选择这种物流网络结构模式，管理者就必须对每条"送奶路线"进行规划，如图 2-3 所示。

图 2-3 利用"送奶路线"的网络结构模式

"送奶路线"通过将多个供应商或零售商的货物装载在一辆卡车上的联合运输降低了运

输成本。例如,由于每家零售店的库存补给规模较小,这就要求使用非满载方式进行直接运送,而"送奶路线"使多家零售店的货物运送可以装载于同一辆卡车上进行,从而更好地利用车辆的装载能力,降低运输成本。如果有规律地进行经常性、小规模的运送,且多个供应商或零售店在空间上很接近,那么"送奶路线"的使用可以显著地降低成本。如日本丰田公司利用"送奶路线"运输来维持其在美国的准时制生产(JIT)制造系统。在日本,丰田公司的许多装配厂在空间上很接近,因而它们使用了"送奶路线"从单个供应商处运送配件到多个工厂。

2.3.4 通过配送中心中转的物流网络结构模式

在这种物流网络结构模式中,供应地的货物不是直接运送到需求地,而是先运到配送中心中转后再运到需求地。如在零售供应物流网络中,依据零售店的空间位置将零售店划分为几个区域,并在各个区域分别建立一个配送中心。供应商将货物送至相应的配送中心,然后由配送中心进行分拣后选择合适的运输方式,再将货物送到零售店,如图2-4所示。

这种物流网络结构模式的核心集中表现在:收集(collection)、交换(exchange)和发送(delivery),简称CED模式。配送中心是供应地与需求地之间的中间环节,其作用主要是一方面进行货物库存保管和分拣,另一方面则起着各种运输方式转换与货物交换的作用。利用这些特点,配送中心有利于降低整个物流网络的成本耗费。

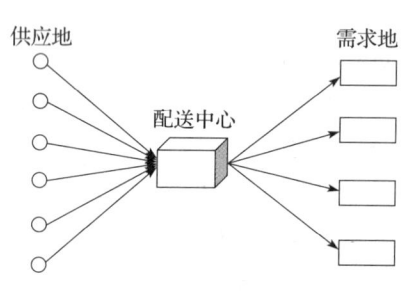

图2-4 通过配送中心中转的物流网络结构模式

如果运输的规模效益要求大批量地进货而需求地的需求量又偏少,则配送中心就发挥保有库存的作用,并为需求地的库存更新进行小批量送货。例如,沃尔玛在从海外供应商处进货的同时,会把商品保存在配送中心,因为配送中心的批量进货规模远比附近的沃尔玛零售店的进货规模大。

如果需求地对供应地的产品需求规模大到足以获取进货的规模效益,这样配送中心就没有必要为需求地保有库存了。如此,配送中心会把进货分拣成运送到每一个需求地的较小份额,并与来自不同供应地的产品进行对接。这种方式称为对接仓储或货物对接(cross-docking)。当配送中心进行货物对接时,每一辆进货卡车上装有来自同一个供应地并将运送至多个需求地的货物,而每一辆送货卡车上则装有来自不同供应地并将被运送至同一需求地的货物。

货物对接的主要优势在于不需要库存,并加快了物流网络中货物的流通速度。货物对接也减少了物流处理成本,因为它不需要从仓库中搬进搬出货物,但成功的货物对接需要高度的协调和进出货物的节奏高度一致。货物对接适用于大规模的可预测商品,要求建立配送中心,以便在进、出货物两个方面的运输都能获得规模效益。

沃尔玛已成功地运用货物对接,减少了物流网络中在途库存量,而且也没有引起运输成本的增加。沃尔玛在某一区域内建立许多由一个配送中心支持的商店,因此在进货方面,所有商店从供应商处的进货都能装满卡车并获得规模效益。同样，在送货方面，为了获得规模效益，沃尔玛把从不同供应商运往同一零售店的货物装在一辆卡车中。

2.3.5 通过配送中心利用"送奶路线"集配的物流网络结构模式

以配送为例，如果每个需求地的要货规模较小，配送中心就要利用"送奶路线"向需求地送货。"送奶路线"通过拼装小批量的运送量来减少送货成本，如图2-5所示。

这种模式的优点是运输选择与单个产品和商店的需求十分匹配，缺点是协调的复杂性进一步加大。另外物流系统中可能较容易发生以下存货风险问题。

（1）企业保有库存具有一定的风险，主要体现在商品的丢失、商品过期、保有过程中的商品变质以及商品已经不能适应市场或客户的需要等。如鲜

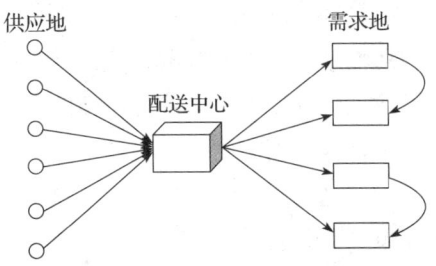

图2-5 通过配送中心利用"送奶路线"集配的物流网络结构模式

活农产品、奶等的保质期短，一旦持有库存不能及时销售完成，就必须进行报废处理；服装则是随着潮流的发展，款式等更新很快，这样就容易造成商品积压损失。

（2）保有库存的风险对不同的渠道具有的风险程度也不同。在买方市场条件下，一般下游会将库存转移到上游，比如对滞销商品要求厂家提供促销费进行促销或者直接退货。国内零售企业的残次品一般由供应商负担。

例如，日本的7-11公司将来自新鲜食品供应商的货物在配送中心进行货物对接，并通过"送奶路线"向连锁商店送货。因为每个商店向所有供应商的进货还不足以装满一辆卡车，故货物对接和"送奶路线"的使用使该公司在向每一家连锁商店提供库存商品时降低了成本。

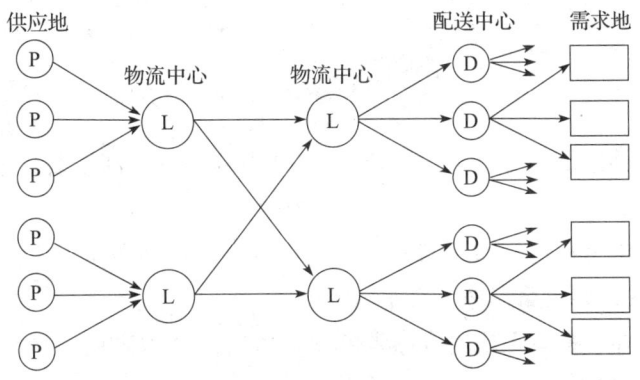

2.3.6 多枢纽节点的 LD-CED 网络结构模式

这种网络结构模式是通过配送中心中转的物流网络结构模式演化而来的一种网络结构模式，即采用"物流中心+配送中心"（logistics center+distribution center，LD）的模式，如图2-6所示。

图2-6 多枢纽节点的 LD-CED 网络结构模式

LD-CED 网络结构模式通过多级枢纽节点进行货物运送，实现物流规模化处理，以降低物流总成本。这种物流网络结构模式广泛存在于一些范围较大的经济区域内，一些大型企业的销售物流网络也是通过这种模式实现的。

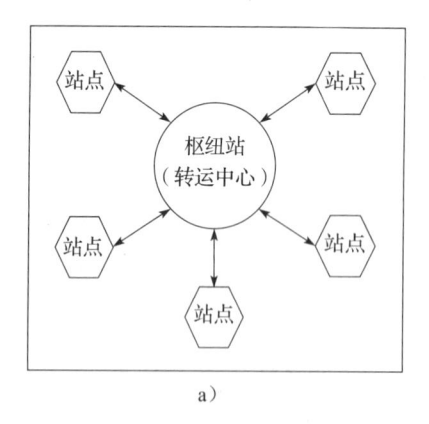

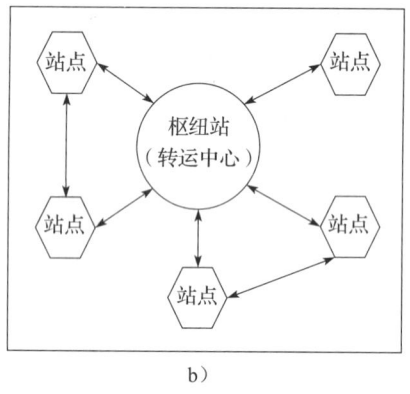

2.3.7 单枢纽站轴辐式物流网络结构模式

轴辐式（hub-and-spoke，也称为中枢辐射式）物流网络是一种基于大型物流枢纽站的集中运输系统。与传统的物流网络空间布局相比，轴辐式物流网络将物流系统中一个或多个节点设立成枢纽站，而非枢纽站的节点都与枢纽站相连。

轴辐式物流网络结构是一类具有规模经济的重要网络，是通过中转进行双向运输的网络结构。这类网络结构在实际工作中被广泛运用，如航空运输管理、第三方物流运输管理、邮政包裹业务、供应链管理等。

这种物流网络由一些节点组成，每对节点之间都有一定的双向运输量，货物先由各节点运至枢纽站，再依据目的站进行集中运输，可以降低单位运输成本，在网络干线上形成规模效应，提高资源利用率，同时产生集群效益，带动所在区域及城市的经济发展。

单枢纽站轴辐式物流网络是由若干收货、送货站点和一个枢纽站（转运中心）组成的，每一个站点都与枢纽站相连。如果站点与站点之间的物流货物都经由枢纽站的转运来实现，则称为纯轴辐式网络，如图 2-7a 所示；如果站点与站点之间的物流货物可以直接由送货站点运至收货站点，而不通过枢纽站的转运，特别是当送货站点的货物是整车时，这种网络结构通常被称为复合轴辐式物流网络，如图 2-7b 所示。

图 2-7 单枢纽站轴辐式物流网络结构模式

在这样的物流网络系统中，货物的物流过程分为两部分，即干线运输（line haul）和本地运输（包括集货和送货）。

1) 干线运输通常是在送货站点与枢纽站间以及枢纽站与收货站点间的长途运输，一般采用大运量运输方式，如水路运输、铁路运输等。

2) 本地运输则在收货站点或送货站点的服务覆盖区域内采用小型车辆的短途公路（城市道路）运输方式来实现。

从上述分析中可以看出，单枢纽站纯轴辐式物流网络适用于区域性物流运输服务，其网络的辐射能力较弱，辐射范围小。复合轴辐式物流网络是纯轴辐式物流网络的扩展，其辐射能力、服务范围与纯轴辐式物流网络基本相同，但其网络结构和运输组织与纯轴辐式物流网络存在较大差异，其物流运输组织亦更加复杂、灵活。

2.3.8 多枢纽站轴辐式物流网络结构模式

在多枢纽站轴辐式物流网络中，由于辐射和服务范围较广，因而存在多个枢纽站，特别适合于完成跨区域多式联运的物流服务任务，其网络结构如图 2-8 所示。

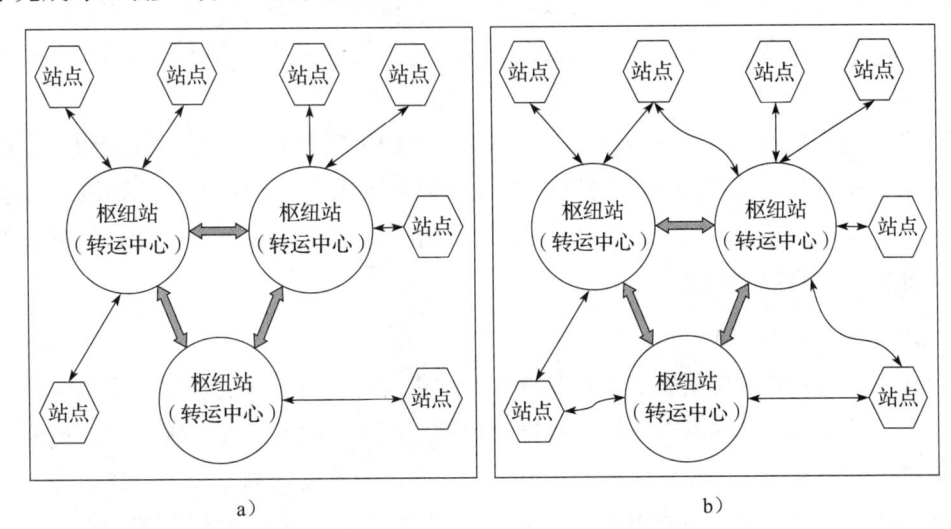

图 2-8 多枢纽站轴辐式物流网络结构模式

在这种多枢纽站轴辐式物流网络结构模式中，货物的物流过程可以划分为三个阶段：主要干线运输、干线运输和本地运输（包括集货和送货）。

（1）主要干线运输：在枢纽站间的长途运输，一般采用大运量的运输方式。

（2）干线运输：在收货站点与枢纽站间以及枢纽站与送货站点间的长途运输，一般采用较大运量的运输方式。

（3）本地运输：在收货站点或送货站点服务覆盖区域内采用小型车辆的短途公路（城市道路）运输来实现。

在图 2-8a 中，收送货站点只与其中一个枢纽站连接，所有发出和到达的货物也必须在其所对应的枢纽站进行处理，我们称这种模式为多枢纽站单一分派轴辐式物流网络结构模式。

在图 2-8b 中，允许收送货站点可以与多个枢纽站连接，收送货站点根据实际情况（如枢纽站拥挤情况、交货期要求等）选择与其连接的枢纽站，完成物流任务，从而提高整个网络的转运效率，缩短运输时间，降低物流成本，我们称这种模式为多枢纽站多分派轴辐式物流网络结构模式。

2.4 物流网络规划与设计的原则和影响因素

2.4.1 物流网络规划与设计的原则

物流网络规划与设计的目标是节约社会资源，提高物流效率。因此，在进行物流网络规划与设计时要遵循以下基本的原则。

1. 按经济区建立网络

物流网络的构建必须既要考虑经济效益，又要考虑社会效益。考虑经济效益就是要通过建立物流网络降低综合物流成本，考虑社会效益是指物流网络要有利于资源节约，有利于经济社会可持续发展。

在一个经济区域内，各个区域或企业之间经济上的关联性和互补性往往比较大，经济活动比较频繁，物流总量规模较大，物流成本占整个经济成本的比重大，且物流改善潜力巨大。因此，在经济关联较大的经济区域建立物流网络非常必要，要从整个经济区域发展的角度来考虑和构建区域物流网络。

2. 以城市为中心布局

城市作为厂商和客户的集聚点，其基础节点的建设和相关配套支持比较完备，可以作为物流网络布局的重点，这样可有效地节省投资和提高效益。因此，在宏观上进行物流网络布局时，要考虑物流网络覆盖经济区域的城市，把它们作为重要的物流节点。在微观上进行物流网络布局时，要考虑把中心城市作为依托，充分发挥中心城市的现有物流功能。

3. 以厂商集聚形成网络

集聚经济是现代经济发展的重要特征，厂商集聚不仅能降低运营成本，还能形成巨大的物流市场。物流作为一种实体经济活动，显然与商流存在明显区别，物流活动对地域、基础节点的依赖性很强，因此很多企业把其生产基地设立在物流网络的中心。在进行物流网络构建时，需要在厂商物流集聚地形成物流网络的重要节点。

4. 建设信息化的物流网络

物流信息系统作为物流网络的一个重要组成部分，发挥着非常重要的作用。物流网络的要素不仅是指物流中心、仓库、公路、铁路等有形的硬件，还包括物流信息系统。因为这些硬件只是保证物流活动能够实现，而不能保证效率。物流信息系统通过搭建物流网络信息平台，可以实现物流信息的及时交换和共享，以及对物流活动的实时控制，从而大大提高物流网络的整体效益。有研究表明，科学、完善的物流信息系统将会把物流活动的效率提高 3~8 倍，甚至更高。

2.4.2 物流网络规划与设计的影响因素

影响物流网络规划与设计的因素有很多，而且这些因素在具体设计中的重要性也不同。

以下是物流网络规划与设计中通常需要考虑的因素。
(1) 产品的数量、种类。
(2) 供应地和需求地客户的地理分布。
(3) 每一个区域的顾客对每种产品的需求量。
(4) 运输成本和运输费率。
(5) 运输时间、订货周期、订单满足率。
(6) 仓储成本和费率。
(7) 采购和制造成本。
(8) 产品的运输批量。
(9) 物流节点的建设成本。
(10) 物流节点的运营成本。
(11) 订单的频率、批量、季节波动。
(12) 订单处理成本与发生这些成本的物流活动。
(13) 顾客服务水平。
(14) 设施和设备的可用性与可靠性。

针对物流网络规划与设计的具体目标和要求，实践中往往需要对各个因素做出权衡和取舍。

2.5 物流网络规划与设计的内容和流程

2.5.1 物流网络规划与设计的内容

物流网络规划与设计就是确定产品（货物）从供应地到需求地的结构，包括使用什么类型的物流节点、物流节点的数量与位置、分派给各物流节点的产品和客户、产品在节点之间的运输方案等。

物流网络规划与设计要同时考虑物流节点规划和物流线路规划两个方面。物流节点规划是指确定各种节点（如配送中心、仓库等）的类型、数量、地理位置；物流线路规划是指确定合适的运输方式和运输路线。

物流网络规划与设计属于战略性决策，本章仅列举规划决策的主要内容，其具体的规划与设计方法将在后面章节中详细介绍。假定在规划期内，物流网络中工厂和零售商的地理位置不改变。

(1) 节点规划的主要内容有：
1) 确定合适的节点类型；
2) 确定恰当的节点数量；
3) 确定每个节点的位置；
4) 确定每个节点的规模；
5) 确定分派给各节点的产品和客户。

(2) 线路规划的主要内容有：

1) 确定运输方式；

2) 确定运输路线；

3) 确定运输方案；

4) 确定运输装载方案。

由于物流网络规划与设计的战略性，规划涉及的区域范围大小及经济特征、企业类型、产品属性等往往差异较大，因而规划与设计的内容也存在差异，在此不再详述。

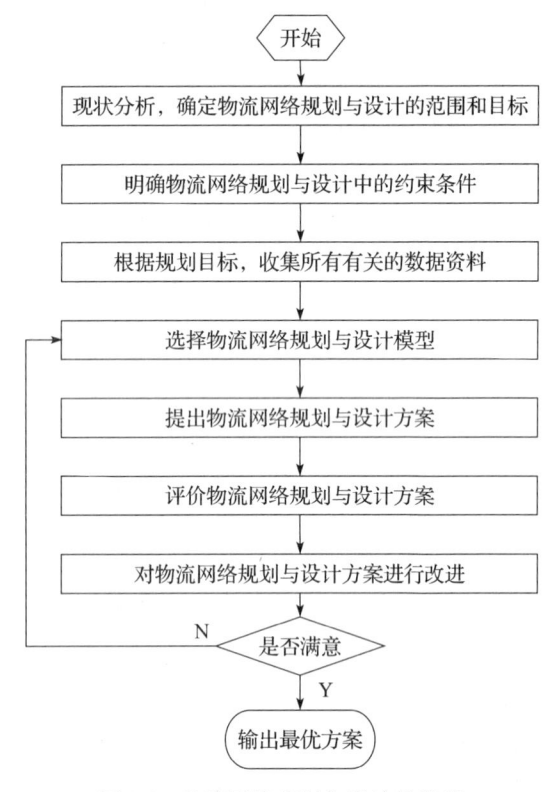

2.5.2 物流网络规划与设计的流程

在确定物流网络最佳规划方案时，需要考虑诸多因素。物流网络规划与设计是一个复杂的、反复的过程，一般来说，战略性和综合性的物流网络规划与设计过程包括以下几个步骤，如图 2-9 所示。

(1) 现状分析，确定物流网络规划与设计的范围和目标。要规划和设计一个地区或企业的物流网络，首先要分析现有的物流网络，找出物流网络目前可能存在的问题，然后针对这些问题提出物流网络规划与设计的目标。

(2) 明确物流网络规划与设计中的约束条件。在第一步的基础上，明确现存的各种约束和限制条件，例如资金、技术、管理、自然环境、国家政策和法律法规等宏观方面的约束，以及物流服务水平和客户要求等具体约束。根据这些条件制定物流网络的基本规划。

(3) 根据规划目标，收集所有有关的数据资料。一般来说包括节点资料的收集，例如，对于库存系统，需要获取空间利用率、仓库布局和设备、仓库管理程序等具体数据。对于运输系统，应收集运输等级和折扣、运输操作程序、送货信息等资料。此外，还要收集客户需求情况和关键的物流环境要素的数据。

(4) 选择物流网络规划与设计模型。根据物流网络的实际情况，选择合适的模型，如计算机仿真模型、启发式模型以及专家系统模型等。

(5) 提出物流网络规划与设计方案。通过资料分析，确定服务目标，然后进行选址决策、运输决策和库存决策，形成物流网络规划与设计的多套备选方案。

图 2-9 物流网络规划与设计的流程

(6) 评价物流网络规划与设计方案。备选方案的评价比较，一是各个方案实施费用的比较，二是考虑各个方案对于客户服务水平的影响。

（7）根据评价结果，对物流网络规划与设计方案进行改进，直至得到最优的物流网络规划与设计方案。

本章小结

物流网络可以抽象成由点与线以及它们之间相互关系所构成的网络。物流网络辐射能力的大小、功能的强弱、结构的合理与否直接取决于网络中节点和线路这两种基本元素的匹配程度与方式。

物流网络的主要构成要素是物流系统的节点与节点的连接方式（即线路），而点和线之间的联系构成了物流网络结构。不同的物流系统因功能目标不同，需要采用不同的网络结构。但综合来看，将货物从供应地运送到需求地的连接形式一般可采用三种基本的物流网络结构模式，即一种是直送模式，一种是多个供应地通过物流枢纽节点处理后配送到多个需求地的模式，还有一种是回路运输模式，而物流网络的其他结构模式都可看作这三种基本结构模式的混合或变形。

物流网络规划与设计的目标是节约社会资源，提高物流效率。因此，在进行物流网络规划与设计时要遵循一些基本的原则：按经济区建立网络、以城市为中心布局、以厂商集聚形成网络、建设信息化的物流网络等。影响物流网络规划与设计的因素有很多，而且这些因素在具体设计中的重要性也不同。

物流网络规划与设计就是确定产品（货物）从供应地到需求地的物流网络结构，包括使用什么类型的物流节点、物流节点的数量与位置、分派给各物流节点的产品和客户、产品在节点之间的运输方案等。物流网络规划与设计是一个复杂的过程，在确定物流网络最佳规划方案时，必须综合考虑诸多因素。

复习思考题

1. 现代物流系统中，物流节点的主要功能有哪些？
2. 简述物流网络的组成要素。
3. 分析比较不同类型物流网络结构的特点。
4. 物流网络结构模式有哪些？各有什么优缺点？
5. 物流网络规划与设计的影响因素有哪些？
6. LD-CED 网络结构模式有何特点？

案例分析

关于进一步降低物流成本的实施意见

2020 年 6 月 2 日，国务院办公厅转发国家发展改革委、交通运输部《关于进一步降低物流成本的实施意见》（国办发〔2020〕10 号）中指出：物流是畅通国民经济循环的重要环节。近年来，物流降本增效积极推进，社会物流成本水平保持稳步下降，但部分领域物流成本高、效率低等问题仍然突出，特别是受新冠肺炎疫情影响，社会物流成本出现阶段性上升，难以适应建设现代化经济体系、推动高质量发展的要求。为贯彻落实党中央、国务院关于统筹疫情防控和经济社会发展的决策部署，进一步降低物流成本、提升物流效率，加快恢复生产生活秩序，现提出以下意见。

一、深化关键环节改革，降低物流制度成本

（一）完善证照和许可办理程序。加快运输领域资质证照电子化，推动线上办理签注。优化大件运输跨省并联许可服务，进一步提高审批效率。（交通运输部负责）

（二）科学推进治理车辆超限超载。深入推进治超联合执法常态化、制度化，细化执法流程，严格执行全国统一的治超执法标准。分车型、分阶段有序开展治理货运车辆非法改装工作，逐步淘汰各种不合规车型。组织开展常压液体危险货物罐车专项治理行动。（交通运输部、公安部、工业和信息化部、市场监管总局按职责分工负责）

（三）维护道路货运市场正常秩序。建立严厉打击高速公路、国省道车匪路霸的常态化工作机制，畅通投诉举报渠道，重点规范车辆通行、停车服务、道路救援等领域市场秩序。（公安部、交通运输部、国家发展改革委、市场监管总局、省级人民政府按职责分工负责）

（四）优化城市配送车辆通行停靠管理。持续推进城市绿色货运配送示范工程。完善以综合物流中心、公共配送中心、末端配送网点为支撑的三级配送网络，合理设置城市配送车辆停靠装卸相关设施。鼓励发展共同配送、统一配送、集中配送、分时配送等集约化配送。改进城市配送车辆通行管理工作，明确城市配送车辆的概念范围，放宽标准化轻微型配送车辆通行限制，对新能源城市配送车辆给予更多通行便利。（交通运输部、商务部、公安部按职责分工负责）研究将城市配送车辆停靠接卸场地建设纳入城市建设和建筑设计规范。（住房城乡建设部负责）

（五）推进通关便利化。推动港口、口岸等场所作业单证无纸化，压缩单证流转时间，提升货物进出港效率。依托国际贸易"单一窗口"，开展监管、查验指令信息与港口信息双向交互试点，提高进出口货物提离速度。持续推进进出口"提前申报"，优化"两步申报"通关模式。梳理海运、通关环节审批管理事项和监管证件，对不合理或不能适应监管需要的，按规定予以取消或退出口岸验核。（交通运输部、商务部、海关总署按职责分工负责）

（六）深化铁路市场化改革。选取铁路路网密集、货运需求量大、运输供求矛盾较突出的地区和部分重要铁路货运线路（含疏运体系）开展铁路市场化改革综合试点，通过引入市场竞争机制，开展投融资、规划建设、运营管理、绩效管理、运输组织等改革。持续完善铁路货物运输价格灵活调整机制，及时灵敏反映市场供求关系。进一步放宽市场准入，吸引社会资本参与铁路货运场站、仓储等物流设施建设和运营。（国家发展改革委、交通运输部、财政部、国家铁路局、中国国家铁路集团有限公司负责）

二、加强土地和资金保障，降低物流要素成本

（七）保障物流用地需求。对国家及有关部门、省（自治区、直辖市）确定的国家物流枢纽、铁路专用线、冷链物流设施等重大物流基础设施项目，在建设用地指标方面给予重点保障。支持利用铁路划拨用地等存量土地建设物流设施。指导地方按照有关规定利用集体经营性建设用地建设物流基础设施。（自然资源部、中国国家铁路集团有限公司、省级人民政府负责）

（八）完善物流用地考核。指导地方政府合理设置物流用地绩效考核指标。在符合规划、不

改变用途的前提下,对提高自有工业用地或仓储用地利用率、容积率并用于仓储、分拨转运等物流设施建设的,不再增收土地价款。(自然资源部、省级人民政府负责)

(九)拓宽融资渠道。加大中央预算内投资、地方政府专项债券对国家物流枢纽、国家骨干冷链物流基地等重大物流基础设施建设的支持力度。引导银行业金融机构加强对物流企业融资支持,鼓励规范发展供应链金融,依托核心企业加强对上下游小微企业的金融服务。充分发挥全国中小企业融资综合信用服务平台作用,推广"信易贷"模式。落实授信尽职免责和差异化考核激励政策,明确尽职认定标准和免责条件。鼓励社会资本设立物流产业发展基金。(国家发展改革委、财政部、中国人民银行、中国银保监会、国家开发银行按职责分工负责)

(十)完善风险补偿分担机制。鼓励保险公司为物流企业获取信贷融资提供保证保险增信支持,加大政策性担保对物流企业的信贷担保支持力度。发挥商业保险优势,支持保险公司开发物流企业综合保险产品和物流新兴业态从业人员的意外、医疗保险产品。(中国银保监会负责)

三、深入落实减税降费措施,降低物流税费成本

(十一)落实物流领域税费优惠政策。落实好大宗商品仓储用地城镇土地使用税减半征收等物流减税降费政策。(财政部、税务总局负责)

(十二)降低公路通行成本。结合深化收费公路制度改革,全面推广高速公路差异化收费,引导拥堵路段、时段车辆科学分流,进一步提高通行效率。深化高速公路电子不停车快捷收费改革。加强取消高速公路省界收费站后的路网运行保障,确保不增加货车通行费总体负担。鼓励有条件地方回购经营性普通收费公路收费权,对车辆实行免费通行。严格落实鲜活农产品运输"绿色通道"政策,切实降低冷鲜猪肉等鲜活农产品运输成本。(交通运输部、财政部、国家发展改革委、省级人民政府按职责分工负责)

(十三)降低铁路航空货运收费。精简铁路货运杂费项目,降低运杂费迟交金收费标准,严格落实取消货物运变更手续费。(中国国家铁路集团有限公司负责)大力推行大宗货物"一口价"运输。严格落实铁路专用线领域收费目录清单和公示制度,对目录清单外的收费项目以及地方政府附加收费、专用线产权单位或经营单位收费等进行清理规范。制定铁路专用线服务价格行为规则,规范铁路专用线、自备车维修服务收费行为,进一步降低收费标准,严禁通过提高或变相提高其他收费的方式冲抵降费效果。(市场监管总局、国家铁路局、中国国家铁路集团有限公司按职责分工负责)推动中欧班列高质量发展,优化班列运输组织,加强资源整合,推进"中转集散",规范不良竞争行为,进一步降低班列开行成本。(国家发展改革委、中国国家铁路集团有限公司、财政部按职责分工负责)将机场货站运抵费归并纳入货物处理费。(中国民航局、省级人民政府负责)

(十四)规范海运口岸收费。降低港口、检验检疫等收费。对海运口岸收费进行专项清理整顿,进一步精简合并收费项目,完善海运口岸收费目录清单并实行动态管理,确保清单外无收费项目。研究将港口设施保安费等并入港口作业包干费,降低部分政府定价的港口收费标准。依法规范港口企业和船公司收费行为。降低集装箱进出口常规收费水平。(国家发展改革委、财政部、交通运输部、海关总署、市场监管总局按职责分工负责)

(十五)加强物流领域收费行为监管。对实行政府定价或政府指导价的收费项目,及时降低偏高收费标准;对实行市场调节价的收费项目,研究建立收费行为规则和指南。严格执行收费项

目和标准公示制度，对不按公示价格标准收费或随意增加收费项目等行为，加大查处力度。依法查处强制收费、只收费不服务、超标准收费等违规违法行为。（国家发展改革委、市场监管总局、交通运输部、海关总署、省级人民政府按职责分工负责）

四、加强信息开放共享，降低物流信息成本

（十六）推动物流信息开放共享。在确保信息安全前提下，交通运输、公安交管、铁路、港口、航空等单位要向社会开放与物流相关的公共信息。按照安全共享和对等互利的原则，推动铁路企业与港口、物流等企业信息系统对接，完善信息接口等标准，加强列车到发时刻等信息开放。研究建立全国多式联运公共信息系统，推行标准化数据接口和协议，更大程度实现数据信息共享。（交通运输部、公安部、工业和信息化部、国家铁路局、中国民航局、中国国家铁路集团有限公司按职责分工负责）

（十七）降低货车定位信息成本。对出厂前已安装卫星定位装置的货运车辆，任何单位不得要求重复加装卫星定位装置。规范货运车辆定位信息服务商收费行为，减轻货运车辆定位信息成本负担。（工业和信息化部、市场监管总局、交通运输部按职责分工负责）

五、推动物流设施高效衔接，降低物流联运成本

（十八）破除多式联运"中梗阻"。中央和地方财政加大对铁路专用线、多式联运场站等物流设施建设的资金支持力度，研究制定铁路专用线进港口设计规范，促进铁路专用线进港口、进大型工矿企业、进物流枢纽。持续推进长江航道整治工程和三峡翻坝综合转运体系建设，进一步提升长江等内河航运能力。加快推动大宗货物中长距离运输"公转铁"、"公转水"。（财政部、国家发展改革委、交通运输部、工业和信息化部、国家铁路局、中国国家铁路集团有限公司按职责分工负责）以多式联运示范工程为重点，推广应用多式联运运单，加快发展"一单制"联运服务。（交通运输部、国家发展改革委、国家铁路局、中国国家铁路集团有限公司负责）

（十九）完善物流标准规范体系。推广应用符合国家标准的货运车辆、内河船舶船型、标准化托盘和包装基础模数，带动上下游物流装载器具标准化。（工业和信息化部、商务部、交通运输部、市场监管总局按职责分工负责）加强与国际标准接轨，适应多式联运发展需求，推广应用内陆集装箱（系列2），加强特定货类安全装载标准研究，减少重复掏箱装箱。（交通运输部、国家铁路局、工业和信息化部、公安部、中国国家铁路集团有限公司负责）

六、推动物流业提质增效，降低物流综合成本

（二十）推进物流基础设施网络建设。研究制定2021—2025年国家物流枢纽网络建设实施方案，整合优化存量物流基础设施资源，构建"通道+枢纽+网络"的物流运作体系，系统性降低全程运输、仓储等物流成本。（国家发展改革委、交通运输部负责）继续实施示范物流园区工程，示范带动骨干物流园区互联成网。（国家发展改革委、自然资源部负责）布局建设一批国家骨干冷链物流基地，有针对性补齐城乡冷链物流设施短板，整合冷链物流以及农产品生产、流通资源，提高冷链物流规模化、集约化、组织化、网络化水平，降低冷链物流成本。（国家发展改革委负责）加强县乡村共同配送基础设施建设，推广应用移动冷库等新型冷链物流设施设备。（商务部、国家发展改革委负责）加强应急物流体系建设，完善应急物流基础设施网络，整合储备、运输、配送等各类存量基础设施资源，加快补齐特定区域、特定领域应急物流基础设施

短板，提高紧急情况下应急物流保障能力。（国家发展改革委、交通运输部、省级人民政府按职责分工负责）

（二十一）培育骨干物流企业。鼓励大型物流企业市场化兼并重组，提高综合服务能力和国际竞争力。培育具有较强实力的国际海运企业，推动构建与我国对外贸易规模相适应的国际航运网络。（国务院国资委、交通运输部按职责分工负责）严格落实网络货运平台运营相关法规和标准，促进公路货运新业态规范发展。鼓励物流企业向多式联运经营人、物流全链条服务商转型。（交通运输部、国家发展改革委按职责分工负责）

（二十二）提高现代供应链发展水平。深入推进供应链创新与应用试点，总结推广试点成功经验和模式，提高资金、存货周转效率，促进现代供应链与农业、工业、商贸流通业等融合创新。研究制定现代供应链发展战略，加快发展数字化、智能化、全球化的现代供应链。（国家发展改革委、商务部按职责分工负责）

（二十三）加快发展智慧物流。积极推进新一代国家交通控制网建设，加快货物管理、运输服务、场站设施等数字化升级。（交通运输部负责）推进新兴技术和智能化设备应用，提高仓储、运输、分拨配送等物流环节的自动化、智慧化水平。（国家发展改革委负责）

（二十四）积极发展绿色物流。深入推动货物包装和物流器具绿色化、减量化，鼓励企业研发使用可循环的绿色包装和可降解的绿色包材。加快推动建立托盘等标准化装载器具循环共用体系，减少企业重复投入。（商务部、交通运输部、市场监管总局、工业和信息化部、国家邮政局按职责分工负责）

各地区各部门要按照党中央、国务院决策部署，加强政策统筹协调，切实落实工作责任，结合本地区本部门实际认真组织实施。国家发展改革委要会同有关部门发挥全国现代物流工作部际联席会议作用，加强工作指导，及时总结推广降低物流成本典型经验做法，协调解决政策实施中存在的问题，确保各项政策措施落地见效。

资料来源：中国政府网，http://www.gov.cn/zhengce/content/2020-06/02/content_5516810.htm。

案例思考

1. 结合有关专业知识，谈谈你对物流成本构成的认识和理解。
2. 讨论：做好物流系统规划与设计对物流业降本提质增效的意义。

第 3 章

物流节点选址规划与设计

| 学习目标 |

- 了解物流节点选址规划的含义和目标。
- 理解物流节点选址规划决策的影响因素和一般原则。
- 了解物流节点选址规划的两种定性分析方法。
- 掌握物流节点选址规划的技术和方法。

| 开篇案例 |

2022 年全国物流运行情况

中国物流与采购联合会公布了 2022 年物流运行数据。2022 年，物流运行保持恢复态势，社会物流总额实现稳定增长，社会物流总费用与 GDP 的比率小幅提高。

一、社会物流总额实现稳定增长

2022 年全国社会物流总额 347.6 万亿元，按可比价格计算，同比增长 3.4%，物流需求规模再上新台阶，实现稳定增长。从构成看，工业品物流总额 309.2 万亿元，按可比价格计算，同比增长 3.6%；农产品物流总额 5.3 万亿元，增长 4.1%；再生资源物流总额 3.1 万亿元，增长 18.5%；单位与居民物品物流总额 12.0 万亿元，增长 3.4%；进口货物物流总额 18.1 万亿元，下降 4.6%。

二、社会物流总费用与 GDP 的比率有所提高

2022 年社会物流总费用 17.8 万亿元，同比增长 4.4%。社会物流总费用与 GDP 的比率

为14.7%，比2021年提高0.1个百分点。从结构看，运输费用9.55万亿元，增长4.0%；保管费用5.95万亿元，增长5.3%；管理费用2.26万亿元，增长3.7%。

三、物流业总收入保持恢复性增长

2022年物流业总收入12.7万亿元，同比增长4.7%。2022年，全国社会物流总额为347.6万亿元，同比增长3.4%。从年内走势看，第一季度物流运行实现平稳开局，第二季度回落明显，第三季度企稳回暖，第四季度稳中趋缓，社会物流总额增速基本延续恢复态势，全年实现恢复性增长。

资料来源：中国物流与采购联合会网站，http://www.chinawuliu.com.cn/lhhzq/202302/24/599471.shtml。

案例思考

如何降低社会物流总费用与GDP的比率？

3.1 物流节点选址规划概论

3.1.1 物流节点选址规划的含义

物流节点选址规划是物流系统规划的一个重要的决策问题，它决定了整个物流网络的模式、结构和形状。物流节点选址是指在一个具有若干供应点及若干需求点的经济区域内，选择一个或多个地址设置物流节点，即在规划的范围内确定物流系统所需要的节点的数量、地理位置以及服务对象的分配方案。

在进行物流节点选址规划时，必须恰当处理好物流节点的数量、规模及与其他要素之间的关系。在企业级的物流网络系统中，物流节点选址决策一方面影响整个企业物流系统的结构和系统中其他物流要素的决策，如库存、运输等；另一方面，系统中其他要素也会影响物流节点选址决策。因此，物流节点选址与库存、运输成本之间存在着密切联系。另外，在整个供应链系统中，一个企业的物流系统的选址决策往往还要受到供应链中其他企业的影响，供应链系统中核心企业的选址决策会影响到所有供应商的物流系统的选址决策。

一个物流系统中，物流中间节点的数量增加，可以提高物流服务的及时率，减少缺货率，但同时也会增加库存量和库存成本。因此，在物流系统规划与设计中，尽量减少物流系统中间节点的数量，扩大中间节点的规模，是降低库存成本的一个重要措施。在物流园区、物流中心规划中采用集约化设计，可以实现大规模配送和降低成本。同样，物流节点的数量和规模与运输成本之间又形成制约关系，随着物流节点数量增加，可以减少运输距离，降低运输成本，但当节点数量增加到一定程度时，由于单个订单的数量过少，增加了运输频率，并且达不到运输批量，从而造成运输成本大幅上升。因此，确定合适的节点数量、合适的规模、合适的位置、合适的指派服务对象，是选址规划的重要内容。

3.1.2 物流节点选址规划的目标

物流节点选址规划的目标是使商品从供应地通过物流节点的汇集、中转、分发输送到需求地的全过程达到最好效益，主要追求以下5个方面的目标。

1. 成本最小化

成本最小化是物流节点选址规划中最常用的目标，与物流节点选址规划有关的成本主要有运输成本和设施成本。

（1）运输成本：取决于运输数量、运输距离和运输单价。运输数量如没有达到运输批量，就不能形成规模效益，从而影响总的运输成本。当物流节点的位置设置合理时，总的运输距离较小，运输成本就会较少。运输单价取决于运输方式和运输批量，与物流节点位置的交通条件和客户所在地的运输条件直接相关。

（2）设施成本：包括设施建设等固定成本、物流节点运营成本等。固定成本如设施设备建造成本，与土地成本有关。物流节点运营成本包含仓储成本、配送成本、装卸和搬运成本、信息处理成本等。

2. 服务最优化

与物流节点选址规划直接相关的服务指标主要是送货时间、距离、速度和准时率。一般来说，物流节点与客户的距离越近，送货速度越快，订货周期也越短，而订货周期越短，准时率也越高。

3. 物流量最大化

物流量是反映物流节点作业能力的指标，包括吞吐量、周转量。从投资物流节点来看，这两个指标主要用来测量物流节点的利用率，物流量越大，效益越好。但从整个物流系统来看，吞吐量和周转量无法适应现代物流的多品种、小批量、高频度的趋势，如果物流节点与客户的距离越远，则周转量越大，费用也越高。因此，在物流节点选址规划决策中，是在成本最小化的前提下考虑物流量最大化。

4. 发展潜力最大化

由于物流节点投资大、服务时间长，一旦建成则难以更改，因此，决策人员在物流节点选址规划时不仅要考虑现有条件下的成本、服务等目标，还要考虑将来发展的潜力，包括物流节点扩展的可行性以及客户需求变化的适应性。

5. 综合评价目标

在物流节点选址规划中，仅仅从成本、服务、物流量和发展潜力等各个单一目标考虑可能还不够，还需要采用多目标规划的方法来综合评价。

3.1.3 物流节点选址规划的影响因素及一般原则

物流节点选址规划的约束条件主要包括需求条件（客户分布、未来分布预测、物流量的增长率及分布特征）、运输条件（地理位置、交通状况、未来交通规划）、配送服务条件（货物发送频率、配送距离和服务范围等）、用地条件（物流节点面积、使用期限等）、法规制度等。

物流节点选址规划问题实际就是对与选址有关的成本进行的一种权衡，因而成本也是一个至关重要的因素。与选址有关的成本包括生产和采购成本、仓储和搬运成本、仓库固定成本、库存持有成本、订单处理成本、运输成本等。国外的有关研究提出，影响物流节点选址规划的主要因素有 6 大类，如表 3-1 所示。

表 3-1 物流节点选址规划的影响因素

分　类	因　素
费用结构	土地取得方式和费用、建筑费用、税收、保险及其他
法律规定	分区规划、租借条款、地方商业规章
人口统计	人口基数、收入情况、劳动力供给
交通运输	运输类型及流量、运输方式、到达车站或港口的便利程度
竞争特征	竞争对手、类型
备选地点特征	停车的便利性、建筑物的状况、从其他主要街道到此地的能见度

注：引自 Chosh 和 Melafferty（1987）的相关研究。

综合国内外有关研究和分析，在实际的物流节点选址规划中，不但要考虑每个选址方案引起的运输成本和库存成本的变化，而且要考虑诸多因素的影响。这些因素可分为外部因素和内部因素两大类。外部因素主要包括宏观政治及经济因素、基础设施及环境条件、竞争对手的发展状况等；内部因素主要包括企业的发展战略、产品或服务的特征等。

1. 选址规划的外部影响因素

（1）宏观政治及经济因素：主要考虑选址地区的长远经济和社会发展战略、社会稳定性程度、法律法规的约束和限制条件等。其中，宏观经济因素主要有税收政策、关税、汇率、产业政策等。这些都与选址规划直接相关。

（2）基础设施及环境条件：主要包括物流基础设施、通信等公共设施的可利用性、交通运输状况与运输费率。在企业运作中，物流成本往往要超过制造成本，而一套良好、快捷的交通基础设施对于降低物流成本会起到至关重要的作用。其他环境因素包括气象条件、地质条件、水文条件、地形条件等。

（3）竞争对手的发展状况：主要根据竞争对手的发展状况及本企业产品或服务的自身特征，来决定选址规划是靠近竞争对手还是远离竞争对手。

2. 选址规划的内部影响因素

在进行选址规划时要使选择的方案与企业的发展战略相适应，与生产产品或提供服务的特征相匹配。企业的发展战略对物流节点选址规划有重要影响。例如，对制造型的企业而言，发展实用性还是创新性产品就是企业的长远发展战略，实用性产品因其需求稳定而且量大、产品生命周期长、利润率低，且低成本运营是企业的发展战略，因此在选址决策时必然会选择生产成本较低的地区建立配送中心。相反，选择创新性产品时，因为这类产品需求的不确定性，需要建立快速反应的物流系统，所以在选址时会考虑地价较高、交通发达的地区建立配送中心，而这些地方往往成本较高。

当然，在进行选址规划时还需要考虑其他很多因素，比如环境保护要求等，因为物流节点在设置时需要考虑保护自然环境与人文环境等因素，要尽可能降低对城市生活的干扰，所以对于大型的物流节点应尽量设置在远离市区的地方。

3. 物流节点选址规划的一般原则

综合性物流节点选址规划一般按照以下原则来确定。

(1) 位于城市中心区的边缘地区，一般在城市道路网的外环线附近。
(2) 位于交通枢纽中心地带，至少有两种运输方式连接，特别是铁路和公路。
(3) 位于土地资源开发较好的地区，用地充足，成本较低。
(4) 位于城市的物流节点附近，现有物流基础较好，可利用和整合现有物流资源。
(5) 有利于整个地区物流网络的优化和信息资源的利用。

3.2 物流节点选址规划的定性分析法

物流节点选址规划的定性分析法主要根据选址影响因素和选址原则，依靠专家或管理人员的经验、知识及其综合分析能力，确定物流节点的具体地址。定性分析法的优点是注重历史经验，简单易行；缺点是容易犯经验主义和主观主义的错误，而且当可选点较多时，不易做出理想的决策，导致决策的可靠性不高。在实际应用中常用的定性分析法主要有德尔菲法、头脑风暴法等。

3.2.1 德尔菲法

德尔菲法也称专家调查法，是一种将所需解决的问题单独发送到各个专家手中，征询意见，然后全部回收汇总，并整理出专家的综合意见；随后将该综合意见和预测问题再分别反馈给专家，再次征询意见，各专家依据综合意见修改自己原有的意见，然后再汇总，这样多次反复，逐步取得比较一致的预测结果的决策方法。

20 世纪 60 年代以后，德尔菲法被世界各国广泛用于评价政策、协调计划、预测经济与技术、组织决策等活动中。这种方法比较简单，节省费用，能把有理论知识和实践经验的各方面专家对同一问题的意见集中起来。它适用于研究资料少、未知因素多、主要靠主观判断和粗略估计来确定的问题，是较多地用于长期预测与动态预测的一种重要的预测和决策方法。

1. 德尔菲法的特征

(1) 资源利用的充分性。由于吸纳不同的专家参与预测和决策，故充分利用了专家的经验和学识。
(2) 最终结论的可靠性。由于采用匿名或背靠背的方式，因而能使每一位专家独立地做出自己的判断，不会受到其他繁杂因素的影响。
(3) 最终结论的统一性。决策过程必须经过几轮的反馈，使专家的意见逐渐趋同。

德尔菲法具有的以上这些特点，使它在诸多判断、预测或决策手段中脱颖而出。这种方法的优点主要是简便易行，具有一定科学性和实用性，可以避免会议讨论时产生的害怕权威、随声附和，或固执己见，或因顾虑情面而不愿与他人意见冲突等弊病；同时，这也可以使大家发表的意见较快集中，参加者也易接受结论，具有一定程度的综合意见的客观性。

2. 德尔菲法的具体实施步骤

（1）组成专家小组。按照课题所需要的知识范围来确定专家。专家人数的多少，可根据预测课题的大小和涉及面的宽窄而定，一般不超过 20 人。

（2）向所有专家提出相关的节点选址问题及有关要求，并附上有关这个问题的所有背景材料，同时请专家提出还需要什么材料。然后，由专家做书面答复。

（3）各个专家根据他们所收到的材料，提出自己的选址意见，并说明自己是怎样利用这些材料并提出候选点的。

（4）将各位专家第一次判断意见汇总，列成图表，进行对比，再分发给各位专家，让专家比较自己同他人的不同意见，修改自己的意见和判断。也可以把各位专家的意见加以整理，或请身份更高的其他专家加以评论，然后把这些意见再分发给各位专家，以便他们参考后修改自己的意见。

（5）将所有专家的修改意见收集起来并汇总，再次分发给各位专家，以便做第二次修改。逐轮收集意见并向专家反馈信息是德尔菲法的主要环节。收集意见和信息反馈一般要经过三四轮。在向专家进行反馈的时候，只给出各种意见，但并不说明发表各种意见的专家的具体姓名。将这一过程重复进行，直到每一个专家不再改变自己的意见为止。

（6）对专家的意见进行综合处理，确定最优选址点。

3. 德尔菲法的优缺点

德尔菲法同常见的召集专家开会、通过集体讨论、得出一致决策意见的专家会议法既有联系又有区别。德尔菲法能发挥专家会议法的优点。

（1）能充分发挥各位专家的作用，集思广益，准确性高。

（2）能把各位专家意见的分歧点表达出来，取各家之长，避各家之短。

同时，德尔菲法又能避免专家会议法的缺点。

（1）权威人士的意见影响其他人的意见。

（2）有些专家碍于情面，不愿意发表与其他人不同的意见。

（3）有些专家出于自尊心而不愿意修改自己原来不全面的意见。

德尔菲法的主要缺点是过程较复杂，花费时间较长。

从上述内容可以看出，德尔菲法能否取得理想的结果，关键在于调查对象的人选及其对所调查问题掌握的资料和熟悉的程度。调查主持人的水平和经验也是一个很重要的因素。了解德尔菲法的优点，同时又认识到它的缺点，有助于决策人员更恰当地使用这种方法。

3.2.2 头脑风暴法

头脑风暴法又称智力激励法、脑力激荡法，是由美国创造学家 A. F. 奥斯本于 1939 年首次提出，1953 年正式发表的一种激发创造性思维的方法。在群体决策中，由于群体成员心理相互作用影响，故易屈于权威或大多数人的意见，形成所谓的"群体思维"。群体思维削弱了群体的批判精神和创造力，损害了决策的质量。为了保证群体决策的创造性，提高决策质量，管理上发展了一系列改善群体决策的方法，头脑风暴法是较为典型的一个。

头脑风暴法又可分为直接头脑风暴法（通常简称为头脑风暴法）和质疑头脑风暴法（也称反头脑风暴法）。前者是在专家群体决策中尽可能激发创造性，产生尽可能多的设想的方法，后者则是对前者提出的设想、方案逐一质疑，分析其现实可行性的方法。

采用头脑风暴法组织群体决策时，要集中有关专家召开专题会议，主持人以明确的方式向所有参与者阐明问题，说明会议的规则，尽力创造融洽轻松的会议气氛。一般不发表意见，以免影响会议的自由气氛。应让专家们"自由"提出尽可能多的方案。

1. 头脑风暴法的要求

（1）组织形式。

参加人数一般为5~10人（课堂教学也可以班为单位），最好由不同专业或不同岗位者组成。会议时间控制在1小时左右。

设主持人1名，主持人只主持会议，对设想不做评论。设记录员1~2人，要求记录员认真将与会者的每一设想都完整地记录下来，不论好坏。

（2）会议类型。

1）设想开发型：这是为获取大量的设想、为课题寻找多种解题思路而召开的会议。因此，要求参与者要善于想象，语言表达能力要强。

2）设想论证型：这是为将众多的设想归纳转换成实用型方案而召开的会议。因此，要求与会者善于归纳、善于分析判断。

（3）会前准备工作。

1）要明确会议主题。将会议主题提前通报给与会者，让与会者有一定准备。

2）选好主持人。主持人要熟悉并掌握该技法的要点和操作程序，摸清主题现状和发展趋势。

3）与会者要有一定的训练基础，懂得该会议提倡的原则和方法。

4）会前可进行柔化训练，即对缺乏创新锻炼者进行打破常规思考、转变思维角度的训练活动，以减少思维惯性，从单调紧张的工作环境中解放出来，以饱满的创造热情投入设想活动。

（4）会议原则。

为使与会者畅所欲言，互相启发和激励，达到较高的效率，必须严格遵守下列原则。

1）禁止批评和评论，也不要自谦。主持人对别人提出的任何想法都不能批判，不得阻拦。即使自己认为别人提出的设想是幼稚的、错误的，甚至是荒诞离奇的，也不得予以驳斥，同时也不要自我批判，要在心理上调动每一个与会者的积极性，彻底防止出现一些"扼杀性语句"和"自我扼杀语句"。诸如"这根本行不通""你这想法太陈旧了""这是不可能的""这不符合××定律"，以及"我提一个不成熟的看法""我有一个不一定行得通的想法"等语句。只有这样，与会者才可能在充分放松的心境下，在别人设想的激励下，集中全部精力开拓自己的思路。

2）让与会者目标集中，追求设想数量，越多越好。在智力激励法实施会上，只强制大家提设想，越多越好。会议以谋取设想的数量为主要目标。

3）主持人应鼓励巧妙地利用和改善他人的设想，这是激励的关键所在。每个与会者都要从他人的设想中激励自己，从中得到启示，或补充他人的设想，或将他人的若干设想综合起来提出新的设想等。

4）与会者一律平等，记录员要将各种设想全部记录下来。不论是该方面的专家、员工，还是其他领域的学者，以及该领域的外行，与会者一律平等。与会者提出的各种设想，不论大小，记录员都要认真地将其完整地记录下来。

5）会议主张独立思考，不允许私下交谈，以免干扰别人的思维。主持人应提倡自由发言，畅所欲言，任意思考。会议应提倡随便思考、任意想象、尽量发挥，主意越新、越怪越好，因为它能启发与会者推导出好的观点。

6）不要强调个人的成绩，应以小组的整体利益为重，注意和理解别人的贡献，人人创造民主环境，不因多数人的意见阻碍个人新观点的产生，激发个人追求更多、更好的主意。

（5）会议实施步骤。

1）会前准备：落实与会者、主持人和会议主题，必要时可进行柔化训练。

2）设想开发：由主持人公布会议主题并介绍与主题相关的参考情况，与会者要突破思维惯性，大胆进行联想。主持人要控制好时间，力争在有限的时间内获得尽可能多的创意性设想。

3）设想的分类与整理：一般分为实用型和幻想型两类。前者是指目前的技术工艺可以实现的设想，后者指目前的技术工艺还不能实现的设想。

4）完善实用型设想：对实用型设想再用头脑风暴法去论证，进行二次开发，进一步扩大设想的实现范围。

5）幻想型设想再开发：对幻想型设想，再用头脑风暴法进行开发，通过进一步开发，就有可能将创意的萌芽转化为成熟的实用型设想。这是头脑风暴法的一个关键步骤，也是该方法质量高低的明显标志。

（6）主持人的技巧。

主持人应懂得各种创造思维和技法，会前要向与会者重申会议应严守的原则和纪律，善于激发成员思考，使场面轻松活跃而又不失头脑风暴法的规则。

可让与会者轮流发言，每轮每人简明扼要地说清楚一个创意设想，避免形成辩论会和发言不均。

主持人要以赏识激励的词句、语气和微笑点头的行为语言鼓励与会者多提出设想，如说"对，就是这样""太棒了""好主意！这一点对开阔思路很有好处"等。禁止使用下面的话语："这点别人已说过了""实际情况会怎样呢""请解释一下你的意思""就这一点有用""我不赞赏那种观点"等。同时，主持人要经常强调设想的数量，比如平均3分钟内要发表10个设想。

遇到人人皆计穷智短，出现暂时停滞的情况时，主持人可采取一些措施，如休息几分钟，可以散步、唱歌、喝水等，之后再进行几轮头脑风暴，或发给每人一张与问题无关的图画，要求讲出从图画中所获得的灵感等。

根据主题和实际情况需要，主持人要引导大家掀起一次又一次的头脑风暴。如主题是某产品的进一步开发，主持人可以将改进产品配方思考作为第一次头脑风暴，将降低成本思考作为第二次头脑风暴，将扩大销售思考作为第三次头脑风暴等。又如，对某一问题解决方案的讨论，引导大家掀起"设想开发"的头脑风暴，及时抓住"拐点"，适时引导进入"设想论证"的头脑风暴。

主持人要掌握好时间，会议持续 1 小时左右，形成的设想应不少于 100 种。但最好的设想往往是会议要结束时提出的。因此，预定的结束时间到了以后可以根据情况再延长 5 分钟，这是与会者们容易提出好设想的时候。如果在 1 分钟里再没有新主意、新观点出现，主持人可以宣布头脑风暴会议结束或告一段落。

2. 头脑风暴法的原则

头脑风暴法中与会者应遵守如下原则。

（1）庭外判决原则。对各种意见、方案的评判必须放到最后阶段，此前不能对别人的意见提出批评和进行评价。认真对待任何一种设想，而不管其是否适当和可行。

（2）欢迎各抒己见。创造一种自由的气氛，激发参与者提出各种"荒诞"的想法。

（3）追求数量。意见越多，产生好意见的可能性越大。

（4）探索取长补短和改进办法。除提出自己的意见外，还应鼓励其他与会者对他人已经提出的设想进行补充、改进和综合。

（5）循环进行。

（6）每人每次只提一个建议。

（7）没有建议时说"过"。

（8）不要相互指责。

（9）要有耐心。

（10）可以使用适当的幽默。

（11）鼓励创造性。

（12）整合并改进其他人的建议。

3. 头脑风暴法中的专家小组

为提供一个良好的创造性思维环境，应该确定专家会议的最佳人数和会议进行的时间。经验证明，专家小组规模以 10~15 人为宜，会议时间一般以 20~60 分钟效果最佳。专家的人选应严格限制，便于与会者把注意力集中于所涉及的问题。

（1）具体应按照下述 3 个原则选取。

1）如果与会者相互认识，要从同一职位（职称或级别）的人员中选取。领导层的人员不应参加，否则可能对参与者造成某种压力。

2）如果与会者互不认识，可从不同职位（职称或级别）的人员中选取。这时不应宣布与会者的职称，不论成员的职称或级别的高低如何，都应同等对待。

3）与会者的专业应力求与所论及的决策问题相一致，这并不是专家小组成员的必要条件。但是，专家小组中最好包括一些学识渊博，对所论及问题有较深理解的其他领域的专家。

（2）头脑风暴法专家小组应由下列人员组成。

1）方法论学者：专家会议的主持者。

2）设想产生者：专业领域的专家。

3）分析者：专业领域的高级专家。

4）演绎者：具有较高逻辑思维能力的专家。

头脑风暴法的所有与会者，都应具备较高的联想思维能力。在进行"头脑风暴"时，应尽可能提供一个有助于把注意力高度集中于所讨论问题的环境。有时某个人提出的设想，可能正是其他准备发言的人已经思考过的设想。其中一些最有价值的设想，往往是在已提出设想的基础之上，经过"思维共振"的头脑风暴迅速发展起来的设想，以及对两个或多个设想的综合设想。因此，头脑风暴法产生的结果，应当认为是专家小组成员集体创造的成果，是专家小组这个宏观智能结构互相"感染"的总体效应。

4. 头脑风暴法的操作程序

（1）准备阶段。选址规划的负责人应事先对所议问题进行一定的研究，弄清问题的实质，找到问题的关键，设定解决问题所要达到的目标。同时选定与会者，一般以 5~10 人为宜，不宜太多。然后将会议的时间、地点、所要解决的问题、可供参考的资料和设想、需要达到的目标等事宜一并提前通知与会者，让大家做好充分的准备。

（2）热身阶段。这个阶段的目的是创造一种自由、宽松、祥和的氛围，使大家得以放松，进入一种轻松的状态。主持人宣布开会后，先说明会议的规则，然后随便找点有趣的话题或问题，让与会者的思维处于轻松和活跃的状态。如果所提问题与会议主题有着某种联系，大家便会轻松自如地导入会议主题，效果自然更好。

（3）明确问题。主持人扼要地介绍有待解决的问题。介绍时须简洁、明确，不可过分周全，否则，过多的信息会限制人的思维，干扰思维创新。

（4）重新表述问题。经过一段时间的讨论后，与会者对问题已经有了较深程度的理解。这时，为了使大家对问题的表述能够具有新角度、新思维，主持人或记录人员要记录大家的发言，并对发言记录进行整理。通过对记录的整理和归纳，找出富有创意的见解，以及具有启发性的表述，供下一步畅谈时参考。

（5）畅谈阶段。畅谈是头脑风暴法的创意阶段。为了使与会者能够畅所欲言，需要制定的规则是：第一，不要私下交谈，以免分散注意力；第二，不妨碍他人发言，不去评论他人发言，每人只谈自己的想法；第三，发表见解时要简单明了，一次发言只谈一种见解。主持人首先要向大家宣布这些规则，随后引导大家自由发言、自由想象、自由发挥，使彼此相互启发、相互补充，真正做到知无不言、言无不尽、畅所欲言，然后将会议发言记录进行整理。

（6）筛选阶段。会议结束后的一两天内，主持人应向与会者了解大家会后的新想法和新思路，以补充会议记录。然后将大家的想法整理成若干方案，再根据选址规划的一般标准，诸如可行性、创新性、可实施性等标准进行筛选。经过多次反复比较和优中择优，最后确定

1~3 个最佳方案。这些最佳方案往往是多种创意的优势组合，是大家的集体智慧综合作用的结果。

5. 对头脑风暴法的评价

实践经验表明，头脑风暴法可以排除折中方案，对所讨论的问题通过客观、连续的分析，找到一组切实可行的方案。头脑风暴法主要有以下优点。

（1）激发了想象力，有助于发现新的风险和全新的解决方案。

（2）让主要的利益相关者参与其中，有助于进行全面沟通。

（3）速度较快并易于开展。

同时，头脑风暴法的局限有以下几个。

（1）与会者可能缺乏必要的技术及知识，无法提出有效的意见。

（2）由于头脑风暴法相对松散，因此较难保证过程的全面性。

（3）可能会出现特殊的小组情况，导致某些有重要观点的人保持沉默而其他成员成为参与讨论的主角。

（4）实施成本较高，要求与会者有较好的素质，这一因素是否满足会影响头脑风暴法实施的效果。

3.3 单一物流节点选址规划的技术和方法

随着应用数学和计算机技术的发展，物流节点选址规划的方法不再只是定性的方法，更多的定量分析方法通过建立模型来寻求选址规划方案。本节首先讨论单一物流节点的选址规划技术和方法。

单一物流节点选址规划就是确定物流节点的最优位置，目标是使总运营成本最小。物流节点选址的固定费用一般是最初投资，包括土地的取得和使用、设备建筑费用。单一物流节点选址规划可以采用最简单的方法。这里所提出的模型考虑的是开放连续解空间和基于运输费用的目标函数。

单一物流节点选址规划方法可以用来为工厂、车站、仓库或零售/服务点选址。由于这类选址只包括运输费率和该节点的货物运输量，所以其求解方法很简单。数学上，该模型可被归结为静态连续型选址模型。问题描述如下：已知现有节点位置、节点之间的运输量，确定使总运输费用最小的最优选址方案。

3.3.1 物流节点选址规划问题中的距离计算方法

物流节点选址规划问题模型中，最基本的一个参数是各个节点之间的距离。已知两节点的坐标，一般采用 3 种方法来计算节点之间的距离：①直线距离，也叫欧几里得距离；②折线距离，也叫城市距离，如图 3-1 所示，这两种计算方法最为常见；③大圆距离，利用球面三角学计算。

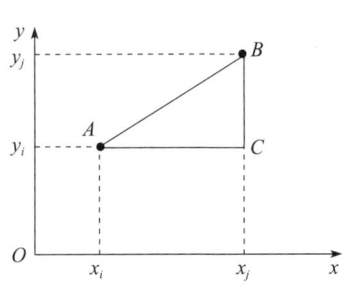

图 3-1 直线距离与折线距离

1. 直线距离

当物流选址区域的范围较大时，物流节点间的距离常用直线距离近似代替，或者用直线距离乘以一个适当的常数 β 来代替实际距离，比如城市间的运输距离、大型物流园区间的间隔距离都可以用直线距离来近似计算。

区域内两点 $A(x_i, y_i)$ 与 $B(x_j, y_j)$ 之间的直线距离 d_{ij} 的计算公式如下：

$$d_{ij} = \beta_{ij}\sqrt{(x_i - x_j)^2 + (y_i - y_j)^2} \tag{3-1}$$

其中，β_{ij} 称为迂回系数，$\beta_{ij} \geq 1$，一般可取定一个常数，当 $\beta_{ij} = 1$ 时，d_{ij} 即为平面上的几何直线距离。β_{ij} 取值大小与区域内的交通情况有关：在交通发达地区，一般取值较小；反之，取值较大。例如，在北美洲，$\beta_{ij} = 1.2$；在南美洲，$\beta_{ij} = 1.26$ 等。

2. 折线距离

如图 3-1 所示，折线距离也叫城市距离，当选址区域的范围较小而且区域内道路较规则时，可以用折线距离代替两点间的距离。如城市内的配送问题，具有直线通道的配送中心、工厂及仓库内的布置、物料搬运设备的顺序移动等问题。折线距离的计算公式如下：

$$d_{ij} = |AC| + |BC| = \beta_{ij}(|x_i - x_j| + |y_i - y_j|) \tag{3-2}$$

3. 大圆距离

由于各种地图制图技术都是将球体映射到平面上，因此必然会引起变形。所以用平面坐标来计算距离可能会产生计算误差，误差大小取决于地图映射方法以及在地图的什么位置计算距离。更好的计算方法是利用经纬度坐标和大圆距离公式。大圆距离公式不仅能避免平面地图的误差，而且考虑了地球的弯曲程度。大圆距离的计算公式如下：

$$d_{AB} = 3959\{\arccos[\sin(\text{LAT}_A) \times \sin(\text{LAT}_B) + \cos(\text{LAT}_A) \times \cos(\text{LAT}_B) \times \cos|\text{LONG}_A - \text{LONG}_B|]\} \tag{3-3}$$

式中 d_{AB}——点 A 与点 B 之间的大圆距离（英里[⊖]）；

LAT_A——点 A 的经度（弧度）；

LAT_B——点 B 的经度（弧度）；

LONG_A——点 A 的纬度（弧度）；

LONG_B——点 B 的纬度（弧度）。

3.3.2 单一物流节点的选址规划方法

我们先以一个简单的例子来理解物流节点的选址规划问题。例如，在一条直线上（街道）选择一个位置（快递点），即一种设施选址，为了能让这条街上的所有居民到达快递点的平均距离最短，当然，在不考虑其他因素的情况下，这条街的中点是最为合理的位置。更为现实的情况是，街道各个位置上可能出现客户的概率是不一样的，这时就需要给整条街的

⊖ 1 英里 = 1 609.344 米。

不同位置加上一个权重 w_i 进行分析。在权重等外部条件都确定的情况下,这个中值问题可以用如下目标函数来表示:

$$\min Z = \sum_{i=0}^{p} w_i(p - x_i) + \sum_{i=p}^{n} w_i(x_i - p) \tag{3-4}$$

$$\min Z = \int_{x=0}^{p} w(x)(p - x)\mathrm{d}x + \int_{x=p}^{L} w(x)(p - x)\mathrm{d}x \tag{3-5}$$

式中 w_i——街道上第 i 个位置出现客户的概率,$i=1,2,\cdots,n$;

x_i——街道上第 i 个位置到所选地址 p 的距离,$i=1,2,\cdots,n$;

p——选址的位置,$p=1,2,\cdots,n$(离散时)或者 $1\leqslant p\leqslant L$(连续时);

L——街道的长度。

式(3-4)适用于离散模型,而式(3-5)适用于连续模型。上述模型是无约束的极值问题,因此求解时,先对等式两边求微分,然后令其微分值为零,结果如下:

$$\frac{\mathrm{d}Z}{\mathrm{d}s} = \sum_{i=0}^{p} w_i - \sum_{i=p}^{n} w_i = 0 \tag{3-6}$$

$$\frac{\mathrm{d}Z}{\mathrm{d}s} = \int_{x=0}^{p} w(x)\mathrm{d}x + \int_{x=p}^{L} w(x)\mathrm{d}x = 0 \tag{3-7}$$

上述模型的计算结果说明:新设置的快递点位于权值的中点,即快递点的左右两边的权重和都占 50%。

以上简单地介绍了一维的单一物流节点的选址。下面将详细介绍单一物流节点的选址决策中较为复杂的模型和方法:交叉中值模型和精确重心法。

1. 交叉中值模型

交叉中值模型是利用城市距离来进行距离计算,用来解决连续点选址规划的一种有效模型和方法。所谓连续点选址,是指在一条线路或一个平面区域内任何一个位置都可以作为选址问题的候选解。

通过交叉中值的方法可以对单一物流节点的选址问题在一个平面上的加权的城市距离和进行最小化。其相应的目标函数为

$$\min H = \sum_{i=0}^{n} w_i(|x_i - x_0| + |y_i - y_0|) \tag{3-8}$$

式中 w_i——与第 i 个需求点对应的权重(如需求量、客户人数或重要性等);

x_i, y_i——第 i 个需求点的坐标;

x_0, y_0——物流节点的坐标;

n——需求点(客户)总的数量。

需要注意的是,由于是城市距离,故其目标函数可以用两个相互独立的部分来表示:

$$H = \sum_{i=0}^{n} w_i(|x_i - x_0|) + \sum_{i=0}^{n} w_i(|y_i - y_0|) = H_x + H_y \tag{3-9}$$

其中:

$$H_x = \sum_{i=0}^{n} w_i |x_i - x_0| \tag{3-10}$$

$$H_y = \sum_{i=0}^{n} w_i |y_i - y_0| \tag{3-11}$$

也就是说，该选址问题可以分解为 x 轴上的选址决策和 y 轴上的选址决策。求式（3-7）的最优解等价于求式（3-10）和式（3-11）的最小值。跟前面介绍的在一条街道上布局一个快递点的选址问题一样，选择的是所有可能需要服务对象到目标点的绝对距离总和最小的点，即中值点。如此，平面区域内的选址问题可以分解为求 x 轴上的中值点与 y 轴上的中值点，其最优位置求解如下。

x_0 是在 x 方向的所有权重 w_i 的中值点。

y_0 是在 y 方向的所有权重 w_i 的中值点。

考虑到 x_0、y_0 两者可能是唯一值或某一范围的值，因而最优的位置也相应地可能是一个点，或者是一条线，或者是一个区域。

例 3-1 某配送企业想在一个地区开设一个新的快递点，主要的服务对象是附近的 5 个居民小区，它们是新快递点的主要顾客源。图 3-2 是这些需求点的位置示意图，表 3-2 为各个需求点对应的坐标和权重，权重代表每个月潜在的顾客需求总量，基本近似于小区中总的居民数量。经理希望通过这些信息来确定一个合适的快递点的位置，要求快递员每个月所行走的距离总和最小。

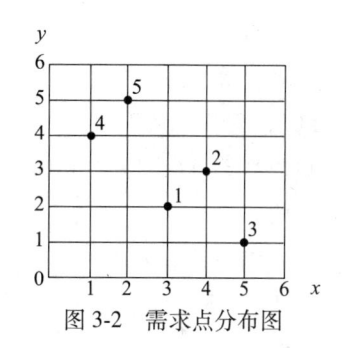

图 3-2 需求点分布图

表 3-2 需求点的坐标和权重

需求点	x 坐标	y 坐标	权重 w_i
1	3	2	3
2	4	3	1
3	5	1	8
4	1	4	3
5	2	5	7

解： 用交叉中值模型求解。首先确定需求点的中值，从表 3-2 中容易得到中值 $\overline{W} = (3+1+8+3+7)/2 = 11$。

计算过程如表 3-3 和表 3-4 所示。为了找到中值点 x_0，先将各需求点沿 x 轴方向从左往右排序为 4、5、1、2、3，再从左往右计算权重，得到快递点位置不会超过第 1 需求点，即在 x 轴方向上的刻度 2 至 3 之间（权重之和不能超过 11），不会大于刻度 3；同样，从右往左计算权重，得到快递点位置不会超过第 1 需求点，即在 x 轴方向上只能选址一个有效的中值点：刻度 3 的位置。

表 3-3　从 x 轴方向计算的中值点

需求点	沿 x 轴的位置	$\sum w$
从左往右		
4	1	3
5	2	7+3=10
1	3	7+3+3=13
2	4	
3	5	
从右往左		
3	5	8
2	4	8+1=9
1	3	8+1+3=12
5	2	
4	1	

表 3-4　从 y 轴方向计算的中值点

需求点	沿 y 轴的位置	$\sum w$
从上往下		
5	5	7
4	4	7+3=10
2	3	7+3+1=11
1	2	
3	1	
从下往上		
3	1	8
1	2	8+3=11
2	3	
4	4	
5	5	

接着从 y 轴方向寻找中值点 y_0，为了找到中值点 y_0，先将各需求点沿 y 轴方向从上往下排序为 5、4、2、1、3，再计算权重，得到快递点位置恰好在第 2 需求点（权重之和为 11）；同样，从下往上计算权重，得到在第 1 需求点权重之和恰好为 11，即在 y 轴上在刻度 2 至 3 之间选址都是一样的。

综合考虑 x 轴、y 轴方向的中值点，快递点最后的选址为 $A(3,3)$、$B(3,2)$ 之间的线段上的任意一点，如图 3-3 所示。

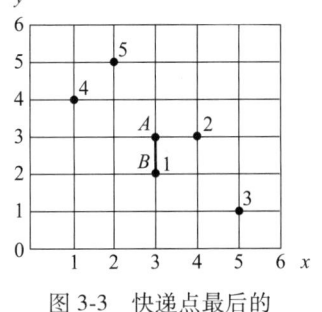

图 3-3　快递点最后的选址方案

2. 精确重心法

重心法（the centre-of-gravity method）是一种设置单个厂房或仓库的方法，这种方法主要考虑的因素是现有设施之间的距离和要运输的货物量，经常应用于中间仓库或分销仓库的选择。

重心法是一种模拟方法。这种方法将物流系统中的需求点和资源点看成是分布在某一平面范围内的物流系统，各点的需求量和资源量分别看成是物体的重量，将物体系统的重心作为物流节点的最佳设置点，利用求物体系统重心的方法来确定物流节点的位置。

重心法一般应用于一元节点选址规划。一元节点选址是指在计划区域内设置节点数目唯一的物流节点选址规划问题。在流通领域中，一元节点选址问题并不多，较多的是多元节点选址规划问题。不过，对于多元节点选址，为了使模型简单化，减少计算工作量，有时将它变换成一元节点选址规划问题来处理。

（1）重心法的假设条件。

重心法主要解决从起点到终点的运输流量构成的物流节点选址规划问题。利用重心法进行决策的依据是产品的运输费用最小化，这样就涉及如下 4 个假设前提条件。

1) 需求量集中于某一点上。实际上来自分散于区域内的多个需求点，市场的重心通常被当作需求的聚集地，因而会出现某些计算误差，因为计算出的运输费用是到需求聚集地的，而不是到每个实际需求点的。因此，在实际计算时，需要对需求点进行有效的聚类，减少计算误差。

2) 物流选址区域内不同地点的物流节点的建设费用、运营费用相同。模型不区分在不同地点建设物流节点所需要的投资成本（土地成本等）、经营成本（劳动力成本、库存持有成本、其他各项费用等）之间的差别。

3) 运输费用随运输距离成正比增加，呈现线性关系。实际上，多数运价是由不随运距变化的固定费用（起步价）和随运距变化的分段可变费率组成的，起步价和运价分段可变费率则改变了运价的现行特征。

4) 运输路线为空间直线。实际上这样的情况很少，因为运输总是在一定的公路网络、铁路线路、城市道路网络中进行的。因此，可以在模型中引入迂回系数把直线距离转化为近似的公路、铁路，或其他运输网络里程。

(2) 问题描述及模型的建立。

设有 n 个客户 P_1，P_2，$\cdots$，P_n 分布在平面上，其坐标分别为 (x_j, y_j)，$j=1, 2, \cdots, n$。各客户的需求量为 w_j，准备设置一个配送中心为这些客户服务，现假设配送中心的位置为 $P_0(x_0, y_0)$，希望确定配送中心的位置，使总的运输费用最小。总运输费用计算公式为

$$H = \sum_{j=1}^{n} c_j \cdot w_j \cdot d_j = \sum_{j=1}^{n} c_j \cdot w_j \cdot [(x_0 - x_j)^2 + (y_0 - y_j)^2]^{1/2} \tag{3-12}$$

式中 c_j——配送中心 P_0 到客户 P_j 每单位运量、单位距离所需运费；

w_j——客户 P_j 的需求量；

d_j——配送中心 P_0 到客户 P_j 的直线距离。

求 H 的极小值点 (x_0^*, y_0^*)。由于式（3-12）是凸函数，其最优解的必要条件为

$$\frac{\partial H}{\partial x_0} = 0, \quad \frac{\partial H}{\partial y_0} = 0 \tag{3-13}$$

得到：

$$x_0^* = \frac{\sum_{j=1}^{n}(c_j \cdot w_j \cdot x_j/d_j)}{\sum_{j=1}^{n}(c_j \cdot w_j/d_j)}, \quad y_0^* = \frac{\sum_{j=1}^{n}(c_j \cdot w_j \cdot y_j/d_j)}{\sum_{j=1}^{n}(c_j \cdot w_j/d_j)}$$

上式中右端 d_j 中仍含有未知数 x_0、y_0，因此不能一次求得显式解，但可以导出关于 x_0、y_0 的迭代式：

$$x_0^{(k+1)} = \frac{\sum_{j=1}^{n}\{(c_j \cdot w_j \cdot x_j)/[(x_0^{(k)} - x_j)^2 + (y_0^{(k)} - y_j)^2]^{1/2}\}}{\sum_{j=1}^{n}\{(c_j \cdot w_j)/[(x_0^{(k)} - x_j)^2 + (y_0^{(k)} - y_j)^2]^{1/2}\}} \tag{3-14}$$

$$y_0^{(k+1)} = \frac{\sum_{j=1}^{n} \{(c_j \cdot w_j \cdot y_j)/[(x_0^{(k)} - x_j)^2 + (y_0^{(k)} - y_j)^2]^{1/2}\}}{\sum_{j=1}^{n} \{(c_j \cdot w_j)/[(x_0^{(k)} - x_j)^2 + (y_0^{(k)} - y_j)^2]^{1/2}\}} \quad (3\text{-}15)$$

应用上述迭代式，可以采用逐步逼近算法求得最优解。

（3）算法。

第一步，选取一个初始的迭代点 $P_0(x_0^{(0)}, y_0^{(0)})$，令：

$$x_0^{(0)} = \sum_{j=1}^{n}(c_j \cdot w_j \cdot x_j) \Big/ \sum_{j=1}^{n}(c_j \cdot w_j) \quad (3\text{-}16)$$

$$y_0^{(0)} = \sum_{j=1}^{n}(c_j \cdot w_j \cdot y_j) \Big/ \sum_{j=1}^{n}(c_j \cdot w_j) \quad (3\text{-}17)$$

然后计算出 P_0 到各客户点的直线距离 $d_j^{(0)}$ 和费用 $H^{(0)}$，令：

$$d_j^{(0)} = [(x_0^{(0)} - x_j)^2 + (y_0^{(0)} - y_j)^2]^{1/2} \quad (3\text{-}18)$$

$$H^{(0)} = \sum_{j=1}^{n}(c_j \cdot w_j \cdot d_j^{(0)}) \quad (3\text{-}19)$$

第二步，根据第一步的 $d_j^{(0)}$，利用式（3-14）、式（3-15）计算 $d_j^{(1)}$、$x_0^{(1)}$、$y_0^{(1)}$、$H^{(1)}$，转第三步。

第三步，若 $H^{(0)} \leq H^{(1)}$，运费已无法减少，输出最优解 $x_0^* = x_0^{(0)}$，$y_0^* = y_0^{(0)}$ 和 $H^* = H^{(0)}$。否则，转第四步。

第四步，令 $x_0^{(0)} = x_0^{(1)}$，$y_0^{(0)} = y_0^{(1)}$，$H^{(0)} = H^{(1)}$，转第二步。

例 3-2 假设有两个工厂向一个仓库供货，由仓库供应三个需求地，工厂一生产 A 产品，工厂二生产 B 产品。工厂与需求地的坐标、货运量和运输费率见表 3-5。请你用精确重心法求出仓库的最优位置。

表 3-5 工厂和需求地的坐标、货运量与运输费率

地点	产品	货运量	运输费率	坐标	
				x	y
工厂一	A	2 000	0.5	3	8
工厂二	B	3 000	0.5	8	2
需求地一	A、B	2 500	0.75	2	5
需求地二	A、B	1 000	0.75	6	4
需求地三	A、B	1 500	0.75	8	8

解：根据式（3-16）、式（3-17）计算初始点位置有：$x_0^{(0)} = 5.16$，$y_0^{(0)} = 5.18$，代入式（3-19）得到 $H^{(0)} = 214\,710$。

将 $x_0^{(0)} = 5.16$，$y_0^{(0)} = 5.18$ 代入式（3-14）、式（3-15），可求得 $x_0^{(1)} = 5.04$，$y_0^{(1)} =$

5.06。计算总的运输费用为：$H^{(1)} = 214\,310$。于是有：$H^{(1)} < H^{(0)}$。因此，需继续迭代计算。通过用 Lingo11 软件程序求出仓库的精确位置为 $x_0^* = 4.91$，$y_0^* = 5.06$。总的运输费用：$H^* = 214\,250$。

（4）精确重心法的优劣势分析。

在利用精确重心法对物流配送中心选址规划决策时，我们所使用的需求量可以是历史数据，也可以是预测数据，但是在确定这些数据后，整个决策过程不会发生任何变化。因此，精确重心法实际上是针对一个静止的状态来选择配送中心位置的。

精确重心法假设运输费用与运输距离成正比变化，而运输距离又采用的是欧几里得距离，这就意味着需求点与配送中心之间的运输为直线运输，显然在一个城市交通状况相对复杂的情况下，尤其是道路、立交桥的存在使直线运输难以实现。而针对跨城市的配送运输，我们可以近似地认为运输过程以直线运输为主。因此，我们在采用精确重心法对区域配送中心选址决策时更为有利。

精确重心法的优点在于计算速度快，能很快找到使运输总费用最低的最佳位置点，但它也存在着一定的缺陷。这些缺陷主要表现在以下 3 个方面。

1）选址模型只考虑了可变运输费用，没有考虑在不同地点建设仓库所需的固定投资不同，也没有考虑在不同地点的建设和运营费用的差异。

2）模型假设运输费用与运输距离呈线性关系，而实际上的运输费用由两部分构成，一部分是不随运输距离变化的固定部分，另一部分是随距离变化的可变部分，且呈非线性关系。

3）模型将待选地点与仓库之间的线路假设为一条直线，实际上运输总是在固有的道路网中进行的，两个设施点之间不可能总是一条直线。一般可根据实际地形选择一个大于 1 的迂回系数，将计算出的距离放大相应倍数，做近似处理。

（5）精确重心法的适用范围。

精确重心法可以解决单个配送中心的选址规划问题，但是由于局限性仍然存在，因此不是任何物流节点选址问题都可以解决。精确重心法是适合解决只设置一个物流中心的简单、连续离散型模型，它对物流节点的选择不加特定限制，有自由选择的长处。可是从另一方面看，精确重心法的模型自由度大也是一个缺点，因为由迭代求得的最佳地点实际上很难找到，有时候甚至是无法实现的，计算出来的地点有时可能在江河湖泊中、街道中间或是人烟稀少的地区。而且，当物流节点的数目较多时，数学模型建立起来十分困难，求解的计算也很复杂。在这种情况下，可以用逐次逼近法来解决。在实际应用中，精确重心法是一种考虑运输费用对物流节点选址影响的解析方法。除此之外，精确重心法在实际应用中还存在着许多问题，如精确重心法常常假设需求量集中于某一点，而实际上需求量来自广阔区域内的多个消费点。运输费用通常假设为随着运输距离的增加而成比例增长，然而大多数的运输费用是由固定部分和可变部分共同组成的。因此，在实际应用中还应借助其他方法对模型进行改进，以达到最佳效果。

尽管有上述局限性，但由于精确重心法计算简单，能快速得到一个理论上的最优点，因此管理者和决策者可以以计算结果为依据，确定一个相邻的位置，作为初始布局方案。因此，精确重心法仍得到广泛应用。

3.4 多物流节点选址规划的技术和方法

现实中，多数物流节点选址规划工作往往是在规划区域范围内，需要同时确定两个或者更多个物流节点的选址，即多物流节点选址规划问题。例如，为现有工厂和市场服务的新仓库的选址、在一个城市里建物流分拨中心等都是多物流节点选址规划问题。这些多物流节点选址规划问题一般可以归纳为以下几个相互联系的基本的规划问题。

(1) 物流网络中应该有多少个节点？应设置在什么位置？

(2) 各物流节点服务于哪些客户或市场区域？物流节点规模有多大？具有哪些功能？

(3) 如何组织货流？各个物流节点的关系如何？运输线如何连接？

解决这些物流选址规划问题的方法有多重心法、覆盖模型、P-中值模型、鲍摩-瓦尔夫（Baumol-Wolfe）法、奎汉-哈姆博茨（Kuehn-Hamburge）模型、CFLP（capacitated facilities location problem）模型等。限于篇幅，本书只介绍多重心法、覆盖模型、CFLP 模型、鲍摩-瓦尔夫法 4 种方法，其他方法读者可以参考其他书籍。

3.4.1 多重心法

如果设置一个物流节点不能满足规划区域内的服务需求，则需要设置多个物流节点（设施）。多重心法就是通过分组后再运用精确重心法来确定多个物流节点的位置和服务指派方案。其步骤如下。

1) 初步分组。将需求点按照一定的原则分成若干群组，组数应等于拟设置的物流节点的数量；每个群组由一个节点负责，确定初步指派方案。这样，形成几个单一物流节点选址规划问题。

2) 计算重心。针对每一个群组的单一物流节点选址规划问题，运用精确重心法确定该群组新的物流节点的位置。

3) 调整分组。对每个需求点分别计算到所有物流节点的运输费用，并将计算结果列表，将每个需求点调整到运输费用最低的那个物流节点负责服务，形成新的群组和指派方案。

4) 重复第 2) 步，直到群组成员不再改变为止。此时的物流节点的位置即为最优选址，指派方案为最优指派方案。

例 3-3 某公司计划建立两个药品配送点向 10 个药品连锁店送货，各药品连锁店的地址坐标和每日需求量如表 3-6 所示，运价均为 1，试确定这两个药品配送点的地址，使送货运输费用最低。

表 3-6　各药品连锁店地址坐标和每日需求量

连锁店序号 j	①	②	③	④	⑤	⑥	⑦	⑧	⑨	⑩
X_j	70	95	80	20	40	10	40	75	10	90
Y_j	70	50	20	60	10	50	60	90	30	40
需求量	8	10	6	5	7	8	12	11	11	9

解：（1）将 10 家药品连锁店分成两组。初步分组为 {①，②，③，④，⑤}、{⑥，⑦，⑧，⑨，⑩}，每组由一个配送点负责送货。

（2）按精确重心法继续迭代计算，求出两个配送点地址坐标：

$$(P_1, Q_1) = (74.34, 46.15), \quad (P_2, Q_2) = (40, 60)。$$

（3）分别计算两个配送点至各连锁店的送货运输费用，计算结果如图 3-4 所示。按运输费用最低的节点送货原则重新分组，调整得到的分组：{①，②，③，⑤，⑧，⑩} 和 {④，⑥，⑦，⑨}。

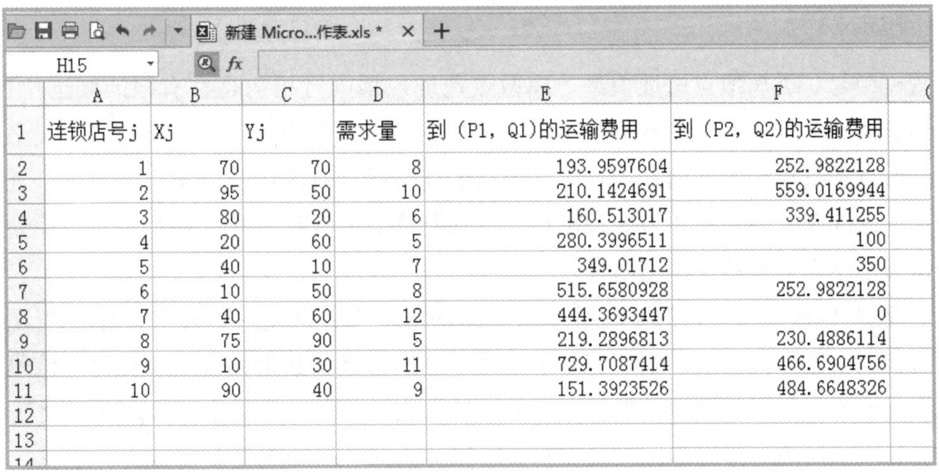

	A	B	C	D	E	F
1	连锁店号j	Xj	Yj	需求量	到（P1，Q1)的运输费用	到（P2，Q2)的运输费用
2	1	70	70	8	193.9597604	252.9822128
3	2	95	50	10	210.1424691	559.0169944
4	3	80	20	6	160.513017	339.411255
5	4	20	60	5	280.3996511	100
6	5	40	10	7	349.01712	350
7	6	10	50	8	515.6580928	252.9822128
8	7	40	60	12	444.3693447	0
9	8	75	90	5	219.2896813	230.4886114
10	9	10	30	11	729.7087414	466.6904756
11	10	90	40	9	151.3923526	484.6648326
12						
13						

图 3-4　两个配送点至各连锁店的送货运输费用

（4）对新分组再次用精确重心法进行迭代计算，求出两个配送点新的地址坐标：

$$(P_1,Q_1) = (87.14,44.29), \quad (P_2,Q_2) = (17.68,49.68)。$$

（5）再次计算两个配送点至各连锁店的送货运输费用，并调整得到新分组：{①，②，③，⑧，⑩} 和 {④，⑤，⑥，⑦，⑨}。

（6）对新分组再次用精确重心法进行迭代计算，求出两个配送点新的地址坐标：

$$(P_1,Q_1) = (90.06,47.84), \quad (P_2,Q_2) = (19.91,45.45)。$$

（7）再次计算两个配送点至各连锁店的送货运输费用，并调整得到新分组仍然为

{①，②，③，⑧，⑩} 和 {④，⑤，⑥，⑦，⑨}。

因此，得到最优选址和指派方案，如图 3-5 所示。两个配送点的地址坐标为 (P_1, Q_1)=(90.06，47.84)，(P_2, Q_2)=(19.91，45.45)，最佳指派方案配送点 P_1 为 {①，②，③，⑧，⑩} 服务，配送点 P_2 为 {④，⑤，⑥，⑦，⑨} 服务。总的运输费用为 1 709.9。

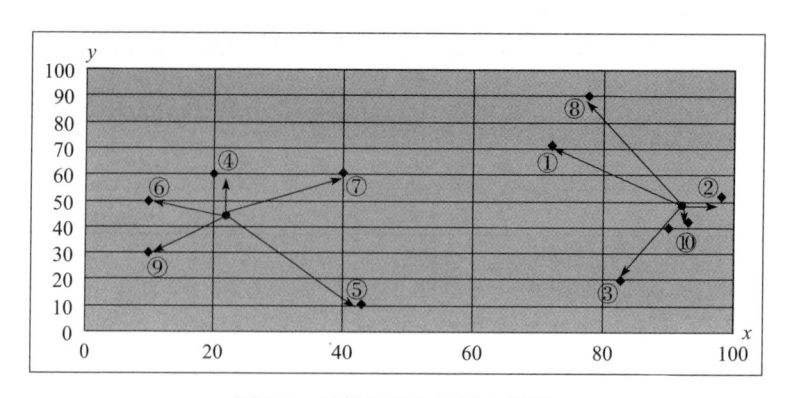

图 3-5　最优选址和指派方案图

其实，上述计算过程完全可以用计算机软件编程实现（如 Lingo11 等），在此我们不再叙述。

3.4.2　覆盖模型

覆盖模型是一类离散点选址模型。离散点选址规划问题指的是在有限的候选位置里面，选取最为合适的一个或一组位置为最优方案，相应的模型称为离散点选址模型。离散点选址模型与连续点选址模型的区别在于：离散点选址模型所拥有的候选方案只有有限个元素。对于离散点选址问题，目前主要有两种模型，分别是覆盖模型和 P-中值模型。覆盖模型常用的有集合覆盖模型和最大覆盖模型两种。

覆盖模型（covering）是对于一些需求已知的需求点，确定一组服务设施来满足这些需求点的需求。在这个模型中，我们需要确定服务设施的最小数量和合适的位置。该模型适用于商业物流系统，如零售点的选址问题、加油站的选址问题、配送中心的选址问题等。

根据解决问题的方法的不同，覆盖模型可以分为两种不同的主要模型。

（1）集合覆盖模型，用最小数量的设施去覆盖所有的需求点，如图 3-6 所示。

（2）最大覆盖模型，在给定数量的设施下，覆盖尽可能多的需求点，如图 3-7 所示。

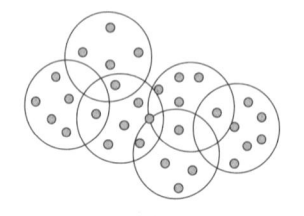

图 3-6　集合覆盖模型　　　　图 3-7　最大覆盖模型

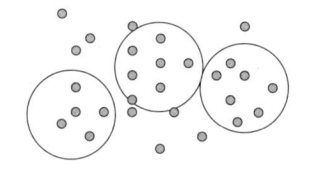

这两类模型的区别是：集合覆盖模型要满足所有需求点的需求，而最大覆盖模型则只覆盖有限的需求点。两种模型的应用情况取决于服务设施的资源充足与否。

1. 集合覆盖模型

集合覆盖模型的目标是用尽可能少的设施去覆盖所有的需求点。其数学模型表达式如下：

$$\min Z = \sum_{i=1}^{m} y_i \tag{3-20}$$

$$\text{s.t.} \sum_{i=1}^{m} x_{ij} = d_j, \quad j \in N \tag{3-21}$$

$$\sum_{j=1}^{n} x_{ij} \leq q_i y_i, \quad i \in M \tag{3-22}$$

$$x_{ij} \geq 0, \quad i \in M, \quad j \in N \tag{3-23}$$

$$y_i \in \{0, 1\}, \quad i \in M \tag{3-24}$$

式中　M——区域中可建设设施的候选点集合，$M=\{1, 2, \cdots, m\}$；

　　　N——区域中的需求点（客户）集合，$N=\{1, 2, \cdots, n\}$；

　　　q_i——设施点 i 的服务能力，$i \in M$；

　　　d_j——第 j 个需求点的需求量，$j \in N$；

　　　y_i——0~1 变量，$y_i=1$，在点 i 建立设施；$y_i=0$，则不在点 i 建立设施，$i \in M$；

　　　x_{ij}——节点 j 需求中被分配给设施点 i 的部分，$x_{ij} \leq 1$。

式（3-20）是目标函数，被选为节点的数目最小化，式（3-21）能保证每个需求点的需求得到满足，式（3-22）是对每个设施的服务能力的限制。y_i 和 x_{ij} 是决策变量，表明了哪些节点被选为设施点，并且指派方案如何。

上述模型是带约束条件的极值问题，有两大类方法可以求解。一是分支定界算法，能够找到小规模问题的最优解。二是启发式算法，所得到的结果不能保证是最优解，但可以保证是可行解，对大型问题的求解，用启发式算法可以大大减少运算量。

集合覆盖模型的启发式算法如下。

第一步：初始化。令所有的 $x_{ij}=0$ 和 $y_i=0$，记 $x_i = \sum_{i \in M} x_{ij} = 0$（已分配的需求），并确定集合 $A(i)^{\ominus}$ 和集合 $B(j)^{\ominus}$。

第二步：选择下一个设施点。在 M 中选择 $y_i=0$，且 $A(i)$ 中的规模最大的点 i 为设施点，即 $|A(i')| = \max\{|A(i)|\}$，令 $i'=1$，并在 M 集合中剔除节点 i'。

第三步：确定节点 i' 的覆盖范围。将 $A(i')$ 中的元素按 $B(j)$ 的规模从小到大的顺序指派给 i'，直至 i' 的容量为 $q_{i'}=0$ 或 $A(i')$ 为空。其中，对于 $j \in A(i')$ 且 $x_j<d_j$，将 j 支配给 i' 的方法为：若 $d_j-x_j<q_{i'}$，则令 $x_{i'j}=d_j-x_j$，$q_{i'}=q_{i'}-(d_j-x_j)$，$x_j=1$，在 $A(i')$ 和 N 中剔除需求点 j；若 $d_j-x_j>q_{i'}$，则令 $x_{(ij)'}=q_{i'}$，$x_j=x_j+x_{(ij)'}$，$q_{i'}=0$。

第四步：若 N 或 M 为空，则停止；否则，更新集合 $A(i)$ 和 $B(j)$，转第二步。

例 3-4　一家自营销售的新闻集团公司为了提高服务质量，准备在某城区的一些居民小区中设立若干报刊配送站，为该区 9 个主要居民点提供服务，以便快速递送报刊并兼营其他

⊖　集合 $A(i)$ 为设施点 i 可以覆盖的需求点 j 的集合。

⊖　集合 $B(j)$ 为可以覆盖需求点 j 的设施点 i 的集合。

日用品配送。除第 6 居民点外，其他各点均有建设配送站的条件，如图 3-8 所示。已知配送站的最大服务直径为 3 千米，为节省投资，公司希望在满足服务的前提下尽可能少地设立配送站。应如何进行物流规划？

解：第一步，初始化。由于不考虑配送站的服务能力限制，因此模型中的式（3-22）可以省略，只需考虑覆盖的距离。首先，根据约束条件服务直径为 3 千米的要求，找出每一个备选点所服务的居民点集合 $A(i)$ 和可以给每一个居民小区提供服务的备选点集合 $B(j)$。比如，在 1 号居民点设立配送站，其能够服务的居民点集合 $A(1)=\{1,2,3,4\}$；同样，在 1 号居民点设立配送站能覆盖到 1 号居民点，在 2、3、4 号居民点设立配送站也能覆盖到 1 号居民点，在其他居民点设立配送站都不能覆盖到 1 号居民点，因此能为 1 号居民点提供配送服务的备选点集合 $B(1)=\{1,2,3,4\}$。其他结果如表 3-7 所示。

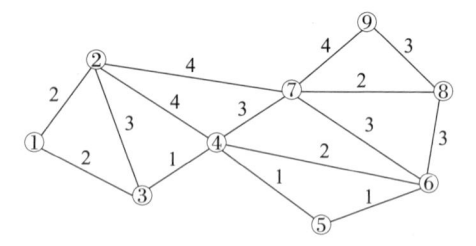

图 3-8 小区居民点位置图

表 3-7 备选点的服务范围

居民点号	$A(i)$	$B(j)$
1	1, 2, 3, 4	1, 2, 3, 4
2	1, 2, 3	1, 2, 3
3	1, 2, 3, 4, 5, 6	1, 2, 3, 4, 5
4	1, 3, 4, 5, 6, 7	1, 3, 4, 5, 7
5	3, 4, 5, 6	3, 4, 5
6		3, 4, 5, 7, 8
7	4, 6, 7, 8	4, 7, 8
8	6, 7, 8, 9	7, 8, 9
9	8, 9	8, 9

第二步，确定一个设施点。因为 $A(4)=\{1,3,4,5,6,7\}$，$|A(4)|=6$ 为最大，故首先选取 $i'=4$。由于无容量约束，故依次指派 5、7、1、6、3、4 点归节点 4 服务。

第三步，更新。此时，$N=\{2,8,9\}$，$M=\{1,2,3,5,7,8,9\}$，更新集合 $A(i)$ 和集合 $B(j)$ 后如表 3-8 所示。

表 3-8 更新后的备选点的服务范围

居民点号	$A(i)$	$B(j)$
1	2	1, 2, 3
2	2	1, 2, 3
3	2	1, 2, 3, 5
4		1, 3, 5, 7
5		3, 5
6		3, 5, 7, 8
7	8	7, 8
8	8, 9	7, 8, 9
9	8, 9	8, 9

第四步，确定一个设施点。因为 $A(8)=\{8,9\}$，$|A(8)|=2$ 为最大，故首先选取 $i'=8$，并且 8、9 两点归节点 8 服务。

第五步，更新。此时，$N=\{2\}$，$M=\{1,2,3,5,7,9\}$，更新集合 $A(i)$ 和集合 $B(j)$ 后如表 3-9 所示。

表 3-9　再次更新后的备选点的服务范围

居民点号	$A(i)$	$B(j)$
1	2	1, 2, 3
2	2	1, 2, 3
3	2	1, 2, 3, 5
4		1, 3, 5, 7
5		3, 5
6		3, 5, 7
7		7
8		7
9		

第六步，确定一个设施点。因为 $A(2)=\{2\}$，$|A(2)|=1$ 为最大，故首先选取 $i'=2$，并且 2 点归节点 2 服务。

第七步，更新。此时，$N=\varnothing$，$M=\{1,3,5,7,9\}$，结束。

因此，计算结果为 4、8、2，即在 4 号居民点设立配送站，服务 5、7、1、6、3、4 号居民点；在 8 号居民点设立配送站，服务 8、9 号居民点；在 2 号居民点设立配送站，服务 2 号居民点。

2. 最大覆盖模型

如图 3-7 所示，已知若干个需求点（客户）的位置和需求量，需从一组候选的地点中选择 p 个位置作为物流设施点（如配送中心、仓库等），使其尽可能多地满足需求点的服务。

最大覆盖模型的目标是对有限的服务网点进行选址，为尽可能多的对象提供服务，但不能满足所有的需求点的需求。最大覆盖模型的数学模型表达如下：

$$\max Z = \sum_{j \in M} \sum_{i \in A(j)} d_i y_{ij} \tag{3-25}$$

$$\text{s.t.} \sum_{j \in B(i)} y_{ij} \leq 1, \quad i \in N \tag{3-26}$$

$$\sum_{i \in A(j)} d_i y_{ij} \leq D_j x_j, \quad j \in M \tag{3-27}$$

$$\sum_{j \in M} x_j = p \tag{3-28}$$

$$x_j \in \{0,1\}, \quad j \in M \tag{3-29}$$

$$y_{ij} \geq 0, \quad i \in N, \quad j \in M \tag{3-30}$$

式中　N——区域中的需求点（客户）集合，$N=\{1,2,\cdots,n\}$；

M——区域中可建设设施的候选点集合，$M=\{1,2,\cdots,m\}$；

d_i——第 i 个需求点的需求量；

D_j——设施点 j 的服务能力；

p——允许建设的设施数目；

$A(j)$——设施点 j 可以覆盖的需求点 i 的集合；

$B(i)$——可以覆盖需求节点 i 的设施点 j 的集合；

x_j——0~1 变量，$x_j=1$，在 j 点建立设施；$x_j=0$，不在 j 点建立设施，$j \in M$；

y_{ij}——节点 i 需求中被分配给设施点 j 的部分（比例）。

其中，式（3-25）是目标函数，为尽可能多的需求点提供服务，满足它们的需求。式（3-26）表明需求点的需求有可能得不到满足。式（3-27）是每个设施的服务能力的限制。式（3-28）是设施数量的限制，表明设施只能设立有限多个。式（3-29）允许一个设施为某个需求点提供部分需求。x_j、y_{ij} 为决策变量，表明哪些节点被选为设施点，并且指派方案如何。这是一个混合型的 0-1 整数规划问题。

同集合覆盖模型一样，最大覆盖模型可以采用贪婪启发式算法求解。使用该算法时首先求出可以作为候选点的集合，并以一个空集作为初始解的集合，然后以如何在候选点集合中选择一个具有最大满足能力的候选点进入初始解集合，作为二次解。如此重复，直到设施数目满足要求。限于篇幅，本书不再举例，读者可以参考有关书籍和资料。

3.4.3 CFLP 模型

CFLP 模型用来求解有容量限制的多设施选址规划问题，其问题描述如下。

某公司有 n 个销售区，每个销售区的需求量已知。公司决定拟建若干个配送中心，经考察确认候选点有 m 个，每个候选点都有容量限制，并且有固定成本（如建造成本或者租赁成本等），问题是如何从 m 个候选点中选择 k 个地点建立配送中心，使物流费用达到最小。

由此，建立上述问题的数学模型。

$$\min Z = \sum_{i=1}^{m} \sum_{j=1}^{n} C_{ij} X_{ij} + \sum_{i=1}^{m} F_i Y_i \tag{3-31}$$

$$\text{s.t.} \sum_{i=1}^{m} X_{ij} = D_j, \quad j = 1, 2, \cdots, n \tag{3-32}$$

$$\sum_{j=1}^{n} X_{ij} \leq W_i Y_i, \quad i = 1, 2, \cdots, m \tag{3-33}$$

$$\sum_{i=1}^{m} Y_i \leq k \tag{3-34}$$

$$Y_i \in \{0, 1\}$$

$$X_{ij} \geq 0$$

式中　i——配送中心的候选点，$i=1, 2, \cdots, m$；

j——销售区，$j=1, 2, \cdots, n$；

k——拟建配送中心个数；

D_j——销售区 j 的需求量；

F_i——配送中心候选点 i 的固定成本；

W_i——配送中心候选点 i 的容量；

C_{ij}——从配送中心候选点 i 到销售区 j 的单位运输费用；

X_{ij}——从配送中心候选点 i 到销售区 j 的运输量（决策变量）；

Y_i——配送中心候选点 i 被选中时取 1，否则为 0（0-1 决策变量）。

式（3-31）是目标函数，它由两个部分组成，第一部分为配送中心的外向运输成本，第二部分为配送中心的建造成本。式（3-32）表示所有销售区的需求得到满足；式（3-33）表示被选中的配送中心候选点的吞吐量不能超过它的容量限制。式（3-34）表示数量不能超过 k 个。这是一个混合整数规划问题。

关于 CFLP 模型的求解，只要从 m 个候选点中确定了 k 个地点建立配送中心，整个问题就变为运输规划问题。因此，如果穷举的话，要解 C_m^k 个运输规划问题。对于小规模问题可用分支定界法求解，也可以选择一些现成的优化软件，比如 Lingo 软件。对于大规模问题可用现代优化技术，比如模拟退火算法、禁忌搜索、遗传算法、蚁群优化算法等。例 3-5 是一个采用 Lingo 软件求解的例子。

例 3-5 某公司准备在 12 个销售区中选择 3 个建立配送中心，这 12 个销售区之间的单位运输成本、各地区的需求量、拟建配送中心的固定成本和最大能提供的容量如表 3-10 所示。试求出适合在哪些销售区建配送中心，以及这些配送中心的指派方案。

表 3-10 单位运输成本、各地区的需求量与配送中心的相关数据

销售区	配送中心											
	1	2	3	4	5	6	7	8	9	10	11	12
1	0	1	6	7	4	3	4	7	6	9	13	9
2	1	0	5	6	5	4	5	8	7	10	14	10
3	6	5	0	3	6	9	10	13	12	15	19	15
4	7	6	3	0	3	10	11	14	13	16	17	12
5	4	5	6	3	0	7	8	11	10	13	14	9
6	3	4	9	10	7	0	7	4	9	12	12	6
7	4	5	10	11	8	7	0	11	9	5	9	13
8	7	8	13	14	11	4	11	0	13	12	8	10
9	6	7	12	13	10	9	9	13	0	4	8	13
10	9	10	15	16	13	12	5	12	4	0	4	9
11	13	14	19	17	14	12	9	8	8	4	0	5
12	9	10	19	12	9	6	13	10	13	9	5	0
销售区的需求量	4	6	7	3	8	2	8	2	3	5	4	2
配送中心的固定成本	16	14	13	14	16	20	20	20	14	14	13	13
配送中心的最大容量	18	18	18	18	18	18	18	18	18	18	18	18

Lingo11 软件的程序如下：

```
MODEL:
  sets:
      Warehouse/1..12/:w,y,f;              /w 为配送中心容量、f 为配送中心固定
                                            成本、y 表示相应的候选地是否被选中/
      Customer/1..12/:d;                   /d 表示需求地的需求量/
      Routes(Warehouse,Customer):c,x;      /c 表示单位运输成本,x 为运输量/
  endsets
data:
  w=18,18,18,18,18,18,18,18,18,18,18,18;
  d=4,6,7,3,8,2,8,2,3,5,4,2;
  f=16,14,13,14,16,20,20,20,14,14,13,13;
  c=0,1,6,7,4,3,4,7,6,9,13,9,
    1,0,5,6,5,4,5,8,7,10,14,10,
    6,5,0,3,6,9,10,13,12,15,19,15,
    7,6,3,0,3,10,11,14,13,16,17,12,
    4,5,6,3,0,7,8,11,10,13,14,9,
    3,4,9,10,7,0,7,4,9,12,12,6,
    4,5,10,11,8,7,0,11,9,5,9,13,
    7,8,13,14,11,4,11,0,13,12,8,10,
    6,7,12,13,10,9,9,13,0,4,8,13,
    9,10,15,16,13,12,5,12,4,0,4,9,
    13,14,19,17,14,12,9,8,8,4,0,5,
    9,10,19,12,9,6,13,10,13,9,5,0;
enddata
[OBJ]min=@SUM(Routes:c*x)+@SUM(Warehouse:f*y);   /目标函数/
@for(Warehouse(i):[SUP]
     @sum(customer(j):x(i,j))<=w(i)*y(i));       /候选地的吞吐量不超过它的容量限制/
@for(Customer(j):[DEM]
     @sum(Warehouse(i):x(i,j))=d(j));            /所有销售地的需求得到满足/
@sum(Warehouse:y)<=3;                            /拟建配送中心个数为 3 个/
@for(Warehouse:@BIN(y));                         /y 为 0-1 决策变量/
END
```

执行以上程序,我们得到最优结果是在 1、4、10 号销售区建立配送中心,最低物流费用为 197。各配送中心服务指派方案如表 3-11 所示。

表 3-11 各配送中心服务指派方案

销售区	配送中心											
	1	2	3	4	5	6	7	8	9	10	11	12
1	4	6				2	4	2				
4			7	3	8							
10							4		3	5	4	2
需求量	4	5	7	3	8	2	8	2	3	5	4	2

3.4.4 鲍摩-瓦尔夫法

1. 问题描述

如图 3-9 所示,从 n 个工厂经过 q 个配送中心,向 m 个客户输送商品,我们所要考虑的问题是:各个工厂向哪些配送中心运输多少商品?各个配送中心向哪些客户发送多少商品?

鲍摩-瓦尔夫模型是一个非线性整数规划模型,由运输费用和仓储费用构成的总费用最小。在模型建立中综合考虑了配送中心的固定费用、可变费用以及运输费用。

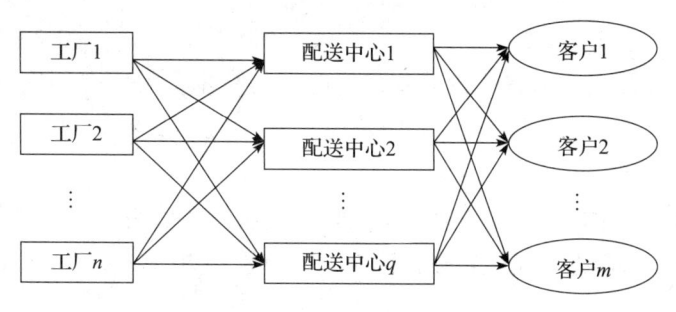

图 3-9 鲍摩-瓦尔夫模型示意图

2. 建立模型

总费用函数包括 4 个部分:工厂到配送中心的运输费用、配送中心到需求点的运输费用、配送中心的可变费用和配送中心的固定费用。

鲍摩-瓦尔夫法的模型如下:

$$\min F = \sum_{k=1}^{q}\sum_{i=1}^{n} c_{ik}x_{ik} + \sum_{k=1}^{q}\sum_{j=1}^{m} c_{kj}y_{kj} + \sum_{k=1}^{q} v_k(w_k)^\theta + \sum_{k=1}^{q} \delta_k G_K \quad (3\text{-}35)$$

$$\text{s.t. } w_k = \sum_{k=1}^{q} x_{ik} = \sum_{j=1}^{m} y_{kj}, \quad \forall k \in \{1,2,\cdots,q\} \quad (3\text{-}36)$$

$$\sum_{k=1}^{q} x_{ik} = a_i, \quad \forall i \in \{1,2,\cdots,n\} \quad (3\text{-}37)$$

$$\sum_{k=1}^{q} y_{kj} = b_j, \quad \forall j \in \{1,2,\cdots,m\} \quad (3\text{-}38)$$

$$\delta_k = \begin{cases} 1, & w_k \neq 0 \\ 0, & w_k = 0 \end{cases}, \quad \forall k \in \{1,2,\cdots,q\} \quad (3\text{-}39)$$

式中 c_{ik}——从工厂 i 到配送中心 k 的单位运输费用;

x_{ik}——从工厂 i 到配送中心 k 的运输量;

c_{kj}——从配送中心 k 到客户 j 的单位运输费用;

y_{kj}——从配送中心 k 到客户 j 的配送量;

w_k——通过配送中心 k 的配送量;

v_k——配送中心 k 的单位配送量的可变费用;

G_k——与配送中心 k 规模无关的固定费用;

a_i——工厂 i 的供给能力;

b_j——客户 j 的需求量;

θ——规模系数,介于 0 和 1 之间;

δ_k——配送中心是否被选中的决策变量,属于 0-1 变量。

鲍摩-瓦尔夫法考虑到了配送过程中的固定成本、可变成本以及运输成本,计算过程也相对比较简单，能通过求解配送中心的配送量决定配送中心的规模。但是，由于该方法采用的是逐次逼近法，所以不一定能够获得最优解。

3. 模型求解

启发式算法是在可接受的费用内寻找最好的解的技术，但不一定能保证所得解的可行性和最优性。鲍摩-瓦尔夫模型求解思想是通过求解边际成本，对规模仓储进行分段线性化。

边际成本表示该配送中心在一定规模下的单位货物储存费用，即存储费用率，用边际成本代替可变费用率，从而把非线性函数转化为线性函数。例如取规模系数 $\theta = 0.5$，则其边际费用为：

$$C_k = \frac{v_k \sqrt{w_k}}{2w_k} \tag{3-40}$$

求解步骤（分段线性化）如下。

第一步：求初始方案。

令所有备选点的规模都为 0，$w_k^0 = 0$，则相应的 $C_k^0 = 0$。

求解运输规划模型 F^0：

$$\min F = \sum_{k=1}^{q} \sum_{i=1}^{n} c_{ki} x_{ki} + \sum_{k=1}^{q} \sum_{j=1}^{m} c_{kj} y_{kj} + \sum_{k=1}^{q} \delta_k G_k \tag{3-41}$$

第二步：计算边际成本。

$$w_k^1 = \sum_{i=1}^{n} x_{ki}^0 \tag{3-42}$$

$$C_k^1 = \frac{v_k \sqrt{w_k}}{2w_k} \tag{3-43}$$

第三步：求改进解。

用 C_k^1 代替 C_k^0，求解 $\min F^1 = \sum_{k=1}^{q} \sum_{i=1}^{n} (c_{ki} + C_k^1) x_{ki} + \sum_{k=1}^{q} \sum_{j=1}^{m} c_{kj} y_{kj} + \sum_{k=1}^{q} \delta_k G_k$。

第四步：新旧方案比较，循环迭代。

比较新解 F^{n+1} 和 F^n，如果两次解相同，我们认为此时找到了最优解。如果两次解不同，则返回第二步，然后重复第三步、第四步。

4. 鲍摩-瓦尔夫模型的优缺点

这个模型既有一些优点，也有一些缺点，我们在使用时应加以注意。

（1）模型的优点。

计算比较简单；能评价流通过程中的总费用；能求解配送中心的配送量，即决定配送中心的规模；根据配送中心可变费用的特点，可采用大批量进货的方式。

（2）模型的缺点。

由于采用的是逐次逼近法，所以不能保证必然会得到最优解。此外，由于选择配送中心的方法不同，有时求出的最优解中可能出现配送中心数目较多的情况，也就是说，还可能有配送中心数目、总费用更少的解存在，配送中心的固定费用没在所求得的解中反映出来，因此，决策人员必须仔细研究所取得的解是不是最优解。

3.4.5 其他常用方法简介

1. 多准则决策方法

在物流系统的研究中，人们常常会遇到大量多准则决策问题，如配送中心的选址、运输方式及路线选择、供应商选择等。这些问题的典型特征是涉及多个方案（对象），每个方案都有若干个不同的准则，要通过多个准则对方案（对象）做出综合性选择。对于配送中心的选址问题，人们常常以运输成本及配送中心建设、运作成本的总成本最小化来满足客户需求，以及依照社会、环境要求等准则进行决策。多准则决策的方法包括多指标决策方法与多属性决策方法两种，比较常用的有层次分析法（AHP）、模糊综合评判、数据包络分析（DEA）、TOPSIS、优序法等。有关多准则决策方法，特别是层次分析法和模糊综合评判的方法，在配送中心的选址研究中有着广泛的应用。但是，这两种方法都是基于线性的决策思想，在当今复杂多变的环境下，线性的决策思想逐渐暴露出其固有的局限性，因此非线性的决策方法是今后进一步研究的重点和趋势。

2. 遗传算法

遗传算法（genetic algorithm，GA）是在 20 世纪 60 年代提出来的，是受遗传学中自然选择和遗传机制启发而发展起来的一种搜索算法。它的基本思想是使用模拟生物和人类进化的方法求解复杂的优化问题，因而也称为模拟优化进化算法。遗传算法主要有三个算子：选择、交叉、变异。通过这三个算子，使问题得到逐步优化，最终得到满意的优化解。

遗传算法作为一种随机搜索的、启发式的算法，具有较强的全局搜索能力，但是，往往比较容易陷入局部最优情况。因此，在研究和应用中，为避免这一缺点，遗传算法常常和其他算法结合应用，这样使遗传算法更具有应用价值。

3. 人工神经网络

人工神经网络（artificial neural network，ANN）是由大量处理单元（神经元）广泛互联而成的网络，是人脑的抽象、简化和模拟，反映人脑的基本特征。可以通过对样本训练数据的学习，形成一定的网络参数结构，从而对复杂的系统进行有效的模型识别。经过大量样本学习和训练的神经网络在分类和评价中，往往要比一般的分类评价方法有效。

这一研究的不足是神经网络的训练需要大量的数据，在对数据的获取有一定的困难的情况下，用神经网络来研究是不恰当的。在应用 ANN 时，应当注意网络的学习速度、是否陷入局部最优解、数据的前期准备、网络的结构解释等问题，这样才能有效而可靠地应用 ANN 解决实际存在的问题。

4. 模拟退火算法

模拟退火算法（simulated annealing，SA），又称模拟冷却法、概率爬山法等，是于 1982 年由 Kirkpatrick 提出的一种启发式的随机优化算法。模拟退火算法的基本思想是由一个初始的解出发，不断重复产生迭代解，逐步判定、舍弃，最终取得最优解。模拟退火算法可以往好的方向发展，也可以往差的方向发展，从而使算法跳出局部最优解，达到全局最优解。

5. 仿真方法

仿真是利用计算机来运行仿真模型，模拟时间系统的运行状态及其随时间变化的过程，并通过对仿真运行过程的观察和统计，得到被仿真系统的仿真输出参数和基本特征，以此来估计和推断实际系统的真实参数与真实性能。国内外已经有不少文献将仿真方法运用于物流节点选址或是一般的设施选址的研究，研究结果相对于解析方法更接近实际的情况。

仿真方法相对于解析方法在实际应用中具有一定的优点，但也存在一定的局限性，如仿真需要进行相对比较严格的模型的可信性和有效性检验。有些仿真系统对初始偏差比较敏感，往往使仿真结果与实际结果有较大的偏差。同时，仿真对人和机器的要求往往比较高，要求设计人员必须具备丰富的经验和较高的分析能力，而相对复杂的仿真系统对计算机硬件的相应要求是比较高的。关于未来的研究，各种解析方法、启发式算法、多准则决策方法与仿真方法的结合，是一种必然的趋势。各种方法的结合可以弥补各自的不足，充分发挥各自的优点，从而提高选址的准确性和可靠性。

3.5 物流节点布局规划

3.5.1 物流节点布局规划的决策原则

物流节点布局规划是指在具有若干供应点和需求点的经济区域内选择一个或几个点设置物流节点的决策过程。由于物流节点的设置是一种战略性规划和布局，因此决策的正确与否将长期影响物流系统的效率，甚至会影响区域的经济规划和发展，因而必须遵循一些基本的科学决策原则。

1. 统一规划原则

物流系统节点功能的发挥，需要很多政策、社会等宏观因素和条件的指导及支持，这些都必须由政府出面积极推动甚至实施。政府在物流系统节点的规划建设中应当扮演好基础条件的创造者和运作秩序的维护者的角色，根据近期和长远的物流量，确定物流系统节点的近期、长远规划和建设规模。在充分掌握第一手材料的基础上，搞好物流系统节点的规划。这要求政府具体问题具体分析，按照区域经济的功能、布局和发展趋势，依据物流需求量和不同特点进行统一规划，尤其要打破地区、行业的界限，按照科学布局、资源整合、优势互补、良性循环的思路进行规划，防止各自为政、盲目布点、恶性竞争、贪大求洋，避免走弯路、误时间、费钱财。

2. 市场化运作原则

规划建设物流系统节点，既要由政府牵头统一规划和指导协调，又要坚持市场化运作的原则。物流系统节点的运作以市场为导向，以企业为主体。在物流系统节点的功能开发建设、企业的进驻和资源整合方面，都要有优良的基础节点、先进的物流功能和周到有效的企业服务来吸引物流企业与投资者共同参与，真正使物流系统节点成为物流企业公平、公开和公正地竞争、经营的舞台。

3. 高起点现代化原则

现代物流系统节点是一个具有关联性、整合性、集聚性和规模性的总体，其规划应该是一个高起点的中长期规划，并具有先进性和综合性。在设计物流系统节点时，应主要考虑以下因素：①城市与区域的主要物流方向；②各种运输方式、运输节点的分布；③产业布局及物流市场、资源的布局；④物流用地的区位优势；⑤对现有物流节点的充分利用；⑥有利于整个物流网络的优化；⑦有利于各类节点的合理分工、协调配合。

4. 柔性化原则

由于现代物流系统节点的建设投资大、周期长、影响长远、风险大，因此现代物流系统节点的规划应采取柔性规划，建立科学的投资决策机制和项目风险评估机制，确立规划的阶段性目标，建立规划实施过程中的阶段性评估检查制度，以保证规划的最终实现。

5. 人才优先原则

物流系统节点的建设规划是非常复杂、庞大的工程，涉及的专业领域也很广泛，因此必须有各种类型的专家型人才参与才能妥善地完成。所谓专家型人才，是在某个领域积聚了多年经验，在理论上有一定造诣和有一定技术专长的人员。他们各有所长，但都不是万能的。例如，按专业划分，有土建专业、机械专家、计算机专家等。在项目进行的不同阶段，应该让不同类型的专家发挥作用。

3.5.2 物流节点布局规划的步骤

物流节点的合理布局是以物流系统和社会的经济效益为目标的，用系统学的理论和系统工程的方法，综合考虑货物流通的供需状况、运输条件、自然环境等因素，对物流配送中心的节点位置、规模、供货范围等进行研究和设计，以达到成本最小、流量最大、服务最优的目标。

1. 约束条件分析

物流节点布局规划的目的就是使系统总成本达到最小，但是在规划与设计时又面临着不同的约束条件，主要包括：①资金约束，因为不同的区位价格差异较大；②交通运输条件，由于只能选择能够到达客户的运输方式，如对大多数客户来说，公路运输是唯一可选择的方式，所以在选址时就应侧重公路交通枢纽附近或交通干线附近；③能源条件，供热、供电等能源系统是物流节点赖以生产的基础；④周边环境约束，税收、关税等与物流节点布局决策直接相关。此外，一些特殊商品的物流节点还受到温度、湿度、雨量等自然因素的约束。

2. 初步选址确定

在明确上述约束条件后，就可以聘请专家和高层管理人员初步确定选址范围，即确定初始选址地点。

3. 资料收集整理

确定物流节点布局方案需要对相关因素进行定量和定性分析，这就需要管理人员收集整理大量的数据资料，以作为依据。收集整理的资料包括：①客户分布；②客户生产经营状况；③产品特征；④物流量；⑤交通状况；⑥运输批量、频率；⑦物流节点建设成本；⑧客户对时效性的要求；⑨其他。

4. 模型定量分析

随着数学和计算机的普及，数学方法广泛应用于解决节点选址问题。在具体的物流节点布局方案中，需要根据对现有已知条件的掌握、选址要求等，针对不同情况选用一个或多个具体模型进行定量分析。

结合市场适应性、土地条件、服务质量等，对计算结果进行评价，看其是否具有现实意义及可行性。

5. 布局方案确定

以定量分析结果为基础，通过专家判断法、模拟法等定性分析方法来求解，但是所得解不一定为最优解，可能只是符合条件的解，进而最终确定布局方案。

3.5.3 物流节点布局规划的内容

物流节点布局规划主要包括节点选址和节点布局。前者考虑的是根据费用或其他选择标准确立节点的最佳地址，节点选址对土地使用和建筑费用、地方税收和保险、劳动力成本及可得性或到其他节点的运输费用都有很大的影响；后者则对物流费用的影响较大。物流节点布局的主要目标是使总费用最小，同时还要考虑其他因素，如特定节点间能否相互连接和禁止建立节点的特定区域。

1. 整体布局规划与设计

物流节点布局规划与设计是指在一定层次和地区范围内，确定物流节点合理的空间布局方案。物流节点布局设计的目的是要构筑公共物流网络。物流节点布局规划根据不同的规划区域范围可以划分出全国、区域、城市等多个不同层次。范围越大，层次越高，对物流系统设计的要求侧重点也就有所差异。大范围、高层次的物流网络的设计将更加关注干线通道和主要物流枢纽城市、港口、机场、物流园区、物流中心等物流节点的相互配合。

企业物流节点布局规划与设计是在共享社会物流网络的基础上，对物流系统仓库、车站等的空间布局方案的设计确定过程。布局规划企业物流节点往往需要充分考虑和利用社会物流系统的物流通道资源和已有的物流枢纽与节点。

2. 内部布局规划与设计

除了在物流节点布局规划与设计中要考虑物流节点的空间布局（包括物流节点的选址、数量、种类、规模的配置），还要设计物流节点的内部布局。这种物流节点内部布局的设计主要是根据物流节点的功能、作业流程和服务质量要求，确定物流节点内部各种节点的平面布局方案，如物流中心的仓储区、分拣区、加工区、内部通道等的布局。

根据物流系统的作业要求、作业特点，选择先进适用的物流设备和器具，以提高物流作业效率。设计包括以下内容：仓库货架系统的选型和平面布局设计，装卸和搬运设备的选型和布局设计，包装与流通加工装备以及器具的选型和布局设计，运输工具的选型设计，分拣设备的选型和布局设计等。

本章小结

物流节点选址规划是物流系统规划的一个重要的决策问题，它决定了整个物流网络的模式、结构和形状。物流节点选址规划是指在一个具有若干供应点及若干需求点的经济区域内，选择一个或多个地址设置物流节点的决策问题，即在规划的范围内确定物流系统所需要的节点的数量、它们的地理位置以及服务对象的分配方案。

定性分析法主要根据选址影响因素和选址原则，依靠专家或管理人员的经验、知识及其综合分析能力，确定物流节点的具体地址。定性分析法的优点是注重历史经验，简单易行；缺点是容易犯经验主义和主观主义的错误，而且当可选点较多时，不易做出理想的决策，导致决策的可靠性不高。在实际应用中主要有德尔菲法、头脑风暴法等。

单一物流节点选址规划就是确定物流节点的最优位置，目标是使总运营成本最小。本章着重介绍了交叉中值模型和精确重心法。现实中，多数物流系统规划工作往往是在规划区域范围内，需要同时确定两个或者更多个物流节点的选址，即多物流节点选址规划问题。解决这些选址决策问题的方法有多重心法、覆盖模型、CFLP 模型、鲍摩-瓦尔夫法等。

物流节点布局规划是指在具有若干供应点和需求点的经济区域内选择一个或几个点设置物流节点的决策过程。由于物流节点的设置是一种战略性规划和布局，因此决策的正确与否将长期影响物流系统的效率，甚至会影响区域的经济规划和发展，因而必须遵循一些基本的科学决策原则和方法。

复习思考题

1. 物流节点选址规划的目标有哪些？
2. 物流节点选址规划决策时应考虑哪些因素？
3. 对本章的各种选址模型进行比较分析，简述其有何特点及使用范围。
4. 试比较本章物流节点选址规划的两种定性分析法的优缺点。
5. 某连锁超市在 A 地区有 4 个零售商店，其坐标和货物需求量如表 3-12 所示。现欲新建一个物流配送中心负责商品供应，物流配送中心应该设在何处最为经济合理？

表 3-12 4 个零售商店的坐标和货物需求量

零售点	货物需求量/吨	运输费率/（元/吨·千米）	坐标/千米	
			X	Y
1	2	5	2	2
2	3	5	11	3
3	2.5	5	10	8
4	1	5	4	9

6. 某物流公司拟建一仓库，负责向 4 个工厂进行物料供应配送。各工厂的具体位置与年物料

配送量见表 3-13。假设拟建物流公司仓库对各工厂的单位运输成本相等，试利用精确重心法计算物流公司新建的仓库的坐标位置。

表 3-13 工厂的具体位置与年物料配送量

工厂及其位置坐标/千米	P_1		P_2		P_3		P_4	
	X_1	Y_1	X_2	Y_2	X_3	Y_3	X_4	Y_4
	20	70	60	60	20	20	50	20
年物料配送量/吨	2 000		1 200		1 000		2 500	

7. 有一个配送企业，拟为 7 个工厂提供即时配送，工厂要求配送企业在接到订单后 4 个小时内将所需物品送到其生产线上。配送企业为了满足配送要求，准备在某些工厂周围 20 千米范围内至少设置一个配送中心，其能力没有限制，7 个工厂所在地均可作为配送中心候选地。工厂的位置及相对距离如图 3-10 所示。试对该配送企业至少建设几个配送中心和相应的位置进行决策。

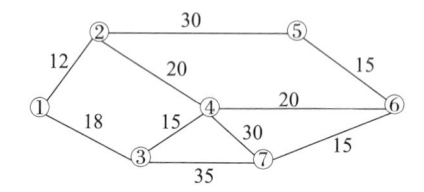

图 3-10 工厂的位置及相对距离图

案例分析

"十四五"现代物流发展规划（节选）

现代物流一头连着生产，一头连着消费，高度集成并融合运输、仓储、分拨、配送、信息等服务功能，是延伸产业链、提升价值链、打造供应链的重要支撑，在构建现代流通体系、促进形成强大国内市场、推动高质量发展、建设现代化经济体系中发挥着先导性、基础性、战略性作用。"十三五"以来，我国现代物流发展取得积极成效，服务质量效益明显提升，政策环境持续改善，对国民经济发展的支撑保障作用显著增强。为贯彻落实党中央、国务院关于构建现代物流体系的决策部署，根据《中华人民共和国国民经济和社会发展第十四个五年规划和 2035 年远景目标纲要》，经国务院同意，制定本规划。

一、现状形势

（一）发展基础

物流规模效益持续提高。 "十三五"期间，社会物流总额保持稳定增长，2020 年超过 300 万亿元，年均增速达 5.6%。公路、铁路、内河、民航、管道运营里程以及货运量、货物周转量、快递业务量均居世界前列，规模以上物流园区达到 2 000 个左右。社会物流成本水平稳步下降，2020 年社会物流总费用与国内生产总值的比率降至 14.7%，较 2015 年下降 1.3 个百分点。

物流资源整合提质增速。 国家物流枢纽、国家骨干冷链物流基地、示范物流园区等重大物流基础设施建设稳步推进。物流要素与服务资源整合步伐加快，市场集中度提升，中国物流企业 50 强 2020 年业务收入较 2015 年增长超过 30%。航运企业加快重组，船队规模位居世界前列。民航货运领域混合所有制改革深入推进,资源配置进一步优化。

物流结构调整加快推进。物流区域发展不平衡状况有所改善,中西部地区物流规模增速超过全国平均水平。运输结构加快调整,铁路货运量占比稳步提升,多式联运货运量年均增速超过20%。仓储结构逐步优化,高端标准仓库、智能立体仓库快速发展。快递物流、冷链物流、农村物流、即时配送等发展步伐加快,有力支撑和引领消费结构升级。

科技赋能促进创新发展。移动互联网、大数据、云计算、物联网等新技术在物流领域广泛应用,网络货运、数字仓库、无接触配送等"互联网+"高效物流新模式新业态不断涌现。自动分拣系统、无人仓、无人码头、无人配送车、物流机器人、智能快件箱等技术装备加快应用,高铁快运动车组、大型货运无人机、无人驾驶卡车等起步发展,快递电子运单、铁路货运票据电子化得到普及。

国际物流网络不断延展。我国国际航运、航空物流基本通达全球主要贸易合作伙伴。截至2020年底,中欧班列通达欧洲20多个国家的90多个城市,累计开行超过3万列,在深化我国与共建"一带一路"国家经贸合作、应对新冠肺炎疫情和推进复工复产中发挥了国际物流大动脉作用。企业海外仓、落地配加快布局,境外物流网络服务能力稳步提升。

营商环境持续改善。推动现代物流发展的一系列规划和政策措施出台实施,特别是物流降本增效政策持续发力,"放管服"改革与减税降费等取得实效。物流市场监测、监管水平明显提升,政务服务质量和效率大幅改善。物流标准、统计、教育、培训等支撑保障体系进一步完善,物流诚信体系建设加快推进,行业治理能力稳步提升。

(二)突出问题

物流降本增效仍需深化。全国统一大市场尚不健全,物流资源要素配置不合理、利用不充分。多式联运体系不完善,跨运输方式、跨作业环节衔接转换效率较低,载运单元标准化程度不高,全链条运行效率低、成本高。

结构性失衡问题亟待破局。存量物流基础设施网络"东强西弱"、"城强乡弱"、"内强外弱",对新发展格局下产业布局、内需消费的支撑引领能力不够。物流服务供给对需求的适配性不强,低端服务供给过剩、中高端服务供给不足。货物运输结构还需优化,大宗货物公路中长距离运输比重仍然较高。

大而不强问题有待解决。物流产业规模大但规模经济效益释放不足,特别是公路货运市场同质化竞争、不正当竞争现象较为普遍,集约化程度有待提升。现代物流体系组织化、集约化、网络化、社会化程度不高,国家层面的骨干物流基础设施网络不健全,缺乏具有全球竞争力的现代物流企业,与世界物流强国相比仍存在差距。

部分领域短板较为突出。大宗商品储备设施以及农村物流、冷链物流、应急物流、航空物流等专业物流和民生保障领域物流存在短板。现代物流嵌入产业链深度广度不足,供应链服务保障能力不够,对畅通国民经济循环的支撑能力有待增强。行业协同治理水平仍需提升。

(三)面临形势

统筹国内国际两个大局要求强化现代物流战略支撑引领能力。中华民族伟大复兴战略全局与世界百年未有之大变局历史性交汇,新冠疫情、俄乌冲突影响广泛深远,全球产业链供应链加速重构,要求现代物流对内主动适应社会主要矛盾变化,更好发挥连接生产消费、畅通国内大循环的支撑作用；对外妥善应对错综复杂国际环境带来的新挑战，为推动国际经贸合作、培育国际竞争新优势提供有力保障。

建设现代产业体系要求提高现代物流价值创造能力。发展壮大战略性新兴产业，促进服务业繁荣发展，要求现代物流适应现代产业体系对多元化专业化服务的需求，深度嵌入产业链供应链，促进实体经济降本增效，提升价值创造能力，推进产业基础高级化、产业链现代化。

实施扩大内需战略要求发挥现代物流畅通经济循环作用。坚持扩大内需战略基点，加快培育完整内需体系，要求加快构建适应城乡居民消费升级需要的现代物流体系，提升供给体系对内需的适配性，以高质量供给引领、创造和扩大新需求。

新一轮科技革命要求加快现代物流技术创新与业态升级。现代信息技术、新型智慧装备广泛应用，现代产业体系质量、效率、动力变革深入推进，既为物流创新发展注入新活力，也要求加快现代物流数字化、网络化、智慧化赋能，打造科技含量高、创新能力强的智慧物流新模式。

二、总体要求

（一）指导思想

以习近平新时代中国特色社会主义思想为指导，坚持稳中求进工作总基调，完整、准确、全面贯彻新发展理念，加快构建新发展格局，全面深化改革开放，坚持创新驱动发展，推动高质量发展，坚持以供给侧结构性改革为主线，统筹疫情防控和经济社会发展，统筹发展和安全，提升产业链供应链韧性和安全水平，推动构建现代物流体系，推进现代物流提质、增效、降本，为建设现代产业体系、形成强大国内市场、推动高水平对外开放提供有力支撑。

（二）基本原则

——**市场主导、政府引导。**充分发挥市场在资源配置中的决定性作用，激发市场主体创新发展活力，提高物流要素配置效率和效益。更好发挥政府作用，加强战略规划和政策引导，推动形成规范高效、公平竞争、统一开放的物流市场，强化社会民生物流保障。

——**系统观念、统筹推进。**统筹谋划物流设施建设、服务体系构建、技术装备升级、业态模式创新，促进现代物流与区域、产业、消费、城乡协同布局，构建支撑国内国际双循环的物流服务体系，实现物流网络高效联通。

——**创新驱动、联动融合。**以数字化、网络化、智慧化为牵引，深化现代物流与制造、贸易、信息等融合创新发展，推动形成需求牵引供给、供给创造需求的良性互动和更高水平动态平衡。

——**绿色低碳、安全韧性。**将绿色环保理念贯穿现代物流发展全链条，提升物流可持续发展能力。坚持总体国家安全观，提高物流安全治理水平，完善应急物流体系，提高重大疫情等公共卫生事件、突发事件应对处置能力，促进产业链供应链稳定。

（三）主要目标

到2025年，基本建成供需适配、内外联通、安全高效、智慧绿色的现代物流体系。

——**物流创新发展能力和企业竞争力显著增强。**物流数字化转型取得显著成效，智慧物流应用场景更加丰富。物流科技创新能力不断增强，产学研结合机制进一步完善，建设一批现代物流科创中心和国家工程研究中心。铁路、民航等领域体制改革取得显著成效，市场活力明显增强，形成一批具有较强国际竞争力的骨干物流企业和知名服务品牌。

——物流服务质量效率明显提升。跨物流环节衔接转换、跨运输方式联运效率大幅提高，社会物流总费用与国内生产总值的比率较2020年下降2个百分点左右。多式联运、铁路（高铁）快运、内河水运、大宗商品储备设施、农村物流、冷链物流、应急物流、航空物流、国际寄递物流等重点领域补短板取得明显成效。通关便利化水平进一步提升，城乡物流服务均等化程度明显提高。

——"通道+枢纽+网络"运行体系基本形成。衔接国家综合立体交通网主骨架，完成120个左右国家物流枢纽、100个左右国家骨干冷链物流基地布局建设，基本形成以国家物流枢纽为核心的骨干物流基础设施网络。物流干支仓配一体化运行更加顺畅，串接不同运输方式的多元化国际物流通道逐步完善，畅联国内国际的物流服务网络更加健全。枢纽经济发展取得成效，建设20个左右国家物流枢纽经济示范区。

——安全绿色发展水平大幅提高。提高重大疫情、自然灾害等紧急情况下物流对经济社会运行的保障能力。冷链物流全流程监测能力大幅增强，生鲜产品冷链流通率显著提升。货物运输结构进一步优化，铁路货运量占比较2020年提高0.5个百分点，集装箱铁水联运量年均增长15%以上，铁路、内河集装箱运输比重和集装箱铁水联运比重大幅上升。面向重点品类的逆向物流体系初步建立，资源集约利用水平明显提升。清洁货运车辆广泛应用，绿色包装应用取得明显成效，物流领域节能减排水平显著提高。

——现代物流发展制度环境更加完善。物流标准规范体系进一步健全，标准化、集装化、单元化物流装载器具和包装基础模数广泛应用。社会物流统计体系、信用体系更加健全，营商环境持续优化，行业协同治理体系不断完善、治理能力显著提升。

展望2035年，现代物流体系更加完善，具有国际竞争力的一流物流企业成长壮大，通达全球的物流服务网络更加健全，对区域协调发展和实体经济高质量发展的支撑引领更加有力，为基本实现社会主义现代化提供坚实保障。

三、精准聚焦现代物流发展重点方向

（一）加快物流枢纽资源整合建设

深入推进国家物流枢纽建设，补齐内陆地区枢纽设施结构和功能短板，加强业务协同、政策协调、运行协作，加快推动枢纽互联成网。加强国家物流枢纽铁路专用线、联运转运设施建设，有效衔接多种运输方式，强化多式联运组织能力，实现枢纽间干线运输密切对接。依托国家物流枢纽整合区域物流设施资源，引导应急储备、分拨配送等功能设施集中集约布局，支持各类物流中心、配送设施、专业市场等与国家物流枢纽功能对接、联动发展，促进物流要素规模集聚和集成运作。

专栏1　国家物流枢纽建设工程

优化国家物流枢纽布局，实现东中西部物流枢纽基本均衡分布。发挥国家物流枢纽联盟组织协调作用，建立物流标准衔接、行业动态监测等机制，探索优势互补、资源共享、业务协同合作模式，形成稳定完善的国家物流枢纽合作机制。积极推进国家级示范物流园区数字化、智慧化、绿色化改造。

(二) 构建国际国内物流大通道

依托国家综合立体交通网和主要城市群、沿海沿边口岸城市等，促进国家物流枢纽协同建设和高效联动，构建国内国际紧密衔接、物流要素高效集聚、运作服务规模化的"四横五纵、两沿十廊"物流大通道。"四横五纵"国内物流大通道建设，要畅通串接东中西部的沿黄、陆桥、长江、广昆等物流通道和联接南北方的京沪、京哈—京港澳（台）、二连浩特至北部湾、西部陆海新通道、进出藏等物流通道，提升相关城市群、陆上口岸城市物流综合服务能力和规模化运行效率。加快"两沿十廊"国际物流大通道建设，对接区域全面经济伙伴关系协定（RCEP）等，强化服务共建"一带一路"的多元化国际物流通道辐射能力。

(三) 完善现代物流服务体系

围绕做优服务链条、做强服务功能、做好供应链协同，完善集约高效的现代物流服务体系，支撑现代产业体系升级，推动产业迈向全球价值链中高端。加快运输、仓储、配送、流通加工、包装、装卸等领域数字化改造、智慧化升级和服务创新，补齐农村物流、冷链物流、应急物流、航空物流等专业物流短板，增强专业物流服务能力，推动现代物流向供应链上下游延伸。

(四) 延伸物流服务价值链条

把握物流需求多元化趋势，加强现代物流科技赋能和创新驱动，推进现代物流服务领域拓展和业态模式创新。发挥现代物流串接生产消费作用，与先进制造、现代商贸、现代农业融合共创产业链增值新空间。提高物流网络对经济要素高效流动的支持能力，引导产业集群发展和经济合理布局，推动跨区域资源整合、产业链联动和价值协同创造，发展枢纽经济、通道经济新形态，培育区域经济新增长点。

(五) 强化现代物流对社会民生的服务保障

围绕更好满足城乡居民生活需要，适应扩大内需、消费升级趋势，优化完善商贸、快递物流网络。完善城市特别是超大特大城市物流设施网络，健全分级配送体系，实现干线、支线物流和末端配送有机衔接、一体化运作，加强重点生活物资保障能力。补齐农村物流设施和服务短板，推动快递服务基本实现直投到建制村，支撑扩大优质消费品供给。加快建立覆盖冷链物流全链条的动态监测和追溯体系，保障食品药品消费安全。鼓励发展物流新业态新模式，创造更多就业岗位，保障就业人员权益，促进灵活就业健康发展。

(六) 提升现代物流安全应急能力

统筹发展和安全，强化重大物流基础设施安全和信息安全保护，提升战略物资、应急物流、国际供应链等保障水平，增强经济社会发展韧性。健全大宗商品物流体系。加快构建全球供应链物流服务网络，保持产业链供应链稳定。充分发挥社会物流作用，推动建立以企业为主体的应急物流队伍。

四、加快培育现代物流转型升级新动能

(一) 推动物流提质增效降本

促进全链条降成本。推动解决跨运输方式、跨作业环节瓶颈问题，打破物流"中梗阻"。依托国家物流枢纽、国家骨干冷链物流基地等重大物流基础设施，提高干线运输规模化水平和支线

运输网络化覆盖面，完善末端配送网点布局，扩大低成本、高效率干支仓配一体化物流服务供给。鼓励物流资源共享，整合分散的运输、仓储、配送能力，发展共建船队车队、共享仓储、共同配送、统仓统配等组织模式，提高资源利用效率。推动干支仓配一体化深度融入生产和流通，带动生产布局和流通体系调整优化，减少迂回、空驶等低效无效运输，加快库存周转，减少社会物流保管和管理费用。

推进结构性降成本。加快推进铁路专用线进港区、连园区、接厂区，合理有序推进大宗商品等中长距离运输"公转铁"、"公转水"。完善集装箱公铁联运衔接设施，鼓励发展集拼集运、模块化运输、"散改集"等组织模式，发挥铁路干线运输成本低和公路网络灵活优势，培育有竞争力的"门到门"公铁联运服务模式，降低公铁联运全程物流成本。统筹沿海港口综合利用，提升大型港口基础设施服务能力，提高码头现代化专业化规模化水平，加快推进铁水联运衔接场站改造，提高港口铁路专用线集疏网络效能，优化作业流程。完善内河水运网络，统筹江海直达、江海联运发展，发挥近海航线、长江水道、珠江水道等水运效能，稳步推进货物运输"公转水"。推进铁水联运业务单证电子化，促进铁路、港口信息互联，实现铁路现车、装卸车、货物在途、到达预确报以及港口装卸、货物堆存、船舶进出港、船期舱位预定等铁水联运信息交换共享。支持港口、铁路场站加快完善集疏运油气管网，有效对接石化等产业布局，提高管道运输比例。

专栏 2　铁路物流升级改造工程

大力组织班列化货物列车开行，扩大铁路"点对点"直达货运服务规模，在运量较大的物流枢纽、口岸、港口间组织开行技术直达列车，形成"核心节点+通道+班列"的高效物流组织体系，增强铁路服务稳定性和时效性。有序推动城市中心城区既有铁路货场布局调整，或升级改造转型为物流配送中心。到 2025 年，沿海主要港口、大宗货物年运量 150 万吨以上的大型工矿企业、新建物流园区等的铁路专用线接入比例力争达到 85% 左右，长江干线主要港口全面实现铁路进港。

（二）促进物流业与制造业深度融合

促进企业协同发展。支持物流企业与制造企业创新供应链协同运营模式，将物流服务深度嵌入制造供应链体系，提供供应链一体化物流解决方案，增强制造企业柔性制造、敏捷制造能力。引导制造企业与物流企业建立互利共赢的长期战略合作关系，共同投资专用物流设施建设和物流器具研发，提高中长期物流合同比例，制定制造业物流服务标准，提升供应链协同效率。鼓励具备条件的制造企业整合对接分散的物流服务能力和资源，实现规模化组织、专业化服务、社会化协同。

推动设施联动发展。加强工业园区、产业集群与国家物流枢纽、物流园区、物流中心等设施布局衔接、联动发展。支持工业园区等新建或改造物流基础设施，吸引第三方物流企业进驻并提供专业化、社会化物流服务。发展生产服务型国家物流枢纽，完善第三方仓储、铁路专用线等物流设施，面向周边制造企业提供集成化供应链物流服务，促进物流供需规模化对接，减少物流设施重复建设和闲置。

支持生态融合发展。统筹推进工业互联网和智慧物流体系同步设计、一体建设、协同运作，加大智能技术装备在制造业物流领域应用，推进关键物流环节和流程智慧化升级。打造制造业物流服务平台，促进制造业供应链上下游企业加强采购、生产、流通等环节信息实时采集、互联共享，实现物流资源共享和过程协同，提高生产制造和物流服务一体化运行水平，形成技术驱动、平台赋能的物流业制造业融合发展新生态。

专栏3　物流业制造业融合创新工程

在重点领域梳理一批物流业制造业深度融合创新发展典型案例，培育一批物流业制造业融合创新模式、代表性企业和知名品牌。鼓励供应链核心企业发起成立物流业制造业深度融合创新发展联盟，开展流程优化、信息共享、技术共创和业务协同等创新。研究制定物流业制造业融合发展行业标准，开展制造企业物流成本核算对标。

（三）强化物流数字化科技赋能

加快物流数字化转型。利用现代信息技术推动物流要素在线化数据化，开发多样化应用场景，实现物流资源线上线下联动。结合实施"东数西算"工程，引导企业信息系统向云端跃迁，推动"一站式"物流数据中台应用，鼓励平台企业和数字化服务商开发面向中小微企业的云平台、云服务，加强物流大数据采集、分析和应用，提升物流数据价值。培育物流数据要素市场，统筹数据交互和安全需要，完善市场交易规则，促进物流数据安全高效流通。积极参与全球物流领域数字治理，支撑全球贸易和跨境电商发展。研究电子签名和电子合同应用，促进国际物流企业间互认互验，试点铁路国际联运无纸化。

推进物流智慧化改造。深度应用第五代移动通信（5G）、北斗、移动互联网、大数据、人工智能等技术，分类推动物流基础设施改造升级，加快物联网相关设施建设，发展智慧物流枢纽、智慧物流园区、智慧仓储物流基地、智慧港口、数字仓库等新型物流基础设施。鼓励智慧物流技术与模式创新，促进创新成果转化，拓展智慧物流商业化应用场景，促进自动化、无人化、智慧化物流技术装备以及自动感知、自动控制、智慧决策等智慧管理技术应用。加快高端标准仓库、智慧立体仓储设施建设，研发推广面向中小微企业的低成本、模块化、易使用、易维护智慧装备。

促进物流网络化升级。依托重大物流基础设施打造物流信息组织中枢，推动物流设施设备全面联网，实现作业流程透明化、智慧设备全连接，促进物流信息交互联通。推动大型物流企业面向中小微企业提供多样化、数字化服务，稳步发展网络货运、共享物流、无人配送、智慧航运等新业态。鼓励在有条件的城市搭建智慧物流"大脑"，全面链接并促进城市物流资源共享，优化城市物流运行，建设智慧物流网络。推动物流领域基础公共信息数据有序开放，加强物流公共信息服务平台建设，推动企业数据对接，面向物流企业特别是中小微物流企业提供普惠性服务。

> **专栏 4　数字物流创新提质工程**
>
> 　　加强物流公共信息服务平台建设，在确保信息安全的前提下，推动交通运输、公安交管、市场监管等政府部门和铁路、港口、航空等企事业单位向社会开放与物流相关的公共数据，推进公共数据共享。利用现代信息技术搭建数字化、网络化、协同化物流第三方服务平台，推出一批便捷高效、成本经济的云服务平台和数字化解决方案，推广一批先进数字技术装备。推动物流企业"上云用数赋智"，树立一批数字化转型标杆企业。

（四）推动绿色物流发展

　　深入推进物流领域节能减排。加强货运车辆适用的充电桩、加氢站及内河船舶适用的岸电设施、液化天然气（LNG）加注站等配套布局建设，加快新能源、符合国六排放标准等货运车辆在现代物流特别是城市配送领域应用，促进新能源叉车在仓储领域应用。继续加大柴油货车污染治理力度，持续推进运输结构调整，提高铁路、水路运输比重。推动物流企业强化绿色节能和低碳管理，推广合同能源管理模式，积极开展节能诊断。加强绿色物流新技术和设备研发应用，推广使用循环包装，减少过度包装和二次包装，促进包装减量化、再利用。加快标准化物流周转箱推广应用，推动托盘循环共用系统建设。

　　加快健全逆向物流服务体系。探索符合我国国情的逆向物流发展模式，鼓励相关装备设施建设和技术应用，推进标准制定、检测认证等基础工作，培育专业化逆向物流服务企业。支持国家物流枢纽率先开展逆向物流体系建设，针对产品包装、物流器具、汽车以及电商退换货等，建立线上线下融合的逆向物流服务平台和网络，创新服务模式和场景，促进产品回收和资源循环利用。

> **专栏 5　绿色低碳物流创新工程**
>
> 　　依托行业协会等第三方机构，开展绿色物流企业对标贯标达标活动，推广一批节能低碳技术装备，创建一批绿色物流枢纽、绿色物流园区。在运输、仓储、配送等环节积极扩大电力、氢能、天然气、先进生物液体燃料等新能源、清洁能源应用。加快建立天然气、氢能等清洁能源供应和加注体系。

（五）做好供应链战略设计

　　提升现代供应链运行效率。推进重点产业供应链体系建设，发挥供应链核心企业组织协同管理优势，搭建供应链协同服务平台，提供集贸易、物流、信息等多样化服务于一体的供应链创新解决方案，打造上下游有效串接、分工协作的联动网络。加强数字化供应链前沿技术、基础软件、先进模式等研究与推广，探索扩大区块链技术应用，提高供应链数字化效率和安全可信水平。规范发展供应链金融，鼓励银行等金融机构在依法合规、风险可控的前提下，加强与供应链核心企业或平台企业合作，丰富创新供应链金融产品供给。

　　强化现代供应链安全韧性。坚持自主可控、安全高效，加强供应链安全风险监测、预警、防控、应对等能力建设。发挥供应链协同服务平台作用，引导行业、企业间加强供应链安全信息共享和资源协同联动，分散化解潜在风险，增强供应链弹性，确保产业链安全。积极参与供应链安全国际合作，共同防范应对供应链中断风险。

> **专栏 6 现代供应链体系建设工程**
>
> 现代供应链创新发展工程。总结供应链创新与应用试点工作经验，开展全国供应链创新与应用示范创建，培育一批示范城市和示范企业，梳理一批供应链创新发展典型案例，推动供应链技术、标准和服务模式创新。
>
> 制造业供应链提升工程。健全制造业供应链服务体系，促进生产制造、原材料供应、物流等企业在供应链层面强化战略合作。建立制造业供应链评价体系、重要资源和产品全球供应链风险预警系统。提升制造业供应链智慧化水平，建设以工业互联网为核心的数字化供应链服务体系，深化工业互联网标识解析体系应用。选择一批企业竞争力强、全球化程度高的行业，深入挖掘数字化应用场景，开展制造业供应链数字化创新应用示范工程。

（六）培育发展物流经济

壮大物流枢纽经济。 发挥国家物流枢纽、国家骨干冷链物流基地辐射广、成本低、效率高等优势条件，推动现代物流和相关产业深度融合创新发展，促进区域产业空间布局优化，打造具有区域集聚辐射能力的产业集群，稳妥有序开展国家物流枢纽经济示范区建设。

发展物流通道经济。 围绕共建"一带一路"、长江经济带发展等重大战略实施和西部陆海新通道建设，提升"四横五纵、两沿十廊"物流大通道沿线物流基础设施支撑和服务能力，密切通道经济联系，优化通道沿线产业布局与分工合作体系，提高产业组织和要素配置能力。

………

资料来源：中国政府网，http://www.gov.cn/zhengce/content/2022-12/15/content_5732092.htm。

案例思考

1. 理解"专栏 1"的内容，讨论物流枢纽资源整合的原则。
2. 理解"专栏 4"的内容，讨论智慧物流中的新技术及应用场景。

第 4 章 物流运输系统规划与设计

| 学习目标 |

- 掌握物流运输系统的功能、构成要素和分类。
- 了解物流运输系统规划与设计的原则和内容。
- 了解物流各种运输方式的经济技术特性与选择方法。
- 理解物流运输系统运输路线优化技术与方法。

| 开篇案例 |

《交通强国建设纲要》发布到 2035 年基本建成"交通强国"

央广网北京（2019 年）9 月 20 日消息（记者杜希萌）《交通强国建设纲要》（以下简称《纲要》）印发，纲要提出，从 2021 年开始，到本世纪中叶，分两个阶段推进交通强国建设。其中，到 2035 年，要基本建成交通强国，形成涵盖快速、干线和基础的"三张交通网"，公众出行和全球快货运输都要形成一个"123"交通圈。这份交通强国的"施工图"会对人们未来的交通出行产生哪些影响？人们关心的哪些有关交通的话题会在《纲要》里找到答案？

按照《纲要》要求，从现在到 2020 年，要完成决胜全面建成小康社会交通建设任务和"十三五"现代综合交通运输体系发展规划各项任务，这是为"交通强国"建设打好基础。从 2021 年开始到 2035 年是"交通强国"构建的第一个阶段。

按照《纲要》要求，届时，我国就要有三张交通网，发达的快速网由高速铁路、高速公路和民航组成，服务品质高；完善的干线网则包括了普速铁路、普通国道、航道和油气管道；覆盖空间最大的基础网，由普通省道、农村公路、支线铁路、支线航道、通用航空组成，惠及面广。

与此同时，围绕国内出行和全球快货物流快速服务体系的"两个交通圈"也将建立起来。出行方面，全国实现都市区 1 小时通勤、城市群 2 小时通达、全国主要城市 3 小时覆盖。而物流方面则是推动形成"全球 123 快货物流圈"，即国内 1 天送达、周边国家 2 天送达、全球主要城市 3 天送达。交通运输部水运科学研究院副院长刘占山介绍："纲要的一个显著特点就是突出综合交通，要立足于交通自身的现代化，着眼于保障国家现代化，聚焦于建设人民满意交通，未来的发展已经不是我们建更多的路，更重要的是实现安全发展、绿色发展，纲要战略部署如何在综合交通、平安交通、绿色交通、智慧交通上下功夫。"

资料来源：央广网，http://china.cnr.cn/news/20190920/t20190920_524784571.shtml。

案例思考

综合交通体系等基础设施的建设将给物流业带来怎样的"利好"？

4.1 物流运输系统概述

4.1.1 物流运输系统的功能

运输是指利用载运工具、设施设备及人力等运力资源，使货物在较大空间上产生位置移动的活动。其中包括集货、分配、搬运、中转、装入、卸下、分散等一系列操作。运输是物流作业中最直观的要素之一。

运输具有扩大市场、稳定价格、促进社会分工、扩大流通范围等社会经济功能。运输对发展经济，提高国民生活水平有着十分巨大的影响，现代的生产和消费就是靠运输事业发展来实现的。运输提供两大功能：物品转移和物品储存。

(1) 物品转移。

运输实现货物的空间位移，创造"场所价值"。物流是物品在时空上的移动，运输主要承担改变物品空间位置的作用，是改变物品空间位置的主要技术手段，是物品实现价值增值的主要原因。运输是物流的主要功能要素之一，决定了物流的速度。

运输的主要目的就是要以最少的时间、最低的财务和环境资源成本，将物品从原产地转移到规定地点。同时，物品转移所采用的方式必须能满足客户的要求，物品遗失和损坏必须降到最低水平。通过位置转移，物品实现了价值增值，也就产生了空间效用。

(2) 物品储存。

运输有时也可对物品进行临时储存，因此对物品的储存也是运输的功能之一。如果转移中的物品需要储存，而短时间内物品又将重新转移的话，装货和卸货的成本也许会超过储存在运输工具中的费用，这时将运输工具当作存放工具是可行的。另外，在仓库空间有限的情况下，利用运输工具储存也不失为一种可行的选择。在本质上，运输车辆被用作一种临时储存设施，它是移动的，而不是处于闲置状态的。

4.1.2 物流运输系统的构成要素

从运输过程中使用的运输工具的角度看，物流运输系统是一个由铁路、公路、水路、航空、管道五种主要运输方式构成的统一体；从构成元素的角度看，物流运输系统是由运输基础设施、运输设备、运输工作人员、货物和信息等组成的庞大、复杂的动态系统。下面介绍货流系统、载运机具系统、路网系统3个子系统的构成。

（1）货流系统。

货流系统，即运输对象子系统。货流是在一定时期、一定范围，将一定种类和数量的货物，沿一定方向有目的的位移。货流是一个经济范畴的概念，本身包含着货物的类别、数量、方向、距离和时间5个方面的要素。货流随时间和地点而改变，而且不同地点、不同特征的货流还可以互相影响。同样，不同运输方式之间的货流也会相互影响。因此，不同运输方式的货流系统是一个相互依存、相互制约、相互影响的动态系统。

（2）载运机具系统。

载运机具包括运输工具和装卸机械两大部分，这二者紧密相连，运作过程相辅相成、相互配合。二者的功能和相互匹配的程度将直接影响整个运输系统的质量与效率。物流运输工具根据其从事运送活动的独立程度可以分为3类：①只提供动力，但没有装载货物的容器的运输工具，如铁路机车、拖船、牵引车等；②本身没有动力，只有装载货物的容器的从动运输工具，如车皮、挂车、集装箱等；③本身同时具有动力和装载货物的容器的运输工具，如汽车、轮船和飞机等。

（3）路网系统。

路网系统是指由运输线路、港站、枢纽等固定设施组成的整体。在现代物流运输系统中，主要的运输线路包括铁路、公路、航线（路）和管道。良好的运输线路应具备安全可靠，建造及维护费用低，便于迅速通行和运转，受自然气候和地理条件的影响小，使用寿命长，距离短等特点。运输港站是指处于运输线路上的节点，是货物的集散地，是各种运输方式的衔接点，是办理运输业务和各种运输工具作业的场所，也是对运输工具进行保养和维修的基地与场所，主要有铁路车站、汽车站、港口、航空港和管道站等。良好的港站应具备地点适中、设备优良齐全、交通便利、自然气候条件良好、场地宽大等特点。

4.1.3 物流运输系统的分类

交通是经济发展的"先行官"，运输是完成物流服务的支柱。我国的交通运输事业发展十分迅速，以"十三五"为例，5年累计完成交通固定资产投资16万亿元，高速铁路营业里程、高速公路通车里程、城市轨道交通运营里程、沿海港口万吨级及以上泊位数量稳居世界第一。铁路营业里程约14.6万公里，覆盖99%的20万人口及以上城市，铁路电气化率、复线率分别居世界第一位、第二位。"四纵四横"高铁通道提前建成投产，有序推进"八纵八横"高铁网发展，高速铁路营业里程约3.8万公里，100万人口及以上城市高铁覆盖率达95%。公路总里程510万公里，其中高速公路15.5万公里，覆盖98.6%的20万人口以上城市及地级以上行政中心，国家高速公路网已基本建成。内河高等级航道达标里程1.61万公里，沿海港口万吨级及以上泊位数2 530个。民用运输机场241个，覆盖92%的地级市。沿海和内河主要港口铁路进港率分别超过90%和70%，枢纽机场轨道接入率达到66%。天然气、原油、成品油骨干管网基本建成。

按运输工具和设施设备划分，物流运输系统可分为公路运输、铁路运输、水路运输、航空运输和管道运输等形式。

（1）公路运输。

公路运输是指主要使用汽车或其他运输工具（如拖拉机、人力车等）在公路上载运货物的一种运输方式。公路运输是构成陆上运输的两个基本运输方式之一，主要承担近距离、小批量的货运，也承担铁路运输难以到达地区的长途、大批量货运，以及铁路、水运的优势难以发挥的短途运输。公路不仅可以直接运进或运出货物，而且也是车站、港口和机场集散货物的重要手段。

2022年年末，全国公路总里程535.48万公里，比2021年年末增加7.41万公里。公路密度55.78公里/百公里^2，增加0.77公里/百公里^2。公路养护里程535.03万公里，占公路里程比重为99.9%。全国四级及以上等级公路里程516.25万公里，比2021年年末增加10.06万公里，占公路里程比重为96.4%、提高0.6个百分点。其中，二级及以上等级公路里程74.36万公里、增加2.00万公里，占公路里程比重为13.9%、提高0.2个百分点；高速公路里程17.73万公里、增加0.82万公里，国家高速公路里程11.99万公里、增加0.29万公里。2022年完成营业性货运量371.19亿吨，比2021年下降5.5%，完成货物周转量68 958.04亿吨公里，比2021年下降1.2%。

（2）铁路运输。

铁路运输是指在铁路上把车辆编组成列车载运货物的一种陆上运输方式，它是现代最重要的货物运输方式之一。铁路运输主要承担长距离、大批量的长途货运，在没有水运条件的地区，几乎所有大批量的货物都是依靠铁路进行运输的。铁路运输是干线运输中起主力作用的重要运输方式。

2022年年末，全国铁路营业里程15.5万公里，其中高铁营业里程4.2万公里。投产新线4 100公里，其中高铁2 082公里。铁路复线率为59.6%，电化率为73.8%。全国铁路路网密度161.1公里/万公里^2，比2021年年末增加4.4公里/万公里^2。全国拥有铁路机车2.21万台，其中内燃机车0.78万台、电力机车1.42万台。拥有铁路客车7.7万辆，其中动车组4 194标准组、33 554辆。拥有铁路货车99.7万辆。2022年完成货运总发送量49.84亿吨，比2021年增长4.4%，完成货运总周转量35 945.69亿吨公里，比2021年增长8.1%。

（3）水路运输。

水路运输是指使用船舶及其他航运工具，在江河、湖泊、海洋上载运货物的一种运输方式。水路运输主要承担长距离、大批量的长途运输，在内河及沿海，水路运输也常作为小型货物运输方式，承担着补充及衔接大批量干线运输的任务。水路运输也是干线运输中起主力作用的运输方式之一。水路运输有4种运输形式，即沿海运输、近海运输、远洋运输和内河运输。

2022年年末，全国内河航道通航里程12.80万公里，比2021年年末增加326公里。等级航道通航里程 6.75 万公里，占内河航道通航里程比重为 52.7%，其中三级及以上航道通航里程 1.48 万公里，占内河航道通航里程比重为 11.6%。各等级内河航道通航里程分别为：一级航道 2 196 公里，二级航道 4 046 公里，三级航道 8 543 公里，四级航道 11 423 公里，五级航道 7 764 公里，六级航道 16 602 公里，七级航道 16 900 公里。等外航道 6.05 万公里。各水系内河航道通航里程分别为：长江水系 64 818 公里，珠江水系 16 880 公里，黄河水系 3 533 公里，黑龙江水系 8 211 公里，京杭运河 1 423 公里，闽江水系 1 973 公里，淮河水系 17 610 公里。

2022 年年末，全国港口生产用码头泊位 21 323 个，比 2021 年年末增加 456 个。其中，沿海港口生产用码头泊位 5 441 个、增加 22 个，内河港口生产用码头泊位 15 882 个、增加 434 个。全国港口万吨级及以上泊位 2 751 个，比 2021 年年末增加 92 个。从分布结构看，沿海港口万吨级及以上泊位 2 300 个、增加 93 个，内河港口万吨级及以上泊位 451 个、减少 1 个。从用途结构看，专业化万吨级及以上泊位 1 468 个、增加 41 个，通用散货万吨级及以上泊位 637 个、增加 41 个，通用件杂货泊位 434 个、增加 13 个。

2022 全年完成营业性货运量 85.54 亿吨，比 2021 年增长 3.8%，完成货物周转量 121 003.14 亿吨公里、增长 4.7%。其中，内河货运量 44.02 亿吨、增长 5.1%，内河货物周转量 19 025.73 亿吨公里、增长 7.3%；海洋货运量 41.51 亿吨、增长 2.5%，海洋货物周转量 101 977.41 亿吨公里、增长 4.2%。全年完成港口货物吞吐量 156.85 亿吨，比 2021 年增长 0.9%。其中，沿海港口货物吞吐量 101.31 亿吨、增长 1.6%，内河港口货物吞吐量 55.54 亿吨、下降 0.3%；外贸货物吞吐量 46.07 亿吨、下降 1.9%，内贸货物吞吐量 110.77 亿吨、增长 2.1%。完成集装箱吞吐量 2.96 亿标准箱，增长 4.7%。完成集装箱铁水联运量 874.70 万标准箱，增长 16.0%。

（4）航空运输。

航空运输是指使用飞机或其他航空器进行货物运输的一种运输方式。航空运输不仅提供专门用于货物运输的飞机，以及定期和不定期的航空货运航班，而且利用定期和不定期客运航班进行货物运输。

2022 年年末，颁证民用航空运输机场 254 个，比 2021 年年末增加 6 个，其中定期航班通航机场 253 个，定期航班通航城市（或地区）249 个。全年旅客吞吐量达到 100 万人次以上的机场 69 个，其中达到 1 000 万人次及以上的机场 18 个。全年货邮吞吐量达到 10 000 吨以上的机场 51 个。全年完成货邮运输量 607.6 万吨，比 2021 年下降 17.0%，完成货邮周转量 254.10 亿吨公里、下降 8.7%。

（5）管道运输。

管道运输是指利用管道输送气体、液体和粉状固体的一种特殊的运输方式。它是随着石油和天然气产量的增大而发展起来的，目前已成为陆上油、气运输的主要运输方式。近年来，利用管道输送粉状固体（如煤、精矿）也有很大的发展。

全国油气管网建设以天然气互联互通工程为重点，有力推进天然气产供储销体系建设和天然气"全国一张网"的搭建。作为东北地区首条陆上天然气跨境战略管道，中俄东线天然气管道北段工程如期建成通气，标志着中国西北、西南、东北和海上四大油气进口战略通道全面建成投用，中国天然气管道逐步实现西气东输、北气南下、沿海内送、东西协同、南北互通的"全国一张网"初步架构。

2022年，全国长输天然气管道总里程11.8万公里（含地方及区域管道），新建长输管道里程3 000公里以上，西气东输三线中段、西气东输四线（吐鲁番—中卫段）等重大工程快速建设。全国新增储气能力约50亿米^3。

4.1.4 物流运输系统规划与设计的内容

物流运输系统规划与设计是指为了完成确定目标，在一定区域范围内对物流运输系统进行总体战略部署，即根据社会经济发展的要求，从当地具体的自然条件和经济条件出发，通过综合平衡和多方案比较，确定交通运输发展方向和地域空间分布等。物流运输系统规划与设计的主要内容包括以下几点。

1. 确定物流运输战略

物流运输战略是为寻求物流的可持续发展，就物流运输的目标以及达成目标的途径和手段而制定的长远性、全局性的规划与谋略。物流运输战略的确定直接决定运输系统规划的其他要素。在进行运输系统规划与设计时，先需要对运输系统所处环境进行分析。环境分析主要包括国家的宏观运输政策、运输市场的发展状况、物流系统综合战略和其他物流节点的情况等。在对上述问题进行分析的基础上，确定运输系统战略，明确运输系统规划与设计的方向。

2. 选择运输路线

在组织运输系统完成货物的运送工作时，通常存在多种可供选择的运输路线。运输工具在按不同的运输路线完成同样的运送任务时，由于运输工具的利用情况不同，相应的运输效率和运输成本也会不同。因此，选择时间短、费用省、效益好的运输路线是运输系统规划与设计中的一项重要内容，也是运输战略的充分体现。

3. 选择运输方式

如何选择适当的运输方式是物流运输合理化的重要问题。一般来讲，可以在考虑具体条件的基础上，对货物品种、运输期限、运输成本、运输距离、运输批量以及安全性、车辆配载与调度问题等具体项目做认真研究，运输时可以选用一种运输方式，也可以选用联运方式。

4. 运输过程控制与信息系统

物流运输系统目标的实现依赖于有效的过程控制。由于运输过程的瞬间变动性，对运输过程控制的难度远远高于对固定节点的控制，因此，在进行运输系统规划时如何实现对运输系统的有效控制，特别是过程控制，既是运输系统规划的难点又是重点。传统物流运输过程的可控性差，但是随着信息技术的发展、信息化水平的提高，利用信息手段对运输过程进行控制和管理更加快捷、方便。同时，可以使运输的管理者进行信息共享，减少信息滞后所带来的影响，从而为客户提供更好的运输服务。

4.1.5 物流运输系统规划与设计的原则

在进行物流运输系统规划与设计时，一般须遵循以下原则。

1. 经济发展原则

物流运输系统规划与设计必须服从于经济发展的总体战略、总目标，服务于生产力分布的大格局。物流运输系统建设必须与所在区域的社会经济发展的各个阶段目标相一致，为当地社会经济发展服务。

2. 协调发展原则

在进行物流运输系统规划与设计时，必须综合考虑所在区域的铁路、公路、水路、航空和管道 5 大运输方式的特点，形成优势互补、协调发展的综合运输网络。

3. 局部服从整体原则

某一层次的物流运输系统规划与设计必须服从于上一层次交通物流运输系统总体布局的要求，如省级规划必须以国家级规划为前提，市级规划必须以国家级和省级规划为前提。

4. 近期与远期相结合原则

一个合理的物流运输系统规划应包括远期发展战略规划、中期建设规划、近期项目建设规划 3 个层次，并满足"近期宜细、中期有准备、远期有设想"的要求。

5. 需要与可能相结合原则

物流运输系统规划与设计既要考虑社会经济发展对运输的要求，建设尽可能与社会经济发展相协调的综合物流运输系统，以促进社会经济的发展，又要充分考虑人力、物力、财力等建设条件的可能性，实事求是地进行物流运输系统规划和实施。

6. 理论与实践相结合原则

物流运输系统规划与设计是一个复杂的系统工程，必须利用系统工程的理论方法，注重理论与实践相结合，对其进行分析、预测、规划和评价，才能获得总体效益最佳的物流运输系统规划方案。

4.2 物流运输方式决策技术

基本的运输方式有 5 种，各种运输方式的系统组成、所能承载的货物类型及运输特点各不相同。各种运输方式所提供的运输服务各有其特点和优势，也各有所短，彼此之间既存在着竞争的关系，也有着取长补短的互补协调关系。

不同运输方式适用于不同的货物种类和具体要求，但是各种运输方式之间存在着一定的可替代性。因此，根据实际情况选择适当的运输方式是物流运输规划中非常重要的内容。

4.2.1 各种运输方式的技术经济特性

1. 各种运输方式的优势

（1）公路运输方式的优势。

公路运输是运输市场的重要组成部分，自改革开放以来，公路运输方式在综合运输方式中的发展速度尤为明显，基本上由传统的"卖方市场"转变为现在的"买方市场"。公路运输和其他运输方式相比，它的优势主要体现在以下几个方面。第一，公路运输具有机动、灵活、门到门运输的特点。公路运输不但可以进行直达运输，而且在运输时间上具有非常强的机动性和灵活性，也能为铁路运输、航空运输和水路运输集散货物，对货运量和客运量大小都有很强的适应性。第二，建设投资少，资金周转较快，回收期比较短。据有关资料，在美国，公路运输企业每收入 1 美元，只需要投资 0.72 美元，而铁路运输则需要投资 2.7 美元。公路运输投入的资金每年可以运转 3 次，而铁路运输 3~4 年才可以运转 1 次。第三，送达的速度快。由于公路运输具有机动、灵活、门到门运输的特点，在运输的过程中可以不必转载，所以在中短途运输中具有较快的送达速度。第四，公路运输的运输工具和一些相关基础设施的技术改造相对容易些。

（2）铁路运输方式的优势。

铁路运输方式的技术经济优势主要体现在以下几个方面。第一，运输量大。铁路运输的运量远远大于公路和航空运输，它是大宗、通运的运输方式，既可以运货也可以运客，是目前我国交通运输的主干。第二，速度快。在我国，一般铁路列车的速度每小时可以达到 60~160 千米，而我国高铁客运时速可达 200~350 千米。第三，可靠性强。由于铁路运输受气候等自然条件的限制较小，对环境的适应性强，所以具有较强的可靠性。第四，对环境的污染小。由于我国铁路运输大多是以电力作为动力源的，排放的有害气体较少，因此对环境的污染也少。与公路和航空运输方式相比，它对环境和生态平衡的影响程度较小。第五，运输成本较低。由于铁路运输成本没有原料支出，固定资产折旧费所占的比例较大，而且铁路运输一般都是长距离、大运量运输，因此，铁路运输的单位运输成本比公路运输和航空运输成本低，在有些情况下甚至比水运的单位运输成本也低。

（3）水路运输方式的优势。

与其他运输方式相比，水路运输具有以下的技术经济特性。第一，运量大。有关数据表明，在远洋运输中，目前世界上最大的超巨型油船的载重量约为 56 万吨，集装箱船约为 19 万吨。在内河运输中，我国的大型顶推船队运载能力已达 3 万多吨。第二，运营的成本低。由于运输船舶的运输量大，运输的里程较远，运输费用较低，所以与其他运输方式相比，水路运输的单位运输成本较低。第三，投资少。由于水路运输大多利用的是天然的航道，所以投资较省。在远洋运输中，运输航道的开发几乎不需要支付费用，因为利用的基本上都是天然航道。在内河运输中，对航道的开发支出也远远小于修建铁路或公路的费用支出。

（4）航空运输方式的优势。

航空运输是近几十年来发展速度最快的一种运输方式，与其他运输方式相比，航空运输具有的技术经济优势主要体现在以下几个方面。第一，它是速度最快的一种运输方式（针对静态技术经济特性而言）。目前，有些喷气式飞机的速度可达每小时 900 千米左右，是火车的 5~10 倍，海轮的 20~25 倍。第二，机动性强、通达性好。由于航空运输不受地形的限制，所以它可以到达其他运输方式难以到达的地方，只要有相关的一些基础设施作为保证，就可以开辟航线。因此，具有较强的机动性和灵活性。第三，安全性和舒适性较好。第四，建设周期短，投资较少，投资回收快。

（5）管道运输方式的优势。

与其他运输方式相比，管道运输方式的优势体现在以下几个方面。第一，连续性强，通达性好。第二，所占的土地资源较少。由于管道埋于地下，所以它对土地的占用较少。第三，运输量大，运输的连续性强。第四，能耗小，运输成本低。第五，对环境的污染较小。由于管道埋于地下，如不发生管道泄漏，几乎不会对环境造成污染。

2. 各种运输方式的定位比较

1）铁路运输：大批量、长距离、较低费用、低风险的客货运输。

2）公路运输：小批量、多批次、中短距离、灵活性和机动性较高的客货运输。

3）水路运输：远洋——长或超长距离，最低费用，定期货物运输。内河——沿海各种距离，最低费用，定期客货运输。

4）航空运输：小批量、超长距离、时效性强，高运费的客货运输。

5）管道运输：固定货种、固定路线，持续性好的货物运输。

4.2.2　影响选择物流运输方式的要素

各种运输方式拥有一系列服务属性，客户可以根据需求选择不同的运输方式。在运输方式选择模型中，有一些重要因素需要考虑，诸如货品特性、运输速度和运距、运输容量、运输成本、运输质量及环境保护等。

1. 货品特性

不同货品对运输的要求不同。一般来说，粮食、煤炭等大宗散货适宜选择水路运输，日用品、小批量近程运输货品适宜选择公路运输，海产品、鲜花等鲜活货品及宝石等贵重物品适宜选择航空运输，石油、天然气等液（气）态货品适宜选用管道运输。

2. 运输速度和运距

运输速度的快慢、运输路程的远近决定了货物运输时间的长短。在途运输货物会形成资金占用，因此运输时间的长短对能否及时满足销售需要、减少资金占用有重要影响。运输速度和运距是选择运输方式时应考虑的一个重要因素。一般来说，批量大、价值低、运距较长的货品适宜选择水路或铁路运输，批量小、价值高、运距长的货品适宜选择航空运输，批量小、距离近的货品适宜选择公路运输。

3. 运输容量

运输容量，即运输能力，以能够应付某一时期的最大业务量为标准。运输能力的大小对企业分销影响很大，特别是一些季节性商品，旺季时会使运输达到高峰状态。若运输能力小，不能合理、高效率地安排运输，就会造成货物积压，商品不能及时运往销地，使企业错失销售机会。运输容量与运输密度也有关，运输密度对于商品能否及时运送和扩大销售至关重要。

4. 运输成本

运输成本包括运输过程中需要支出的财力、物力和人力费用。企业在进行运输决策时，会受到经济实力以及运输费用的制约。如果企业经济实力弱，就不能使用运输费用高的运输工具，诸如航空运输等。

5. 运输质量

运输质量包括可到达性、运输时间的可靠性、运输安全性、货差、货损以及客户服务水平等方面，用户可根据运输质量要求选择相应的运输方式。

6. 环境保护

运输业动力装置排出的废气是空气的主要污染源，特别是在人口稠密的城市，汽车废气已经严重影响到了空气质量。比较各种运输方式对环境的影响，就单位运输产品的废气排放量而言，航空运输最多，其次是公路运输，较低的是铁路运输，水路运输对空气的污染极小，管道运输几乎不会对空气产生污染。公路和铁路线路建设会占用大量土地，从而对生态平衡产生影响，使人类的生存环境恶化。水路运输基本上是在自然河道和广阔的海域中进行的，不会占用土地，但是油船运输的溢油事故会给海洋带来严重污染。因此客户在运输方式的选择上，应综合各个因素，尽量选择污染小的运输方式。

4.2.3 物流运输方式选择模型

对于物流运输方式的选择，既可单独地选用一种，也可以采用多式联运。如何选择适合的物流运输方式，则需要根据运输环境、运输服务目标要求，采取定性分析与定量分析的方法进行考虑。

1. 定性分析法

（1）单一运输方式的选择。

单一运输方式的选择，就是指选择一种运输方式提供运输服务。公路、铁路、水路、航空和管道5种运输方式各有其自身的优点和不足，本节在前面已经进行了详细阐述，客户应根据5种运输方式的优势、特点，结合运输需求进行恰当选择。

（2）多式联运方式的选择。

多式联运的选择，就是指选择两种及两种以上的运输方式联合起来提供运输服务。多式联运的主要特点是可以在不同运输方式间自由变换运输工具，以最合理、最有效方式实现货物运输。多式联运的组合方法有很多，但在实际运输中，一般只有铁路与公路联运、公路或铁路与水路联运、航空与公路联运得到较为广泛的运用。

2. 定量分析法

运输方式选择的定量分析，可以根据影响运输方式选择的各种因素进行综合评价，也可以根据运输成本费用进行比较分析，得出合理的选择结果。常用的运输方式选择模型包括因素分析法、加权因素分析法、层次分析法、成本比较分析法等。

(1) 因素分析法。

因素分析法首先确定选择运输方式时应该考虑的一些重要因素和标准，然后对所有因素按照 1~10 分进行评分，最后对各种运输方式合并所有评价因素，选取综合评分最高的运输方式。

因素分析法评分公式如下：

$$w_j = \sum_{i=1}^{n} s(i,j)$$

式中　w_j——运输方式 j 的综合评分；

　$s(i,j)$——第 i 个因素上运输方式 j 的得分；

　　n——评分因素的个数。

(2) 加权因素分析法。

加权因素分析法是因素分析法的扩展。根据各个评价标准的重要程度，给予其不同的权重值，以便得到更准确的评价结果。加权因素分析法评分公式如下：

$$w_j = \sum_{i=1}^{n} [\gamma_i \cdot s(i,j)]$$

式中　w_j——运输方式 j 的综合评分；

　$s(i,j)$——第 i 个因素上运输方式 j 的得分；

　　γ_i——第 i 个因素的权重；

　　n——评分因素的个数。

(3) 层次分析法。

层次分析法（analytical hierarchy process，AHP）是美国运筹学家 T. L. Saaty 教授于 20 世纪 70 年代提出的一种实用的多方案或多目标的决策方法，是一种定性与定量相结合的决策分析方法。它常被运用于多目标、多准则、多要素、多层次的非结构化的复杂决策问题，特别是对战略决策问题，具有十分广泛的实用性。运用层次分析法的基本步骤如下。

1) 建立层次结构模型：将决策的目标、考虑的因素（决策准则）和决策对象按它们之间的相互关系分为最高层、中间层和最低层，绘出层次结构图。

2) 构造判断矩阵：在确定各层次、各因素之间的权重时，如果只是定性的结果，则常常不容易被别人接受，因而 Saaty 等人提出"一致矩阵法"，即不把所有因素放在一起比较，而是两两相互比较。对比时采用相对尺度，尽可能减少性质不同因素相互比较的困难，以提高准确度。

3) 层次单排序：对于上一层某因素而言，本层次各因素的重要性的排序。

4) 判断矩阵的一致性检验：判断思维的逻辑一致性。如当甲比丙是强烈重要，而乙比丙是稍微重要时，显然甲一定比乙重要。这就是判断思维的逻辑一致性，否则判断就会有矛盾。

5) 层次总排序：确定某层所有因素对于总目标相对重要性的排序权值过程。这一过程是从最高层到最底层依次进行的。对于最高层而言，其层次单排序的结果也就是总排序的结果。

层次分析法的优点：①系统性——将对象视作系统，按照分解、比较、判断、综合的思维方式进行决策；②实用性——定性与定量分析相结合，能处理传统的优化方法不能解决的问题；③简洁性——计算简便，结果明确，便于决策者直接了解和掌握。

关于层次分析法的具体内容，请参看本书第 8 章 8.3.2 中的详细介绍。

（4）成本比较分析法。

由于不同的运输方式产生不同的运输成本，故对运输方式的选择，可以通过比较运输服务成本与运输服务水平导致的相关间接库存成本之间的平衡程度进行选择。也就是说，运输的速度和可靠性会影响托运人的库存水平。如果选择速度慢、可靠性差的运输服务，物流运输过程中就会需要更多的库存。由于库存的增多可能使成本升高，进而抵消选择低水平运输服务降低的成本，因此，最佳的运输服务方案既能满足客户需要，又能使总成本最低。下面用例 4-1 说明这一问题。

例 4-1 某公司欲将产品从位置 A 运往位置 B 的公司自有仓库，年运量 D 为 70 万件。现假设每件产品的成本价 $C=30$ 元，存货费用为产品成本的 30%。各种运输方式的有关参数如表 4-1 所示。请你确定最佳的运输方式。

表 4-1　各种运输方式（形式）参数统计表

运输方式	运输费率 R/(元/件)	运输时间 T/天	年运送批次/次	平均存货量 $Q/2$/件
铁路运输	0.10	21	10	100 000
驮背运输	0.15	14	20	40 650
公路运输	0.20	5	20	42 000
航空运输	1.4	2	40	20 250

解：以年总成本最低为原则来选择最佳的运输方式，这里，总成本＝运输费用＋库存成本。

其中
$$运输费用＝运输量×运输费率$$
$$库存成本＝在途运输的存货费用＋工厂存货成本＋仓库存货成本$$
$$在途运输的存货费用＝0.3×C×D×T/365$$
$$工厂存货成本＝0.3×C×Q/2$$
$$仓库存货成本＝0.3×(C+R)×Q/2$$

代入各种运输方式的数据，将技术结果列入表 4-2。

表 4-2　各种运输方式成本计算结果　　　　　　　　　　　　单位：元

成本类型	计算公式	铁路运输	驮背运输	公路运输	航空运输
运输费用	$R×D$	70 000	105 000	140 000	980 000
在途运输的存货费用	$0.3×C×D×T/365$	362 466	241 644	86 301	34 521
工厂存货成本	$0.3×C×Q/2$	900 000	365 850	378 000	182 250
仓库存货成本	$0.3×(C+R)×Q/2$	903 000	367 679	380 520	190 755
总成本	Σ	2 235 466	1 080 173	984 821	1 387 526

由表 4-2 可知，总成本最低的是公路运输方式，其次是驮背运输，成本最高的是铁路运输。按照总成本最低的原则，公司应选择公路运输方式。

4.3 物流运输路线优化技术和方法

物流运输路线优化主要是选择从起点到终点的最短路径，最短路径的度量单位可以是时间最短、距离最短或费用最少等。运输路线选择是在运输方式选择之后的又一重要运输决策。下面主要讨论 3 种类型的问题，即点点间运输、多点间的运输及回路运输问题。

4.3.1 点点间运输路线优化技术与方法

单一不同起讫点问题

我们先看一个例子。假设有一批货物需要从 A 城市运送到 E 城市，从 A 城市到 E 城市的公路路网如图 4-1 所示，中间节点代表经过的城市或站点，各点间由线路连接，线路旁的数字表示两点间的运输代价（可以是时间、距离或成本等）。现在，要确定从 A 城市到 E 城市的最佳运输路线。忽略其他因素，我们一般认为路线最短是最经济的。这种问题可以归结为运筹学中的最短路径问题。

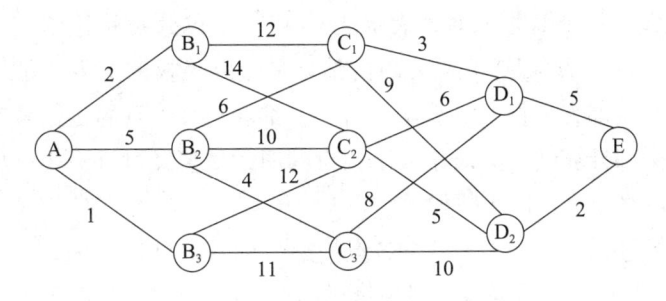

图 4-1 从起点到终点的运输网络图

最短路径问题，即求两个顶点间长度最短的路径。对分离的、单个起点和终点的运输网络来说，选择运输路线最简单、最直观的方法是最短路径法。最短路径问题是路线优化模型理论中最为基础的问题之一，也是解决一些其他线路优化问题的有效工具。

回到上面的例子，要确定从点 A 到点 E 的最短路径，最直接的方法就是穷举法，先将所有可行方案全部列举出来，再计算每条路径的长度，比较出路径最短的方案即为最优方案。在图 4-1 中，从 A 到 E 点共有 16 条可能的路径，逐一计算各条路径的总距离后进行比较，求得最短路径为：A→B_2→C_1→D_1→E。这就是最佳运输路线。

当网络的节点数较少，可行方案数也较少时，穷举法是有效的。但是，当网络节点数增多时，可行方案数会呈现指数倍增加，穷举法将无法求解，这时就需要运用更好的方法。

下面我们来介绍求解此类问题的 Dijkstra 算法。

Dijkstra 在 1959 年提出了按照路径长度的递增次序，逐步产生最短路径的 Dijkstra 算法。该算法可以用于求解任意指定两点之间的最短路径，也可以用于求解指定点到其余所有顶点之间的最短路径。

算法的基本思路是：一个连通网络 $G=(V_n, E_m)$ 中，求解从 v_0 到 v_n 的最短路径时，首先求出从 v_0 出发的一条最短路径，再参照它求出一条次短路径，依此类推，直到从顶点 v_0 到 v_n 的最短路径求出为止。

Dijkstra 算法是采用标号法求解的，标号是用来标记各个顶点属性的一套符号。一般来说，根据用来确定顶点的标号属性和标记过程的不同，有两种不同的 Dijkstra 算法：一种是标号设定算法，另一种是标号修正算法。

这两种算法都是迭代算法，它们都是在每一步迭代中用试探性标号标记所有的试探点，然后通过一系列的试探寻找该步中的最短距离。标号设定算法与标号修正算法的不同在于：标号设定算法是在每一次的迭代中将得到的满意的试探性标号设置为永久标号；标号修正算法则是在每一次的迭代中将满意的试探性标号改为临时标号，直到最后一次迭代完成之后，才将所有的临时标号都转化为永久标号。这两种算法的适用范围也不完全相同，标号设定算法只适用于求解非负网络中的最短路径问题，标号修正算法虽然可以解决一部分含有负权的一般网络中的最短路径问题，但它同样不能解决路径总和为负值的问题。下面我们以标号设定算法为例来加以说明。

在标号设定算法中，可用的标号有两种：T 标号和 P 标号，T 标号为试探性标号，P 标号为永久性标号，给 v_i 一个 P 标号时，表示从 v_0 到 v_i 点的最短路径权，v_i 点的标号不再改变。给 v_i 一个 T 标号时，表示从 v_0 到 v_i 点的估计最短路径权的上界，是一种临时标号，凡是没有得到 P 标号的点都有 T 标号。算法的每一步都会把某一点的 T 标号改为 P 标号。当终点得到 P 标号时，全部计算结束。对于 n 个顶点的图，最多经过 $(n-1)$ 步就可以得到产品从起点到终点的最短路径。具体步骤如下。

1) 给 v_0 以 P 标号，$P(v_0)=0$；其余各点均给 T 标号，$T(v_i)=+\infty$。

2) 若 v_i 点为刚得到 P 标号的点，考虑这样的点 v_j：(v_i, v_j) 属于 E_m，且 v_j 为 T 标号的点。对 v_j 的 T 标号进行如下的修改：$T(v_j)=\min\{T(v_j), P(v_i)+w_{ij}\}$。

3) 比较所有具有 T 标号的点，选择一个距离最小的 T 标号点，将其修改为 P 标号（当存在两个以上的最小值时，可以同时修改）。若全部点均为 P 标号则停止，否则用 v_j 代替 v_i，回到第 2) 步。

下面通过一个例题说明 Dijkstra 算法过程。

例 4-2 图 4-2 是从 v_1 到 v_7 的运输网络，用 Dijkstra 算法可求 v_1 到 v_7 的最短路径。

解：算法步骤和结果见表 4-3。具体步骤如下。

（1）给起点 v_1 标上 P 标号，$P(v_1)=0$，其余各点标上 T 标号，$T(v_i)=+\infty$，$j=2, 3, \cdots, 7$，见表 4-3 的第一行。

（2）考虑所有与 v_1 直接相连的 T 标号的点，有 v_2、v_3、v_4 三点，修改这 3 个点的 T 标号：

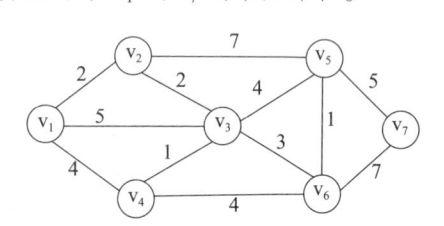

图 4-2 运输网络图

$$T(v_2) = \min\{T(v_2), P(v_1) + w_{12}\} = \min\{+\infty, 0+2\} = 2$$
$$T(v_3) = \min\{T(v_3), P(v_1) + w_{13}\} = \min\{+\infty, 0+5\} = 5$$
$$T(v_4) = \min\{T(v_4), P(v_1) + w_{14}\} = \min\{+\infty, 0+4\} = 4$$

将修改后的 T 标号值填入表中。现在，所有的 T 标号的点中，最小值 $T(v_2) = 2$，所以，将 v_2 点改为 P 标号点，见表 4-3 的第二行。

表 4-3 Dijkstra 算法的步骤和结果

步骤	v_1	v_2	v_3	v_4	v_5	v_6	v_7
（1）	P=0	T=+∞	T=+∞	T=+∞	T=+∞	T=+∞	T=+∞
（2）		(P=)T=2	T=5	T=4	T=+∞	T=+∞	T=+∞
（3）			T=4	(P=)T=4	T=9	T=+∞	T=+∞
（4）			(P=)T=4		T=9	T=8	T=+∞
（5）					T=9	(P=)T=7	T=+∞
（6）					(P=)T=8		T=14
（7）							(P=)T=13

（3）以刚得到的 P 标号点 v_2 为起点，考虑所有与 v_2 点直接相连的 T 标号点，即 v_3、v_5 两点，修改这两点的 T 标号：

$$T(v_3) = \min\{T(v_3), P(v_2) + w_{23}\} = \min\{+\infty, 2+2\} = 4$$
$$T(v_5) = \min\{T(v_5), P(v_2) + w_{25}\} = \min\{+\infty, 2+7\} = 9$$

现在，所有的 T 标号的点中，最小值 $T(v_3) = 4(T(v_4) = 4)$，所以，将 v_3、v_4 两点的任一点改为 P 标号点（比如 v_4），见表 4-3 的第三行。

后面的计算过程与（2）、（3）类似，不再重复。

最后，$P(v_7) = 13$，即从 v_1 到 v_7 的最短距离是 13，最佳路线是：$v_1 \to v_2 \to v_3 \to v_5 \to v_7$。解毕。

用标号设定的 Dijkstra 算法对点点间的运输问题求解时，有以下两个方面的局限性：

第一，用不定长的弧定义非对称连通图中的最短路径问题；

第二，连通图中没有距离为负的弧。

对于含有负距离的连通图的最短路径问题，当满足一些特定条件时，可以用标号修正的 Dijkstra 算法、逐次逼近算法或者 Floyd 算法等。

4.3.2 多点间的运输路线优化技术与方法

多点间的运输问题是指起始点或终点不唯一的运输调配问题。相对来说，多点间的运输调配问题更为复杂。

1. 产销平衡的直达运输问题

多点间运输问题中最常见的是产销平衡运输问题。如图 4-3 所示，对于多点间直达运输问题，描述如下。

设某物资有 m 个产地 A_1，A_2，$\cdots$，A_m，供应 n 个销售地 B_1，B_2，$\cdots$，B_n；已知 A_i 的产量为 $a_i(i=1,2,\cdots,m)$，B_j 的需求量为 $b_j(j=1,2,\cdots,n)$。由 A_i 到 B_j 的单位运价为 C_{ij}。用 X_{ij} 表示由产地 A_i 运输到销售地 B_j 的物资量（$i=1,2,\cdots,m$；$j=1,2,\cdots,n$）。

上述问题属于运筹学中的运输问题。如果总产量等于总需求量，即 $\sum a_i = \sum b_j$，就是产销平衡的运输问题，也就是最基本的运输问题。其数学模型如下：

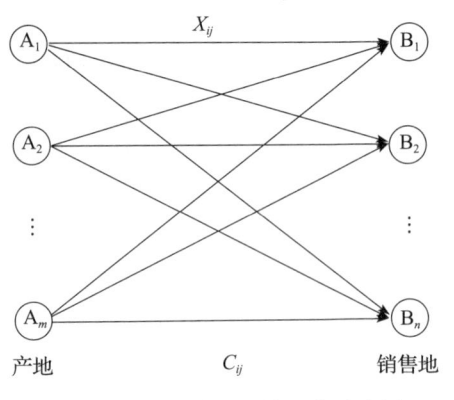

图 4-3 多点间直达运输网络示意图

$$\min Z = \sum_{i=1}^{m} \sum_{j=1}^{n} C_{ij} X_{ij} \tag{4-1}$$

$$\text{s.t.} \sum_{i=1}^{m} X_{ij} = b_j, \quad \forall j = 1,2,\cdots,n \tag{4-2}$$

$$\sum_{j=1}^{n} X_{ij} = a_i, \quad \forall i = 1,2,\cdots,m \tag{4-3}$$

$$X_{ij} \geq 0, \quad \forall i = 1,2,\cdots,m, \quad \forall j = 1,2,\cdots,n \tag{4-4}$$

且
$$\sum_{i=1}^{m} a_i = \sum_{j=1}^{n} b_j \tag{4-5}$$

运输问题属于线性规划问题，可以用单纯形法求解。但是，由于运输问题的变量和约束条件较多，用单纯形法求解比较复杂，因此，利用运输问题的特殊性，可用表格对运输问题进行描述，并通过对表格的操作来完成求解，这就是运输问题的表上作业法。详细的求解过程请参见运筹学的有关内容。

2. 产销不平衡的直达运输问题

当产销不平衡时，我们可以通过增加一个假想的产地或销售地，将其转化为产销平衡的运输问题模型。

（1）总产量大于总需求量，即

$$\sum_{i=1}^{m} a_i > \sum_{j=1}^{n} b_j \tag{4-6}$$

可增加一个假想的销售地 B_{n+1}，其需求量为

$$b_{n+1} = \sum_{i=1}^{m} a_i - \sum_{j=1}^{n} b_j \tag{4-7}$$

从产地 A_i 运输到销售地 B_{n+1} 的物资数量实际上是停留在原产地没有运出的物资，因此相应的运价为 0，这样就将产销不平衡运输问题转化为产销平衡运输问题。

（2）总产量小于总需求量，即

$$\sum_{i=1}^{m} a_i < \sum_{j=1}^{n} b_j \tag{4-8}$$

可增加一个假想的产地 A_{m+1}，其供应量为

$$a_{m+1} = \sum_{j=1}^{n} b_j - \sum_{i=1}^{m} a_i \qquad (4-9)$$

由于假想的产地并不存在，其产量也不可能存在，由假想产地运往某个销售地的物资数量实际上就是该销售地不能满足的需求量，因此相应的运价为 0，这样就将产销不平衡运输问题转化为产销平衡运输问题。

3. 存在中间转运的运输调配问题

这个问题是指将多个供应点的货物分配到多个需求点，也可以在中间点中转、分配，有些起点或终点也可能是中转点。这类问题又叫转运问题，读者可以参阅有关的运筹学教材。

4.3.3 单回路运输——TSP 模型及求解

单回路运输问题是指在运输路线优化时，在一个节点集合中，选择一条合适的路径遍历所有的节点，而且要求闭合。在运输决策中，单回路运输模型主要用于单一车辆的路径安排，目标是在该车辆遍历所有用户的同时，达到所行驶的距离最短。这类问题的两个显著特点是：①单一性，只有一个回路；②遍历性，经过所有用户，不可遗漏。

理论上，可以用穷举法求出最佳路线。但实际上，如果某个问题包含很多个节点，可行的方案会呈指数倍增加，容易产生优化上的"组合爆炸"问题，即使使用快速计算机进行计算，寻优的时间也会非常长。因而，起讫点重合的单回路运输问题也是现代优化算法研究的热点之一。下面我们重点介绍 TSP 模型及求解方法。

旅行商问题（TSP）可描述为：已知 n 个城市之间的相互距离，现有一个推销员必须遍历这 n 个城市，并且每个城市只能访问一次，最后必须让他返回出发城市。我们应该如何安排他对这些城市的访问次序，使其旅行路线的总长度最短？旅行商问题就是求出一条通过所有顶点且每个顶点只能通过一次的具有最短距离的回路。既然回路包含所有顶点，那么就可以将任何一个点作为起点和终点。先来看下面的例 4-3。

例 4-3 如图 4-4 所示，从配送中心 A 出发，送货到 B、C、D 3 个客户需求点。任意两点间的距离已知或可以求出，求最佳配送路径。

解： 首先，B、C、D 三个客户都必须被访问。其次，要使总路径最短，各客户点最好只被访问一次。按照这两个要求，我们可以建立 TSP 问题的 0-1 整数规划模型。

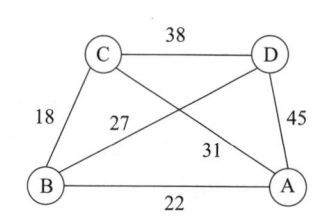

图 4-4 TSP 问题示意图

令决策变量 X_{ij} 表示路段 (i, j) 是否在路线上，即顶点 i 与顶点 j 是否直接相连。

$X_{ij} = 0$，顶点 i 与顶点 j 不直接相连（无通路）。

$X_{ij} = 1$，顶点 i 与顶点 j 直接连通（有通路）。

对应图 4-4 的变量矩阵为

$$X = \begin{pmatrix} X_{11} & X_{12} & \cdots & X_{14} \\ X_{21} & X_{22} & \cdots & X_{24} \\ \vdots & \vdots & & \vdots \\ X_{41} & X_{42} & \cdots & X_{44} \end{pmatrix}$$

令 C_{ij} 表示车辆经过对应路段 (i,j) 所付出的代价,例如时间、距离或费用等,根据图 4-4 得到代价矩阵为

$$C = \begin{pmatrix} 0 & 22 & 31 & 45 \\ 22 & 0 & 18 & 27 \\ 31 & 18 & 0 & 38 \\ 45 & 27 & 38 & 0 \end{pmatrix}$$

以总的代价最小为目标,即

$$\min Z = \sum_{i=1}^{n}\sum_{j=1}^{n} C_{ij} X_{ij} \tag{4-10}$$

要求客户点仅被访问一次,可建立如下约束:

$$\sum_{i=1}^{n} X_{ij} = 1, \quad \forall j = 1, 2, \cdots, n \tag{4-11}$$

$$\sum_{j=1}^{n} X_{ij} = 1, \quad \forall j = 1, 2, \cdots, n \tag{4-12}$$

$$X_{ij} \in \{0,1\}, \quad \forall i、j = 1, 2, \cdots, n \tag{4-13}$$

求解上述整数规划模型可以有多种方法。对于一部分中小规模的 TSP 问题,利用运筹学中的分支定界法进行求解比较有效,也可以用现代优化算法,例如 Hopfield 神经网络方法、遗传算法、启发式算法等。

对于图 4-4 中节点数较少的问题,可以用简单贪婪算法求解最佳路线,其步骤如下。

第一步:选择距出发点最近的客户节点。由于 B 点距 A 点最近,故先选择 B 点。

第二步:再从剩下的节点中选取距离当前已选择的点最近的客户点,即找出离 B 点最近的点,这一点是 C 点。

第三步:如果所有点都被选择了,则停止,否则返回第二步。

由于剩下的 D 点没有被选择,所以 D 点称为继 C 点之后的客户。然后,返回 A。

这样,可求出图 4-4 中最佳的送货路线,配送顺序为:A→B→C→D→A。总的行驶距离 = 22+18+38+45 = 123。

4.3.4 多回路运输——VRP 模型及求解

1. VRP 模型

车辆调度问题(vehicle routing problem,VRP)在现实中普遍存在,特别是对于有大量服务对象的实体,例如拥有上千个客户的公司在提供车辆运输服务时,由于条件的限制,不能用一条回路来完成任务,因此需要有多条回路来运输。解决此类调配问题时,核心问题是

如何对车辆进行调度。

所谓VRP，一般是指对一系列发货点和收货点，组织调用一定的车辆，安排适当的行驶路线，使车辆有序地通过，在指定的约束条件下（货物的需求量与发货量、交货时间、车辆可载量限制、行驶里程限制、行驶时间限制等），力争实现一定的目标（如车辆空驶总里程最短、运输总费用最低、车辆按一定时间到达、使用的车辆数量少等）。

车辆调度问题的分类法有很多，例如根据车辆是否满载可分为满载问题与非满载问题；根据任务特征可分为纯装、纯卸或装卸混合问题；根据使用的车场数目可分为单车场问题与多车场问题；根据可用车辆的车型数可分为单车型问题与多车型问题等。

运用VRP模型对实际问题进行研究时，需要考虑以下几个方面的问题。

（1）仓库。

仓库级数，每级仓库的数量、地点与规模。

（2）车辆。

车辆型号和数量，容积和运作费用，出发时间和返回时间、司机休息时间，最大的里程和时间限制。

（3）时间窗。

各处的工作时间不同，需要各地协调。

（4）客户。

客户需求、软硬时间窗、装载或卸载、所处位置、优先级。

（5）道路信息。

车辆密度、道路交通费用、距离或时间属性。

（6）货物信息。

货物种类、兼容性和保鲜要求。

（7）运输规章。

工人每天工作时间规定，车辆的周期维护。

一个典型的VRP模型可以表述如下。

（1）基本条件。

现有m辆相同的车辆停靠在一个共同的原点v_0，需要给n个顾客提供货物，顾客为v_1，v_2，…，v_n。

（2）模型目标。

确定所需要的车辆数目N，并指派这些车辆到一个回路中，同时包括回路内的路径安排和调度，使运输总费用C最小。

（3）限制条件有以下几种。

1）$N \leq m$。

2）每一个订单都要完成。

3）每一辆车完成任务后都要回到原点。

4）不能超过车辆的容量限制，对于特殊问题有时需要考虑时间窗的限制。

5）运输规章的限制。

情况不同，车辆调度问题的模型及构造就有很大差别。为简化车辆优化调度问题的求解，人们常常应用一些技术使问题分解或转化为一个已经研究过的基本问题，再用相应比较成熟的基本理论和方法，得到原问题的最优解或满意解。VRP 常用的基本问题有旅行商问题、分派问题、运输问题、背包问题、最短路径问题、最小费用流问题和邮递员问题等。

下面我们以扫描算法为例，求解 VRP 问题。

2. 扫描法

扫描法（sweep method）求解过程较简单，可分为两步。

第一步：对客户站点分群，一个客户群分派一辆车服务。

第二步：决定每辆车的最佳行车路线。

其分派车辆的过程可以通过手工计算或直接在图纸上完成，也可以利用计算机程序求解。该方法的缺点是：无法解决带有时间窗的问题。

扫描法的原理是，先以仓库（物流中心）为原点，并将连通图中的任意一个客户点和原点的连线定义为角度零，建立极坐标系。然后将所有需求点的极坐标算出，依角度大小以逆时针或顺时针方向扫描，把满足车辆装载量的客户划分为一个群。所有点扫描完毕后在每个群内用最短路径法求出车辆最佳行驶路径，其步骤如下。

1) 以物流中心为原点，将所有客户需求点的极坐标计算出来。
2) 以零角度为极坐标轴，按顺时针或逆时针方向，依角度大小开始扫描。
3) 将扫描经过的客户点的需求量进行累加。当客户需求总量达到一辆车的载重量限制，且不超过载重量极限时，将这些客户划分为一个群，即由同一辆车完成送货服务。接着，按照同样的方法对其余客户划分新的客户群，指派新的车辆。
4) 重复步骤3），直到所有的客户都被划分到一个群中。
5) 在每个群内部用 TSP 算法求出车辆行驶最短路径。

扫描法在 VRP 求解模式中属先分群再求解路径的算法。在仅考虑总距离成本时，一般均能得到不错的结果，是最为简便、常用的方法之一。

例 4-4 介绍了扫描法的应用。

例 4-4 某运输公司为其客户企业提供取货服务，货物运回仓库集中后，将以更大的批量进行长途运输。所有取货任务均由载重量为 10 吨的货车完成。现在有 13 家客户有取货要求，各客户的取货量、客户的地理位置坐标如表 4-4 所示。该运输公司仓库的坐标为（0.5，1.2）。要求合理安排车辆，并确定各车辆行驶路线，使总运输里程最短。

表 4-4 客户数据信息

客户	1	2	3	4	5	6	7	8	9	10	11	12	13
D_i/吨	1.9	2.8	3.15	2.4	2	3	2.25	2.5	1.8	2.15	1.6	2.6	1.5
X_i	2	0.8	0.3	1.1	0.8	0.6	1.5	1.93	2	1.5	0.7	1.5	2.3
Y_i	0	0.37	0.2	-0.02	1.62	1.08	1.18	1.13	0.75	-0.25	-0.25	0.39	0.4

解：第一步，求出各客户点的极坐标。

根据表 4-4 中的数据，先在图上描述出所有客户点的坐标位置，并在每个客户编号旁边的方框中标注出该客户的取货量（单位：吨），如图 4-5 所示。若应用计算机程序求解，将直角坐标转换成极坐标。

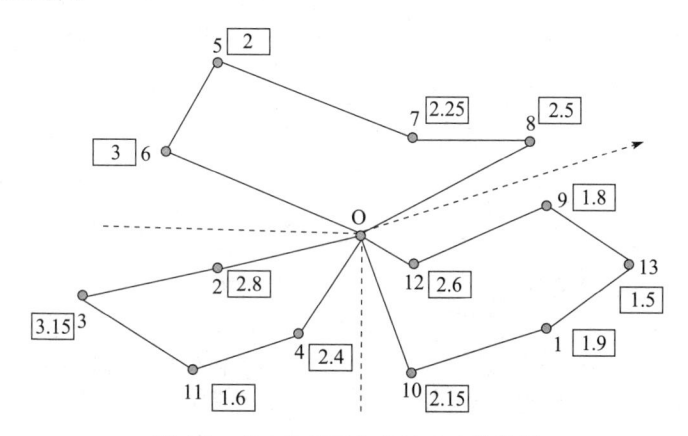

图 4-5 客户位置及扫描法求出的结果

第二步，扫描划分客户群。以仓库为极坐标原点，以 30 度线为起始位置，按逆时针方向进行扫描，将扫描经过的客户取货量进行累加，将既不超重又能最大限度地利用车辆装载量的客户划分为一个群，由一辆车提供取货服务。

根据图 4-5 中的客户位置，客户 8 首先被扫描，其取货量是 2.5 吨。按逆时针方向依次扫描，经过客户 7、客户 5、客户 6，这时的客户取货总量=（3+2+2.25+2.5）吨=9.75 吨，如果再增加下一个客户，就会超过 10 吨的极限，所以将客户 8、客户 7、客户 5、客户 6 划分为第一个客户群，由一辆车提供服务。接着，客户 2、客户 3、客户 11、客户 4 被相继扫描，4 个客户的累计取货量为 9.95 吨，不超过车辆载重极限，这样就得到第二个客户群。依此类推，客户 10、客户 1、客户 13、客户 9、客户 12 的累计取货量为 9.95 吨，可由一辆车完成服务，这就是第三个客户群。

因此，按照既不超载又能最大限度地提高车辆利用率的原则，13 家客户的取货服务可由 3 辆载重量为 10 吨的货车完成。

第三步，确定每辆车的最佳路径。

要确定上面得到的三个客户群的最佳行车路线，是一个单一回路的运输问题，可应用 4.3.3 节的方法求解。

最后求解的结果见图 4-5，第一辆车的路线是：O→8→7→5→6→O；第二辆车的路线是：O→2→3→11→4→O；第三辆车的路线是：O→10→1→13→9→12→O。

通过上述过程可以发现，用扫描法设计的车辆路线有很多种方案。开始扫描的起始位置不同、扫描方向不同，都会导致不同的结果。

3. 节约法

节约法（savings method）是由 Clarke 和 Wright 在 1964 年提出的。该方法能灵活处理许多现实的约束条件，尤其是当节点数不太多时，能较快地计算出结果，且结果与最优解很接近。该方法能同时确定分派的车辆数及经过各站点的顺序，是一种非常有效的启发式路线设计方法。

节约法的目标是使所有车辆行驶的总里程最短，使提供服务的车辆总数最少。算法的基本思想是：如果将运输问题中的两个回路合并成一个回路，就可缩短路线总里程（即节约了距离），并减少了一辆卡车。如图4-6所示，将两个回路合并成一个回路后，节约里程公式为

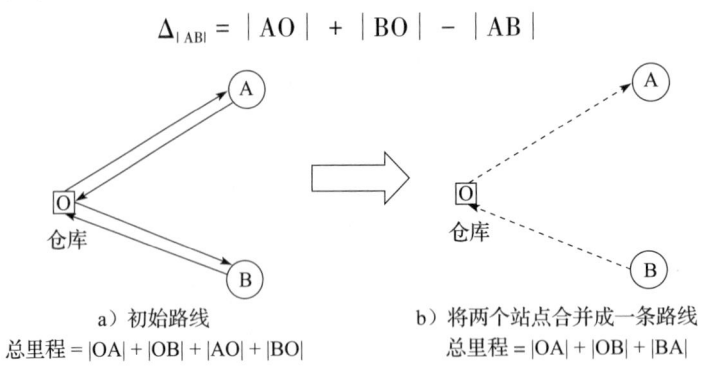

$$\Delta_{|AB|} = |AO| + |BO| - |AB|$$

a）初始路线
总里程 = |OA| + |OB| + |AO| + |BO|

b）将两个站点合并成一条路线
总里程 = |OA| + |OB| + |BA|

图4-6 节约法的示意图

根据上述思想，我们可以不断地对可行运输方案中的回路进行合并，或将某个站点加入到现有的回路中，计算出相应的节约距离，节约距离最多的站点（且满足约束条件）就应被纳入现有路线中。重复这一过程，直到完成所有站点的路线设计。节约法可被方便地编制成程序，当节点规模不大时，也可通过手工的方式完成计算。

下面通过例4-5来说明其步骤。

例4-5 设有一个仓库 v_0，需要对8个客户（$v_1 \sim v_8$）提供货物，它们的需求量及极坐标的角坐标值如表4-5所示，它们的距离矩阵如表4-6所示，客户和仓库的位置关系如图4-7所示。设每辆车的额定载重为14，试用节约法求配送路线的安排。

表4-5 客户的需求量及极坐标的角坐标值

客户标号	1	2	3	4	5	6	7	8
需求量	6	4	5	3	6	2	3	4
角坐标/度	130	50	90	280	210	250	330	310

表4-6 客户的距离矩阵　　　　　　　　　　单位：千米

	v_0	v_1	v_2	v_3	v_4	v_5	v_6	v_7	v_8
v_0	—	11	10	10	7	12	13	11	13
v_1		—	15	8	16	14	15	16	15
v_2			—	6	15	16	18	8	12
v_3				—	12	13	13	12	11
v_4					—	7	5	4	8
v_5						—	2	10	9
v_6							—	11	10
v_7								—	4
v_8									—

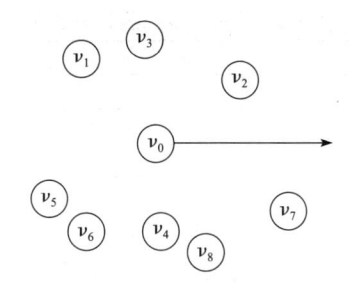

图 4-7 客户和仓库的位置关系图

解：（1）首先根据表 4-6 的距离矩阵计算出各点间的节约值矩阵表，如表 4-7 所示。

表 4-7 节约值矩阵表

	v_1	v_2	v_3	v_4	v_5	v_6	v_7	最大值
v_1	0							
v_2	6	0						
v_3	13	14	0					
v_4	2	2	5	0				
v_5	9	6	9	12	0			
v_6	9	5	10	15	23	0		
v_7	6	13	9	14	13	13	0	
v_8	9	11	12	12	16	16	20	
最大值	13	14	12	15	23	13	20	23

（2）从表 4-7 中选出节约值的最大值 23，其对应的两个顶点为 v_5、v_6，这两个客户的需求量之和为 8，未超出车辆的额定载重 14，因此连接 v_5、v_6 成回路，即 v_0—v_5—v_6—v_0。再将点 v_5、v_6 的节约值赋值 0，结果如表 4-8 所示。

表 4-8 步骤（2）的计算结果

	v_1	v_2	v_3	v_4	v_5	v_6	v_7	最大值
v_1	0							
v_2	6	0						
v_3	13	14	0					
v_4	2	2	5	0				
v_5	9	6	9	12	0			
v_6	9	5	10	15	0	0		
v_7	6	13	9	14	13	13	0	
v_8	9	11	12	12	16	16	20	
最大值	13	14	12	15	16	16	20	20

（3）从表 4-8 中再选出节约值为 20 的最大值，其对应的两个顶点为 v_7、v_8，这两个客户的需求量之和为 7，未超出车辆的额定载重 14，因此我们可以连接 v_7、v_8 成回路，即 v_0—v_7—v_8—v_0。再将点 v_7、v_8 的节约值赋值 0，结果如表 4-9 所示。

表 4-9　步骤（3）的计算结果

	v_1	v_2	v_3	v_4	v_5	v_6	v_7	最大值
v_1	0							
v_2	6	0						
v_3	13	14	0					
v_4	2	2	5	0				
v_5	9	6	9	12	0			
v_6	9	5	10	15	0	0		
v_7	6	13	9	14	13	13	0	
v_8	9	11	12	12	16	16	0	
最大值	13	14	12	15	16	16	0	16

（4）从表 4-9 中再选出节约值为 16 的最大值，其对应的两个顶点为 v_5、v_8 或 v_6、v_8，如果连接 v_5、v_8，则上述两条回路合并，其总需求量为 15，超出车辆的额定载重 14。因此，我们不能连接 v_5、v_8，同样也不能连接 v_6、v_8，则将点 v_5、v_8 和 v_6、v_8 的节约值赋值 0，结果如表 4-10 所示。

表 4-10　步骤（4）的计算结果

	v_1	v_2	v_3	v_4	v_5	v_6	v_7	最大值
v_1	0							
v_2	6	0						
v_3	13	14	0					
v_4	2	2	5	0				
v_5	9	6	9	12	0			
v_6	9	5	10	15	0	0		
v_7	6	13	9	14	13	13	0	
v_8	9	11	12	12	0	0	0	
最大值	13	14	12	15	13	13	0	15

（5）从表 4-10 中再选出节约值最大值 15，其对应的两个顶点为 v_4、v_6，如果我们连接 v_4 和 v_6，形成回路 $v_0—v_5—v_6—v_4—v_0$，其总需求量为 11，未超出车辆的额定载重 14，因此连接 v_4 和 v_6 成新回路，再将点 v_4、v_6 的节约值赋值 0。同时，由于顶点 v_6 成为回路的中间点，则与其相关的节约值都为 0，表示顶点 v_6 不可能再与其他点相连，其结果如表 4-11 所示。

表 4-11　步骤（5）的计算结果

	v_1	v_2	v_3	v_4	v_5	v_6	v_7	最大值
v_1	0							
v_2	6	0						
v_3	13	14	0					
v_4	2	2	5	0				
v_5	9	6	9	12	0			
v_6	0	0	0	0	0	0		
v_7	6	13	9	14	13	0	0	
v_8	9	11	12	12	0	0	0	
最大值	13	14	12	14	13	0	0	14

（6）按算法步骤迭代计算，直到节约值矩阵表中的值都为 0，迭代结束。最终结果为 $v_0—v_2—v_3—v_0$，$v_0—v_5—v_6—v_4—v_0$，$v_0—v_7—v_8—v_1—v_0$ 这 3 条路线，如图 4-8 所示，其运输量分别为 9、11、13，总里程数为 93。

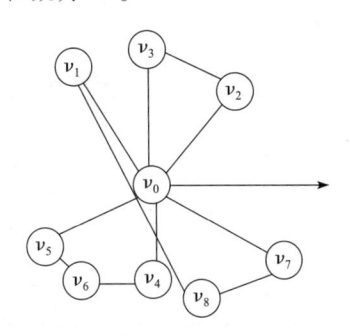

图 4-8 最终的配送路线图

上述计算过程可以用程序语言编程或用有关软件（如 LINGO 等）完成，如果你对此感兴趣可以自行参考相关文献。

本章小结

运输是物流作业中最直观的要素之一。物流运输系统规划是指为了完成确定目标，在一定区域范围内对物流运输系统进行总体战略部署，包括确定物流运输战略、选择运输路线、选择运输方式和运输过程控制与信息系统等。在进行物流运输系统规划与设计时，一般须遵循一些基本原则，如经济发展原则、协调发展原则等。

物流运输方式决策应综合分析不同运输方式的技术经济特性，综合各种影响要素，结合定性分析技术和定量分析技术，做出科学合理的选择。

物流运输路线优化主要是选择从起点到终点的最短路径，最短路径的度量单位可以是时间最短、距离最短或费用最少等。运输路线选择是在运输方式选择之后的又一重要运输决策，本章主要讨论 3 种类型的问题，即点点间运输、多点间的运输及回路运输问题。介绍的主要方法有：Dijkstra 算法、运输问题的表上作业法、求解 TSP 模型的贪婪算法、求解 VRP 模型的扫描法和节约法。

复习思考题

1. 简述物流运输系统的构成要素。
2. 简述物流运输系统的功能和分类。
3. 简述各种运输方式的技术经济特性。
4. 选择运输方式时应考虑哪些因素？
5. 如图 4-9 所示的城市连通图，节点代表城市，连线代表城市间的运输路线，线上数字代表各路线的里程，请你试用 Dijkstra 算法求解从城市 v_1 至城市 v_7 的最短路径。

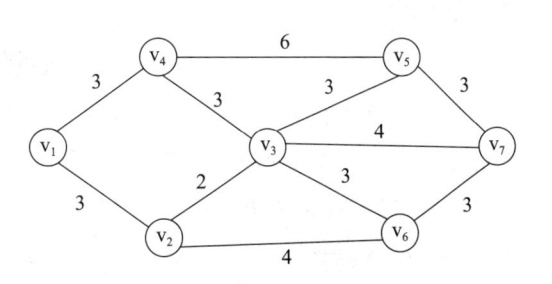

图 4-9 城市连通图

6. 某食品公司有 4 个工厂 A_1、A_2、A_3、A_4，每周生产食品数量分别为 1 000、1 200、900、1 100 箱，该食品每周配送给 4 个零售店 B_1、B_2、B_3、B_4，各店的需求量分别为 800、900、1 200、1 300 箱。从各个工厂到零售店的单位产品运费如表 4-12 所示。试求：在满足各零售店需求的情况下，使总运输费用最低的调运方案。

表 4-12 单位产品运费表　　　　　　　　　　　　　　　　　单位：元/箱

零售点	工厂			
	B_1	B_2	B_3	B_4
A_1	8	6	7	8
A_2	7	8	9	10
A_3	9	7	10	8
A_4	10	8	8	9

7. 某批发中心每天要为城区 21 个零售店客户送货，客户的位置信息和需求量如表 4-13 所示。一年按 250 个营业日考虑。该地区公路网完善，没有河流、湖泊或其他需要绕行的障碍。目前公司有 5 辆送货车，每辆车可装 500 箱货物。要求：

（1）用扫描法确定所需的运货卡车数量；

（2）确定每辆卡车的最佳运输路线及客户服务顺序。

表 4-13 仓库、客户的位置信息及需求量

序号	坐标/千米		需求量/箱	序号	坐标/千米		需求量/箱
	X	Y			X	Y	
1	7.5	28.5	120	12	11.0	40.0	90
2	10.0	9.0	200	13	32.0	40.0	80
3	12.0	24.0	120	14	7.5	18.0	50
4	13.0	30.0	150	15	5.0	13.5	160
5	13.5	34.0	50	16	23.0	8.0	100
6	17.5	16.5	90	17	27.0	8.0	140
7	23.0	38.5	140	18	36.0	8.0	50
8	23.0	16.5	60	19	32.0	4.0	90
9	23.5	75.0	110	20	32.5	22.0	150
10	27.0	33.5	180	21	31.5	13.0	80
11	29.0	28.0	30	仓库	15.0	35.0	（供）2 240

案例分析

交通强国建设纲要

建设交通强国是以习近平同志为核心的党中央立足国情、着眼全局、面向未来作出的重大战略决策，是建设现代化经济体系的先行领域，是全面建成社会主义现代化强国的重要支撑，是新时代做好交通工作的总抓手。为统筹推进交通强国建设，制定本纲要。

一、总体要求

（一）指导思想。以习近平新时代中国特色社会主义思想为指导，深入贯彻党的十九大精神，

紧紧围绕统筹推进"五位一体"总体布局和协调推进"四个全面"战略布局，坚持稳中求进工作总基调，坚持新发展理念，坚持推动高质量发展，坚持以供给侧结构性改革为主线，坚持以人民为中心的发展思想，牢牢把握交通"先行官"定位，适度超前，进一步解放思想、开拓进取，推动交通发展由追求速度规模向更加注重质量效益转变，由各种交通方式相对独立发展向更加注重一体化融合发展转变，由依靠传统要素驱动向更加注重创新驱动转变，构建安全、便捷、高效、绿色、经济的现代化综合交通体系，打造一流设施、一流技术、一流管理、一流服务，建成人民满意、保障有力、世界前列的交通强国，为全面建成社会主义现代化强国、实现中华民族伟大复兴中国梦提供坚强支撑。

（二）发展目标。到2020年，完成决胜全面建成小康社会交通建设任务和"十三五"现代综合交通运输体系发展规划各项任务，为交通强国建设奠定坚实基础。

从2021年到本世纪中叶，分两个阶段推进交通强国建设。

到2035年，基本建成交通强国。现代化综合交通体系基本形成，人民满意度明显提高，支撑国家现代化建设能力显著增强；拥有发达的快速网、完善的干线网、广泛的基础网，城乡区域交通协调发展达到新高度；基本形成"全国123出行交通圈"（都市区1小时通勤、城市群2小时通达、全国主要城市3小时覆盖）和"全球123快货物流圈"（国内1天送达、周边国家2天送达、全球主要城市3天送达），旅客联程运输便捷顺畅，货物多式联运高效经济；智能、平安、绿色、共享交通发展水平明显提高，城市交通拥堵基本缓解，无障碍出行服务体系基本完善；交通科技创新体系基本建成，交通关键装备先进安全，人才队伍精良，市场环境优良；基本实现交通治理体系和治理能力现代化；交通国际竞争力和影响力显著提升。

到本世纪中叶，全面建成人民满意、保障有力、世界前列的交通强国。基础设施规模质量、技术装备、科技创新能力、智能化与绿色化水平位居世界前列，交通安全水平、治理能力、文明程度、国际竞争力及影响力达到国际先进水平，全面服务和保障社会主义现代化强国建设，人民享有美好交通服务。

二、基础设施布局完善、立体互联

（一）建设现代化高质量综合立体交通网络。以国家发展规划为依据，发挥国土空间规划的指导和约束作用，统筹铁路、公路、水运、民航、管道、邮政等基础设施规划建设，以多中心、网络化为主形态，完善多层次网络布局，优化存量资源配置，扩大优质增量供给，实现立体互联，增强系统弹性。强化西部地区补短板，推进东北地区提质改造，推动中部地区大通道大枢纽建设，加速东部地区优化升级，形成区域交通协调发展新格局。

（二）构建便捷顺畅的城市（群）交通网。建设城市群一体化交通网，推进干线铁路、城际铁路、市域（郊）铁路、城市轨道交通融合发展，完善城市群快速公路网络，加强公路与城市道路衔接。尊重城市发展规律，立足促进城市的整体性、系统性、生长性，统筹安排城市功能和用地布局，科学制定和实施城市综合交通体系规划。推进城市公共交通设施建设，强化城市轨道交通与其他交通方式衔接，完善快速路、主次干路、支路级配和结构合理的城市道路网，打通道路微循环，提高道路通达性，完善城市步行和非机动车交通系统，提升步行、自行车等出行品质，完善无障碍设施。科学规划建设城市停车设施，加强充电、加氢、加气和公交站点等设施建设。全面提升城市交通基础设施智能化水平。

（三）形成广覆盖的农村交通基础设施网。全面推进"四好农村路"建设，加快实施通村组硬化路建设，建立规范化可持续管护机制。促进交通建设与农村地区资源开发、产业发展有机融合，加强特色农产品优势区与旅游资源富集区交通建设。大力推进革命老区、民族地区、边疆地区、贫困地区、垦区林区交通发展，实现以交通便利带动脱贫减贫，深度贫困地区交通建设项目尽量向进村入户倾斜。推动资源丰富和人口相对密集贫困地区开发性铁路建设，在有条件的地区推进具备旅游、农业作业、应急救援等功能的通用机场建设，加强农村邮政等基础设施建设。

（四）构筑多层级、一体化的综合交通枢纽体系。依托京津冀、长三角、粤港澳大湾区等世界级城市群，打造具有全球竞争力的国际海港枢纽、航空枢纽和邮政快递核心枢纽，建设一批全国性、区域性交通枢纽，推进综合交通枢纽一体化规划建设，提高换乘换装水平，完善集疏运体系。大力发展枢纽经济。

三、交通装备先进适用、完备可控

（一）加强新型载运工具研发。实现3万吨级重载列车、时速250公里级高速轮轨货运列车等方面的重大突破。加强智能网联汽车（智能汽车、自动驾驶、车路协同）研发，形成自主可控完整的产业链。强化大中型邮轮、大型液化天然气船、极地航行船舶、智能船舶、新能源船舶等自主设计建造能力。完善民用飞机产品谱系，在大型民用飞机、重型直升机、通用航空器等方面取得显著进展。

（二）加强特种装备研发。推进隧道工程、整跨吊运安装设备等工程机械装备研发。研发水下机器人、深潜水装备、大型溢油回收船、大型深远海多功能救助船等新型装备。

（三）推进装备技术升级。推广新能源、清洁能源、智能化、数字化、轻量化、环保型交通装备及成套技术装备。广泛应用智能高铁、智能道路、智能航运、自动化码头、数字管网、智能仓储和分拣系统等新型装备设施，开发新一代智能交通管理系统。提升国产飞机和发动机技术水平，加强民用航空器、发动机研发制造和适航审定体系建设。推广应用交通装备的智能检测监测和运维技术。加速淘汰落后技术和高耗低效交通装备。

四、运输服务便捷舒适、经济高效

（一）推进出行服务快速化、便捷化。构筑以高铁、航空为主体的大容量、高效率区际快速客运服务，提升主要通道旅客运输能力。完善航空服务网络，逐步加密机场网建设，大力发展支线航空，推进干支有效衔接，提高航空服务能力和品质。提高城市群内轨道交通通勤化水平，推广城际道路客运公交化运行模式，打造旅客联程运输系统。加强城市交通拥堵综合治理，优先发展城市公共交通，鼓励引导绿色公交出行，合理引导个体机动化出行。推进城乡客运服务一体化，提升公共服务均等化水平，保障城乡居民行有所乘。

（二）打造绿色高效的现代物流系统。优化运输结构，加快推进港口集疏运铁路、物流园区及大型工矿企业铁路专用线等"公转铁"重点项目建设，推进大宗货物及中长距离货物运输向铁路和水运有序转移。推动铁水、公铁、公水、空陆等联运发展，推广跨方式快速换装转运标准化设施设备，形成统一的多式联运标准和规则。发挥公路货运"门到门"优势。完善航空物流网络，提升航空货运效率。推进电商物流、冷链物流、大件运输、危险品物流等专业化物流发展，促进城际干线运输和城市末端配送有机衔接，鼓励发展集约化配送模式。综合利用多种资源，完善农村配送网络，促进城乡双向流通。落实减税降费政策，优化物流组织模式，提高物流效率，降低物流成本。

（三）加速新业态新模式发展。深化交通运输与旅游融合发展，推动旅游专列、旅游风景道、旅游航道、自驾车房车营地、游艇旅游、低空飞行旅游等发展，完善客运枢纽、高速公路服务区等交通设施旅游服务功能。大力发展共享交通，打造基于移动智能终端技术的服务系统，实现出行即服务。发展"互联网+"高效物流，创新智慧物流营运模式。培育充满活力的通用航空及市域（郊）铁路市场，完善政府购买服务政策，稳步扩大短途运输、公益服务、航空消费等市场规模。建立通达全球的寄递服务体系，推动邮政普遍服务升级换代。加快快递扩容增效和数字化转型，壮大供应链服务、冷链快递、即时直递等新业态新模式，推进智能收投终端和末端公共服务平台建设。积极发展无人机（车）物流递送、城市地下物流配送等。

五、科技创新富有活力、智慧引领

（一）强化前沿关键科技研发。瞄准新一代信息技术、人工智能、智能制造、新材料、新能源等世界科技前沿，加强对可能引发交通产业变革的前瞻性、颠覆性技术研究。强化汽车、民用飞行器、船舶等装备动力传动系统研发，突破高效率、大推力/大功率发动机装备设备关键技术。加强区域综合交通网络协调运营与服务技术、城市综合交通协同管控技术、基于船岸协同的内河航运安全管控与应急搜救技术等研发。合理统筹安排时速600公里级高速磁悬浮系统、时速400公里级高速轮轨（含可变轨距）客运列车系统、低真空管（隧）道高速列车等技术储备研发。

（二）大力发展智慧交通。推动大数据、互联网、人工智能、区块链、超级计算等新技术与交通行业深度融合。推进数据资源赋能交通发展，加速交通基础设施网、运输服务网、能源网与信息网络融合发展，构建泛在先进的交通信息基础设施。构建综合交通大数据中心体系，深化交通公共服务和电子政务发展。推进北斗卫星导航系统应用。

（三）完善科技创新机制。建立以企业为主体、产学研用深度融合的技术创新机制，鼓励交通行业各类创新主体建立创新联盟，建立关键核心技术攻关机制。建设一批具有国际影响力的实验室、试验基地、技术创新中心等创新平台，加大资源开放共享力度，优化科研资金投入机制。构建适应交通高质量发展的标准体系，加强重点领域标准有效供给。

六、安全保障完善可靠、反应快速

（一）提升本质安全水平。完善交通基础设施安全技术标准规范，持续加大基础设施安全防护投入，提升关键基础设施安全防护能力。构建现代化工程建设质量管理体系，推进精品建造和精细管理。强化交通基础设施养护，加强基础设施运行监测检测，提高养护专业化、信息化水平，增强设施耐久性和可靠性。强化载运工具质量治理，保障运输装备安全。

（二）完善交通安全生产体系。完善依法治理体系，健全交通安全生产法规制度和标准规范。完善安全责任体系，强化企业主体责任，明确部门监管责任。完善预防控制体系，有效防控系统性风险，建立交通装备、工程第三方认证制度。强化安全生产事故调查评估。完善网络安全保障体系，增强科技兴安能力，加强交通信息基础设施安全保护。完善支撑保障体系，加强安全设施建设。建立自然灾害交通防治体系，提高交通防灾抗灾能力。加强交通安全综合治理，切实提高交通安全水平。

（三）强化交通应急救援能力。建立健全综合交通应急管理体制机制、法规制度和预案体系，加强应急救援专业装备、设施、队伍建设，积极参与国际应急救援合作。强化应急救援社会协同能力，完善征用补偿机制。

七、绿色发展节约集约、低碳环保

（一）促进资源节约集约利用。加强土地、海域、无居民海岛、岸线、空域等资源节约集约利用，提升用地用海用岛效率。加强老旧设施更新利用，推广施工材料、废旧材料再生和综合利用，推进邮件快件包装绿色化、减量化，提高资源再利用和循环利用水平，推进交通资源循环利用产业发展。

（二）强化节能减排和污染防治。优化交通能源结构，推进新能源、清洁能源应用，促进公路货运节能减排，推动城市公共交通工具和城市物流配送车辆全部实现电动化、新能源化和清洁化。打好柴油货车污染治理攻坚战，统筹油、路、车治理，有效防治公路运输大气污染。严格执行国家和地方污染物控制标准及船舶排放区要求，推进船舶、港口污染防治。降低交通沿线噪声、振动，妥善处理好大型机场噪声影响。开展绿色出行行动，倡导绿色低碳出行理念。

（三）强化交通生态环境保护修复。严守生态保护红线，严格落实生态保护和水土保持措施，严格实施生态修复、地质环境治理恢复与土地复垦，将生态环保理念贯穿交通基础设施规划、建设、运营和养护全过程。推进生态选线选址，强化生态环保设计，避让耕地、林地、湿地等具有重要生态功能的国土空间。建设绿色交通廊道。

八、开放合作面向全球、互利共赢

（一）构建互联互通、面向全球的交通网络。以丝绸之路经济带六大国际经济合作走廊为主体，推进与周边国家铁路、公路、航道、油气管道等基础设施互联互通。提高海运、民航的全球连接度，建设世界一流的国际航运中心，推进21世纪海上丝绸之路建设。拓展国际航运物流，发展铁路国际班列，推进跨境道路运输便利化，大力发展航空物流枢纽，构建国际寄递物流供应链体系，打造陆海新通道。维护国际海运重要通道安全与畅通。

（二）加大对外开放力度。吸引外资进入交通领域，全面落实准入前国民待遇加负面清单管理制度。协同推进自由贸易试验区、中国特色自由贸易港建设。鼓励国内交通企业积极参与"一带一路"沿线交通基础设施建设和国际运输市场合作，打造世界一流交通企业。

（三）深化交通国际合作。提升国际合作深度与广度，形成国家、社会、企业多层次合作渠道。拓展国际合作平台，积极打造交通新平台，吸引重要交通国际组织来华落驻。积极推动全球交通治理体系建设与变革，促进交通运输政策、规则、制度、技术、标准"引进来"和"走出去"，积极参与交通国际组织事务框架下规则、标准制定修订。提升交通国际话语权和影响力。

九、人才队伍精良专业、创新奉献

（一）培育高水平交通科技人才。坚持高精尖缺导向，培养一批具有国际水平的战略科技人才、科技领军人才、青年科技人才和创新团队，培养交通一线创新人才，支持各领域各学科人才进入交通相关产业行业。推进交通高端智库建设，完善专家工作体系。

（二）打造素质优良的交通劳动者大军。弘扬劳模精神和工匠精神，造就一支素质优良的知识型、技能型、创新型劳动者大军。大力培养支撑中国制造、中国创造的交通技术技能人才队伍，构建适应交通发展需要的现代职业教育体系。

（三）建设高素质专业化交通干部队伍。落实建设高素质专业化干部队伍要求，打造一支忠诚干净担当的高素质干部队伍。注重专业能力培养，增强干部队伍适应现代综合交通运输发展要求的能力。加强优秀年轻干部队伍建设，加强国际交通组织人才培养。

十、完善治理体系，提升治理能力

（一）深化行业改革。坚持法治引领，完善综合交通法规体系，推动重点领域法律法规制定修订。不断深化铁路、公路、航道、空域管理体制改革，建立健全适应综合交通一体化发展的体制机制。推动国家铁路企业股份制改造、邮政企业混合所有制改革，支持民营企业健康发展。统筹制定交通发展战略、规划和政策，加快建设现代化综合交通体系。强化规划协同，实现"多规合一"、"多规融合"。

（二）优化营商环境。健全市场治理规则，深入推进简政放权，破除区域壁垒，防止市场垄断，完善运输价格形成机制，构建统一开放、竞争有序的现代交通市场体系。全面实施市场准入负面清单制度，构建以信用为基础的新型监管机制。

（三）扩大社会参与。健全公共决策机制，实行依法决策、民主决策。鼓励交通行业组织积极参与行业治理，引导社会组织依法自治、规范自律，拓宽公众参与交通治理渠道。推动政府信息公开，建立健全公共监督机制。

（四）培育交通文明。推进优秀交通文化传承创新，加强重要交通遗迹遗存、现代交通重大工程的保护利用和精神挖掘，讲好中国交通故事。弘扬以"两路"精神、青藏铁路精神、民航英雄机组等为代表的交通精神，增强行业凝聚力和战斗力。全方位提升交通参与者文明素养，引导文明出行，营造文明交通环境，推动全社会交通文明程度大幅提升。

十一、保障措施

（一）加强党的领导。坚持党的全面领导，充分发挥党总揽全局、协调各方的作用。建立统筹协调的交通强国建设实施工作机制，强化部门协同、上下联动、军地互动，整体有序推进交通强国建设工作。

（二）加强资金保障。深化交通投融资改革，增强可持续发展能力，完善政府主导、分级负责、多元筹资、风险可控的资金保障和运行管理体制。建立健全中央和地方各级财政投入保障制度，鼓励采用多元化市场融资方式拓宽融资渠道，积极引导社会资本参与交通强国建设，强化风险防控机制建设。

（三）加强实施管理。各地区各部门要提高对交通强国建设重大意义的认识，科学制定配套政策和配置公共资源，促进自然资源、环保、财税、金融、投资、产业、贸易等政策与交通强国建设相关政策协同，部署若干重大工程、重大项目，合理规划交通强国建设进程。鼓励有条件的地方和企业在交通强国建设中先行先试。交通运输部要会同有关部门加强跟踪分析和督促指导，建立交通强国评价指标体系，重大事项及时向党中央、国务院报告。

资料来源：中国政府网，http://www.gov.cn/zhengce/2019-09/19/content_5431432.htm。

案例思考

1. 解读《交通强国建设纲要》"基本目标"中"三张交通网"和"两个交通圈"的含义。
2. 讨论《交通强国建设纲要》的实施对物流业降本提质增效的重要意义。

第 5 章 物流系统现状调查与需求预测

| 学习目标 |

- 掌握物流需求预测的一般知识方法。
- 理解物流需求的特征及物流需求预测的特殊性。
- 掌握物流需求预测的定性方法。
- 掌握物流需求预测的定量方法。

| 开篇案例 |

中国物流业景气指数

物流业在国民经济建设中的作用越来越重要,编制并及时发布国家物流景气指数是理论研究和经济建设的迫切需要。中国物流业景气指数(logistics prosperity index,LPI)是由业务总量、新订单、从业人员、库存周转次数、设备利用率 5 项指数加权合成的合成指数,由中国物流与采购联合会、中国物流信息中心正式对外发布。

LPI 数据较好地反映了物流业经济发展的总体变化情况,能定期监测物流业发展现状,及时发布预警信息,提供物流业调控依据。LPI 数据以 50% 作为经济强弱的分界点,高于 50% 时,反映物流业经济扩张;低于 50% 时,则反映物流业经济收缩。

图 5-1 是我国 LPI 变化趋势图(从 2019 年 10 月至 2021 年 5 月)。从图中我们可以看出,LPI 值大多数都大于 50%,但 2020 年 1 月由于新冠疫情对经济的不利影响,LPI 大幅下跌。2020 年 3 月,国家出台了一系列复工复产的措施,经济下行趋势得到较快扭转,物

流业也迅速恢复了常态。

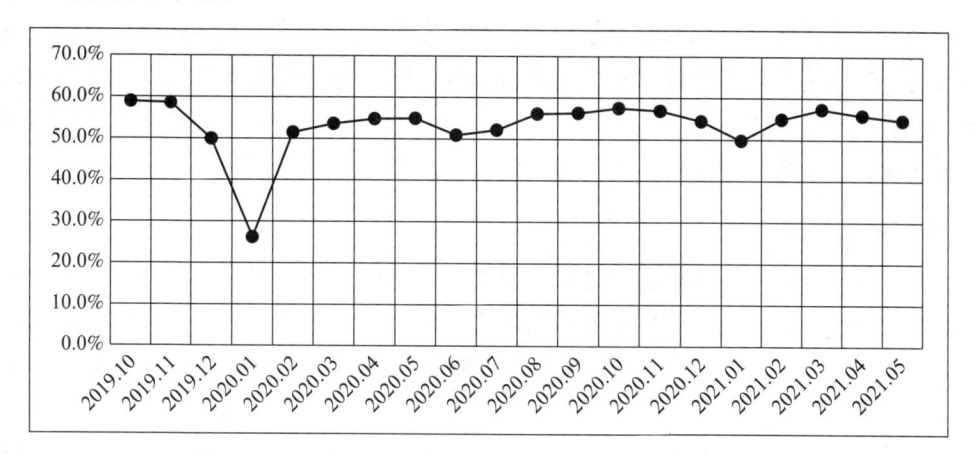

图 5-1　2019 年 10 月至 2021 年 5 月的中国 LPI 变化趋势图

资料来源：中国物流信息中心网站。

案例思考

如何理解物流景气指数与宏观经济环境的关系？

5.1　物流系统现状调查

物流系统现状调查工作是指在物流系统规划与设计中对拟规划的物流系统的现状进行调查，并系统收集、整理和分析有关规划与设计所必需的数据、资料和信息的活动。在物流系统规划与设计的前期必须进行大量的相关基础资料调查、收集和整理分析工作，并以此作为系统初步方案设计的支撑依据和数据基础。一个物流系统规划与设计方案的可行性和有效性完全依赖于现状调查中所获得的基础资料的充分性与正确性。为了更好地做好调查工作，必须明确物流系统现状调查的主要内容与工作步骤，掌握基础资料的收集、整理与分析的方法。

5.1.1　调查的主要内容

物流系统现状调查工作是为物流系统规划与设计方案工作提供服务的，它的内容必须根据规划与设计目标、研究对象来确定。对于宏观层面上的社会物流系统规划与微观层面上的企业物流系统，调查工作在内容与侧重面上都有所不同，需要围绕着规划与设计的目标制定调查研究的内容。

对于社会物流系统，在规划与设计时要根据本地区的实际情况，立足于物流系统可持续发展的需要，结合国家产业结构调整的方针和区域经济发展的战略以及城市综合发展规划、交通总体规划等，科学地做好物流的整体发展规划，以求统筹兼顾、协调发展。调查的内容有：区域物流的总体构成，物流与社会的关系及其在社会中的地位，物流与经济发展的关系，国家的产业政策和区域经济发展规划，交通总体规划，区域的自然资源、社会资源、经济资源、社会物流资源。

对于企业物流系统，不同的物流系统的调查内容由于关注的角度不同也会有所区别，如物流企业需要通过为物流市场提供相应的物流服务，满足物流市场需要，并从市场中得到回报来维持企业的生存与发展。市场需要什么，如何满足市场的需要，都需要进行调查。因此，物流系统规划与设计需要调查的内容一般包括以下几个方面。

1. 物流需求调查

物流需求是指一定时期内社会经济活动对生产、流通、消费领域的原材料、成品和半成品、商品以及废旧物品、废旧材料等的配置作用而产生的对物流在空间、时间和费用方面的要求，涉及运输、库存、包装、装卸、搬运、流通加工以及与之相关的信息需求等物流活动的诸方面。

由于物流活动日益渗透到生产、流通、消费整个社会经济活动过程之中，与社会经济的发展存在着密切的联系，是社会经济活动的重要组成部分，因而物流需求与社会经济发展有着密切的相关性，社会经济发展是影响物流需求的主要因素。

1）经济发展本身直接产生物流需求。
2）宏观经济政策和管理体制的变化对物流需求将产生刺激或抑制作用。
3）市场环境变化将影响物流需求，包括国际、国内贸易方式的改变和生产企业、流通企业的经营理念的变化及经营方式的改变等。
4）消费水平和消费理念的变化也将影响物流需求。
5）技术进步诸如通信和网络技术的发展、电子商务的广泛应用，对物流需求的量、质和服务范围均将产生重大影响。
6）物流服务水平对物流需求也存在刺激或抑制作用。

物流需求调查主要是调查特定范围内的物流需求结构与发展趋势，主要包括以下几个方面。

1）服务水平，如送货的时间和频率、物流服务费用、物流服务质量水平等。
2）客户分布，如现有的和潜在的客户分布等。
3）产品特征，如货物的尺寸、重量和特殊的搬运需求等。
4）需求特征，如客户的订单特征、需求的季节性变化、需求发展趋势等。
5）需求规模，如需求量、OD（出行）流量等。
6）需求的环境条件等。

2. 物流资源状况调查

广义上的物流资源是指一切可用于现代物流生产和经营活动的后备手段与支持系统，包括运作资源、客户资源、人力资源、系统资源和合作伙伴资源（如供应商、分销商）等。狭义上的物流资源是指物流运作的支持系统，如设施、设备等。

物流资源状况调查主要是掌握特定区域物流服务的提供能力、空间分布、结构分布、发展动向和发展趋势等，主要包括以下几个方面。

1）现有物流节点设备状况，如物流节点的分布、规模、功能，交通网络完善程度，运输设备提供情况，仓储设备使用现状，信息系统运用情况等。

2）现有物流系统的运营状况，如物流服务企业组织管理体系、服务模式、营业状况、服务种类、作业方式和作业流程等。

3）限制现有物流资源发挥的制约因素。

3. 社会经济发展状况调查

社会经济发展状况调查主要调查和分析物流服务区域的社会经济发展状况，如国家的产业政策和区域经济发展规划、区域经济规模、产业构成、空间布局、区域物流的总体构成。同时，还包括自然资源状况，如土地、水、气候、矿产等；社会资源状况，如劳动力数量、年龄构成、技能与受教育水平、使用成本等；经济资源状况，如工农业生产、交通运输、电力能源、城乡建设等状况。

4. 物流技术状况调查

物流技术是指物流活动中所采用的自然科学与社会科学方面的理论、方法，以及设施、设备装置与工艺的总和。它包括在采购、运输、装卸、流通加工和信息处理等物流活动中所使用的各种工具、设备、设施和其他物质手段，以及由科学理论知识和实践经验发展而成的各种方法、技能与作业流程等。

物流技术状况调查主要调查与分析目前物流市场上物流技术的使用情况、发展水平、技术结构、发展趋势以及新技术的开发能力与开发情况。

5.1.2 现状调查工作步骤

为了保证调查工作的顺利进行，必须对调查工作流程进行科学合理安排。一般来说，调查工作有以下 5 个阶段。

1. 确定问题和调查目标阶段

在进行物流系统现状调查时，首先要界定清楚需要研究的问题，明确调查的目标。一般来说，可以根据物流系统规划与设计的总目标和规划与设计要采用的具体方法、技术及模型来确定调查的主要问题和目标。不同规划与设计的方法、技术及模型对基础资料内容要求都不尽相同，需要确定不同的调查目标。

2. 制订调查计划阶段

物流系统现状调查的第二个阶段是制订调查计划阶段。这个阶段的工作主要是在充分理解调查目标的基础上，经过规划与设计人员共同讨论，形成调查计划。包括明确调查范围、对象、具体内容；设计调查大纲、调查表和调查问卷；确定调查方法、调查进度、管理协调控制方式。

3. 实地调查与资料收集阶段

进行实地调查，收集有关数据资料，这是具体执行调查计划的过程，即按照调查计划的要求，具体开展对原始资料与现状信息的实际调查工作。这个阶段是整个调查过程中最花时间与精力的阶段，也是能否获得调查计划规定的数据资料、实现调查目标的关键。

4. 分析原始资料与现状信息阶段

原始资料与现状信息收集上来以后，就要对其进行检查、确认、分类、整理，保证原始资料与现状信息的完整性、真实性和可靠性，并进一步对原始资料与现状信息进行统计分析，以得到规划与设计所需要的决策数据和信息，形成调查成果。

5. 提交现状调查报告阶段

现状调查工作的最后阶段是提交现状调查报告。现状调查报告要全面系统地总结整个调查工作的过程，充分分析与说明调查成果，总结调查工作的经验和教训，提出调查结论和建议方案。

5.1.3 资料收集与调查方法

资料收集与调查的方法有很多，不同的视角有不同的分类。如根据调查的媒介不同，可分为口头调查、电话调查、书面调查等；按与调查对象的接触方式不同，可分为直接调查与间接调查；按调查对象的范围不同，可分为普查、抽样调查，而抽样调查又可分为随机抽样、非随机抽样等。按照资料获取的途径与方式不同，主要可分为以下几种。

1. 访谈法

访谈法就是通过研究性交谈，以口头形式，根据被询问者的答复搜集客观的、不带偏见的事实材料，以准确地说明样本所代表的总体的一种方式。尤其是在研究比较复杂的问题时需要向不同类型的人了解不同类型的材料。

调查人员根据调查目标和要求，准备访谈的内容和大纲，然后与调查对象进行面对面的讨论式询问和调查。询问过程中，要善于在敏捷地捕捉信息、快速地记录信息的同时，能够根据调查对象的陈述，及时补充、调整和完善调查内容。

2. 问卷调查法

问卷调查法也称为"书面调查法"，或称"填表法"，是用书面形式间接搜集研究材料的一种调查手段。调查人员根据调查目标和要求，事先设计制作问卷或调查表；然后运用各种方式将问卷或调查表分发给调查对象，由调查对象根据问卷或调查表的要求填写；最后调查对象将填写好的问卷或调查表交给调查人员。这种调查方式的特点是调查对象自主填写，自主提供调查内容，有比较充足的时间进行思考与琢磨，保证了调查内容的可靠性。问卷与调查表的发放和回收方式主要有邮寄、收发电子邮件、派专人分发或回收、电子商务网站在线调查等。

3. 文献调查法

文献调查法就是指通过寻找文献搜集有关市场信息的调查方法，它是一种间接的非介入式的市场调查方法。调查人员根据调查目标和要求，查找、收集由其他人收集、记录、整理所积累的、可直接利用的相关历史数据与统计资料，从这些历史数据与统计资料中抽取所需信息。这些历史数据与统计资料主要包括政府相关部门的统计资料与年鉴、企业经营的历史数据、各种学术文献、各类报刊的信息等。利用计算机网络资源和互联网资源来查找历史资料是目前常见的资料收集方式，它通过搜索引擎进行网上搜索查找或通过查询软件进行数据库查找与下载。与其他调查方法一样，文献调查法也需要建立严密的调查计划，并对将要利用的文献进行真实性、可用性的检查，这样才能保证调查的系统性和可靠性。

4. 实地观察法

这是一种由调查人员直接进入现场进行实地调查的方法。调查人员根据调查目标和要求，提前准备好本次调查所需要解决的问题，设计制作调查表格、问卷，然后调查人员进入现场进行统计并直接填写表格，或询问相关人员填写问卷。这种调查方式由于是调查人员直接收集统计资料与问卷，因此所收集的资料与信息有较强的真实性、针对性与实用性。不足之处是投入的人力较多、时间较长、费用较高等。

5.1.4 调查资料整理

通过调查所获得的数据都是关于个体的属性与特征的表现，这些数据零碎而不系统、分散而无条理，既不能概括和描述所要研究现象总体的数量特征，也不能直接据此分析调查总体的本质特征与规律。所以，在对调查数据进行分析之前，必须根据分析研究的目的和要求，对其进行系统的加工与整理。这一阶段的工作是联系数据调查与数据分析的中间环节，它在整个调查研究过程中具有重要的地位。

1. 调查资料的准确性分析

收集上来的现状调查资料可能在完整性和正确性上还存在着问题，因此需要对统计调查所获得的原始资料进行科学的整理。整理工作的首要任务是对调查收集上来的资料的准确性进行审核并加以确认。

在这个过程中，首先，要检查是否存在异常数据，即非正常数据代表的数据点，如偶然出现的一次轻泡货物运输或某一特殊的高费率运输等都不能代表正常数据。对于这些异常数据的处理，要根据调查的具体目标进行原因分析，根据具体情况做剔除处理或提供关注信息。

其次，要对调查数据的误差进行检查。资料出现误差通常是不可避免的，其原因一般有两种：一是抽样误差，用抽样调查推算总体而产生的不可避免的误差，抽样误差是统计推断所固有的，虽然无法避免，但可以运用数学公式计算；二是非抽样误差，非抽样误差是指除抽样误差以外所有的误差的总和。应该说，非抽样误差的产生贯穿了调查的每一个环节，任何一个环节出错都有可能导致非抽样误差增加而使数据失真。引起非抽样误差的原因有很多，比如统计计算错误，调查表设计不合理，访问员工作经验有限，被访者不配合访问而给出虚假的回答等。我们平时说的控制误差主要指的就是控制非抽样误差。

再次，完整性检查，即检查是否有空缺与遗漏，并对丢失的数据进行处理。由于各种原因，收集来的调查数据会出现数据丢失现象，例如时间序列的数据少了某个时间点的数据，对于丢失的数据要具体分析，需考虑是否能重新收集或做估计补充。如果采取估计方法一般可以用内插法、专家法进行估计。如果丢失的数据和未来信息有关，则可以通过预测的方法进行估计。

最后，要对现状调查资料进行总体评定，以保证收集来的资料既满足调查的目标与内容要求，又能确保真实性、正确性和完整性。在资料准确性分析过程中必须本着实事求是的原则，对被确认的资料不允许做任何篡改。

2. 调查资料的分类汇总

为了便于统计分析、发现规律，对调查资料要按空间结构、时间结构分别进行分类汇总。按空间结构进行分类汇总就是要把所有的调查对象，按不同地区、不同性质类别、不同行业、不同层次分别进行分类归并，并把它们的资料数据归类到相应的分类结构中，形成空间结构序列。按时间结构分类汇总是对所有调查对象的资料数据按时间顺序进行汇总排列，形成时间序列数据。例如，对于物流需求数据的调查，可以得到许多调查对象的资料数据，它们具有不同的特点，不能放在一起分析，只有对它们按不同地区、不同性质进行分类汇总，才能进行统计分析，找出规律，为需求预测和物流规划与设计提供数据支持。对调查资料的分类汇总可按经验或常识来进行，也可利用多元统计理论来分类，如聚类分析方法。

5.2 物流需求分析

5.2.1 物流需求的含义

物流需求即指对物流服务的需求。对物流服务的需求是指一定时期内社会经济活动对生产、流通、消费领域的原材料、成品和半成品、商品，以及废旧物品、废旧材料等的配置作用而产生的对物流在空间、时间和效率方面的要求，涉及运输、库存、包装、装卸、搬运、流通加工、配送，以及与之相关的信息需求等物流活动的各方面。物流需求分析是指用定性或定量的方法对物流系统要完成的运输、存储、装卸、搬运、包装、流通加工、配送等作业量进行预测分析。

此外，物流需求是流量而非存量，即在一段时间内而非在某一时点上所发生的量。没有时间限制笼统地谈物流需求是没有意义的。

5.2.2 物流需求的特征

物流需求的特征表现在如下3个方面。

1. 需求的时间特性和空间特性

物流需求具有时间上的特殊性，是随时间而变化的。物流需求随时间的变化归因于市场销售量的增长或下降，需求模式的季节性变化以及多种因素导致的一般性波动。这种预测一般属于短期预测，常用时间序列预测法。

除时间特性外，物流需求还具有空间维度，物流管理者必须知道物流需求量在何处发生。

规划仓库位置、平衡物流网络中的库存水平、按地理位置分配运输资源等，都需要知道需求发生的空间位置。因此，所采用的预测技术必须能反映影响这种需求模式的地理性差异。

对需求的地理性特征的处理有两种方式：其一是先进行总需求预测，再按地理位置做分解预测的需求，这是一种自上而下的预测方法；其二是先对每个地点的需求量单独进行预测，再根据需要进行需求量汇总，这是一种自下而上的预测方法。两种方法所需的预测技术是不同的。

2. 需求的不规律性与规律性

不同的产品种类可能需要不同的服务水平，因而需要分别管理。不同产品的物流需求随时间而变化，因此所需的模式是不同的。需求的变动可能是"规律性"（regular）的，也可能是"不规律性"（irregular）的。其中"规律性"的需求变动又可分成如图5-2所示的3种情况。导致需求模式规律性变动的因素有长期趋势（trend）因素、季节性（seasonal）因素和随机性（random）因素。如果随机波动占时间序列中变化部分的比例很小，那么利用常规预测方法就可以得到较好的预测结果。

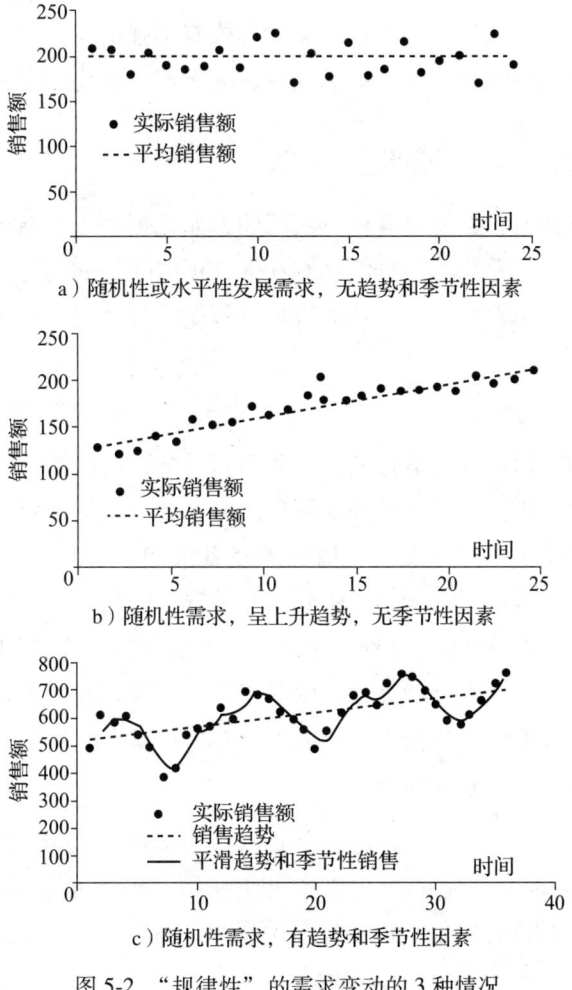

a）随机性或水平性发展需求，无趋势和季节性因素

b）随机性需求，呈上升趋势，无季节性因素

c）随机性需求，有趋势和季节性因素

图 5-2 "规律性"的需求变动的 3 种情况

如果某种产品的需求由于总体需求量偏低，需求时间和需求水平非常不稳定，那么需求就是间歇式的，这样的时间序列就是"不规律"的，如图 5-3 所示。刚刚进入生产线或即将退出生产线的产品常常出现这种模式的需求，因为只有少数客户有需求，而且分散在不同的地区，所以每个存储点面对的需求都很低。对这样一类需求进行预测，使用通常的预测方法效果不佳。这是物流需求预测的特殊难题。

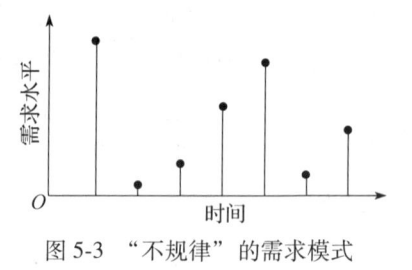

图 5-3 "不规律"的需求模式

3. 需求的派生性与独立性

物流需求的独立性是指物流需求来自一个个独立的客户，这些客户多数是独立采购的，其采购量只占企业分拨总量的很少一部分。此时的需求被称作独立的需求。在另一种情况下，物流需求是由某一特定的生产计划要求派生出来的，是一种从属性的需求，这就是需求的派生性。例如，从某供应商处购买新轮胎的数量就是汽车厂要生产的新汽车量的一定倍数。这种根本差异也会导致需求预测方法的不同。

对于独立的需求预测，很适合利用统计预测方法。多数短期预测模型的基本条件都是需求独立且随机的。对于派生的需求，因这种需求模式有很强的倾向性，且不是随机的，所以通过判断系统随时间发展而呈现出的趋势和规律，就能较好地改进预测结果。

5.2.3 物流需求预测中的一些问题

在进行物流需求预测时，常常会遇到一些问题，如数据缺乏、新产品或服务的物流需求预测、异常需求的处理、汇总预测与分解预测和弥补预测误差的问题等。虽然这些问题并不仅仅在物流管理中存在，但对物流管理者而言，这些问题是他们准确预测物流需求时必须考虑的问题。

1. 数据缺乏

物流需求预测多属于时间序列数据的拟合和预测分析，所以物流管理人员应重点掌握时间序列数据的处理和分析方法。但是时间序列预测法一般对数据数量和质量要求较高，很多物流系统的数据积累满足不了这一要求，如在研究 2008 年北京奥运会物流需求分析时，就几乎没有可供使用的直接数据。由于物流受到人们重视的时间较短，有关物流方面的数据没有独立的统计口径，有效数据的获得很难，因此，对于这种情况，需要预测人员通过各种可能渠道搜集相关数据，如专业人士的分析、政府的相关政策，并根据具有一定类比性的统计数据等做出大胆的推断和假设，从而得到较为理想的预测效果。

2. 新产品或服务的物流需求预测

物流需求预测很大一部分是为企业的产品销售服务的。对于已经进入成长期或是成熟期的产品，其物流需求有一定的历史资料可供使用。但是企业在推出新的产品或服务时需要的物流支持就没有可用的历史数据作为预测的基础。此时企业可以采用以下几种方法。

(1) 加强物流系统的反应速度，将预测任务交给营销人员来做。

新产品在投入期时，需求是不平稳的，营销部门对促销活动的力度、用户的反应和接受程度了解得最透彻，从而能够做出比较准确的预测。当积累了一定的需求历史数据，产品的需求呈现出一定的规律性时，就可以使用现有的预测方法了。

(2) 可以利用同类产品的需求模式估计新产品的销售情况。

虽然企业的产品更新很快，但是全新的产品是很少的，多数产品只是规格、外观或是功能上的改进。所以，类似产品的需求模式可以对新产品最初的需求预测提供一些参考。

(3) 通过调整参数的方法来对变化做出响应。

新产品或服务的物流需求预测需要不断跟踪趋势变化，因此可以通过调整参数的方法，使预测模型能够对变化做出更快的响应，如使用指数平滑法进行预测，在最初预测阶段可以将指数平滑系数定得很高，一旦得到了足够的历史数据，就可以将平滑系数降低到一般水平。

3. 异常需求的处理

物流需求有时会受到外界情况的干扰而出现异常波动。通常竞争性产品、互补性产品的变化，甚至是气候的变化都会影响到产品需求的变化，而外界情况的变化是无法预期的，如果一个时间序列的波动幅度大，那么就很难用数学方法对这种不规律需求进行准确预测。因此，我们可以采取以下处理方法：第一，分析导致需求异常的关键因素，利用这些因素对不规律产品的需求进行单独预测；第二，如果找不到需求偏移的原因，就采用较为简单、平稳的方法进行预测，如基本的指数平滑法，同时取较小的平滑系数，避免预测结果对异常变化做出过激反应。

4. 汇总预测与分解预测

物流需求具有很强的地域性，因此物流需求预测需要给出地域性的结果，一般可采用分解法或汇总法。换句话说，物流需求预测人员需要考虑是对需求进行总量预测，然后按地区（如工厂或仓库供货范围）分配，还是对每一个地区单独进行预测，再根据需要汇总。从统计学的角度看，对需求总量进行预测再分配到各个地区的效果要好于对各地区需求单独进行预测后再加总的效果，后者需要注意牛鞭效应所产生的放大效果。

但是，对物流需求方面的研究还没有明确指出哪种方法更好，因此物流需求预测人员必须对汇总预测与分解预测都要有所了解，在具体工作中还要对两种方法进行比较分析。

5. 弥补预测误差

通过对物流需求的预测，物流需求预测人员可以在实际需求未发生时，确定生产、采购和库存的水平，从而在一定程度上保证随时需要随时供给。但是任何预测都会存在误差，尤其是预测方法本身所具有的系统误差是无法消除的，而且统计预测假设时间序列的观测值是随机独立的，每一个观测值只是总体的一个微小部分，这往往会与一些实际情况不符。使用上述预测方法很可能会产生巨大的预测误差，使预测失去实际意义，要弥补预测误差的负面影响，最好的方法是能够建立快速反应的物流系统，改善业务流程，加强供应链的协作，提高对需求的反应速度，从而提高物流服务效率。如果供应链的流程非常畅通，能够对每一个客户的要求均灵活、有效地做出反应，而且几乎在客户提出要求的同时就能做出反应，那么就没有必要进行预测。在大多数情况下需求是有规律的，按预测的需求水平组织供给仍然是首选的做法。

5.3 物流需求预测的定性方法

定性预测是物流需求预测人员根据自己掌握的实际情况、实践经验、专业水平，对经济发展前景的性质、方向和程度做出的判断。在物流需求预测人员掌握的数据不多、不够准确或主要影响因素难以用数字描述，无法进行定量分析时，定性预测就是一种行之有效的预测方法，如新建企业生产经营的发展前景或新产品销售的市场前景等。另外，政策的变化、消费者心理的变化等因素对市场商品供需变化的影响很难定量化，只能通过判断进行定性分析。因此，定性预测是一种不可缺少的经济预测方法。下面介绍两种常用的定性预测方法。

5.3.1 市场调查预测法

市场调查预测是指预测者在深入实际进行市场调查研究，并在取得必要的经济信息的基础上，根据自己的经验和专业水平，对市场发展变化前景做出分析判断。例如，对市场商品供应和需求发展前景的分析判断；产业结构调整对原材料及产品的销售动向、物流需求前景影响的分析判断等。

对市场发展变化前景的预测，如果缺少必要的调查统计资料和经济信息，就要先深入实际进行市场调查研究，搜集和整理第一手资料，然后进行市场调查预测，分析并判断市场发展前景。这种预测虽可提供简单的数据，但主要是预测市场发展前景的性质和方向，属于定性预测的范畴。常用的市场调查预测法有以下几种。

1. 经营管理人员意见调查预测法

这种方法的基本过程是：首先，由企业经理根据政策和经营管理的需要，向各业务主管部门（如计划统计、市场情报、财务会计等部门）提出预测项目和预测期限的要求；然后，各业务主管部门分头准备，根据掌握的情况提出各自的预测意见；最后，由经理召开座谈会，对各种预测意见进行讨论分析，综合判断并得出反映客观实际的预测结果。

这种预测方法的优点是：上下结合进行预测，有利于发挥集体智慧，充分调动经理和业务管理人员的积极性。同时，由于各业务管理人员熟悉市场商情动向，预测结果比较准确可靠。另外，预测不需要经过复杂计算，快捷、经济，且能随着市场变化进行及时调整。其缺点是：对市场商情的变化了解得不够深入具体，主要依靠经验判断，受主观因素影响大，只能做出比较粗略的数量估计。

2. 销售人员意见调查法

这种方法是对销售人员进行调查，征询他们对产销情况、市场动态及自己负责的销售区和商店未来销售量的估计意见，汇总整理后形成对市场销售前景的预测和判断。其过程如下。

第一，由企业向所属的各销售区、商店提供企业的经销策略、措施和有关产供销的统计资料及市场信息，作为销售人员预测的参考。

第二，各销售区、商店的销售人员根据本身所经营的商品种类、客户类别和经营情况，估计下季度、下年度的销售量和销售额。

第三，各销售区、商店的经销负责人，对所属销售人员的估计结果进行审核、修正、整理汇总，并按规定日期上报企业。

第四，企业的各业务主管部门对报上来的估计数做进一步的审核、修正、汇总和综合平衡，得到总预测数，并参照编制经销计划草案。经经理、厂长批准后下达到各销售区、商店。根据经销计划进行商品调拨，编制日常销售计划。

这种预测方法的优点是：销售人员处在市场第一线，最接近客户，熟悉市场情况，预测经过了多次审核、修正，比较接近实际，且根据预测确定的销售任务由销售人员自己负责完成，易于发挥积极性和主观能动性。其缺点是：销售人员为了超额完成销售计划，获得奖金，预测时易偏于保守；由于工作岗位所限，对经济发展和市场变化全局了解不够，所预测的结果有一定局限性，一般适用于短期预测。

3. 消费者购买意向调查预测法

这种方法采用随机抽样或典型调查方式，从调查对象中抽选一定数目的消费者，通过问卷调查、访问等调查方式，将消费者的购买意向进行汇总分析，依此推断商品未来市场需求量。主要步骤包括两个阶段。

第一阶段，调查消费者的购买意向。

首先要制订调查方案、设计调查表格。调查方案要反映出消费者所关心商品的种类、型号、式样、需求数量、价格范围、未来需求时间等内容。其次，选择被调查的消费者对象和调查手段，消费者对象可按消费地区、性别、年龄等特征选择典型对象或随机进行调查，调查手段可以借助电话、互联网、问卷表等形式。最后，对调查收集的数据进行分类整理，计算出相关的描述统计指标。

第二阶段，需求结构分析预测。

按照第一阶段确定的调查对象、产品类型等分类特征划定需求结构，分别进行预测和分析。例如对于同一种家电产品，可以划分为城市和农村的需求，高、中、低档次的需求等。

这种调查预测方法的优点是：由于商品的购买者就是商品的使用者、消费者，他们知道自己将来要购买什么，购买多少，他们的意见是最直接、最有用的信息，因此，只要购买者愿意合作，能如实回答调查表中的问题，就可以获得比较准确的预测结果。这些方法通常适用于生产资料的需求预测和耐用消费品的需求预测。

市场调查预测法的关键是要设计一个合理的调查方案，包括简洁、明确的调查内容和合适的调查者。另外，还要参考统计资料和市场信息，对调查预测结果进行修正，以提高调查预测的科学性和准确性。

5.3.2 主观概率法

1. 主观概率法的意义

主观概率是指在一定条件下，个人对某一事件在未来发生或不发生可能性的估计，反映个人对未来事件的主观判断和信任程度。客观概率是指对某一随机事件发生的可能性大小的客观估量。如掷一枚硬币，出现国徽面和出现数字面的客观概率各为 1/2。

主观概率同样必须符合概率论的基本公理，即每一事件发生的概率大于等于零，小于等于 1；必然发生的事件概率等于 1，必然不发生的事件概率等于零；两个互斥事件之和的概率等于它们的概率之和。客观概率与主观概率的根本区别在于，客观概率具有可检验性，主观概率则不具有这种可检验性。

主观概率法是指利用主观概率对各种预测意见进行集中整理，得出综合性预测结果的方法。当无法通过试验确定某事件的客观概率，或由于资料不完备无法计算客观概率时，物流需求预测人员常常采用主观概率法进行预测。常用的主观概率法有主观概率加权平均法和累计概率中位数法。本节对主观概率加权平均法进行详细介绍。

2. 主观概率加权平均法

这种方法以主观概率为权数，对各种预测意见进行加权平均，从而求得综合性预测结果。

（1）确定主观概率。

根据过去预测的准确程度确定各种可能情况的主观概率。

例 5-1 某物流公司甲统计员预测公司明年第一季度的营业收入。根据个人经验，他预测最高营业收入为 1 000 万元，主观概率是 0.3；最可能营业收入为 800 万元，主观概率是 0.5；最低营业收入为 600 万元，主观概率是 0.2。另两名统计员乙和丙也根据自己的经验对最高营业收入、最可能营业收入和最低营业收入做出了主观预测，如表 5-1 所示。

表 5-1 统计员预测情况及期望值计算表

统计员	估计	营业收入/万元	主观概率	营业收入×主观概率
甲	最高	1 000	0.3	300
	最可能	800	0.5	400
	最低	600	0.2	120
	期望值			820
乙	最高	1 200	0.2	240
	最可能	1 000	0.6	600
	最低	800	0.2	160
	期望值			1 000
丙	最高	900	0.2	180
	最可能	700	0.5	350
	最低	500	0.3	150
	期望值			680

（2）计算综合预测值分两步进行。

第一步，以主观概率为权数，计算个人预测的期望值。

第二步，根据每人判断预测的准确程度确定每人的主观概率，以此为权数，计算各期望值的平均数。

（3）计算平均偏差程度，校正预测结果。

先将过去若干季度的实际数和预测数据进行对比，计算比率、平均比率和平均偏差程度，然后校正预测结果。

例 5-2 某物流公司邀请三名统计员和两名计划员对公司明年第一季度的营业收入进行预测。三名统计员的预测情况如表 5-1 所示；两名计划员预测的期望值分别为 950 万元、750 万元。根据过去经验，三名统计员之间的判断能力不相上下，两名计划员之间的判断准确度也基本相当。但是从总体上讲，统计部门比计划部门的判断准确性要更高一些。该公司明年第一季度的营业收入预计是多少？

解：（1）以主观概率为权重，计算三名统计员的预测值（见表 5-1）。

统计员甲的预测值为 $1\,000\times0.3+800\times0.5+600\times0.2=820$（万元）。

统计员乙的预测值为 $1\,200\times0.2+1\,000\times0.6+800\times0.2=1\,000$（万元）。

统计员丙的预测值为 $900\times0.2+700\times0.5+500\times0.3=680$（万元）。

（2）计算三名统计员预测的平均营业收入。

由于三名统计员的判断能力较接近，其主观概率各为 1/3，则三人预测的平均营业收入为

$$(820+1\,000+680)/3=833.33(\text{万元})$$

（3）计算两名计划员预测的平均营业收入。

由于两名计划员的判断准确度基本相当，两人的主观概率各为 50%，则计划员预测的平均营业收入为

$$950\times0.5+750\times0.5=850(\text{万元})$$

（4）计算统计员和计划员预测的平均营业收入。

根据过去经验，统计部门比计划部门的判断更准确些，假设统计部门与计划部门的主观概率分别 0.6 和 0.4，则该公司明年第一季度的预测营业收入为

$$833.33\times0.6+850\times0.4=840(\text{万元})$$

（5）校正预测结果。

假设根据统计数据，得到了该公司过去 8 个季度的实际营业收入与预测值的比值（见表 5-2）。

表 5-2 该公司过去 8 个季度的实际营业收入与预测值的比值

季度数	1	2	3	4	5	6	7	8
实际营业收入/预测值	0.98	1.03	1.02	0.86	0.97	1.01	0.93	1.04

实际营业收入与预测值的平均比率等于各季度比率的简单算术平均数，即为 0.98。

平均偏差程度为 98%-100% = -2%，即实际值比预测值平均低 2%。

校正方法是将预测值降低 2%。这样，经校正后的公司明年第一季预测营业收入为

$$840 \times 98\% = 823.2(万元)$$

5.4 物流需求预测的定量方法

物流管理者要进行的预测一般是与库存控制、运输调度、仓库装卸计划等决策活动有关的需求预测。实践证明，时间序列分析模型虽然简单，但预测效果较好。下面我们就介绍常用的时间序列预测及因果关系预测方法。

5.4.1 移动平均法

移动平均法是一种简单的预测方法。其基本思想是：根据时间序列信息逐项推移，依次计算包含一定项数的序时平均值，以消除周期波动或随机波动的影响，揭示出数据序列的长期趋势。因此，当时间序列值由于受周期变动和随机波动的影响，起伏较大，不易显示出事件的发展趋势时，使用移动平均法可以消除这些因素的影响，显示出事件的发展方向与趋势（即趋势线），然后依趋势线分析预测序列的长期趋势。

设有一时间序列 $y_1, y_2, \cdots, y_t, \cdots$，则按数据点的顺序逐项推移求出 N 个数的平均数，即可得到一次移动平均数：

$$M_t^{(1)} = \frac{y_t + y_{t-1} + \cdots + y_{t-N-1}}{N} = M_{t-1}^{(1)} + \frac{y_t - y_{t-N}}{N}, \quad t \geq N \tag{5-1}$$

其中，$M_t^{(1)}$ 为第 t 周期的一次移动平均数；y_t 为第 t 周期的观测值；N 为移动平均的项数。

式（5-1）表明，当 t 向前移动一个周期时，就增加一个新近数据，去掉一个远期数据，得到一个新的平均数，逐期向前移动，所以称为移动平均法。

由于移动平均可以平滑数据，消除周期变动和不规则变动的影响，使长期趋势显示出来，因而可以用于预测。其预测公式为

$$\hat{y}_{t+1} = M_t^{(1)} \tag{5-2}$$

即以第 t 周期的一次移动平均数作为第 $t+1$ 周期的预测值。

例 5-3 表 5-3 是某国 2011—2022 年快递运送量的数据。试用移动平均法预测 2024 年的快递运送量。

表 5-3 某国 2011—2022 年快递运送量　　　　单位：亿件

年度	实际运送量	三期移动平均预测量	四期移动平均预测量
2011	18.5		
2012	23.4		
2013	36.5		
2014	56.9	26.1	
2015	91.9	38.9	33.8

(续)

年度	实际运送量	三期移动平均预测量	四期移动平均预测量
2016	139.6	61.8	52.2
2017	206.7	96.1	81.2
2018	312.8	146.1	123.8
2019	400.6	219.7	187.8
2020	507.1	306.7	264.9
2021	635.2	406.8	356.8
2022	830.0	514.3	463.9
2023		657.4	593.2

解：

取 $N=3$，计算三期移动平均预测值，按下式进行预测：

$$\hat{y}_{t+1} = M_t = \frac{y_t + y_{t-1} + y_{t-2}}{3}$$

将计算结果列入表 5-3 最后一行。实际数据及预测数据的折线图如图 5-4 所示。可见，实际销量的随机波动较大，经过移动平均后，随机波动明显减少，消除了随机波动的干扰。

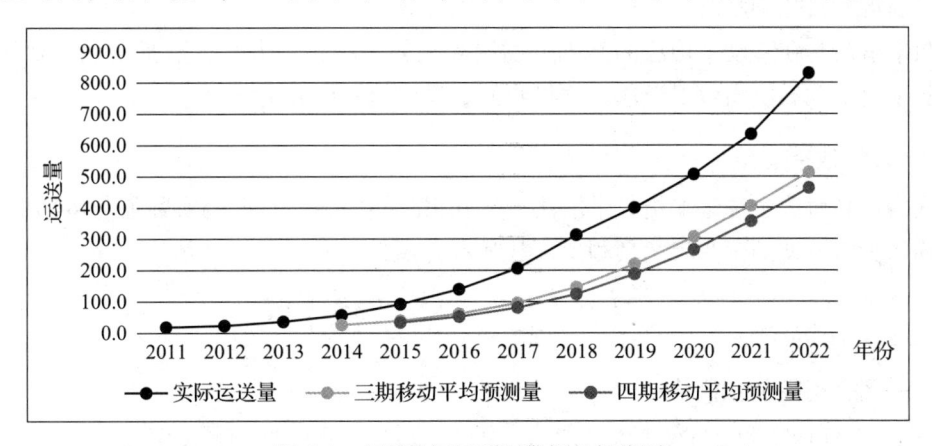

图 5-4 实际数据及预测数据的折线图

当时间序列没有明显的趋势变动时，使用一次移动平均就能够准确地反映实际情况，直接用第 t 周期的一次移动平均数就可预测第 $t+1$ 周期的值。但当时间序列出现线性变动趋势时，用一次移动平均数来预测就会出现滞后偏差。因此，需要进行修正，修正的方法是在一次移动平均的基础上再做二次移动平均，利用移动平均滞后偏差的规律找出曲线的发展方向和发展趋势，然后才建立直线趋势的预测模型。这种方法又称为趋势移动平均法。

设一次移动平均数为 $M_t^{(1)}$，二次移动平均数 $M_t^{(2)}$，其计算公式为

$$M_t^{(2)} = \frac{M_t^{(1)} + M_{t-1}^{(1)} + \cdots + M_{t-N+1}^{(1)}}{N} = M_{t-1}^{(2)} + \frac{M_t^{(1)} - M_{t-N}^{(1)}}{N} \tag{5-3}$$

再设时间序列 $y_1, y_2, \cdots, y_t, \cdots$，从某时期开始具有直线趋势，且认为未来时期也按此直线趋势变化，则可设此直线趋势预测模型为

$$\hat{y}_{t+T} = a_t + b_t T \tag{5-4}$$

其中，t 为当前时期数；T 为由当前时期数 t 到预测期的时期数，即 t 以后模型外推的时间；$\hat{y}_{t+T}$ 为第 $t+T$ 期的预测值；a_t 为截距；b_t 为斜率。a_t、b_t 又称为平滑系数。

根据移动平均值可得截距 a_t 和斜率 b_t 的计算公式为

$$a_t = 2M_t^{(1)} - M_t^{(2)} \tag{5-5}$$

$$b_t = \frac{2}{N-1}(M_t^{(1)} - M_t^{(2)}) \tag{5-6}$$

在实际应用移动平均法时，移动平均项数 N 的选择十分关键，它取决于预测目标和实际数据的变化规律。

5.4.2 指数平滑法

指数平滑法是一种非常有效的短期预测法。该方法简单、易用，只要得到很少的数据量就可以连续使用。指数平滑法在同类预测法中被认为是最精确的，当预测数据发生根本性变化时还可以进行自我调整。

指数平滑法是在移动平均法的基础上发展起来的一种预测方法，包括一次指数平滑法、二次指数平滑法和高次指数平滑法，这里我们主要讲前两种方法。

1. 一次指数平滑法

一次指数平滑法也称基本指数平滑法，是利用时间序列中本期的实际值与本期的预测值加权平均作为下一期的预测值的预测法。其基本公式为

$$F_{t+1} = \alpha \cdot x_t + (1-\alpha)F_t \tag{5-7}$$

式中　t ——本期的时间；

F_t ——对 t 时期的预测值；

F_{t+1} ——在 $t+1$ 时期的一次指数平滑值（即在 t 时期对下一期的预测值）；

α ——指数平滑系数，规定 $0<\alpha<1$；

x_t ——在 t 时期的实际值。

由式（5-7）可看出，所有历史因素的影响都包含在前期的预测值内，这样在任何时期，只需要保有一个数字就代表了需求的所有历史情况。

例如，假设某快递点本月预测的配送量是 10 000 单位。本月的实际配送量是 9 500 个单位。取平滑系数 $\alpha=0.3$。根据式（5-7），那么下个月的配送量预计为

$$新预测值 = 0.3 \times 9\,500 + 0.7 \times 10\,000 = 9\,850(单位)$$

当下个月重复这一过程时，该预测值就变为"前期预测值"，依此类推。

初始值 F_1 一般要通过一定的方法选取。如果时间序列数据较多且比较可靠，可以将已有数据中的某一部分的算术平均值或加权平均值作为初始值 F_1；若历史数据较少或数据的可靠性较差，则可采用定性预测法选取 F_1，如采用专家评估法确定。

指数平滑系数 α 的选择需要一定的主观判断。α 的值越大，对近期需求情况给的权数越大，模型对时间序列的变化越敏感，但 α 过大可能使预测过于"敏感"，结果只会跟踪时间序列的随机性波动，而不是根本性变化。α 值越小，对近期数据的权数越小，历史数据的权数就越大，这样消除了随机性波动，只反映长期的大致发展趋势，因此在反映需求水平的根本性变化时需要的时滞就越长。如果 α 的值太低，预测结果会非常"平稳"。如何选择 α 值，是用好指数平滑模法的一个技巧。在物流需求预测方面，α 的范围一般在 0.01~0.3。若预计变化（如经济萧条、临时性促销活动、某些产品即将退出产品线等）即将发生，或在很少的历史数据或根本没有数据的情况下启动预测程序，这时可选择较高的 α 值进行短期预测。

例 5-4 表 5-4 给出了某物流公司近三年来各季度的实际货物配送量，试用指数平滑法预测 2023 年第 3 季度的货物配送量，在这里 $\alpha = 0.03$、0.1、0.3、0.9。

表 5-4 用指数平滑法预测配送量

年份	季度	时期	实际值/吨	预测值/吨			
				$\alpha=0.03$	$\alpha=0.1$	$\alpha=0.3$	$\alpha=0.9$
2020	4	1	390.00				
2021	1	2	275.00	390.00	390.00	390.00	390.00
	2	3	420.00	386.55	378.50	355.50	286.50
	3	4	210.00	387.55	382.65	374.85	406.65
	4	5	413.00	382.23	365.39	325.40	229.67
2022	1	6	287.00	383.15	370.15	351.68	394.67
	2	7	426.00	380.27	361.83	332.27	297.77
	3	8	236.00	381.64	368.25	360.39	413.18
	4	9	428.00	377.27	355.02	323.07	253.72
2023	1	10	293.00	378.79	362.32	354.55	410.57
	2	11	432.00	376.22	355.39	336.09	304.76
	3	12		377.89	363.05	364.86	419.28

解：表 5-4 是利用式（5-7）计算预测值的结果，在计算时指数平滑系数 α 分别取 0.03、0.1、0.3、0.9。下一期的预测值取前一期的实际值。同时在表 5-5 中计算取各指数平滑系数情况下预测的误差。

从表 5-5 中可以看出 $\alpha = 0.1$ 时误差的平方和较小，预测效果较好。时间序列数值波动较大时指数平滑系数尽量取较小的值。

表 5-5 指数平滑法预测误差比较

指数平滑系数	误差		绝对误差		误差平方	
	总计	平均	总计	平均	总计	平均
$\alpha=0.03$	−403.7	−40.4	836.6	83.7	92 408.4	9 240.8
$\alpha=0.1$	−269.5	−26.9	875.2	87.5	91 543.3	9 154.3
$\alpha=0.3$	−83.8	−8.4	977.1	97.7	104 673.9	10 467.4
$\alpha=0.9$	32.5	3.3	1 460.7	146.1	223 145.8	22 314.6

（1）趋势校正。

上述基本模型适用于如图 5-2a 所示的趋势和季节性变化不很明显的时间序列。如果数据表现出明显的长期趋势和季节性特征，基本模型内在的滞后性就会造成很大的预测误差，因此必须对模型加以分析修正。

当时间序列中只存在如图 5-2b 所示的长期趋势时，对式（5-7）的校正按如下一组模型方程进行：

$$S_{t+1} = \alpha x_t + (1-\alpha)(S_t + T_t) \tag{5-8}$$

$$T_{t+1} = \beta(S_{t+1} - S_t) + (1-\beta)T_t \tag{5-9}$$

$$F_{t+1} = S_{t+1} + T_{t+1} \tag{5-10}$$

式中　F_{t+1}——第 $t+1$ 期校正趋势后的预测值；

　　　S_t——第 t 期的最初预测值；

　　　S_{t+1}——第 $t+1$ 期的预测值；

　　　T_t——第 t 期的趋势；

　　　T_{t+1}——第 $t+1$ 期的趋势；

　　　β——趋势平滑系数。

例 5-5　利用例 5-4 中的历史数据预测 2023 年第 3 季度的配送需求，要考虑趋势因素。

解：因为要考虑趋势因素，所以采用上述趋势校正模型。

以 2022 年各季度的平均需求值作为 2023 年预测的初始值，即 $S_0 = 344.25$，取指数平滑系数 $\alpha = 0.2$，趋势平滑系数 $\beta = 0.3$，初始趋势 $T_0 = 0$（没有趋势）。预测过程如下：

2023 年第 1 季度的预测配送需求为

$$S_1 = 0.2 \times 428 + 0.8 \times (344.25 + 0) = 361$$

$$T_1 = 0.3 \times (361 - 344.25) + (1 - 0.3) \times 0 = 5.025$$

$$F_1 = 361 + 5.025 = 366.025 \approx 366$$

利用第 1 季度的预测结果，2023 年第 2 季度的预测配送需求为

$$S_2 = 0.2 \times 293 + 0.8 \times (361 + 5.025) = 351.42$$

$$T_2 = 0.3 \times (351.42 - 361) + (1 - 0.3) \times 5.025 = 0.6435$$

$$F_2 = 351.42 + 0.6435 = 352.0635 \approx 352$$

利用第 2 季度的预测结果，2023 年第 3 季度的预测配送需求为

$$S_3 = 0.2 \times 432 + 0.8 \times (351.42 + 0.6435) = 368.0508$$

$$T_3 = 0.3 \times (368.0508 - 351.42) + (1 - 0.3) \times 0.6435 = 5.43969$$

$$F_3 = 368.0508 + 5.43969 = 373.49049 \approx 373$$

预测结果如表 5-6 所示。

表 5-6 预测结果

年份	季度			
	1	2	3	4
2022	287	426	236	428
2023	293	432		
2023 年预测值	366	352	373	

（2）趋势和季节性因素的校正。

如图 5-2c 所示，当时间序列的趋势和季节性波动都很明显时，就需要在预测模型中对这两种因素进行校正。对季节性特征的校正，有两个假设条件：一是促使需求模式出现季节性峰值和谷值的原因是已知的，且峰值和谷值在每年的同一时间出现；二是季节性变化幅度要明显比随机性波动的幅度大。

当季节性需求不平稳，随机性波动的区别不明显时，不必进行季节性校正，只需将基本指数平滑模型给以很高的平滑系数就可以降低时滞的影响，不必采用更复杂的模型。

对趋势和季节性变化进行校正的公式如下：

$$S_{t+1} = \alpha(x_t/I_{t-L}) + (1-\alpha)(S_t + T_t) \tag{5-11}$$

$$T_{t+1} = \beta(S_{t+1} - S_t) + (1-\beta)T_t \tag{5-12}$$

$$I_t = \gamma(x_t/S_t) + (1-\gamma)I_{t-L} \tag{5-13}$$

$$F_{t+1} = (S_{t+1} + T_{t+1})/I_{t-L+1} \tag{5-14}$$

式中 F_{t+1}——第 $t+1$ 期校正趋势和季节性因素后的预测值；

γ——季节性指数基础上的平滑系数；

I_t——第 t 期的季节性指数；

L——一个完整的季节周期，如一年的 4 个季节或 12 个月重复一次；

其他符号同前。

该模型的求解步骤与上一个模型相似，但计算量更加庞大，因此一般要借助计算机应用软件来完成。

2. 二次指数平滑法

二次指数平滑法是指在一次指数平滑值的基础上再做一次指数平滑，然后利用两次指数平滑值，建立预测模型并确定预测值的方法。

虽然二次指数平滑值是在一次指数平滑值的基础上进行的计算，但是二次指数平滑法能解决一次指数平滑法存在的两个问题：一是解决了一次指数平滑法不能用于有明显趋势变动的市场现象的预测；二是解决了一次指数平滑法只能向未来预测一期的局限性。

二次指数平滑法的预测过程如下。

（1）计算时间序列的一次、二次指数平滑值。

二次指数平滑法的计算公式为

$$S_t^{(2)} = \alpha S_t^{(1)} + (1-\alpha)S_{t-1}^{(2)} \tag{5-15}$$

式中 $S_t^{(1)}$——第 t 期的一次指数平滑值；

$S_t^{(2)}$——第 t 期的二次指数平滑值；

α——平滑系数。

（2）建立二次指数平滑预测模型。

二次指数平滑法的数学预测模型为

$$Y_{t+T} = a_t + b_t \cdot T \tag{5-16}$$

式中 Y_{t+T}——第 $t+T$ 期的预测值；

T——由 t 期向后推移的期数；

a_t——$2S_t^{(1)} - S_t^{(2)}$； $\tag{5-17}$

b_t——$\dfrac{\alpha}{1-\alpha}(S_t^{(1)} - S_t^{(2)})$。 $\tag{5-18}$

（3）利用预测模型进行预测。

例 5-6 某公司近年的产品销售量如表 5-7 所示，用二次指数平滑法预测 2024 年和 2025 年销售量。

解：（1）选择 α，确定初始值和 $S_1^{(2)}$。

取 $\alpha=0.8$，确定初始值和 $S_1^{(2)}$，由于本例观测样本数 $n=6(n<10)$，故取时间序列中前 3 个数据的平均数为初始值，即

$$S_1^{(1)} = S_1^{(2)} = \frac{62 + 74 + 80}{3} = 72$$

表 5-7　销售量及二次指数平滑法预测　　　　　　　　单位：万个

观察期 t（年份）	销售量 x_t	$S_t^{(1)}$	$S_t^{(2)}$	a_t	b_t	Y_{t+T}
2018	62	72	72			
2019	74	64	65.6	62.4	-6.4	
2020	80	72	70.7	73.3	5.2	56
2021	92	78.4	76.8	80	6.4	78.5
2022	100	89.3	86.8	91.8	10	86.4
2023	104	97.9	95.7	100.1	8.8	101.8
						109.8

（2）按公式 $S_{t+1}^{(1)} = \alpha \cdot x_t + (1-\alpha) S_t^{(1)}$ 计算一次指数平滑值：

$$S_2^{(1)} = 0.8 \times 62 + (1-0.8) \times 72 = 64$$

$$S_3^{(1)} = 0.8 \times 74 + (1-0.8) \times 64 = 72$$

$$\vdots$$

$$S_6^{(1)} = 0.8 \times 100 + (1-0.8) \times 89.3 = 97.9$$

（3）按公式 $S_t^{(2)} = \alpha \cdot S_t^{(1)} + (1-\alpha) S_{t-1}^{(2)}$ 计算二次指数平滑值：

$$S_2^{(2)} = a S_2^{(1)} + (1-a) S_1^{(2)} = 0.8 \times 64 + (1-0.8) \times 72 = 65.6$$

$$S_3^{(2)} = aS_3^{(1)} + (1-a)S_2^{(2)} = 0.8 \times 72 + (1-0.8) \times 65.6 = 70.7$$
$$\vdots$$
$$S_6^{(2)} = aS_6^{(1)} + (1-a)S_5^{(2)} = 0.8 \times 97.9 + (1-0.8) \times 86.8 = 95.7$$

（4）计算 a、b 的值：

①计算 a 值，依据公式 $a_t = 2S_t^{(1)} - S_t^{(2)}$ 进行：

$$a_2 = 2S_2^{(1)} - S_2^{(2)} = 2 \times 64 - 65.6 = 62.4$$
$$a_3 = 2S_3^{(1)} - S_3^{(2)} = 2 \times 72 - 70.7 = 73.3$$
$$\vdots$$
$$a_6 = 2S_6^{(1)} - S_6^{(2)} = 2 \times 97.9 - 95.7 = 100.1$$

②计算 b 值，依据公式 $b_t = \dfrac{\alpha}{1-\alpha}(S_t^{(1)} - S_t^{(2)})$ 进行：

$$b_2 = \frac{\alpha}{1-\alpha}(S_2^{(1)} - S_2^{(2)}) = \frac{0.8}{1-0.8} \times (64 - 65.6) = -6.4$$
$$b_3 = \frac{\alpha}{1-\alpha}(S_3^{(1)} - S_3^{(2)}) = \frac{0.8}{1-0.8} \times (72 - 70.7) = 5.2$$
$$\vdots$$
$$b_6 = \frac{\alpha}{1-\alpha}(S_6^{(1)} - S_6^{(2)}) = \frac{0.8}{1-0.8} \times (97.9 - 95.7) = 8.8$$

（5）建立二次指数平滑的数学模型：

$$Y_{t+T} = Y_{6+T} = a_6 + b_6 \cdot T = 100.1 + 8.8T$$

预测 2024 年产品销售量：$Y_{6+1} = 100.1 + 8.8 \times 1 = 108.9$（万个）。

预测 2025 年产品销售量：$Y_{6+2} = 100.1 + 8.8 \times 2 = 117.7$（万个）。

5.4.3 回归分析预测法

某种产品的需求量一般都受到除时间以外的其他因素的影响，例如产品价格。一般而言，产品价格下降，需求量会上升。但我们不能用一个确切的函数关系式来表示价格与需求量之间的关系，而只能通过统计学中的回归分析法来确定。

回归分析预测法就是根据事物内部因素变化的因果关系来预测事物未来的发展趋势。根据回归分析模型中考虑的自变量个数，可分为一元回归分析和多元回归分析；按变量之间的关系，又可分为线性回归和非线性回归。大多数的非线性回归问题可以转化为线性回归问题进行处理，因此本章只介绍线性回归预测方法。

回归分析预测法是基于这样的原理：事物之间的相互关系可以分为确定的函数关系和不确定的相关关系两类，对具有相关关系的变量，可以通过数理统计方法建立变量间的回归方程，对变量间的相关程度进行描述，并实现对变量回归的估计和预测。因此，要建立变量间的回归关系，首先必须分析变量间的相关关系，若没有相关关系，就不能进行回归分析和预测。若存在相关关系，还要明确是线性关系，还是非线性关系。然后建立一元或多元的回归方程，求解回归系数，得到回归预测模型。

1. 一元线性回归分析预测

一元线性回归分析预测是最简单的回归预测。下面通过例5-7介绍线性回归模型的建立及预测过程。

例 5-7 为了预测薄钢板的年需求量，有关部门经调查分析发现薄钢板消耗量与当年的汽车产量之间有一定的相关性。表5-8是有关部门收集的西方某国连续几年的汽车产量与薄钢板消耗量的数据。

表 5-8 某国薄钢板消耗量与汽车产量的统计数据

序号	年份 t	汽车产量 x/万辆	薄钢板消耗量 y/千吨
1	2016	13.98	19.180
2	2017	13.52	19.937
3	2018	12.54	20.219
4	2019	14.91	29.262
5	2020	18.60	30.399
6	2021	24.40	32.388
7	2022	28.8	40.245

假设该国2023年的汽车年产量约为34万辆，试估计2023年的薄钢板消耗量。

解：（1）数据的直观分析及散点图描述。

由数据可知，薄钢板的消耗量 y 是随着汽车产量 x 的增加而增加的，因而变量 y 与变量 x 是相关的。以 x 为横坐标、y 为纵坐标，可画出薄钢板消耗量与汽车产量的散点图，如图5-5所示。

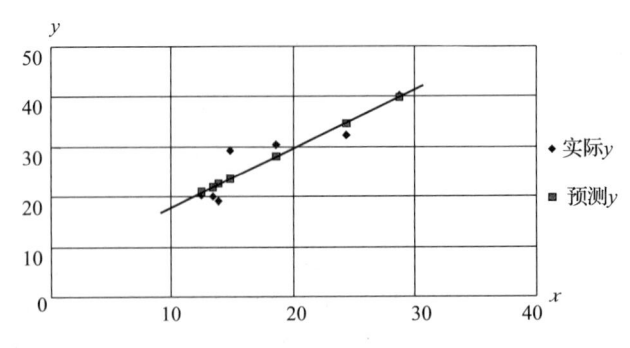

图 5-5 薄钢板消耗量与汽车产量的散点图

（2）建立一元线性回归方程。

既然薄钢板消耗量 y 与汽车产量 x 是正相关的，假设它们之间是线性相关的，其相关方程为：

$$y = a + bx \tag{5-19}$$

式中 a，b——回归系数。

按照最小二乘法即可求出回归系数（详细推导过程可参见有关统计学教材）：

$$b = \frac{\sum x_i y_i - n\bar{x}\bar{y}}{\sum x_i^2 - n\bar{x}^2} \tag{5-20}$$

$$a = \bar{y} - b\bar{x} \tag{5-21}$$

$$\bar{x} = \frac{1}{n}\sum x_i \tag{5-22}$$

$$\bar{y} = \frac{1}{n}\sum y_i \tag{5-23}$$

（3）求解回归系数，得到回归模型。

利用(x, y)的观测数据(x_i, y_i)，代入式（5-20）～式（5-23），可计算出回归系数a，b。当数据量较多时，计算量非常大，回归分析可借助一些统计分析工具如Excel、SPSS来完成。这里给出用Excel算出的回归系数：

$$a = 6.249, \quad b = 1.167$$

因此，薄钢板消耗量与汽车产量之间的相关方程为

$$y = 6.249 + 1.167x \tag{5-24}$$

图5-5中的直线就是回归直线。

当已知任意一年的汽车产量时，就可用该相关方程估算出当年的薄钢板消耗量。因而，式（5-24）就是预测薄钢板消耗量的回归预测模型。

（4）利用模型预测结果。

2023年的薄钢板消耗量预测值 = $6.249 + 1.167 \times 34 = 45.927$(千吨)

2. 多元线性回归分析预测

物流系统决策中，经常有多个因素影响物流需求，例如，某地区货运量的增长就同该地区工业产值的增长和人均收入有关。因此，这些变量也应该被包括在预测模型中。多元线性回归分析就是这样一种统计技术。它是一元线性回归理论与技术在多变量线性关系系统中的延伸，也是预测中经常使用的方法。

设要预测的变量（因变量）y有m个影响因素，用自变量$x_1, x_2, \cdots, x_m$表示。在明确因变量与各个自变量间存在线性相关关系的基础上，给出适宜的线性回归方程，并据此做出关于因变量的发展变化趋势的预测。因此，多元线性回归分析预测法的关键是找到合适的回归方程。类似于一元线性回归分析，可用下列方程描述y与$x_1, x_2, \cdots, x_m$之间的线性关系：

$$y = b_0 + b_1 x_1 + b_2 x_2 + \cdots + b_m x_m \tag{5-25}$$

其中，b_0为待定的常数，$b_1, b_2, \cdots, b_m$为回归系数，表示当其他自变量固定不变时，该自变量变化一个单位而使y平均变化的量。用最小二乘法进行回归参数的估计。

根据最小二乘原理，应使预测值y与实际值y之间的离差平方和最小，预测值用式（5-25）等号右边的表达式代入，即

$$\min \sum_j (y_j - b_0 - b_1 x_{1j} - b_2 x_{2j} - \cdots - b_m x_{mj})^2 \text{；} j \text{ 是样本数据的下角标，} j = 1, 2, \cdots, n_\circ$$

对上式中的回归参数求偏导，并令其等于零，经整理后得：

$$\begin{cases} L_{11} b_1 + L_{21} b_2 + \cdots + L_{m1} b_m = L_{Y1} \\ L_{12} b_1 + L_{22} b_2 + \cdots + L_{m2} b_m = L_{Y2} \\ \qquad \vdots \\ L_{1m} b_1 + L_{2m} b_2 + \cdots + L_{mm} b_m = L_{Ym} \end{cases} \tag{5-26}$$

$$b_0 = \bar{y} - \sum_{i=1}^{m} b_i \bar{x}_i \tag{5-27}$$

在式（5-26）、式（5-27）中，$\bar{y}$，$\bar{x}_i$ 分别代表因变量和自变量的样本均值，$i = 1, 2, \cdots, m_\circ$

$$L_{ij} = \sum_{k=1}^{n} (x_{ik} - \bar{x}_i)(x_{jk} - \bar{x}_j) \tag{5-28}$$

$$L_{Yj} = \sum_{k=1}^{n} (y_k - \bar{y})(x_{jk} - \bar{x}_j) \tag{5-29}$$

用矩阵形式重写式（5-26），令：

$$\boldsymbol{L} = \begin{pmatrix} L_{11} & L_{21} & \cdots & L_{m1} \\ L_{12} & L_{22} & \cdots & L_{m2} \\ \vdots & \vdots & & \vdots \\ L_{1m} & L_{2m} & \cdots & L_{mm} \end{pmatrix}; \quad \boldsymbol{b} = \begin{pmatrix} b_1 \\ b_2 \\ \vdots \\ b_m \end{pmatrix}; \quad \boldsymbol{L}_Y = \begin{pmatrix} L_{Y1} \\ L_{Y2} \\ \vdots \\ L_{Ym} \end{pmatrix}$$

则式（5-26）变为 $\boldsymbol{L} \cdot \boldsymbol{b} = \boldsymbol{L}_Y{}_\circ$

运用矩阵计算法则可求出回归参数：$\boldsymbol{b} = \boldsymbol{L}^{-1} \cdot \boldsymbol{L}_Y{}_\circ$

对于多元回归问题，一般可根据上面列出的表达式，编制计算软件求解，或应用统计分析工具软件如 Excel、SPSS、EViews 求解。

3. 回归模型的检验及预测值的显著性检验

完整的回归模型检验包括理论意义检验、一级检验和二级检验。理论意义检验主要检验回归参数估计值的符号和取值区间是否与有关学科理论或实践经验相符合。例如，前面例题的薄钢板消耗量，理论和实践经验都说明应该随着汽车产量的增加而增加，如果回归系数估算为负数值，就不能通过理论意义的检验。在对管理及经济问题进行回归分析时，常常会遇到理论或实际意义检验不能通过的情况。主要原因可能是历史数据的样本容量偏小，或不具备足够的代表性，或者不满足线性回归分析的假定条件。一级检验也称统计学检验，是利用统计学中的抽样理论来检验样本回归方程的可靠性，包括拟合程度评价和显著性检验。二级检验是经济计量学检验，它是对标准线性回归模型的假定条件能否得到满足进行检验，具体包括序列相关检验、异方差性检验等。关于二级检验问题可参见一般的计量经济学教材。本节简要介绍统计学检验。

回归模型拟合程度的评价。

样本回归方程的拟合程度取决于因变量与自变量的相关程度，可用相关系数反映。在多变量的情况下，变量之间的相关关系非常复杂，有反映因变量与其他多个自变量之间线性相关程度的复相关系数，还有反映其中某两个变量之间线性相关程度的偏相关系数，其计算公式可参见统计学教材，这里只介绍有一个自变量时的相关系数计算公式。

设 x_i、$y_i(i=1, 2, \cdots, n)$ 是 n 个样本的观测值，样本相关系数 r 的定义公式是：

$$r = \frac{L_{xy}}{\sqrt{L_{xx} \cdot L_{yy}}} \tag{5-30}$$

式中

$$L_{xx} = \sum (x_i - \bar{x})^2 \tag{5-31}$$

$$L_{yy} = \sum (y_i - \bar{y})^2 \tag{5-32}$$

$$L_{xy} = \sum (x_i - \bar{x})(y_i - \bar{y}) \tag{5-33}$$

$\bar{y}$、$\bar{x}$ 分别代表因变量和自变量的样本均值；相关系数 $-1 \leq r \leq 1$，通常认为：

$0 < |r| \leq 0.3$ 时，y 与 x 之间是微弱线性相关；

$0.3 < |r| \leq 0.5$ 时，y 与 x 之间是低度线性相关；

$0.5 < |r| \leq 0.8$ 时，y 与 x 之间是显著线性相关；

$0.8 < |r| < 1$ 时，y 与 x 之间是高度线性相关；

$|r| = 1$ 时，y 与 x 之间是完全线性相关；

$|r| = 0$ 时，y 与 x 之间不存在线性相关关系。

例 5-8 某地区与货运量有关的各影响因素的数据（从业人口数量、居民消费水平、国内生产总值、第一产业产值、第二产业产值、第三产业产值、工业总产值、货运量、铁路货运量、公路货运量）如表 5-9 所示。试建立多元回归模型预测该地区未来的货运量。

表 5-9 货运量与各影响因素的数据

年份	从业人口数量/万人	居民消费水平/万元	国内生产总值/万元	第一产业产值/万元	第二产业产值/万元	第三产业产值/万元	工业总产值/万元	货运量/万吨	铁路货运量/万吨	公路货运量/万吨
2014	815.96	2 390	5 927.87	1 322.26	2 939.06	1 666.55	2 522.16	48 980	4 535	41 340
2015	830.58	2 471	6 412.42	1 262.46	3 267.33	1 882.63	2 763.35	49 147	4 408	41 610
2016	817.39	2 594	6 883.16	1 200.94	3 484.59	2 197.63	2 911.82	51 183	4 456	43 296
2017	745.54	3 034	7 486.38	1 251.89	3 837.54	2 396.95	3 228.28	51 228	4 676	42 868
2018	751.26	3 242	8 263.96	1 313.23	4 209.32	2 741.41	3 349.37	53 035	4 965	44 340
2019	774.20	3 366	9 068.02	1 349.92	4 576.36	3 141.74	3 670.37	52 156	4 942	42 982
2020	858.42	3 729	10 272.4	1 425.44	5 319.03	3 527.96	4 318.95	59 952	5 214	51 136
2021	954.43	4 355	12 132.2	1 882.18	6 471.77	3 778.23	5 333.17	69 680	5 400	60 291
2022	1 024.72	4 894	14 400.4	2 021.57	7 992.29	4 386.53	6 715.06	76 876	5 218	67 040
2023	1 079.76	5 498	16 873.1	2 131.91	9 669.49	5 071.71	8 248.94	84 998	5 643	72 457
R	0.949 34	0.975	0.984 70	0.979 42	0.989 05	0.947 08	0.973 18	1		
R_1	0.735 22	0.942	0.921 35	0.855 77	0.904 21	0.947 67	0.973 49		1	
R_2	0.956 98	0.967	0.977 11	0.981 82	0.981 36	0.936 80	0.967 88			1

解： 设货运量 Y 与影响因素 $\{X_1, X_2, \cdots, X_n\}$ 存在相关关系，则可以建立模型。

$$Y = f(X_1, X_2, X_3, X_4, X_5, X_6, X_7) + C$$

式中　X_1——从业人口数量；

　　　X_2——居民消费水平；

　　　X_3——国内生产总值；

　　　X_4——第一产业产值；

　　　X_5——第二产业产值；

　　　X_6——第三产业产值；

　　　X_7——工业总产值；

　　　C——随机误差。

根据获得的资料数据进行各因素之间的相关分析，分析结果如表 5-9 所示。

第一步，运行 Eviews，得到预测模型。

$$Y = 48.033\,51X_1 + 13.731\,49X_2 - 8.073\,419X_3 + 14.210\,40X_5 - 4.648\,719X_7 - 5\,334.562$$

此时，决定系数值很大（R-squared = 0.997 622），所以方程很显著。

第二步，利用逐步删除法消除共线性。

上述模型中，X_1、X_2、X_3、X_5、X_7 五个参数的 t 检验值只有两个较显著，说明存在多重共线性的可能。从表 5-9 的统计数据中也可以看出，X_3 和 X_5、X_7 相互之间具有明显的依赖性，所以为了消除这种共线性，利用逐步删除法得到新的预测模型（即剔除变量 X_5 和 X_7）：

$$Y = 50.106\,55X_1 + 9.448\,363X_2 - 667\,635X_3 - 10\,716.53$$

第三步，此时，X_2、X_3 依然存在着多重共线性，这说明 X_2 和 X_3 依然有依赖性，为了消除共线性，继续用删除法得到新的模型，继续剔除 C 和 X_2，消除前者是为了使精度更高，消除后者是为了消除多重共线性。最后得到下列预测模型以及检验结果：$Y = 43.344\,53X_1 + 2.271\,540X_3$。

根据各因素历年的数值，发现 X_1、X_3 分别与时间存在很强的线性关系，对各因素进行线性回归后，得到各因素与时间 T 的模型结果如下：$X_1 = 61.8T - 122\,859.15$；$X_3 = 1\,150.5T - 2\,292\,926.586$。

另外，根据表 5-9 中的数据容易得到一元线性回归模型，假设货运量 Y 与国内生产总值 X 存在一元线性相关关系，则可求得预测模型为：$Y = 25\,638.73 + 3.488\,004\,058X$。

利用两种预测模型预测该地区 2014—2023 年的总货运量，结果如表 5-10 所示。由图 5-6 可以清晰地看到，多元线性回归模型在预测结果的精确度和有效性方面明显要好于一元线性回归模型的预测值。

表 5-10　各模型预测值　　　　　　　　　　　　　　　　　　　　　　单位：万吨

年份	一元线性回归模型预测值	多元线性回归模型预测值	实际值
2014	32 604.276 35	44 574.581 7	48 980
2015	32 607.764 36	45 158.779 2	49 147
2016	32 611.252 36	49 866.680 4	51 183

(续)

年份	一元线性回归模型预测值	多元线性回归模型预测值	实际值
2017	32 614.740 36	50 450.877 9	51 228
2018	32 618.228 37	55 742.976 6	53 035
2019	32 621.716 37	61 035.075 3	52 156
2020	32 625.204 38	66 327.174 1	59 952.01
2021	32 628.692 38	71 619.272 8	69 680.47
2022	32 632.180 38	76 911.371 5	76 875.68
2023	32 635.668 39	82 203.470 2	84 997.64

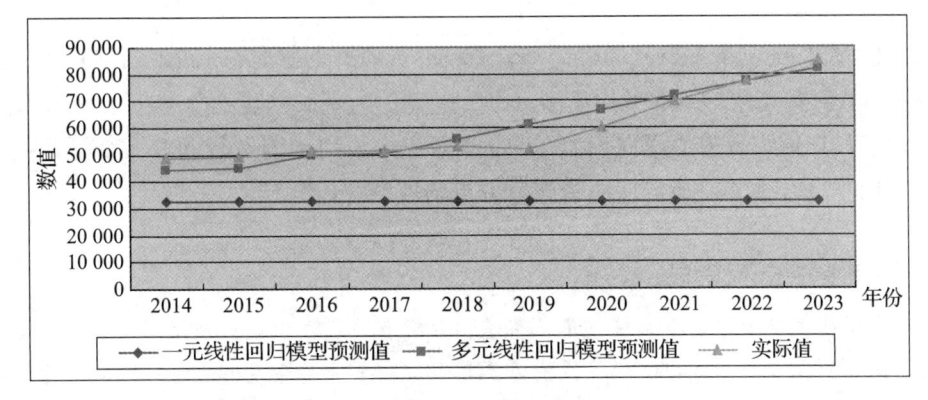

图 5-6 某地区货运量变化曲线图

5.4.4 其他预测方法简介

1. 灰色预测方法

灰色预测方法是一种对含有不确定因素的系统进行预测的方法。灰色预测方法通过鉴别系统因素之间发展趋势的相异程度，即进行关联分析，并对原始数据进行生成处理来寻找系统变动的规律，生成有较强规律性的数据序列，然后建立相应的微分方程模型，从而预测事物未来发展趋势的状况。其用等时距观测到的反映预测对象特征的一系列数量值构造灰色预测模型，预测未来某一时刻的特征量，或达到某一特征量的时间。

通过少量的、不完全的信息，建立灰色微分预测模型，对事物发展规律做出模糊性的长期描述（模糊预测领域中的理论，方法较为完善的预测学分支）。灰色理论认为尽管系统的行为现象是朦胧的，数据是复杂的，但它毕竟是有序的，是有整体功能的。灰数的生成，就是从杂乱中寻找出规律。同时，灰色理论建立的是生成数据模型，而不是原始数据模型。因此，灰色预测的数据是通过生成数据的 GM(1, 1) 模型所得到的预测值的逆处理结果。

2. 基于 BP 神经网络的预测法

物流量的发展一般呈现出非线性的、随机性的特征，且物流需求量还与政策法规、物流设施环境、人们消费观念等因素有较大关系，而这些因素又很难定量描述。基于 BP（back propagation）神经网络的预测法属于一种具有自适应能力的定量预测法，能有效解决物流系统的非线性预测、多目标预测以及历史数据不连续情况下的预测等问题。

BP 神经网络是由多个神经元组成的广泛互联的神经网络，能够模拟生物神经系统真实世界及物体之间所做出的交互反应。BP 神经网络处理信息是通过信息样本对神经网络的训练，使其具有人的大脑的记忆、辨识能力，完成各种信息处理功能。它不需要任何先验公式，就能从已有数据中自动地归纳规则，获得这些数据的内在规律，具有良好的自学习、自适应和联想记忆，并行处理和非线性转换的能力，特别适合因果关系复杂的非确定性推理、判断、识别和分类等问题。对于任意一组随机的、正态的数据，都可以利用 BP 神经网络算法进行统计分析，做出拟合和预测。

3. ARMA 模型

ARMA 模型（auto-regressive and moving average model）是研究时间序列的重要方法，由自回归模型（AR 模型）与滑动平均模型（MA 模型）为基础"混合"构成。该模型在市场研究中常用于长期追踪资料的研究，如在 Panel 研究中，用于消费行为模式变迁研究；在零售研究中，用于具有季节变动特征的销售量、市场规模的预测等。

本章小结

物流系统现状调查工作是指系统收集、整理和分析有关规划与设计所必需的数据、资料和信息的活动。调查的内容有区域物流的总体构成，物流与社会的关系及其在社会中的地位，物流与经济发展的关系，国家的产业政策和区域经济发展规划，交通总体规划，区域的自然资源、社会资源、经济资源、社会物流资源。

物流需求即指对物流服务的需求，物流需求分析是指用定性或定量的方法对物流系统要进行的运输、存储、装卸、搬运、包装、流通加工、配送等作业量进行预测分析。物流需求的特征表现在 3 个方面：需求的时间特性和空间特性；需求的不规律性与规律性；需求的派生性与独立性。另外，在进行物流需求预测时，常常会遇到一些特殊的问题，需要物流管理者和规划人员妥善分析与处理。

定性预测是预测者根据自己掌握的实际情况、实践经验、专业水平，对经济发展前景的性质、方向和程度做出的判断。本章主要介绍了市场调查预测法和主观概率法。定量预测方法较多，本章还介绍了常用的时间序列预测及因果关系预测方法，其他预测方法如灰色预测方法等，读者可以自行参考有关书籍。

复习思考题

1. 简述物流系统现状调查的主要内容。
2. 简述说明物流需求的空间特征和时间特征。
3. 在物流需求预测中有什么困难？如何提高物流需求预测的准确性？
4. 市场调查预测法有哪几种？
5. 某卡车运输公司必须决定每周所需的卡车和司机的数量。通常的做法是司机在星期一出发去取货或送货，在星期五回到出发点。对卡车的需求可由该周要运送的货物总量来决定；但为了制订计划，必须提前一周得到有关数据。表 5-11 给出的是过去 10 周中的货运量。

表 5-11　运输公司过去 10 周中的货运量

时间/周	货运量/万吨	时间/周	货运量/万吨
10	205.6	5	226.8
9	234.9	4	265.3
8	189.5	3	203.9
7	151.4	2	239.9
6	119.4	1	250.8

要求用基本指数平滑模型预测下一周的货运量（以 0.1 的递增幅度寻找合适的平滑指数 α 值）。

案例分析

国家综合立体交通网规划纲要

为加快建设交通强国，构建现代化高质量国家综合立体交通网，支撑现代化经济体系和社会主义现代化强国建设，编制本规划纲要。规划期为 2021 至 2035 年，远景展望到本世纪中叶。

一、规划基础

（一）发展现状

改革开放特别是党的十八大以来，在以习近平同志为核心的党中央坚强领导下，我国交通运输发展取得了举世瞩目的成就。基础设施网络基本形成，综合交通运输体系不断完善；运输服务能力和水平大幅提升，人民群众获得感明显增强；科技创新成效显著，设施建造、运输装备技术水平大幅提升；交通运输建设现代化加快推进，安全智慧绿色发展水平持续提高；交通运输对外开放持续扩大，走出去步伐不断加快。交通运输发展有效促进国土空间开发保护、城乡区域协调发展、生产力布局优化，为经济社会发展充分发挥基础性、先导性、战略性和服务性作用，为决胜全面建成小康社会提供了有力支撑。

与此同时，我国交通运输发展还存在一些短板，不平衡不充分问题仍然突出。综合交通网络布局仍需完善，结构有待优化，互联互通和网络韧性还需增强；综合交通统筹融合亟待加强，资源集约利用水平有待提高，交通运输与相关产业协同融合尚需深化，全产业链支撑能力仍需提升；综合交通发展质量效率和服务水平不高，现代物流体系有待完善，科技创新能力、安全智慧绿色发展水平还要进一步提高；交通运输重点领域关键环节改革任务仍然艰巨。

（二）形势要求

当前和今后一个时期，我国发展仍处于重要战略机遇期，但机遇和挑战都有新的发展变化。当今世界正经历百年未有之大变局，新一轮科技革命和产业变革深入发展，国际力量对比深刻调整，和平与发展仍是时代主题，人类命运共同体理念深入人心。同时国际环境日趋复杂，不稳定性不确定性明显增加，新冠肺炎疫情影响广泛深远，经济全球化遭遇逆流，世界进入动荡变革期。我国已转向高质量发展阶段，制度优势显著，经济长期向好，市场空间广阔，发展韧性增强，社会大局稳定，全面建设社会主义现代化国家新征程开启，但发展不平衡不充分问题仍然突出。

国内国际新形势对加快建设交通强国、构建现代化高质量国家综合立体交通网提出了新的更高要求，必须更加突出创新的核心地位，注重交通运输创新驱动和智慧发展；更加突出统筹协调，注重各种运输方式融合发展和城乡区域交通运输协调发展；更加突出绿色发展，注重国土空间开发和生态环境保护；更加突出高水平对外开放，注重对外互联互通和国际供应链开放、安全、稳定；更加突出共享发展，注重建设人民满意交通，满足人民日益增长的美好生活需要。要着力推动交通运输更高质量、更有效率、更加公平、更可持续、更为安全的发展，发挥交通运输在国民经济扩大循环规模、提高循环效率、增强循环动能、降低循环成本、保障循环安全中的重要作用，为全面建设社会主义现代化国家提供有力支撑。

（三）运输需求

旅客出行需求稳步增长，高品质、多样化、个性化的需求不断增强。预计2021至2035年旅客出行量（含小汽车出行量）年均增速为3.2%左右。高铁、民航、小汽车出行占比不断提升，国际旅客出行以及城市群旅客出行需求更加旺盛。东部地区仍将是我国出行需求最为集中的区域，中西部地区出行需求增速加快。

货物运输需求稳中有升，高价值、小批量、时效强的需求快速攀升。预计2021至2035年全社会货运量年均增速为2%左右，邮政快递业务量年均增速为6.3%左右。外贸货物运输保持长期增长态势，大宗散货运量未来一段时期保持高位运行状态。东部地区货运需求仍保持较大规模，中西部地区增速将快于东部地区。

二、总体要求

（一）指导思想

以习近平新时代中国特色社会主义思想为指导，深入贯彻党的十九大和十九届二中、三中、四中、五中全会精神，统筹推进"五位一体"总体布局，协调推进"四个全面"战略布局，坚持稳中求进工作总基调，立足新发展阶段，贯彻新发展理念，构建新发展格局，以推动高质量发展为主题，以深化供给侧结构性改革为主线，以改革创新为根本动力，以满足人民日益增长的美好生活需要为根本目的，统筹发展和安全，充分发挥中央和地方两个积极性，更加注重质量效益、一体化融合、创新驱动，打造一流设施、技术、管理、服务，构建便捷顺畅、经济高效、绿色集约、智能先进、安全可靠的现代化高质量国家综合立体交通网，加快建设交通强国，为全面建设社会主义现代化国家当好先行。

（二）工作原则

——服务大局、服务人民。立足全面建设社会主义现代化国家大局，坚持适度超前，推进交通与国土空间开发保护、产业发展、新型城镇化协调发展，促进军民融合发展，有效支撑国家重大战略。立足扩大内需战略基点，拓展投资空间，有效促进国民经济良性循环。坚持以人民为中心，建设人民满意交通，不断增强人民群众的获得感、幸福感、安全感。

——立足国情、改革开放。准确把握新发展阶段要求和资源禀赋气候特征，加强资源节约集约利用，探索中国特色交通运输现代化发展模式和路径。充分发挥市场在资源配置中的决定性作用，更好发挥政府作用，深化交通运输体系改革，破除制约高质量发展的体制机制障碍，构建统一开放竞争有序的交通运输市场。服务"一带一路"建设，加强国际互联互通，深化交通运输开放合作，提高全球运输网络和物流供应链体系安全性、开放性、可靠性。

——优化结构、统筹融合。坚持系统观念，加强前瞻性思考、全局性谋划、战略性布局、整体性推进。加强规划统筹，优化网络布局，创新运输组织，调整运输结构，实现供给和需求更高水平的动态平衡。推动融合发展，加强交通运输资源整合和集约利用，促进交通运输与相关产业深度融合。强化衔接联通，提升设施网络化和运输服务一体化水平，提升综合交通运输整体效率。

——创新智慧、安全绿色。坚持创新核心地位，注重科技赋能，促进交通运输提效能、扩功能、增动能。推进交通基础设施数字化、网联化，提升交通运输智慧发展水平。统筹发展和安全，加强交通运输安全与应急保障能力建设。加快推进绿色低碳发展，交通领域二氧化碳排放尽早达峰，降低污染物及温室气体排放强度，注重生态环境保护修复，促进交通与自然和谐发展。

（三）发展目标

到 2035 年，基本建成便捷顺畅、经济高效、绿色集约、智能先进、安全可靠的现代化高质量国家综合立体交通网，实现国际国内互联互通、全国主要城市立体畅达、县级节点有效覆盖，有力支撑"全国 123 出行交通圈"（都市区 1 小时通勤、城市群 2 小时通达、全国主要城市 3 小时覆盖）和"全球 123 快货物流圈"（国内 1 天送达、周边国家 2 天送达、全球主要城市 3 天送达）。交通基础设施质量、智能化与绿色化水平居世界前列。交通运输全面适应人民日益增长的美好生活需要，有力保障国家安全，支撑我国基本实现社会主义现代化。

专栏一：2035 年发展目标

便捷顺畅。享受快速交通服务的人口比重大幅提升，除部分边远地区外，基本实现全国县级行政中心 15 分钟上国道、30 分钟上高速公路、60 分钟上铁路，市地级行政中心 45 分钟上高速铁路、60 分钟到机场。基本实现地级市之间当天可达。中心城区至综合客运枢纽半小时到达，中心城区综合客运枢纽之间公共交通转换时间不超过 1 小时。交通基础设施无障碍化率大幅提升，旅客出行全链条便捷程度显著提高，基本实现"全国 123 出行交通圈"。

经济高效。国家综合立体交通网设施利用更加高效，多式联运占比、换装效率显著提高，运输结构更加优化，物流成本进一步降低，交通枢纽基本具备寄递功能，实现与寄递枢纽的无缝衔接，基本实现"全球 123 快货物流圈"。

绿色集约。综合运输通道资源利用的集约化、综合化水平大幅提高。基本实现交通基础设施建设全过程、全周期绿色化。单位运输周转量能耗不断降低，二氧化碳排放强度比 2020 年显著下降，交通污染防治达到世界先进水平。

智能先进。基本实现国家综合立体交通网基础设施全要素全周期数字化。基本建成泛在先进的交通信息基础设施，实现北斗时空信息服务、交通运输感知全覆盖。智能列车、智能网联汽车（智能汽车、自动驾驶、车路协同）、智能化通用航空器、智能船舶及邮政快递设施的技术达到世界先进水平。

安全可靠。交通基础设施耐久性和有效性显著增强，设施安全隐患防治能力大幅提升。交通网络韧性和应对各类重大风险能力显著提升，重要物资运输高效可靠。基本建成陆海空天立体协同的交通安全监管和救助体系。交通安全水平达到世界前列，有效保障人民生命财产和国家总体安全。

国家综合立体交通网 2035 年主要指标表

序号	指标		目标值
1	便捷顺畅	享受 1 小时内快速交通服务的人口占比	80%以上
2		中心城区至综合客运枢纽半小时可达率	90%以上
3	经济高效	多式联运换装 1 小时完成率	90%以上
4		国家综合立体交通网主骨架能力利用率	60%—85%
5	绿色集约	主要通道新增交通基础设施多方式国土空间综合利用率提高比例	80%
6		交通基础设施绿色化建设比例	95%
7	智能先进	交通基础设施数字化率	90%
8	安全可靠	重点区域多路径连接比率	95%以上
9		国家综合立体交通网安全设施完好率	95%以上

到本世纪中叶，全面建成现代化高质量国家综合立体交通网，拥有世界一流的交通基础设施体系，交通运输供需有效平衡、服务优质均等、安全有力保障。新技术广泛应用，实现数字化、网络化、智能化、绿色化。出行安全便捷舒适，物流高效经济可靠，实现"人享其行、物优其流"，全面建成交通强国，为全面建成社会主义现代化强国当好先行。

三、优化国家综合立体交通布局

（一）构建完善的国家综合立体交通网

国家综合立体交通网连接全国所有县级及以上行政区、边境口岸、国防设施、主要景区等。以统筹融合为导向，着力补短板、重衔接、优网络、提效能，更加注重存量资源优化利用和增量供给质量提升。完善铁路、公路、水运、民航、邮政快递等基础设施网络，构建以铁路为主干，以公路为基础，水运、民航比较优势充分发挥的国家综合立体交通网。

到 2035 年，国家综合立体交通网实体线网总规模合计 70 万公里左右（不含国际陆路通道境外段、空中及海上航路、邮路里程）。其中铁路 20 万公里左右，公路 46 万公里左右，高等级航道 2.5 万公里左右。沿海主要港口 27 个，内河主要港口 36 个，民用运输机场 400 个左右，邮政快递枢纽 80 个左右。

专栏二：国家综合立体交通网布局

1. 铁路。国家铁路网包括高速铁路、普速铁路。其中，高速铁路 7 万公里（含部分城际铁路），普速铁路 13 万公里（含部分市域铁路），合计 20 万公里左右。形成由"八纵八横"高速铁路主通道为骨架、区域性高速铁路衔接的高速铁路网；由若干条纵横普速铁路主通道为骨架、区域性普速铁路衔接的普速铁路网；京津冀、长三角、粤港澳大湾区、成渝地区双城经济圈等重点城市群率先建成城际铁路网，其他城市群城际铁路逐步成网。研究推进超大城市间高速磁悬浮通道布局和试验线路建设。

2. 公路。包括国家高速公路网、普通国道网，合计 46 万公里左右。其中，国家高速公路网 16 万公里左右，由 7 条首都放射线、11 条纵线、18 条横线及若干条地区环线、都市圈环线、城市绕城环线、联络线、并行线组成；普通国道网 30 万公里左右，由 12 条首都放射线、47 条纵线、60 条横线及若干条联络线组成。

3. 水运。包括国家航道网和全国主要港口。国家航道网由国家高等级航道和国境国际通航河流航道组成。其中，"四纵四横两网"的国家高等级航道2.5万公里左右；国境国际通航河流主要包括黑龙江、额尔古纳河、鸭绿江、图们江、瑞丽江、澜沧江、红河等。全国主要港口合计63个，其中沿海主要港口27个、内河主要港口36个。

4. 民航。包括国家民用运输机场和国家航路网。国家民用运输机场合计400个左右，基本建成以世界级机场群、国际航空（货运）枢纽为核心，区域枢纽为骨干，非枢纽机场和通用机场为重要补充的国家综合机场体系。按照突出枢纽、辐射区域、分层衔接、立体布局，先进导航技术为主、传统导航技术为辅的要求，加快繁忙地区终端管制区建设，加快构建结构清晰、衔接顺畅的国际航路航线网络；构建基于大容量通道、平行航路、单向循环等先进运行方式的高空航路航线网络；构建基于性能导航为主、传统导航为辅的适应各类航空用户需求的中低空航路航线网络。

5. 邮政快递。包括国家邮政快递枢纽和邮路。国家邮政快递枢纽主要由北京天津雄安、上海南京杭州、武汉（鄂州）郑州长沙、广州深圳、成都重庆西安等5个全球性国际邮政快递枢纽集群、20个左右区域性国际邮政快递枢纽、45个左右全国性邮政快递枢纽组成。依托国家综合立体交通网，布局航空邮路、铁路邮路、公路邮路、水运邮路。

（二）加快建设高效率国家综合立体交通网主骨架

国家综合立体交通网主骨架由国家综合立体交通网中最为关键的线网构成，是我国区域间、城市群间、省际间以及连通国际运输的主动脉，是支撑国土空间开发保护的主轴线，也是各种运输方式资源配置效率最高、运输强度最大的骨干网络。

依据国家区域发展战略和国土空间开发保护格局，结合未来交通运输发展和空间分布特点，将重点区域按照交通运输需求量级划分为3类。京津冀、长三角、粤港澳大湾区和成渝地区双城经济圈4个地区作为极，长江中游、山东半岛、海峡西岸、中原地区、哈长、辽中南、北部湾和关中平原8个地区作为组群，呼包鄂榆、黔中、滇中、山西中部、天山北坡、兰西、宁夏沿黄、拉萨和喀什9个地区作为组团。按照极、组群、组团之间交通联系强度，打造由主轴、走廊、通道组成的国家综合立体交通网主骨架。国家综合立体交通网主骨架实体线网里程29万公里左右，其中国家高速铁路5.6万公里、普速铁路7.1万公里；国家高速公路6.1万公里、普通国道7.2万公里；国家高等级航道2.5万公里。

加快构建6条主轴。加强京津冀、长三角、粤港澳大湾区、成渝地区双城经济圈4极之间联系，建设综合性、多通道、立体化、大容量、快速化的交通主轴。拓展4极辐射空间和交通资源配置能力，打造我国综合立体交通协同发展和国内国际交通衔接转换的关键平台，充分发挥促进全国区域发展南北互动、东西交融的重要作用。

加快构建7条走廊。强化京津冀、长三角、粤港澳大湾区、成渝地区双城经济圈4极的辐射作用，加强极与组群和组团之间联系，建设京哈、京藏、大陆桥、西部陆海、沪昆、成渝昆、广昆等多方式、多通道、便捷化的交通走廊，优化完善多中心、网络化的主骨架结构。

加快构建8条通道。强化主轴与走廊之间的衔接协调，加强组群与组团之间、组团与组团之间联系,加强资源产业集聚地、重要口岸的连接覆盖,建设绥满、京延、沿边、福银、二湛、川藏、湘桂、厦蓉等交通通道,促进内外连通、通边达海,扩大中西部和东北地区交通网络覆盖。

专栏三:国家综合立体交通网主骨架布局

6条主轴:

京津冀—长三角主轴。路径1:北京经天津、沧州、青岛至杭州。路径2:北京经天津、沧州、济南、蚌埠至上海。路径3:北京经天津、潍坊、淮安至上海。路径4:天津港至上海港沿海海上路径。

京津冀—粤港澳主轴。路径1:北京经雄安、衡水、阜阳、九江、赣州至香港(澳门)。支线:阜阳经黄山、福州至台北。路径2:北京经石家庄、郑州、武汉、长沙、广州至深圳。

京津冀—成渝主轴。路径1:北京经石家庄、太原、西安至成都。路径2:北京经太原、延安、西安至重庆。

长三角—粤港澳主轴。路径1:上海经宁波、福州至深圳。路径2:上海经杭州、南平至广州。路径3:上海港至湛江港沿海海上路径。

长三角—成渝主轴。路径1:上海经南京、合肥、武汉、万州至重庆。路径2:上海经九江、武汉、重庆至成都。

粤港澳—成渝主轴。路径1:广州经桂林、贵阳至成都。路径2:广州经永州、怀化至重庆。

7条走廊:

京哈走廊。路径1:北京经沈阳、长春至哈尔滨。路径2:北京经承德、沈阳、长春至哈尔滨。支线1:沈阳经大连至青岛。支线2:沈阳至丹东。

京藏走廊。路径1:北京经呼和浩特、包头、银川、兰州、格尔木、拉萨至亚东。支线:秦皇岛经大同至鄂尔多斯。路径2:青岛经济南、石家庄、太原、银川、西宁至拉萨。支线:黄骅经忻州至包头。

大陆桥走廊。路径1:连云港经郑州、西安、西宁、乌鲁木齐至霍尔果斯/阿拉山口。路径2:上海经南京、合肥、南阳至西安。支线:南京经平顶山至洛阳。

西部陆海走廊。路径1:西宁经兰州、成都/重庆、贵阳、南宁、湛江至三亚。路径2:甘其毛都经银川、宝鸡、重庆、毕节、百色至南宁。

沪昆走廊。路径1:上海经杭州、上饶、南昌、长沙、怀化、贵阳、昆明至瑞丽。路径2:上海经杭州、景德镇、南昌、长沙、吉首、遵义至昆明。

成渝昆走廊。路径1:成都经攀枝花、昆明至磨憨/河口。路径2:重庆经昭通至昆明。

广昆走廊。路径1:深圳经广州、梧州、南宁、兴义、昆明至瑞丽。路径2:深圳经湛江、南宁、文山至昆明。

8条通道:

绥满通道。绥芬河经哈尔滨至满洲里。支线1:哈尔滨至同江。支线2:哈尔滨至黑河。

京延通道。北京经承德、通辽、长春至珲春。

沿边通道。黑河经齐齐哈尔、乌兰浩特、呼和浩特、临河、哈密、乌鲁木齐、库尔勒、喀什、阿里至拉萨。支线1：喀什至红其拉甫。支线2：喀什至吐尔尕特。

福银通道。福州经南昌、武汉、西安至银川。支线：西安经延安至包头。

二湛通道。二连浩特经大同、太原、洛阳、南阳、宜昌、怀化、桂林至湛江。

川藏通道。成都经林芝至樟木。

湘桂通道。长沙经桂林、南宁至凭祥。

厦蓉通道。厦门经赣州、长沙、黔江、重庆至成都。

（三）建设多层级一体化国家综合交通枢纽系统

建设综合交通枢纽集群、枢纽城市及枢纽港站"三位一体"的国家综合交通枢纽系统。建设面向世界的京津冀、长三角、粤港澳大湾区、成渝地区双城经济圈4大国际性综合交通枢纽集群。加快建设20个左右国际性综合交通枢纽城市以及80个左右全国性综合交通枢纽城市。推进一批国际性枢纽港站、全国性枢纽港站建设。

专栏四：国际性综合交通枢纽

1. 国际性综合交通枢纽集群

形成以北京、天津为中心联动石家庄、雄安等城市的京津冀枢纽集群，以上海、杭州、南京为中心联动合肥、宁波等城市的长三角枢纽集群，以广州、深圳、香港为核心联动珠海、澳门等城市的粤港澳大湾区枢纽集群，以成都、重庆为中心的成渝地区双城经济圈枢纽集群。

2. 国际性综合交通枢纽城市

建设北京、天津、上海、南京、杭州、广州、深圳、成都、重庆、沈阳、大连、哈尔滨、青岛、厦门、郑州、武汉、海口、昆明、西安、乌鲁木齐等20个左右国际性综合交通枢纽城市。

3. 国际性综合交通枢纽港站

——国际铁路枢纽和场站：在北京、上海、广州、重庆、成都、西安、郑州、武汉、长沙、乌鲁木齐、义乌、苏州、哈尔滨等城市以及满洲里、绥芬河、二连浩特、阿拉山口、霍尔果斯等口岸建设具有较强国际运输服务功能的铁路枢纽场站。

——国际枢纽海港：发挥上海港、大连港、天津港、青岛港、连云港港、宁波舟山港、厦门港、深圳港、广州港、北部湾港、洋浦港等国际枢纽海港作用，巩固提升上海国际航运中心地位，加快建设辐射全球的航运枢纽，推进天津北方、厦门东南、大连东北亚等国际航运中心建设。

——国际航空（货运）枢纽：巩固北京、上海、广州、成都、昆明、深圳、重庆、西安、乌鲁木齐、哈尔滨等国际航空枢纽地位，推进郑州、天津、合肥、鄂州等国际航空货运枢纽建设。

——国际邮政快递处理中心：在国际邮政快递枢纽城市和口岸城市，依托国际航空枢纽、国际铁路枢纽、国际枢纽海港、公路口岸等建设40个左右国际邮政快递处理中心。

（四）完善面向全球的运输网络

围绕陆海内外联动、东西双向互济的开放格局，着力形成功能完备、立体互联、陆海空统筹的运输网络。发展多元化国际运输通道，重点打造新亚欧大陆桥、中蒙俄、中国—中亚—西亚、中国—中南半岛、中巴、中尼印和孟中印缅等7条陆路国际运输通道。发展以中欧班列为重点的国际货运班列，促进国际道路运输便利化。强化国际航运中心辐射能力，完善经日韩跨太平洋至美洲，经东南亚至大洋洲，经东南亚、南亚跨印度洋至欧洲和非洲，跨北冰洋的冰上丝绸之路等4条海上国际运输通道，保障原油、铁矿石、粮食、液化天然气等国家重点物资国际运输，拓展国际海运物流网络，加快发展邮轮经济。依托国际航空枢纽，构建四通八达、覆盖全球的空中客货运输网络。建设覆盖五洲、连通全球、互利共赢、协同高效的国际干线邮路网。

四、推进综合交通统筹融合发展

（一）推进各种运输方式统筹融合发展

统筹综合交通通道规划建设。强化国土空间规划对基础设施规划建设的指导约束作用，加强与相关规划的衔接协调。节约集约利用通道线位资源、岸线资源、土地资源、空域资源、水域资源，促进交通通道由单一向综合、由平面向立体发展，减少对空间的分割，提高国土空间利用效率。统筹考虑多种运输方式规划建设协同和新型运输方式探索应用，实现陆水空多种运输方式相互协同、深度融合。用好用足既有交通通道，加强过江、跨海、穿越环境敏感区通道基础设施建设方案论证，推动铁路、公路等线性基础设施的线位统筹和断面空间整合。加强综合交通通道与通信、能源、水利等基础设施统筹，提高通道资源利用效率。

推进综合交通枢纽一体化规划建设。推进综合交通枢纽及邮政快递枢纽统一规划、统一设计、统一建设、协同管理。推动新建综合客运枢纽各种运输方式集中布局，实现空间共享、立体或同台换乘，打造全天候、一体化换乘环境。推动既有综合客运枢纽整合交通设施、共享服务功能空间。加快综合货运枢纽多式联运换装设施与集疏运体系建设，统筹转运、口岸、保税、邮政快递等功能，提升多式联运效率与物流综合服务水平。按照站城一体、产城融合、开放共享原则，做好枢纽发展空间预留、用地功能管控、开发时序协调。

专栏五：综合交通枢纽一体化规划建设要求

1. 综合客运枢纽

综合客运枢纽内各种运输方式间换乘便捷、公共换乘设施完备，客流量大的客运枢纽应考虑安全缓冲。加强干线铁路、城际铁路、市域（郊）铁路、城市轨道交通规划与机场布局规划的衔接，国际航空枢纽基本实现2条以上轨道交通衔接。全国性铁路综合客运枢纽基本实现2条以上市域（郊）铁路或城市轨道衔接。国际性和全国性综合交通枢纽城市内轨道交通规划建设优先衔接贯通所在城市的综合客运枢纽，不同综合客运枢纽间换乘次数不超过2次。铁路综合客运枢纽与城市轨道交通站点应一体设计、同步建设、同期运营。

2. 综合货运枢纽

综合货运枢纽与国家综合立体交通网顺畅衔接。千万标箱港口规划建设综合货运通道与内陆港系统。全国沿海、内河主要港口的集装箱、大宗干散货规模化港区积极推动铁路直通港区，重要港区新建集装箱、大宗干散货作业区原则上同步规划建设进港铁路，推进港铁协同管理。提高机场的航空快件保障能力和处理效率，国际航空货运枢纽在更大空间范围内统筹集疏运体系规划，建设快速货运通道。

推动城市内外交通有效衔接。推动干线铁路、城际铁路、市域（郊）铁路融合建设，并做好与城市轨道交通衔接协调，构建运营管理和服务"一张网"，实现设施互联、票制互通、安检互认、信息共享、支付兼容。加强城市周边区域公路与城市道路高效对接，系统优化进出城道路网络，推动规划建设统筹和管理协同，减少对城市的分割和干扰。完善城市物流配送系统，加强城际干线运输与城市末端配送有机衔接。加强铁路、公路客运枢纽及机场与城市公交网络系统有机整合，引导城市沿大容量公共交通廊道合理、有序发展。

（二）推进交通基础设施网与运输服务网、信息网、能源网融合发展

推进交通基础设施网与运输服务网融合发展。推进基础设施、装备、标准、信息与管理的有机衔接，提高交通运输网动态运行管理服务智能化水平，打造以全链条快速化为导向的便捷运输服务网，构建空中、水上、地面与地下融合协同的多式联运网络，完善供应链服务体系。

推进交通基础设施网与信息网融合发展。加强交通基础设施与信息基础设施统筹布局、协同建设，推动车联网部署和应用，强化与新型基础设施建设统筹，加强载运工具、通信、智能交通、交通管理相关标准跨行业协同。

推进交通基础设施网与能源网融合发展。推进交通基础设施与能源设施统筹布局规划建设，充分考虑煤炭、油气、电力等各种能源输送特点，强化交通与能源基础设施共建共享，提高设施利用效率，减少能源资源消耗。促进交通基础设施网与智能电网融合，适应新能源发展要求。

（三）推进区域交通运输协调发展

推进重点区域交通运输统筹发展。建设"轨道上的京津冀"，加快推进京津冀地区交通一体化，建设世界一流交通体系，高标准、高质量建设雄安新区综合交通运输体系。建设"轨道上的长三角"、辐射全球的航运枢纽，打造交通高质量发展先行区，提升整体竞争力和影响力。粤港澳大湾区实现高水平互联互通，打造西江黄金水道，巩固提升港口群、机场群的国际竞争力和辐射带动力，建成具有全球影响力的交通枢纽集群。成渝地区双城经济圈以提升对外连通水平为导向，强化门户枢纽功能，构建一体化综合交通运输体系。建设东西畅通、南北辐射、有效覆盖、立体互联的长江经济带现代化综合立体交通走廊。支持海南自由贸易港建设，推动西部陆海新通道国际航运枢纽和航空枢纽建设，加快构建现代综合交通运输体系。统筹黄河流域生态环境保护与交通运输高质量发展，优化交通基础设施空间布局。

推进东部、中部、西部和东北地区交通运输协调发展。加速东部地区优化升级，提高人口、经济密集地区交通承载力，强化对外开放国际运输服务功能。推进中部地区大通道大枢纽建设，更好发挥承东启西、连南接北功能。强化西部地区交通基础设施布局，推进西部陆海新通道建设，打造东西双向互济对外开放通道网络。优化枢纽布局，完善枢纽体系，发展通用航空，改善偏远地区居民出行条件。推动东北地区交通运输发展提质增效，强化与京津冀等地区通道能力建设，打造面向东北亚对外开放的交通枢纽。支持革命老区、民族地区、边疆地区交通运输发展，推进沿边沿江沿海交通建设。

推进城市群内部交通运输一体化发展。构建便捷高效的城际交通网，加快城市群轨道交通网络化，完善城市群快速公路网络，加强城市交界地区道路和轨道顺畅连通，基本实现城市群内部2小时交通圈。加强城市群内部重要港口、站场、机场的路网连通性，促进城市群内港口

群、机场群统筹资源利用、信息共享、分工协作、互利共赢，提高城市群交通枢纽体系整体效率和国际竞争力。统筹城际网络、运力与运输组织，提高运输服务效率。研究布局综合性通用机场，疏解繁忙机场的通用航空活动，发展城市直升机运输服务，构建城市群内部快速空中交通网络。建立健全城市群内交通运输协同发展体制机制，推动相关政策、法规、标准等一体化。

推进都市圈交通运输一体化发展。建设中心城区连接卫星城、新城的大容量、快速化轨道交通网络，推进公交化运营，加强道路交通衔接，打造1小时"门到门"通勤圈。推动城市道路网结构优化，形成级配合理、接入顺畅的路网系统。有序发展共享交通，加强城市步行和自行车等慢行交通系统建设，合理配置停车设施，开展人行道净化行动，因地制宜建设自行车专用道，鼓励公众绿色出行。深入实施公交优先发展战略，构建以城市轨道交通为骨干、常规公交为主体的城市公共交通系统，推进以公共交通为导向的城市土地开发模式，提高城市绿色交通分担率。超大城市充分利用轨道交通地下空间和建筑，优化客流疏散。

推进城乡交通运输一体化发展。统筹规划地方高速公路网，加强与国道、农村公路以及其他运输方式的衔接协调，构建功能明确、布局合理、规模适当的省道网。加快推动乡村交通基础设施提档升级，全面推进"四好农村路"建设，实现城乡交通基础设施一体化规划、建设、管护。畅通城乡交通运输连接，推进县乡村（户）道路连通、城乡客运一体化，解决好群众出行"最后一公里"问题。提高城乡交通运输公共服务均等化水平，巩固拓展交通运输脱贫攻坚成果同乡村振兴有效衔接。

（四）推进交通与相关产业融合发展

推进交通与邮政快递融合发展。推动在铁路、机场、城市轨道等交通场站建设邮政快递专用处理场所、运输通道、装卸设施。在重要交通枢纽实现邮件快件集中安检、集中上机（车），发展航空、铁路、水运快递专用运载设施设备。推动不同运输方式之间邮件快件装卸标准、跟踪数据等有效衔接，实现信息共享。发展航空快递、高铁快递，推动邮件快件多式联运，实现跨领域、跨区域和跨运输方式顺畅衔接，推进全程运输透明化。推进乡村邮政快递网点、综合服务站、汽车站等设施资源整合共享。

推进交通与现代物流融合发展。加强现代物流体系建设，优化国家物流大通道和枢纽布局，加强国家物流枢纽应急、冷链、分拣处理等功能区建设，完善与口岸衔接，畅通物流大通道与城市配送网络交通线网连接，提高干支衔接能力和转运分拨效率。加快构建农村物流基础设施骨干网络和末端网络。发展高铁快运，推动双层集装箱铁路运输发展。加快航空物流发展，加强国际航空货运能力建设。培育壮大一批具有国际竞争力的现代物流企业，鼓励企业积极参与全球供应链重构与升级，依托综合交通枢纽城市建设全球供应链服务中心，打造开放、安全、稳定的全球物流供应链体系。

推进交通与旅游融合发展。充分发挥交通促进全域旅游发展的基础性作用，加快国家旅游风景道、旅游交通体系等规划建设，打造具有广泛影响力的自然风景线。强化交通网"快进慢游"功能，加强交通干线与重要旅游景区衔接。完善公路沿线、服务区、客运枢纽、邮轮游轮游艇码头等旅游服务设施功能，支持红色旅游、乡村旅游、度假休闲旅游、自驾游等相关交通基础设施建设，推进通用航空与旅游融合发展。健全重点旅游景区交通集散体系，鼓励发展定制化旅游运输服务，丰富邮轮旅游服务，形成交通带动旅游、旅游促进交通发展的良性互动格局。

推进交通与装备制造等相关产业融合发展。加强交通运输与现代农业、生产制造、商贸金融等跨行业合作，发展交通运输平台经济、枢纽经济、通道经济、低空经济。支持交通装备制造业延伸服务链条，促进现代装备在交通运输领域应用，带动国产航空装备的产业化、商业化应用，强化交通运输与现代装备制造业的相互支撑。推动交通运输与生产制造、流通环节资源整合，鼓励物流组织模式与业态创新。推进智能交通产业化。

五、推进综合交通高质量发展

（一）推进安全发展

提升安全保障能力。加强交通运输安全风险预警、防控机制和能力建设。加快推进城市群、重点地区、重要口岸、主要产业及能源基地、自然灾害多发地区多通道、多方式、多路径建设，提升交通网络系统韧性和安全性。健全粮食、能源等战略物资运输保障体系，提升产业链、供应链安全保障水平。加强通道安全保障、海上巡航搜救打捞、远洋深海极地救援能力建设，健全交通安全监管体系和搜寻救助系统。健全关键信息基础设施安全保护体系，提升车联网、船联网等重要融合基础设施安全保障能力，加强交通信息系统安全防护，加强关键技术创新力度，提升自主可控能力。提升交通运输装备安全水平。健全安全宣传教育体系，强化全民安全意识和法治意识。

提高交通基础设施安全水平。建立完善现代化工程建设和运行质量全寿命周期安全管理体系，健全交通安全生产法规制度和标准规范。强化交通基础设施预防性养护维护、安全评估，加强长期性能观测，完善数据采集、检测诊断、维修处治技术体系，加大病害治理力度，及时消除安全隐患。推广使用新材料新技术新工艺，提高交通基础设施质量和使用寿命。完善安全责任体系，创新安全管理模式，强化重点交通基础设施建设、运行安全风险防控，全面改善交通设施安全水平。

完善交通运输应急保障体系。建立健全多部门联动、多方式协同、多主体参与的综合交通应急运输管理协调机制，完善科学协调的综合交通应急运输保障预案体系。构建应急运输大数据中心，推动信息互联共享。构建快速通达、衔接有力、功能适配、安全可靠的综合交通应急运输网络。提升应急运输装备现代化、专业化和智能化水平，推动应急运输标准化、模块化和高效化。统筹陆域、水域和航空应急救援能力建设，建设多层级的综合运输应急装备物资和运力储备体系。科学规划布局应急救援基地、消防救援站等，加强重要通道应急装备、应急通信、物资储运、防灾防疫、污染应急处置等配套设施建设，提高设施快速修复能力和应对突发事件能力。建立健全行业系统安全风险和重点安全风险监测防控体系，强化危险货物运输全过程、全网络监测预警。

（二）推进智慧发展

提升智慧发展水平。加快提升交通运输科技创新能力，推进交通基础设施数字化、网联化。推动卫星通信技术、新一代通信技术、高分遥感卫星、人工智能等行业应用，打造全覆盖、可替代、保安全的行业北斗高精度基础服务网，推动行业北斗终端规模化应用。构建高精度交通地理信息平台，加快各领域建筑信息模型技术自主创新应用。全方位布局交通感知系统，与交通基设施同步规划建设，部署关键部位主动预警设施，提升多维监测、精准管控、协同服务能力。加强智能化载运工具和关键专用装备研发，推进智能网联汽车（智能汽车、自动驾驶、车路协同）、智能化通用航空器应用。鼓励物流园区、港口、机场、货运场站广泛应用物联网、自动化等技术，推广应用自动化立体仓库、引导运输车、智能输送分拣和装卸设备。构建综合交通大数据中心体系，完善综合交通运输信息平台。完善科技资源开放共享机制，建设一批具有国际影响力的创新平台。

加快既有设施智能化。利用新技术赋能交通基础设施发展，加强既有交通基础设施提质升级，提高设施利用效率和服务水平。运用现代控制技术提升铁路全路网列车调度指挥和运输管理智能化水平。推动公路路网管理和出行信息服务智能化，完善道路交通监控设备及配套网络。加强内河高等级航道运行状态在线监测，推动船岸协同、自动化码头和堆场发展。发展新一代空管系统，推进空中交通服务、流量管理和空域管理智能化，推进各方信息共享。推动智能网联汽车与智慧城市协同发展，建设城市道路、建筑、公共设施融合感知体系，打造基于城市信息模型平台、集城市动态静态数据于一体的智慧出行平台。

（三）推进绿色发展和人文建设

推进绿色低碳发展。促进交通基础设施与生态空间协调，最大限度保护重要生态功能区、避让生态环境敏感区，加强永久基本农田保护。实施交通生态修复提升工程，构建生态化交通网络。加强科研攻关，改进施工工艺，从源头减少交通噪声、污染物、二氧化碳等排放。加大交通污染监测和综合治理力度，加强交通环境风险防控，落实生态补偿机制。优化调整运输结构，推进多式联运型物流园区、铁路专用线建设，形成以铁路、水运为主的大宗货物和集装箱中长距离运输格局。加强可再生能源、新能源、清洁能源装备设施更新利用和废旧建材再生利用，促进交通能源动力系统清洁化、低碳化、高效化发展，推进快递包装绿色化、减量化、可循环。

加强交通运输人文建设。完善交通基础设施、运输装备功能配置和运输服务标准规范体系，满足不同群体出行多样化、个性化要求。加强无障碍设施建设，完善无障碍装备设备，提高特殊人群出行便利程度和服务水平。健全老年人交通运输服务体系，满足老龄化社会交通需求。创新服务模式，提升运输服务人性化、精细化水平。加强交通文明宣传教育，弘扬优秀交通文化，提高交通参与者守法意识和道德水平。

（四）提升治理能力

深化交通运输行业改革。深化简政放权、放管结合、优化服务改革，持续优化营商环境，形成统一开放竞争有序的交通运输市场。建立健全适应国家综合立体交通高质量发展的体制机制，完善综合交通运输发展战略规划政策体系。推进铁路行业竞争性环节市场化改革，深化国家空管体制改革，实现邮政普遍服务业务与竞争性业务分业经营。完善交通运输与国土空间开发、城乡建设、生态环境保护等政策协商机制，推进多规融合，提高政策统一性、规则一致性和执行协同性。加快制定综合交通枢纽、多式联运、新业态新模式等标准规范，加强不同运输方式标准统筹协调，构建符合高质量发展的标准体系。加强交通国际交流合作，积极参与国际交通组织，推动标准国际互认，提升中国标准的国际化水平。以大数据、信用信息共享为基础，构建综合交通运输新型治理机制。

加强交通运输法治建设。坚持法治引领，深化交通运输法治政府部门建设。推动综合交通等重点立法项目制定修订进程，促进不同运输方式法律制度的有效衔接，完善综合交通法规体系。全面加强规范化建设，提升交通运输执法队伍能力和水平，严格规范公正文明执法。落实普法责任制，营造行业良好法治环境，把法治要求贯穿于综合交通运输规划、建设、管理、运营服务、安全生产各环节全过程。

加强交通运输人才队伍建设。优化人才队伍结构，加强跨学科科研队伍建设，造就一批有影响力的交通科技领军人才和创新团队。弘扬劳模精神、工匠精神，完善人才引进、培养、使用、评价、流动、激励体制机制和以社会主义核心价值观引领行业文化建设的治理机制。加强创新型、应用型、技能型人才培养，建设忠诚干净担当的高素质干部队伍，造就一支素质优良的劳动者大军。

六、保障措施

（一）加强党的领导

坚持和加强党的全面领导，增强"四个意识"、坚定"四个自信"、做到"两个维护"，充分发挥党总揽全局、协调各方的领导核心作用，始终把党的领导贯穿到加快建设交通强国全过程，充分发挥各级党组织在推进国家综合立体交通网建设发展中的作用，激励干部担当作为，全面调动各级干部干事创业的积极性、主动性和创造性，不断提高贯彻新发展理念、构建新发展格局、推动高质量发展能力和水平，为实现本规划纲要目标任务提供根本保证。

（二）加强组织协调

加强本规划纲要实施组织保障体系建设，建立健全实施协调推进机制，强化部门协同和上下联动，推动各类交通基础设施统筹规划、协同建设。财政、自然资源、住房城乡建设、生态环境等部门要细化完善财政、用地、用海、城乡建设、环保等配套政策及标准规范。健全本规划纲要与各类各级规划衔接机制。

（三）加强资源支撑

加强国家综合立体交通网规划项目土地等资源供给，规划、建设过程严格用地控制，突出立体、集约、节约思维，提高交通用地复合程度，盘活闲置交通用地资源，完善公共交通引导土地开发的相关政策。建立国土空间规划等相关规划与交通规划协调机制和动态调整管理政策。

（四）加强资金保障

建立完善与交通运输发展阶段特征相适应的资金保障制度，落实中央与地方在交通运输领域的财政事权和支出责任，确保各交通专项资金支持交通发展。创新投融资政策，健全与项目资金需求和期限相匹配的长期资金筹措渠道。构建形成效益增长与风险防控可持续发展的投资机制，防范化解债务风险。健全公益性基础设施建设运营支持政策体系，加大对欠发达地区和边境地区支持力度。进一步调整完善支持邮政、水运等发展的资金政策。支持各类金融机构依法合规为市场化运作的交通发展提供融资，引导社会资本积极参与交通基础设施建设。

（五）加强实施管理

建立综合交通规划管理制度。本规划纲要实施过程中要加强与国民经济和社会发展、国土空间、区域发展、流域等相关规划衔接，与城乡建设发展相统筹。各地在编制交通运输相关规划中,要与本规划纲要做好衔接,有关项目纳入国土空间规划和相关专项规划。交通运输部要会同有关部门加强本规划纲要实施动态监测与评估,组织开展交通强国建设试点工作,在通道、枢纽、技术创新、安全绿色低碳等方面科学论证并组织实施一批重大工程,强化本规划纲要实施进展统计与监测工作,定期开展规划评估,依据国家发展规划进行动态调整或修订。重大事项及时向党中央、国务院报告。

资料来源:中国政府网,http://www.gov.cn/zhengce/2021-02/24/content_5588654.htm。

案例思考

1. 解读《国家综合立体交通网规划纲要》"国家综合立体交通网主骨架"中"四极点、八组群、九组团"的含义。

2. 讨论"全球123快货物流圈"的实施对提升国际、国内物流效率的重要意义。

第 6 章 物流园区规划方法

学习目标

- 理解物流园区的含义、功能。
- 了解物流园区与物流基地、物流中心、配送中心之间的关系。
- 了解物流园区规划的影响因素与步骤。
- 了解物流园区规划包含的内容。
- 了解物流园区选址的影响因素和决策步骤。

开篇案例

《物流园区分类与规划基本要求》国家标准批准发布

2017年9月29日,国家标准化管理委员会发布2017年第23号公告,批准发布237项国家标准。其中包括全国物流标委会归口的《物流园区分类与规划基本要求》(GB/T 21334—2017)。该标准于2018年4月1日实施。

《物流园区分类与规划基本要求》是对2008版的《物流园区分类与基本要求》(GB/T 21334—2008)的修订。标准规定了物流园区的分类与规划要求,适用于对物流园区的界定以及物流园区的规划建设。

新修订的《物流园区分类与规划基本要求》国家标准按依托的物流资源和市场需求特征为主要原则,将物流园区分为货运服务型、生产服务型、商贸服务型、口岸服务型和综合服务型5个类型。

标准规定，物流园区规划的总体要求有：

(1) 物流园区的规划应结合国家和地方物流产业规划要求，以属地物流需求为导向，编制符合所在地城市总体规划、土地利用规划和交通设施规划的物流园区详细规划。

(2) 物流园区建设应做好各功能区规划，建设适合物流企业集聚的基础设施及配套设施。

(3) 物流园区建设应集约使用土地和发挥规模效益。单个物流园区总用地面积不小于 $0.5\ km^2$，物流运营面积比例应大于50%。物流园区所配套的行政办公、生活服务设施用地面积，占园区总用地面积的比例，货运服务型、生产服务型和口岸服务型不应大于10%，商贸服务型和综合服务型不应大于15%。

(4) 物流园区配套设施的规划建设应符合国家及所属地相关法规的规定。应遵循资源优化、布局合理、节能减排的原则，防止重复建设。

资料来源：中国物流与采购网, http://www.chinawuliu.com.cn/lhhzq/201710/12/325387.shtml。

案例思考

结合当地物流园区发展现状，谈谈该标准的发布实施的重要意义。

6.1 物流园区概述

6.1.1 物流园区的含义

物流园区（logistics park）是指由政府规划并由统一主体管理，为众多企业在此设立配送中心或区域配送中心等，提供专业物流基础设施和公共服务的物流产业集聚区。

不同国家对物流园区的称谓也不一样。

(1) 物流园区最早出现在日本东京，又称物流团地。

日本从1965年起在规划城市发展时，政府从城市整体利益出发，为解决城市功能紊乱，缓解城市交通拥挤，减轻产业对环境压力，保持产业凝聚力，顺应物流业发展趋势，实现货畅其流，在郊区或城乡边缘带、主要交通干道附近专辟用地，确定了若干集约运输、仓储、市场、信息、管理功能的物流团地，并通过逐步完善各项配套基础设施、服务设施，提供各种优惠政策，吸引大型物流（配送）中心在此聚集，使其获得规模效益，对于整合市场、实现降低物流成本经营起到了重大作用，同时减轻了大型配送中心在市中心分布所带来的种种不利影响，成为支撑日本现代经济的基础产业。

(2) 在欧洲，物流园区被称为货运村（freight village）。

货运村是指在一定区域范围内，所有有关商品运输、物流和配送的活动，包括国际和国内运输，通过各种经营者实现。这些经营者可能是建在那里的建筑和设施（仓库、存货区、办公场所、停车场等）的拥有者或租赁者。同时，为了遵守自由竞争的规则，一个货运村必须允许所有与上面陈述的业务活动关系密切的企业进入。一个货运村也必须具备所有公共设施以实现上面提及的所有运作。如果可能，它也应当包括对员工和使用者的设备的公共服务。为了鼓励商品搬运的多式联运，必须通过更适宜的多样性的运输模式（陆路、铁路、深海/深水港、内河、空运服务于一个货运村）。最后，一个货运村必须经由一个单一的主体经营，或者是公共的或者是私有的。

这个定义是由一个被称为"欧洲平台"的机构在1992年9月18日制定的。这个定义明确了以下几个内容。

1）在货运村内实现运输、物流和配送等所有业务活动——业务活动或范围。
2）经营者是物流及相关设施的拥有者和租赁者——所有者及经营者。
3）企业进入遵守自由竞争的原则——市场规则。
4）货运村必须具备所有的公共设施——基本或基础设施。
5）多样性的运输模式——多样化的运输方式。
6）一个单一的运营主体——运营主体。

（3）在国内，第一个物流园区是深圳平湖物流基地，始建于1998年12月1日。

国内第一次提出物流基地这个概念，叫作"建设物流事业基础的一个特定区域"，它的特征有三个：一是综合集约性；二是独立专业性；三是公共公益性。物流基地即从事专业物流产业，具有公共公益特性的相对集中的独立区域［在国家标准《物流术语》（GB/T 18354—2021）中，对"物流产业""物流行业"等概念没有做出定义］。

归纳目前的一些研究，我们认为一个物流园区应包括以下几个特征。

1）物流园区具有经济开发区的性质。
2）园区内吸引入驻的对象包括交通运输企业、物流服务商和物流密集型工贸企业。
3）与两种或两种以上的交通设施相连接，尤其是铁路与公路。
4）物流园区管理公司还应推动各方的合作，并作为中立的主持者为实现经济、生态和交通方面的既定目标做出贡献。

6.1.2 物流园区与物流基地、物流中心、配送中心的关系

当前，在我国学术界，物流园区与物流基地、物流中心、配送中心等多种形式的物流据点混用的现象十分普遍，这种情况不利于对包括物流园区在内的各种物流节点的深入研究。下面我们就对与物流园区容易混淆的几种物流据点进行粗略的介绍和辨析。

至于物流基地，经过相关研究，我们认为它和物流园区实际上是同一事物。在此就不多做阐述了。

关于物流中心，我国学术界一般将其相应地翻译成"logistics center"。在亚洲地区使用"logistics center"的情况多于欧美等发达国家，欧美国家经常使用的是"distribution center"，即我们平时所讲的配送中心，其主要原因是人们早期对配送的认识比对物流的认识要深刻。国家标准《物流术语》（GB/T 18354—2021）对物流中心做了如下定义：具有完善的物流设施及信息网络，可便捷地连接外部交通运输网络，物流功能健全，集聚辐射范围大，存储、吞吐能力强，为客户提供专业化公共物流服务的场所。

配送中心是具有完善的配送基础设施和信息网络，可便捷地连接对外交通运输网络，并向末端客户提供短距离、小批量、多批次配送服务的专业化配送场所。日本《物流手册》定

义"配送中心是从供应者手中接受多种大量的货物,进行倒装、分类、保管、流通加工和信息处理等作业,然后,按照众多需要者的订货要求备齐货物,以令人满意的服务水平进行配送的设施"。"配送中心是从事服务配备(集货、加工、分货、拣货、配货)和组织对用户的送货,以高水平实现销售或供应的现代流通设施。"据此看,配送中心属于物流中心的一种形式。

从定义我们可以看出,物流园区与物流中心之间无论在内涵还是外延都有重复之处,但它们之间又有着明显的区别。物流园区是物流中心发展到一定阶段的产物,是多个物流中心(至少两个)的空间集聚体。物流园区与物流中心的主要区别在于前者不一定是物流经营和管理的实体,而是多个物流经营企业或组织在空间上实现集中的场所;后者则是物流经营和管理的实体。从另外一个角度来看,物流中心直接参与了物流活动,而物流园区则主要是通过置身于其空间内部的物流中心或其他从事物流活动的组织来间接参与物流活动的。

6.1.3 物流园区分类和建设的基本要求

物流园区是重要的物流基础设施,也是我国现代物流业发展中出现的新生事物。目前,我国物流园区正在进入一个高速建设和蓬勃发展的关键时期,一些物流园区正在开始发挥集中基础设施、集聚物流资源、集约物流业务的作用,提高了物流运作的组织化和社会化程度,同时对物流园区的规划、建设提出了规范化和标准化的发展要求。另外,与经济发达国家或地区相比,我国物流园区起步晚、发展快,各类物流园区的规划背景、定位和软硬件水平差别较大,存在着"规划不合理、发展不规范"等突出问题:一方面,很难满足物流园区的产业集聚和成本集约的需求,经济运行中的物流成本居高不下;另一方面,物流园区定位不明、物流设施不配套、服务功能不健全的情况较为突出。根据这种情况,我们有必要对物流园区及其分类予以界定,对物流园区的现状和发展方向提出指导性标准,促进物流园区的规范发展,也从技术标准的层面上为政府主管部门对物流园区的规划和建设提供依据。

1. 物流园区的分类

参照《物流园区分类与规划基本要求》(GB/T 21334—2017),按依托的物流资源和市场需求特征为主要原则,将物流园区分为货运服务型、生产服务型、商贸服务型、口岸服务型和综合服务型 5 个类型。分类原则如下。

1)按依托的物流资源和市场需求特征为主要原则。
2)以某一服务对象为主要特征,将延伸服务合并为同一类型。
3)以物流园区服务功能为导向。

物流园区类型如下。

(1)货运服务型。

货运服务型物流园区应符合以下要求。

1)依托空运、水运或陆运节点(枢纽)而规划建设。
2)为大批量货物分拨、转运提供配套设施。

3）主要服务于区域性物流转运及运输方式的转换。

说明：空港物流园区主要依托机场，以空运、快运为主，衔接航空与公路转运。港口物流园区依托海港或河港，衔接水运、铁路、公路转运。陆港（公路港、铁路港）物流园区依托公路枢纽或铁路场站，衔接公路与铁路转运。

从货运服务型物流园区的要求可以看出，建设专门的运输枢纽型的物流园区，形成区域运输组织功能也是物流园区的重要类型之一。此类物流园区的主要功能是提供港口服务，水运、空运、铁路运输和公路运输的组织与服务。

(2) 生产服务型。

生产服务型物流园区应符合以下要求。

1）依托经济开发区、高新技术园区、工业园区等制造业集聚园区而规划建设。
2）为生产型企业提供一体化物流服务。
3）主要服务于生产企业物料供应、产品生产、销售和回收等。

此类物流园区功能定位明确，一般是行业聚集型物流园区，为其所锁定的行业提供专业物流服务，如汽车物流园区、塑料物流园区等。

(3) 商贸服务型。

商贸服务型物流园区应符合以下要求。

1）依托各类批发市场、专业市场等商品集散地而规划建设。
2）为商贸流通企业提供一体化物流服务及配套商务服务。
3）主要服务于商贸流通业商品集散。

商贸物流园区在功能上主要是为所在区域或特定商品的贸易活动创造集中交易和区域运输城市配送服务条件。从总体上分析，商贸流通物流园区基本位于传统、优势商品集散地，对扩大交易规模和降低交易成本有着重要作用。

(4) 口岸服务型。

口岸服务型物流园区应符合以下要求。

1）依托对外开放的海港、空港、陆港及海关特殊监管区域及场所而规划建设。
2）为国际贸易企业提供国际物流综合服务。
3）主要服务于进出口货物的报关、报检、仓储、国际采购、分销和配送、国际中转、国际转口贸易、商品展示等。

口岸服务型示范物流园区具备进出口货物转运、集散功能，服务于全球贸易、营销网络的物流支撑体系，满足国际贸易企业物流需求。

(5) 综合服务型。

具备上述两种及两种以上服务功能的物流园区。

综合物流园区是物流园区兼具区域物流组织、商贸流通、运输枢纽和为工业生产进行配套等多种功能，但这种综合不一定是所有功能的综合，往往是上述诸多功能的不同组合。

另外，还有根据功能、作用等进行分类的方法。例如，根据物流园区的功能，可以把物流园区划分为自用型物流园区、定向服务型物流园区、陆路交通枢纽型物流园区、产业聚集型物流园区、功能提升型物流园区、综合服务型物流园区等。

2. 物流园区建设的基本要求

(1) 规划与评审。

物流园区的规划应结合国家物流产业规划要求,根据所属地物流产业导向,根据城市总体规划、用地规划和交通设施规划等进行选址,编制符合所属地城市总体规划和土地利用规划的物流园区详细规划,并通过规划评审。

物流园区建设应做好各功能区的规划,建设适合物流企业集聚的基础及配套设施,引导区域内物流企业向物流园区聚集。物流园区建设应加强土地集约使用和发挥规模效益,物流园区的规模不小于 1 千米^2,货运服务型和生产服务型物流园区所配套的行政办公、商业及生活服务设施用地面积应不大于园区总用地面积的 10%,商贸服务型和综合服务型应不大于 30%。

(2) 交通影响评价与规划。

物流园区建设应开展项目对区域内各类交通设施的供应与需求的影响分析,评价其对周围交通环境的影响,包括建设项目中交通对各相关交通系统设施的影响等,应分析其交通需求与路网容纳能力是否匹配,并对交通规划方案进行评价和检验。

物流园区建设应按交通影响评价的要求,采取有效措施,提出减小建设项目对周围道路交通影响的改进方案和措施,处理好建设项目内部交通与外部交通的衔接,提出相应的交通管理措施。

物流园区应建有能满足入驻企业活动所需的由主要道路、次要道路和辅助道路构成的道路系统,其主要道路、次要道路应纳入城市道路系统统一规划建设。

物流园区应建立与国家现有的建筑标志系统、设施标志系统、机动车路标系统以及步行道标志系统的设计相衔接的园区标志系统。

(3) 环境影响评价与建设。

物流园区规划与建设应进行环境影响评价,并按环境影响评价的要求,采取有效措施,减少环境污染,保护环境。

物流园区应建立与其规模相适应的环境保护和监管系统,并定期开展环境质量监测活动。

物流园区的环境空气应达到《环境空气质量标准》(GB 3095—2012) 2018 年修改单中的二级标准。

物流园区装卸作业区环境噪声应达到《水运工程环境保护设计规范》(JTS 149—2018) 中装卸作业库场标准,非装卸作业区环境噪声应符合《工厂企业厂界环境噪声排放标准》(GB 12348—2008) 中规定的Ⅳ类标准。

物流园区应规划环卫设施,组织收集入驻企业产生的废弃物,并委托有资质的经营单位进行收集和处理。

鼓励物流园区的入驻企业通过我国环境管理体系认证,认证标准为 GB/T 24001—2016。

(4) 基础设施建设。

物流园区应配套建设与园区相适应的电力、供排水、通信、道路、消防和防洪等基础设施，并纳入城市基础设施建设的总体规划，与城市基础设施相衔接。

物流园区基础设施的建设，应遵循"一次规划、分步实施、资源优化、合理配置"的原则，防止重复建设，以降低基础设施的配套成本。

物流园区各种基础设施的地下管线敷设，应符合《城市工程管线综合规划规范》（GB 50289—2016）要求。

物流园区应提供满足入驻企业正常生产经营活动需要的电力设施，并根据所属地电网规划的要求，建设符合《城市电力规划规范》（GB 50293—2014）和《供配电系统设计规范》（GB 50052—2009）要求的电力设施和内部应急供电系统。

物流园区应遵守节约用水的原则，提供满足入驻企业的供水设施，并编制符合《城市给水工程规划规范》（GB 50282—2016）规定要求的用水规划；应建设完善的排水设施，编制符合《城市排水工程规划规范》（GB 50318—2017）规定要求的排水规划，并与所属城市总体规划相适宜。

物流园区如需进行供热设施建设，应符合《城镇供热管网设计标准》（CJJ 34—2022）的规定要求；如需进行燃气设施建设，应符合《城镇燃气设计规范（2020版）》（GB 50028—2006）的规定要求。

物流园区应统一建设消防设施和防洪除涝设施。其消防设施工程应由具有消防工程施工资质的单位建设，各类建筑的建设应符合《建筑设计防火规范（2018年版）》（GB 50016—2014）的要求；物流园区内各种防洪除涝设施的建设应符合国家及所属地相关法律和规章的规定。

物流园区应为工商、税务、运管、检验检疫等政府服务机构的进驻提供条件，并逐步完善"政府一站式服务"的功能。

物流园区应为银行、保险、中介、餐饮、住宿、汽配汽修等各项支持服务机构的进入提供相应的配套设施，并为入驻企业提供必要的商业服务。

（5）信息化设施建设。

物流园区应建设具有基础通信平台、门户网站、信息管理平台、电子服务平台以及信息安全等功能的信息化设施。

物流园区应为入驻企业提供具有数据通信、固定电话、移动通信和有线电视等方面的基础功能的基础通信设施。

物流园区应逐步建设具有对外宣传、电子政务、电子商务、信息服务、园区信息管理等功能一体化的门户网站，能为园区内企业提供物流公共信息；设有保税物流中心的物流园区，应建设符合海关监管要求的计算机管理系统。

6.1.4 物流园区的主要功能

物流园区是集停车、配载、仓储保管、中转和衔接、加工、配送、信息服务等功能于一身，具有高科技、高效率特征的新型货物集散中心。不同性质、不同规模、不同类型的物流园区的功能也是不同的。一般来说，物流园区具有以下功能。

1. 基本功能

物流园区的基本功能包括以下几种。

（1）停车。

物流园区中有现代化的停车场。现代化停车场的特征是环境优美整洁，实行信息化管理，可提供安全可靠、方便、高效、低成本的服务。

（2）配载。

从人工无序、不安全、高费用、低效率的现状逐步实现计算机优化配载。

（3）仓储保管。

物流园区可以发挥仓库的集中储存保管功能，通过与企业建立供应链联盟，还可以为企业提供集中库存功能和相应的调节功能，从而减少客户对仓库设施的投资和占用。应按照物流园区所在地的实际物流需求，相应地建造普通仓库、标准仓库、专用仓库，甚至建立自动化立体仓库（如医药、电子、汽车等）。

（4）中转和衔接。

作为现代化的物流节点，物流园区对多种运输方式的有效衔接是其最基本的功能之一。其主要表现在公路、铁路、水路、航空等多种不同运输形式的有效衔接上。

提供中转服务也是物流园区的基本功能之一，特别是对于枢纽型的物流园区，这一功能更为重要。由于物流园区的特殊性，它们大都建在交通枢纽，是国家与国家、地区与地区、城市与城市商品运输的节点和中转地，大批量的货物从这里中转流通，所以说物流园区具有明显的中转功能。

通过与不同等级物流节点的有效衔接，再通过中转，将本地运往其他地区的货物集零为整组织发运，将其他地区进入本地的部分货物化整为零组织运转，完成货物的集散作业；开展货物分拨、集装箱中转、集装箱拼装拆箱等业务。

（5）加工。

物流园区并不是一个简单的只提供单纯中转、物资集散、配送等功能的物流节点，还为各方面的用户提供加工服务，以增加商品的价值。其内容主要包括商品的包装、整理、加固、换装、改装，条形码的印制、粘贴等。

（6）配送。

配送是一种现代流通方式，集经营、服务、社会集中库存、分拣、装卸、搬运于一身，通过配货、送货形式最终完成社会物流活动。对物流园区而言，既可以由入驻企业自己实现配送功能，也可以通过引进第三方物流企业来实现这一功能。

（7）信息服务。

物流园区作为一种现代化的物流节点，高科技和高效率是其基本特征。它可以通过各种高科技手段，高效率地向各需求方提供包括交易信息、仓储信息、运输信息、市场信息等信息咨询服务。物流园区也是物流信息的汇集地，能够提供订货、储存、加工、运输、销售的服务信息，以及客户需要的物流服务相关信息；物流园区还可以通过物流作业信息，控制相关的物流过程，实施集成化管理。同时，可以进行物流状态查询、物流过程跟踪、物流要素信息记录与分析，建立物流客户关系管理、物流决策支持、物流公共信息平台等，还可以根据物流园区货物的流通数量、品种、出入园区频度、货物来源、去向等信息和数据，综合分析出国内外市场销售状况、动态和趋势，了解进出口贸易和商品流通等情况。

2. 延伸服务功能

物流园区的延伸服务功能包括以下几种。

（1）货物调剂中心。

物流园区利用资源优势，可有效地处理库存物资与开办新产品展示会。

（2）物流技术开发与系统设计咨询。

吸引相关物流高科技企业进驻园区，利用园区物流企业密集的资源优势，发展物流软件开发与物流设施设备的技术开发，形成第四方物流利润增长点。

（3）物流咨询培训服务。

利用物流园区运作的成功经验及相关的物流发展资讯优势，吸引物流咨询企业进驻发展。利用高校、科研企业、政府多方合作的优势，开展物流人才培训业务。

3. 配套服务功能

物流园区的配套服务功能包括以下几种。

（1）车辆辅助服务，如加油、检修、培训、配件供应等。

（2）金融配套服务，如银行、保险、证券等。

（3）生活配套服务，如住宿、餐饮、娱乐、购物、旅游等。

（4）工商、税务、海关等服务。

物流园区是物流组织活动相对集中的区域，在外在形态上不同园区有相似之处，但是物流的组织功能因园区的地理位置、服务地区的经济和产业结构以及企业的物流组织内容和形式、区位交通运输地位及条件等存在较大不同或差异。因此，物流园区的功能不应有统一的界定。同时，由于物流园区种类较多，在物流网络系统中的地位和作用也不尽相同。因此，每个物流园区的功能集合也不尽相同，某些物流园区可能只具备上述部分服务功能。

6.2 物流园区规划的系统分析

6.2.1 影响物流园区规划的主要因素

物流园区往往位于物流通集中的城市地区，是一个投资大、回收期长的项目，因此在项目立项、功能定位、园区选址、规划与设计等方面均需充分论证，以确保物流园区建成后的正常运作，从而取得较好的经济效益，并发挥其应有的社会效益。一般来说，在物流园区规划之初，需要从以下几个方面对其进行分析评价，它们是影响物流园区规划的主要因素。

1. 区位条件

区位条件是区域物流园区建设必须具备的基本经济地理位置条件。从区域经济和区域物流系统层次分析，区域物流园区与区域物流活动必须紧密相关，符合区域物流的经济地理位置要求，即区域物流园区的建设需要满足全区域物流运作成本与效率的要求，以及基础设施布局及规模要与物流运作的现状和发展相适应的要求。因此，区域物流园区需要有良好的经济地理条件，以利于低成本、高效率地开展物流服务。

从区位角度来看，规划中的物流园区系统应尽量选择靠近服务区域经济发展较好的中心位置，物流基础设施的位置也应选择区域内经济中心城市、商品集散地、工农业生产基地和重要的消费市场，充分利用经济中心城市的经济优势和物流组织条件，为未来物流系统的建设和运行提供服务需求与服务运作支持。

从城市角度来看，物流园区的布局主要应该考虑以下一些因素或具有以下特征。

（1）位于城市边缘。

物流园区应尽量远离交通拥挤、人口密集和人类活动比较集中的城市中心区，这既是物流园区产生的直接原因，又是城市可持续发展的必然要求。

（2）靠近交通主干道出入口。

公路是配送中心供、配货的主要货运方式，靠近交通便捷的主干道进出口便成为物流园区区位选择的主要考虑因素之一。

（3）追求较低的地价区位。

物流园区一般占地面积较大，地价的高低对其区位的选择有重要影响。

（4）数量充足、素质较高的劳动力条件。

物流园区的建设，将许多大规模的配送中心聚集在一起，需要一定数量和较高素质的劳动力处理设备，从而保障现代化的运作。因此，拥有一定数量和素质较高的劳动力也就成为影响物流园区区位选择的重要因素。

（5）靠近交通枢纽，良好的可达性。

在选址时应当尽量紧临港口、机场、铁路编组站，周围有高速公路网，园区内最好有两种以上运输方式相连。这样既能保证有充足的物流需求，又能解决好在这些枢纽内的货物转运问题。

2. 区域经济发展条件

以中心城市为核心构筑的区域物流系统，与区域经济发展相互依存，是区域经济专业化分工与协作在空间上的反映。区域经济系统内部及区域间存在的经济发展空间差异与互补性是区域物流产生的最直接原因。

对规划所在的区域及其中心城市的综合经济实力、产业结构与规模进行深入分析，是规划目标未来实现的重要保证。同时，区域现代物流园区及其物流系统在建设和发展过程中，将会涉及包括市场环境、商务环境、政策环境、科技环境等一系列区域社会发展条件问题，这其中既需要政府在宏观层次上对管理体制、市场培育、物流基础设施规划建设、物流存量资产整合等问题发挥作用，也需要在运作层次上对区域城市化与中心城市现代化进程问题进行较为深入的研究。

3. 运作基础条件

物流运作基础条件是形成物流园区物流能力的基础设施支持条件，包括交通运输、仓储、信息、包装以及流通加工、外贸通关等方面的综合性物流资源条件。要具体分析的方面包括综合运输体系的布局、分工、配合的合理性和协调性，仓储管理的市郊性以及现有信息系统的通畅性、可靠性和易用性等，以对未来建设与发展重点做出明确规划。这些基础条件包括交通运输基础设施、仓储设施、信息技术基础设施等。

4. 服务水平条件

物流系统服务水平条件主要指由其所提供的物流服务的方便性、可靠性、快速性以及物流成本的合理性，具体体现为规划地区范围内多方面的物流服务需求的满足程度。其表现在运输、仓储、流通加工等各环节的作业效率，库存控制的合理程度，订货、出货、配送的渠道畅通保证度，物流运作可靠性水准，以及对物流过程中的突发情况与个性化服务要求，做出迅速快捷反应的弹性和柔性。

除了上述几个影响因素外，区域物流需求是影响物流园区规划最重要的因素。我们在第5章已经做了专门分析，在此不再叙述。

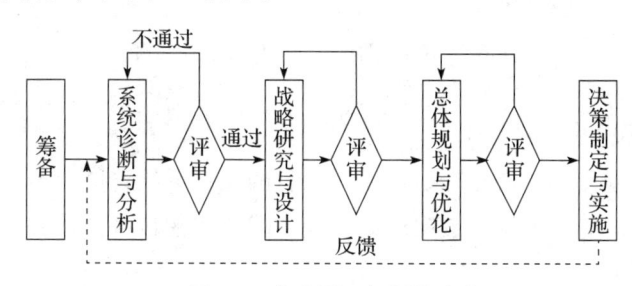

6.2.2 物流园区规划的步骤⊖

物流园区规划总体模型是对物流园区规划工作过程的总体描述。以工作的时间为主线，可把物流园区规划工作划分为筹备、系统诊断与分析、战略研究与设计、总体规划与优化、决策制定与实施5个阶段，如图6-1所示。

图6-1 物流园区规划的步骤

1. 筹备阶段

筹备阶段是整个物流园区规划的起点，主要为规划做好相关准备工作，包括工程规划、理论准备、物资准备，设立组织领导机构，明确指导思想和基本原则，完成模型构思、系统状态描述，划分时空边界，确立课题等。

2. 系统诊断与分析阶段

系统分析是物流园区规划的基础和关键。其主要作用是：①系统分析作为一种决策工具，其主要目的在于为决策者提供直接判断和决定最优方案的信息与资料。②系统分析把研究对象视为系统，以系统的整体最优化为工作目标，强调科学的推理步骤，使所研究物流系统中各种问题的分析均能符合逻辑的原则和事物的发展规律，而不是凭主观臆断和单纯经

⊖ 本小节内容选自中国物流学会网站《物流园区发展报告》。

验。③系统分析应用数学的基本知识和优化理论，使各种可行方案的比较，不仅有定性的描述，而且基本上都能做半定量或定量评价；对无法进行定量描述的因素，则运用直觉、判断及经验加以考虑和衡量。因此，通过系统分析，决策的科学性有较强的保障。④系统分析使待建设物流园区在一定的条件下能充分挖掘潜力，做到人尽其才，物尽其用。

通俗而言，系统诊断与分析阶段的工作就是要找问题、找制约、找根源、找优势、找潜力，以便对系统进行整改，为战略研究（目标选择）、规划创造条件。本阶段一般采取定性与定量相结合的分析方法，建立模型并不断反馈、修改、完善，对问题的认识从广度、深度上逐渐展开，透过现象发现本质，保证系统诊断的科学性和准确性。本阶段工作步骤如图 6-2 所示。

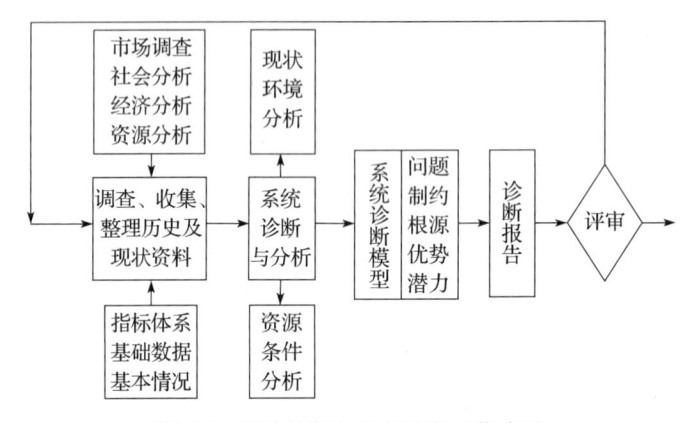

图 6-2 系统诊断与分析阶段工作步骤

3. 战略研究与设计阶段

战略研究是系统规划的首要工作，本阶段的目的是在系统论断与分析的基础上，运用战略的理论、系统工程的分析方法，提出组织发展的战略思想以及战略目标、重点、步骤和措施，为规划工作指明方向。

战略研究要特别注意三方面工作。一是系统预测工作。预测结果直接指导目标设计，预测结果的科学性对组织设定的战略目标是否科学合理——既可实现又具有挑战性有直接影响，因此预测工作要建立预测模型群，尽可能做到以定量分析为主。二是目标论证工作。确定目标比执行目标更重要，确定战略目标是战略研究的核心。战略目标不仅要体现发展的需要，还应考虑目标实现的可能。目标论证过程一般要充分考虑影响目标的各种因素，确定几个关键因素设定指标（指标要给出一定的弹性），形成几套方案，供领导层决策选择。三是发展模型研究工作。确定发展模型首先要深入研究组织的战略思想、战略目标、战略重点和战略步骤，并在此基础上，采用层次分析法（AHP）等进行研究，把问题、目标层次化，分析确定最佳发展模式。

本阶段工作步骤如图 6-3 所示。

4. 总体规划与优化阶段

总体规划与优化是在系统诊断与分析和战略研究的基础上，对系统的发展模式做总体的

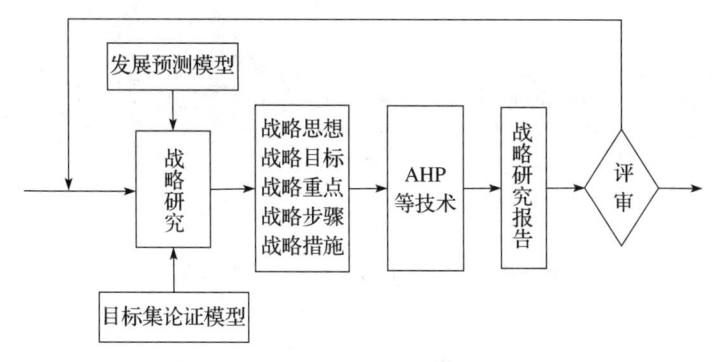

图 6-3 战略研究与设计阶段工作步骤

规划与设计及优化,包括系统的总体方案设计、子系统设计、重点项目设计等。在进一步综合优化的基础上,提出总体规划报告。

总体规划要坚持总体性原则,运用多目标、多方案、多途径的方法,求得整体最优化规划方案,并注意各子系统的互相协调和综合平衡。在诊断、分析过程中,部门与总体无明确的先后关系,通常是部门诊断在前,总体诊断在部门诊断和模型分析的基础上进行。总体诊断完成后,部门又应通过总体分析的结果,修正部门的诊断分析。在研究发展战略过程中,一般是先提出总体发展战略,各部门根据总体发展战略制定部门发展战略。在规划与设计过程中,部门规划与总体规划几乎是同时进行的,总体与部门在不断互相反馈过程中形成总体优化、部门协调的规划方案。

本阶段工作步骤如图 6-4 所示。

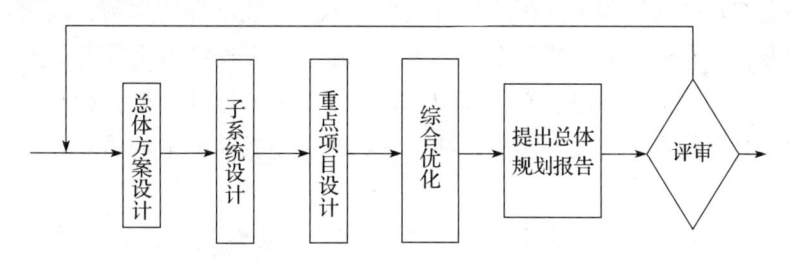

图 6-4 总体规划与优化阶段工作步骤

5. 决策制定与实施阶段

本阶段的主要工作是对上一阶段规划与设计的多个方案进行综合评价,通过设立多个评价指标进行量化比较,分析各方面期望效能以及可能带来的不良后果,从中选择较优方案作为优选方案,完成规划决策。

方案确定后,要做好方案的组织实施工作。一般应形成较系统的规划文本,制作相关图表,制订实施计划和方案实施的保障措施。在方案实施前,要对方案的规划指标进行分解,使之分解成各部门的目标和各发展阶段的目标,并明确完成时限。

本阶段工作步骤如图 6-5 所示。

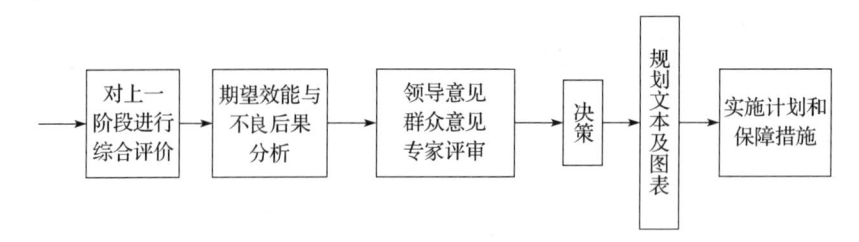

图 6-5　决策制定与实施阶段工作步骤

6.3　物流园区规划与设计的主要内容

6.3.1　物流园区类型的选择与功能定位

综合考虑现有的各项条件因素，因地制宜地对物流园区未来发展进行类型、功能、规模等的定位，确定物流园区发展目的是规划的起点。对物流园区功能和类型的定位可依据以下几点。

（1）对园区现有软硬件环境的分析评价。
（2）对园区建设的各类条件和要素的分析评价。
（3）对园区乃至区域整个物流业发展大势的预测。
（4）政府对区域物流园区的发展目标的定位。
（5）对区域物流规模、物流市场等的现状分析与发展预测。

另外，根据客户的物流需求和预测分析及物流服务功能互补的原则，确定入驻物流园区的各类物流企业，如仓储企业、货代企业、运输企业、第三方物流企业等的数量、规模。在确定入驻物流园区的物流企业时，必须详细考察物流企业的服务功能，相互间尽量做到专业化和互补性的结合，提高设施的利用率，减少在物流设施及装备上的重复投入，还可防止相互间在低层次上进行竞争。

根据统一规划、远近结合、经济合理、方便客户、货畅其流等布局原则，考虑货物品种、数量及储存特性与园区配套的附属设施，设计物流园区内各类企业的空间布局及相关的公共服务设施和货运通道的布局，提出几个功能布局方案。在物流园区的规划布局方案设计中，还必须研究与园区配套的货运通道的建设方案，确保货畅其流。物流园区的功能布局方案的经济评价分析主要针对物流园区提高物流运作效率，促进园区内物流企业之间的相互合作，提高公共物流设施利用的方便性、客户进区后的方便程度、园区空间利用率等方面。最终根据物流园区功能布局方案评价的结果，确定物流园区的最佳功能布局方案。

6.3.2　物流园区的选址

物流园区选址是指在一个具有若干供应点及若干需求点的经济区域内选一个地址设置物流园区的规划过程。较佳的物流园区选址方案是使商品通过物流园区的汇集、中转、分发，直到输送到需求点的全过程达到效益最好。物流园区拥有众多的建筑物、构筑物以及固定机械设备，一旦建成很难搬迁。如果选址不当，投资方将付出长远代价。因此，物流园区的选址是物流园区规划中至关重要的环节。

6.3.3 物流园区规模的确定

不同的地理位置、服务范围、货物种类以及政府的指导思想会产生不同规模的物流园区。物流园区规模设计包括用地面积以及园区内具体硬件设施的配置等。一般来说，物流园区规模的确定应依据以下原则。

1. 与区域社会经济发展相适应的原则

物流园区规模确定以客观分析物流现状和未来发展趋势为依据，同城市和区域经济发展相适应。用社会各行业的统计数据，对物流现状和未来发展进行定量、定性分析与预测，分析不同空间范围、不同功能类型的物流量，有助于对物流的分布及流量和结构有客观的认识，从而为确定物流园区规模提供可靠依据。

2. 与市场需求相协调的原则

市场需求的大小直接决定了物流园区的规模。通过对需求层次和结构进行分析，可以确定相应类别的功能设施及规模。

3. 内部和外部系统性原则

物流园区规模的确定要坚持对内部的功能区进行合理的系统优化布局，在布局合理的前提下应结构紧凑，尽量减少土地占用。同时，根据服务的经济区域内运输、配送距离、产品结构和货物种类所决定物流园区与物流（配送）中心的总数来确定最佳的物流园区规模。

4. 适度超前原则

物流园区为投资较大的基础设施建设项目，一旦建成很难变动，因此应该具有一定的超前性。在具体规划时应该杜绝因为过于保守造成用地不足，从而无法实现预期资源整合的目的的行为。同时要避免任何盲目的、与实际脱节的超前所带来的浪费。物流园区规模确定的程序应是一个动态的规划过程，即经过不断的信息反馈和修正，利用定性与定量相结合的方法，充分考虑各方因素，最终得出结果。

6.3.4 物流园区的基础设施建设

物流园区的基础设施包括交通基础设施、通信设施、市政设施及环境设施等。物流园区的基础设施是物流企业生产运作的实体平台，建设中既要保证其内部运作要求，又要保持与区域物流基础设施建设的衔接。

1. 交通基础设施

交通基础设施建设要充分考虑到路网的通达性、道路的等级性、道路容量即货运的时效性等。需要依托物流基础设施，积极发展多式联运、集装箱运输、城市配送等各种运输方式，并努力降低社会综合运输成本，提高运输的可靠性和效率，提高各种运输方式对物流基础设施的支持能力。首先要重视基础设施的铁路运输功能的建设，形成铁路与公路运输的有机衔接，形成"公—铁"两种运输方式在干线运输和区域运输、城市配送上的分工与配合；其次，依托港口和机场，形成与不同物流需求相适应的运输组织和服务模式；最后，加快公路的快运、零担、集装箱运输的发展，为物流基础设施在区域中的物流组织功能提供效率与服务模式选择。

2. 通信设施

通信设施包括互联网络、固定电话、移动通信和有线电视等基础通信设施，是物流园区与外界进行信息交换的重要保证。

3. 市政设施

市政设施包括供水、供电、排污、排洪、照明等基础生产生活设施，以保证物流园区的正常生产生活。

4. 环境设施

物流园区集中了大量的物流企业和运输车辆，使园区的环境面临诸多不利影响。注重环境设施的建设，注重物流园区的可持续发展，在物流园区建立大型污染处理设施势在必行。另外，在规划园区用地时，应注意预留绿化带用地，优化园区的生产生活环境。

6.3.5 物流园区的功能规划

物流园区是物流系统的重要组成部分，是组织各种物流活动、完成物流功能、提供物流服务的重要场所，其合理布局不但对降低物流企业的成本，提高物流企业的物流效率，改善物流企业的服务水平具有重要作用，而且对提高社会物流效率，降低全社会物流成本，发展社会经济，改善人民生活水平也具有重要意义。因此，建设适应物流企业发展的物流园区，不但有利于企业物流资源的有效整合，发挥企业整体优势，实现物流一体化经营，提高物流经营的规模效益，而且有助于整个社会的物流合理化。

物流园区系统的整体效率依赖系统的各组成部分有机配合与协调。因此，对于各组成部分的功能规划，应从物流园区整体系统出发，强调各组成部分之间的功能协调，使各组成部分既合理分工，又相互联系，形成一个有序的整体，以实现园区的总体效率最大化。基于现代物流的新意在于系统整合的概念，物流园区功能规划应遵循以下原则。

1. 系统集成一体化

系统化是物流的核心，系统化要求系统各元素间的协调、配合，注重系统的整体效应，而不是个体效应。因此，在构筑物流系统功能时，一方面，应考虑各组成部分的个体效应，在各组成部分中，每一个功能只是完成物流过程中某一环节的特定功能，这种特定功能并不是独立活动；另一方面，应考虑整个园区的整体效应，在整个园区中，各组成部分并不是完全独立地完成某些活动，而是与其他组成部分相互协作，共同完成某些功能。因此，各功能、各组成部分必须协调、衔接，实现物流功能的一体化、集成化，才能有利于物流系统综合功能的协调发挥，保证物流系统各环节的无缝链接。

2. 分期实施

物流园区的建设是一个长期过程，尤其是大型物流园区的建设，投资大、时间跨度大，因此对于物流园区的功能规划，应分期制定规划目标。

3. 近期强调资源的有效利用

在对现有物流资源整合、利用的基础上，构筑各组成部分的系统功能，充分发挥现有资源的优势。

4. 远期强调功能、资源的优化配置

结合城市发展规划、物流发展趋势、物流园区布局理论，通过土地置换、系统整合，逐步调整园区的空间用地布局和功能配置组合，最终形成空间布局合理、资源和功能配置优化、各组成部分相互协调的综合性物流园区。

5. 符合现代物流发展需要

在由传统物流进入现代物流的过程中，物流的功能不断得到发展、完善和提升。根据现代物流发展趋势，构筑系统功能。

6. 高起点、高水平要求

中国物流业正处于由传统物流向现代物流转化的转型期。因此，在规划系统功能时，不能仅仅局限于转型期的过渡、改良，应立足于现代物流发展需要的战略高度来规划系统功能。

7. 具有良好的可调整性

物流园区的建设时间跨度大，且物流系统一般始终处于动态发展中，物流系统的功能随着物流系统自身的发展与物流需求的变化而不断变化、延伸、提升。因此，在规划系统功能时，应充分考虑物流系统的动态发展过程。

8. 符合经济性与适应性的要求

与可能的投资规模相适应，与本来的物流服务和发展需求相适应，与该地区物流特点、进驻企业特点相适应。

9. 有助于培育物流核心企业联盟

在构筑物流系统功能时，考虑主要物流企业的核心能力，使这些企业进驻物流园区后，通过全方位的功能整合，形成协同工作的物流企业群体，构筑现代物流企业集团军。

10. 有助于培育物流龙头企业

物流业的发展离不开物流龙头企业的带动，物流园区可以积极为物流企业的发展营造一个良好的环境，促进物流龙头企业的快速成长，以推进现代物流产业快速发展。

11. 具有良好的可操作性

物流园区的功能规划，既不能教条地硬套物流理论、原则，也不能照搬国外的建设模式，而应该在物流理论原理的指导下，结合具体实情，规划具有实践意义的方案。

6.3.6 物流园区设施布局规划与设计

物流园区包含多种基本业务功能，各种功能的组合形成多种功能分区，如仓储中心、加工中心、配送中心、物流中心、公铁联运中心、公路集散中心、港铁联运中心等，为完成各种功能，各功能分区需要布局完成各种作业的设施设备。为优化物流园区的作业流程，提高物流园区的作业效率，物流园区的场地分配、设施设备布局必须满足易于管理、提高经济效益、对作业量的变化和物品形状变化能灵活适应等要求。

一般来说，物流园区内部设施布局规划与设计流程如下。

（1）严格功能区需求分析。

根据物流园区的功能，确定功能分区设施布局及其完成的物流活动。

（2）确定物流活动线路图。

根据物流活动特点及相关增值服务要求等，确定物流活动线路图，及时响应作业流程。

（3）确定货物流动和设施配置图。

根据物流园区的总体占地、前期的功能和运输线路分析等，确定货物流动方向和物流设施配置图。根据物流活动要求确定设施设备的配置数量、类别等。

（4）评价设计方案。

用相应的定性和定量方法对设计方案进行评价及修改。

（5）实施设计方案。

具体实施修改完善后的设计方案。

6.3.7 信息平台规划

物流信息平台是指运用计算机和现代通信技术构筑一个虚拟开放的物流网络平台，利用网络技术连接供应链各节点企业，使用信息软件对物流的运输、仓储、包装、流通加工、配送各个环节产生的信息集中处理、发布和交易。信息技术是实现信息平台的构建及其功能的技术手段。

基于物流系统运行的基本要求，在物流园区的规划中，应将物流系统信息平台作为园区建设的重点，包括对物流信息的收集、加工、传递、存储、处理、发布、优化等一系列作业过程的规划与设计，以及相应物流信息技术手段和方法设计等。物流园区信息平台的建设目标是实现物流园区的计算机管理；为物流园区的物流企业提供物流基础信息和交易信息；实现物流信息的共享和交换，达到物流交易的信息化；以最少的费用实现物流资源的最佳配置，完善物流系统的运行。

物流园区信息平台应该具有如下功能。

（1）对货物和车辆进行实时跟踪，保证货物的安全和准时性。

（2）对服务客户的需求做出快速响应，协同政府相关管理部门的工作。

（3）对社会分散的储运资源合理优化配置，提供货源信息。

（4）为园区内部企业提供部分信息共享的功能，是信息收集、储存、处理、传递的中心,同时与外部信息平台对接。

对物流信息平台规划建设应遵循适度超前、分步实施、实用性强的原则。在对物流园区的信息平台进行规划时,除考虑与当地政府共用信息平台的连接外,还应充分考虑园区内的一些特殊企业(如外资企业等)对时效性、零库存及其将物流功能外包的要求。对物流园区信息平台的总体规划,需要确定各功能模块的详细功能及开发次序,如可优先开发仓储管理、货物跟踪查询、配送管理、车辆调度、订单管理、财务结算等模块。另外,还要研究信息平台建设策略,明确信息平台开发主体,制定分期实施规划等。

6.3.8 物流园区的管理组织设计

一般来说,物流园区管理的主要职能包括组织编制园区物流发展规划中长期计划和年度计划,并组织实施;组织进行现代物流理论和政策研究、宣传推广,组织进行物流人才培养、培训;负责制定园区总体布局规划,并组织和监督实施,组织和监督园区基础设施建设;负责全园区物流企业的行业管理;组织编制联合运输计划,协调解决运输中的重大问题,负责协调各种运输方式的联运、重要物资和商品的紧急调运以及各类站、场的货物集散与疏运工作;负责全园区企业自备车辆的统筹协调工作。一个设计、管理得好的物流园区可以使高层管理者通过高效的运作判断现有经营活动的获利性,及时发现尚未控制的领域,有效地配置企业资源,评价管理者的业绩。

物流园区的组织是关联性组织,其经营与管理的目的在于怎样最好地组织物流过程。物流管理组织形成的基本条件是如何明确业务范围、如何进行业务分工以及如何实现物流管理的统一化。基于这一条件,设计物流管理组织首先要有系统观念。物流管理的系统观念就是要立足于物流任务的整体,综合考虑各个要素、各部门关系,围绕共同的目的建立组织机构,对组织机构中的全体成员指定职位,明确职责,交流信息并协调其工作,达到物流管理组织的合理化,使该组织在实现既定目标中获得最大效率。在物流管理组织的建立过程中,应该从具体情况出发,根据物流系统管理的总体需要,体现统一指挥、分级管理原则,体现专业职能管理部门合理分工、密切合作原则,使其成为一个有秩序、高效率的物流管理组织体系。

物流管理的组织职能是以一定的组织结构形式来体现的。组织结构形式是物流组织各个部分及其与整个企业经营组织之间关系的一种模式。由于受到成长背景、行业特征、信息化水平、企业规模等各种因素的影响,各个公司的物流组织结构千变万化,物流活动的规模和水平也相差很大,一般可分为功能集合型组织结构、功能独立型组织结构、一体化组织结构、非专业型物流组织结构、直线型物流组织结构、事业部式组织结构、流程型组织模式、整合型组织模式等。

6.4 物流园区选址规划

6.4.1 物流园区选址原则

随着国民经济的发展,社会物流量不断增长,要求相应的物流园区及网点与之相适应。

进行物流园区的建设必须有一个总体规划，就是从空间和时间上，对物流园区的建设、改建和扩建进行全面系统的规划。规划的合理与否对物流园区的设计、施工和应用，对其作业质量、安全、作业效率和保证供应，对节省投资和运营费用等，都会产生直接和深远的影响。

物流园区选址问题是一个宏观战略的问题，广泛地存在于物流系统的各个层面。选址的基本原则包括以下几个方面。

1. 经济合理性

物流园区选址要为物流企业发展提供有利空间，能否吸引物流企业是决定物流园区规划成败的关键。在物流园区选址和确定用地规模时，必须以物流现状分析和预测为依据，按服务空间范围的大小综合考虑影响物流园区选址的各种因素，然后选择最佳地点，确定最佳规模。

2. 与地区及城市总体规划相一致

物流园区的选址应与国家以及省市的经济发展方针、政策相适应，与我国物流资源和需求分布相适应，与国民经济和社会发展相适应，以城市的总体规划和布局为蓝本，顺应城市产业结构调整和空间布局的变化需要，与城市功能定位和远景发展目标相协调。

3. 城市边缘地带，靠近货物转运枢纽

缓解城市交通压力、减轻物流对环境的不利影响是物流园区建设的目的之一。要使占地规模较大、噪声污染严重、对周围景观具有破坏性的物流园区尽量远离交通拥挤、人口密集和人类活动比较集中的城市中心区。

4. 靠近交通主干道出入口，对外交通便捷

物流园区内必然有大量货物集散，靠近交通便捷的主干道进出口便成为物流园区选址的主要考虑因素之一。

5. 利用现有的基础设施，周围有足够的发展空间

为了减少成本，避免重复建设，应优先考虑将现有仓储区、货场改建为适应现代物流业发展的物流园区；物流业的发展与当地的产业结构、工业布局密切相关，物流园区的选址要为相关的工业企业发展留有余地。

6.4.2 选址的影响因素和决策步骤

1. 选址的影响因素

（1）自然因素。

1）气象条件。物流园区选址过程中，主要考虑的气象条件有温度、风力、无霜期、冻土深度、年平均蒸发量等指标。如选址时要避开风口，因为大风会加速露天堆放商品的老化。

2）地质条件。物流园区是大量商品的集结地，某些质量很大的建筑材料堆起来会对地面造成很大的压力。如果物流园区地面以下存在着淤泥层、松土层等不良地质条件，会在受压地段造成沉陷和翻浆等严重后果。为此，物流园区选址要求土壤要有足够的承载力。

3）水文条件。物流园区选址需要远离容易泛滥的河川流域与地下水上溢的区域，要认真考察近年来的水文资料，地下水位不能过高，洪泛区、内涝区、古河道、干河滩等区域禁止选择。

4）地形条件。物流园区应该选择地势较高、地形平坦之处，且应具有适当的面积与外形，若选在完全平坦的地形上是最理想的。其次可选择稍有坡度或起伏的地方，对于山区陡坡地区则应完全避开，在外形上可以选择长方形，不宜选择狭长或不规则形状。

（2）社会环境。

1）交通管理。选址位置应该有利于改善城市交通管理，能有效缓解物流对城市交通的压力。

2）城市规划。选址位置应该与城市发展规划相一致，符合城市规划用地要求。

3）周边状况。由于物流园区是火灾重点防护单位，故不宜设在易散发火种的工业设施（如木材加工厂）附近，也不宜选在居民住宅区附近。应尽可能减轻对城市居民出行、生活等的干扰，并消除或减轻噪声。

（3）生态环境因素。

物流园区的选址需要考虑保护自然环境与人文环境等因素，尽可能降低对城市生活的干扰，特别是对于大型转运枢纽，应适当设置在远离市中心区的地方，使大城市交通环境状况能够得到改善，城市的生态建设得到维持和发展。

1）国土资源利用。物流园区选址应贯彻节约用地、充分利用国土资源的原则。物流园区一般占地面积较大，周围还需留有足够的发展空间，为此地价的高低对选址有重要的影响。此外，物流园区的选址还要兼顾区域和城市规划用地的其他要求。

2）大气污染。物流园区选址应尽量降低对城市大气的污染。

3）生态景观。物流园区选址应对环境生态景观影响小，并要求有一定的绿化覆盖率。

（4）经营环境因素。

1）政策环境。物流园区所在地的优惠物流产业政策对物流企业的经济效益将产生主要影响。

2）商品特性。经营不同类型商品的物流园区最好能分布在不同区域，如生产服务型物流园区的选址应与产业结构、产品结构、工业布局紧密结合起来进行考虑。

3）物流费用。物流费用是物流园区选址的重要考虑因素之一。大多数物流园区选择接近物流服务需求地，例如接近大中型工业、商业区，以便缩短运输距离，降低运费等物流费用。

4）服务水平。在现代物流运作过程中，能否实现准时运送是评价物流园区服务水平高低的重要指标。因此，在物流园区选址时，应保证客户可在任何时候向物流园区提出物流需求，并且都能获得快速满意的服务。

5）客户的分布。物流园区选址时首先要考虑的就是所服务客户的分布。对于零售商型物流园区，其主要客户是超市和零售店，这些客户大部分分布在人口密集的地方或大城市。因此，物流园区为了提高服务水准及降低配送成本，多建在城市边缘接近客户分布的地区。

6) 供应商的分布。物流园区的选址也应该考虑供应商的分布。因为物流的商品全部是由供应商所供应的，如果物流园区接近供应商，则其商品的安全库存就可以控制在较低的水平。但是因为我国的一般进货输送成本是由供应商负担的，因此有时不重视此因素。

7) 人力资源条件。在仓储配送作业中，最主要的资源需求为人力资源。由于一般物流作业仍属于劳动力密集的作业形态，在物流园区内部必须要有足够的作业人力，因此在决定物流园区选址时必须考虑作业人员的来源、技术水准、工作习惯、工资水准等因素。

人力资源的评估条件有附近人口、上班交通状况、薪资水准等几项。如果物流园区的选址位置附近人口不多且交通不方便，则基层的作业人员不容易招募；如果附近地区的薪资水准太高，也会影响到基层作业人员的招募。

（5）基础设施状况。

1) 交通条件。交通条件是影响物流的配送成本及效率的重要因素之一，交通运输的不便利将直接影响车辆配送的进行。选址时必须考虑对外交通的运输通道以及未来交通与邻近地区的发展状况等因素。考核交通方便程度的指标包括高速公路、国道、铁路、港口等。一般物流园区应尽量选择在交通方便的高速公路、国道及快速道路附近的地方。

2) 公共设施状况。物流园区的所在地要求城市的道路、通信等公共设施齐备，有充足的供电、水、热、燃气的能力，园区周围地方要有污水、固体废物处理能力。

3) 现有物流设施。物流园区要能与现有物流设施兼容。

2. 物流园区选址的程序和步骤

在进行物流园区选址时，具体来说有以下几个步骤。

（1）选址约束条件分析。

物流园区选址时，首先要明确建立物流园区的必要性、目的和意义。然后根据物流系统的现状进行分析，制订物流系统的基本计划，确定所需了解的基本条件，以便大大缩小选址的范围。

1) 需要条件。包括了解物流园区的服务对象、客户现在的分布情况及未来情况的预测、货物作业量的增长率及服务区域的范围。

2) 运输条件。物流园区应靠近铁路货运站、港口和公共卡车终点站等运输节点，同时也应该靠近运输者的办公地点。

3) 配送服务的条件。向客户报告到货时间、发送额度的要求，以及根据供货时间计算的从客户到物流园区的距离和物流园区的服务范围。

4) 用地条件。需要确定是用现有的土地还是重新取得地皮，如果重新取得地皮，那么应清楚地价有多高，地价允许范围内的用地分布情况等。

5) 法规制度。物流园区选址应明确针对指定用地区域的法律规定。

6) 流通职能条件。明确商流职能是否要与物流职能分开，物流园区是否要附有流通加工的职能，如果需要，要不要限定物流园区的选址范围。

7) 其他。不同的物流类别有不同的特殊需要，如为了保持货物质量的冷冻和保温设施、防止公害设施或危险品保管设施，对物流园区选址都有特殊要求。

（2）收集整理资料。

选择地址的方法一般是通过成本计算，也就是将运输费用、配送费用及物流设施费用模型化，根据约束条件及目标函数建立数学公式，从中寻求费用最小的方案。但是，采用这种选择方法寻求最优的地址解时，必须对业务量和费用进行正确的分析与判断。

1）掌握业务量。选址时，应掌握的业务量包括如下内容：工厂到物流园区之间的运输量、向客户提供服务的货物数量、物流园区保管的数量、服务路线上的业务量。由于这些数量在不同时期会有种种波动，因此要对所有的数据进行研究。另外，除了对现状的各项数据进行分析外，还必须确定设施使用后的预测数值。

2）掌握费用。选址时，应掌握的费用有：工厂至物流园区的运输费，物流园区到客户之间的服务费，与设施、土地有关的费用及人工费和业务费等。

3）其他。在地图上标示客户的位置、现有设施的配置方位及工厂的位置，并整理各候选地址的服务路线及距离等资料；对必备车辆数、作业人员数、装卸方式、装卸机械费用等，要与成本分析结合起来考虑。

（3）地址筛选。

在对所取得的上述资料进行充分的整理和分析，考虑各种因素影响并对需求进行预测后，就可以初步确定选址范围，即确定初始候选地址。

（4）定量分析。

针对不同情况选用不同的模型进行计算，得出结果。

（5）结果评价。

结合市场适应性、购置土地条件、服务质量等，对计算所得结果进行分析评价，看其是否有现实意义及可行性如何。

（6）检验。

分析其他影响因素对计算结果的相对影响程度，分别赋予它们一定的权重，采用如加权法对计算结果进行复查。

在选择物流园区地址时，需要从整体上进行平衡和分析，既考虑宏观又兼顾微观，最终加以确定。

本章小结

物流园区是指在物流作业集中的地区，在几种运输方式的衔接地，将多种物流设施和不同类型的物流企业在空间上集中布局的场所，也是一个有一定规模的和具有多种服务功能的物流企业的集节点。物流园区是集停车、配载、配送、存储、运输、装卸、加工等功能于一身，具有高科技、高效率特征的新型货物集散中心。根据物流园区的依托对象将物流园区划分为货运服务型、生产服务型、商贸服务型和综合服务型四种。

影响物流园区规划的主要因素有：区位条件、区域经济发展条件、运作基础条件和服务水平条件。物流园区规划与设计的主要内容包括：物流园区类型的选择与功能定位、物流园区的选址、物流园区规模的确定、物流园区的基础设施建设、物流园区的功能规划、物流园区设施布局规划与设计、信息平台规划等。

物流园区选址是指在一个具有若干供应点及若干需求点的经济区域内选一个地址设置物流园区的规划过程。物流园区选址问题主要是一个宏观战略的问题，其基本原则包括以下几个方面：经济合理性；与地区及城市总体规划相一致；城市边缘地带，靠近货物转运枢纽；靠近交通主干道出入口，对外交通便捷；利用现有的基础设施，周围有足够的发展空间。物流园区选址的程序和步骤包括：选址约束条件分析、收集整理资料、地址筛选、定量分析、结果评价、检验。

复习思考题

1. 物流园区一般分为哪几种类型？
2. 简述物流园区的功能。
3. 简述物流园区规划的基本步骤。
4. 物流园区规划有哪些主要内容？
5. 物流园区选址的基本原则有哪些？
6. 影响物流园区选址的因素有哪些？
7. 简述物流园区选址的决策步骤。

案例分析

物流园区分类与规划基本要求（GB/T 21334—2017）

本标准由全国物流标准化技术委员会（SAC/TC 269）提出并归口。

本标准起草单位：上海市质量和标准化研究院、中国物流与采购联合会物流园区专业委员会、同济大学、传化公路港物流有限公司、上海市物流协会、冶金工业规划研究院、宝供物流企业集团有限公司、深圳市凯东源现代物流股份有限公司、临沂市义兰物流信息科技有限公司。

本标准主要起草人：晏绍庆、马娜、路欢欢、姜超峰、张晓东、孙有望、孙焰、黄萍、齐为、韩志雄、陈震、王晓燕、顾小昱、徐开兵。

注：本标准由中华人民共和国国家质量监督检验检疫总局㊀、中国国家标准化管理委员会于 2017 年 9 月 29 日发布，2018 年 4 月 1 日实施。

1 范围

本标准规定了物流园区的分类与规划要求。

本标准适用于对物流园区的界定以及物流园区的规划建设。

2 规范性引用文件

下列文件对于本文件的应用是必不可少的。凡是注日期的引用文件，仅注日期的版本适用于本文件。凡是不注日期的引用文件，其最新版本（包括所有的修改单）适用于本文件。

GB/T 18354　物流术语

GB/T 30334—2013　物流园区服务规范及评估指标

㊀ 2018 年 3 月更名为国家市场监督管理总局。

GB 50016　建筑设计防火规范
GB 50028　城镇燃气设计规范
GB 50052　供配电系统设计规范
GB 50282　城市给水工程规划规范
GB 50289　城市工程管线综合规划规范
GB/T 50293　城市电力规划规范
GB 50318　城市排水工程规划规范

3 术语和定义

GB/T 18354 和 GB/T 30334—2013 界定的术语和定义适用于本文件。为了便于使用，以下重复列出 GB/T 18354 和 GB/T 30334—2013 中的某些术语和定义。

3.1 物流园区 logistics park

为了实现物流设施集约化和物流运作共同化，按照城市空间合理布局的要求，集中建设并由统一主体管理，为众多企业提供物流基础设施和公共服务的物流产业集聚区。

注：改写 GB 18354—2006，定义 2.15。

3.2 物流公共信息平台 logistics information platforms

基于计算机通信网络技术，提供物流信息、技术、设备等资源共享服务的信息平台。

[GB/T 18354—2006，定义 5.37]

3.3 物流服务 logistics service

为满足客户需求所实施的一系列物流活动过程及其产生的结果。

[GB/T 18354—2006，定义 2.7]

3.4 物流企业 logistics enterprise

从事物流基本功能范围内的物流业务设计及系统运作，具有与自身业务相适应的信息管理系统，实行独立核算、独立承担民事责任的经济组织。

[GB/T 18354—2006，定义 2.16]

3.5 物流设施 logistics facilities

具备物流相关功能和提供物流服务的场所。

[GB/T 18354—2006，定义 2.10]

3.6 一体化物流服务 integrated logistics service

根据客户需求所提供的多功能、全过程的物流服务。

[GB/T 18354—2006，定义 2.8]

3.7 国际物流 international logistics

跨越不同国家（地区）之间的物流活动。

[GB/T 18354—2006，定义 2.30]

3.8 物流运营面积 logistics operation area

物流园区内除了生活配套和商务配套用地外的物流设施和物流作业用地面积，包括码头、铁路装卸线、道路、仓库、堆场、雨棚、流通加工场所、货车停车场、装卸搬运场地、信息服务用地等。

[GB/T 30334—2013，定义 3.3]

4 物流园区分类
4.1 分类原则
分类原则如下：
a) 按依托的物流资源和市场需求特征为主要原则；
b) 以某一服务对象为主要特征，将延伸服务合并为同一类型；
c) 以物流园区服务功能为导向。

4.2 物流园区类型
4.2.1 货运服务型
货运服务型物流园区应符合以下要求：
a) 依托空运、水运或陆运节点（枢纽）而规划建设；
b) 为大批量货物分拨、转运提供配套设施；
c) 主要服务于区域性物流转运及运输方式的转换。

注1：空港物流园区主要依托机场，以空运、快运为主，衔接航空与公路转运。
注2：港口物流园区依托海港或河港，衔接水运、铁路、公路转运。
注3：陆港（公路港、铁路港）物流园区依托公路枢纽或铁路场站，衔接公路与铁路转运。

4.2.2 生产服务型
生产服务型物流园区应符合以下要求：
a) 依托经济开发区、高新技术园区、工业园区等制造业集聚园区而规划建设；
b) 为生产型企业提供一体化物流服务；
c) 主要服务于生产企业物料供应、产品生产、销售和回收等。

4.2.3 商贸服务型
商贸服务型物流园区应符合以下要求：
a) 依托各类批发市场、专业市场等商品集散地而规划建设；
b) 为商贸流通企业提供一体化物流服务及配套商务服务；
c) 主要服务于商贸流通业商品集散。

4.2.4 口岸服务型
口岸服务型物流园区应符合以下要求：
a) 依托对外开放的海港、空港、陆港及海关特殊监管区域及场所而规划建设；
b) 为国际贸易企业提供国际物流综合服务；
c) 主要服务于进出口货物的报关、报检、仓储、国际采购、分销和配送、国际中转、国际转口贸易、商品展示等。

4.2.5 综合服务型
具备上述两种及两种以上服务功能的物流园区。

5 物流园区规划要求
5.1 总体要求
5.1.1 物流园区的规划应结合国家和地方物流产业规划要求，以属地物流需求为导向，编制符合所在地城市总体规划、土地利用规划和交通设施规划的物流园区详细规划。

5.1.2 物流园区建设应做好各功能区规划,建设适合物流企业集聚的基础设施及配套设施。

5.1.3 物流园区建设应集约使用土地和发挥规模效益。单个物流园区总用地面积宜不小于 $0.5\ km^2$,物流运营面积比例应大于50%。物流园区所配套的行政办公、生活服务设施用地面积,占园区总用地面积的比例,货运服务型、生产服务型和口岸服务型不应大于10%,商贸服务型和综合服务型不应大于15%。

5.1.4 物流园区配套设施的规划建设应符合国家及所属地相关法规的规定,应遵循资源优化、布局合理、节能减排的原则,防止重复建设。

5.2 交通规划要求

5.2.1 物流园区交通连接方式应符合表1的要求,宜具备多式联运条件。

表1 物流园区交通连接方式

连接方式要求	说明
具备两种以上(含两种)运输方式或毗邻两条以上(含两条)高速公路、国道	1. 物流园区内有铁路装卸线或物流园区与铁路货运场站的距离在5 km以内,认定物流园区具备铁路运输条件 2. 物流园区内有码头或物流园区与码头的距离在5 km以内,认定物流园区具备水路运输条件 3. 物流园区与机场的距离在5 km以内,认定物流园区具备航空运输条件 4. 物流园区出入口与高速公路出入口的距离在5 km以内,认定物流园区具备毗邻高速公路的条件

注:参考GB/T 30334—2013表1的要求。

5.2.2 物流园区建设应开展区域交通影响与分析,具体内容包括但不限于:
——物流园区对周围交通环境的影响;
——因物流园区而衍生的交通量对周边交通设施的影响;
——物流园区交通需求与路网容纳能力的匹配分析。

5.2.3 应对物流园区的交通规划方案进行评价和检验,根据评价和检验结果,提出减少建设项目对周围道路交通影响的改进方案和措施,保证建设项目内部交通与外部交通的衔接。

5.2.4 物流园区内应建设主要道路、次要道路和辅助道路构成的道路系统,其主要道路应与城市道路系统规划相衔接。

5.2.5 物流园区内应规划并建设有与国家现有的建筑标识系统、设施标识系统、机动车路标系统以及步行道标识系统设计相衔接的园区标识系统。

5.3 配套设施规划要求

5.3.1 物流园区应配套规划建设与园区产业发展相适应的电力、给排水、通信、道路、消防和防汛等基础设施,并纳入城市基础设施建设的总体规划,应与城市基础设施相衔接。

5.3.2 物流园区应规划建设有能满足入驻企业正常生产经营活动需要的电力设施,应根据所属地电网规划的要求,建设符合GB/T 50293和GB 50052要求的电力设施和内部应急供电系统。

5.3.3 物流园区应遵守节约用水的原则,规划建设有能满足入驻企业的供水设施,并编制符合GB 50282规定要求的用水规划;应规划建设完善的排水设施,编制符合GB 50318规定要求的排水规划,并与所属城市总体规划相适宜。

5.3.4 物流园区如需规划建设燃气设施,应符合 GB 50028 的规定要求。

5.3.5 物流园区应统一规划建设消防设施和防汛除涝设施,各类建筑的建设应符合 GB 50016 的要求。

5.3.6 物流园区规划的各种基础设施地下管线的敷设,应符合 GB 50289 的要求。

5.3.7 物流园区应规划建设有满足入驻企业进驻条件,具备政务、商务、生活服务等服务设施。

5.4 信息化规划要求

5.4.1 物流园区应规划建设具有基础通信设施和信息交换、电子服务等基础信息化设施。

5.4.2 物流园区应规划建设公共信息平台或接入其他物流公共信息平台,具有对外宣传、电子政务、电子商务、数据统计、辅助决策等增值服务功能。

5.5 环境保护规划要求

5.5.1 物流园区规划与建设应考虑绿色环保和节能的要求,符合环境保护和环境评价等相关国家法律法规的要求,并进行环境影响评价。

5.5.2 物流园区应规划建设环卫设施,建立与其规模相适应的环境保护和监管系统。

案例思考

1. 《标准》划分的 5 个类型物流园区,其市场需求分别具有什么特征?
2. 《标准》"5.5 环境保护规划要求",在物流园区规划时应如何体现?

第 7 章

物流配送中心规划与设计

|学习目标|

- 掌握物流配送中心的功能和分类。
- 了解物流配送中心规划与设计的流程。
- 了解物流配送中心的选址原则、考虑因素和程序。
- 了解物流配送中心规模确定的方法。
- 了解物流配送中心功能区布局规划。

|开篇案例|

京东上海"亚洲一号":智能化电商物流中心的成功实践

京东上海"亚洲一号"作为国内最大、最先进的电商物流中心之一,向人们展示了京东在自建物流领域的核心竞争力。该物流中心于 2014 年正式投入使用。通过先进的硬件设备和自主开发的软件系统,物流中心实现了高度自动化和智能化运营。

在硬件方面,京东上海"亚洲一号"配备了自动化立体仓库(AS/RS)、自动分拣机等先进设备。自动入库运输机能够实现托盘货物的自动出入库,堆垛机实现了托盘货物的自动存货、取货和补货。在立体仓库的拣货区,实现了自动补货和拣选货物后的自动输送。此外,自动分拣机的分拣准确率能达到 99.99% 以上。

在软件方面,京东上海"亚洲一号"采用了京东公司自主开发的仓库管理、控制、分拣和配送信息系统。整个系统由京东公司总集成,实现了物流中心各个环节的协同运作和数据流的高效管理。目前，超过90%的操作已实现自动化，进一步提升了物流中心的运营效率和配送准确性。

京东上海"亚洲一号"作为京东的旗舰工程和"秘密武器"，为京东提供了独特的竞争优势。通过高度自动化的物流设备和智能化的软件系统，京东能够实现订单的高速处理和准时配送，为客户提供卓越的购物体验。物流中心的成功实践为其他电商企业树立了榜样，推动了整个行业的发展和升级。

资料来源：根据网络资料整理编写。

案例思考

1. 京东上海"亚洲一号"物流中心有什么特点？
2. 请你结合有关知识讨论物流配送中心的功能和作用。

7.1 物流配送中心概述

7.1.1 配送中心的概念

中华人民共和国国家标准《物流术语》（GB/T 18354—2021）给配送中心（distribution center）下的定义是：具有完善的配送基础设施和信息网络，可便捷地连接对外交通运输网络，并向末端客户提供短距离、小批量、多批次配送服务的专业化配送场所。

物流配送中心是综合性、地域性、大批量的物资实现物理位移的集中地，它把商流、物流、信息流和资金流融为一体，成为产销企业之间的中介。配送中心则是以组织配送性销售或供应，执行实物配送为主要职能的流通型节点。在配送中心中，为了能做好送货的编组准备，需要开展零星集货、批量进货等种种资源搜集工作和对货物的分拣、配备等工作，因此配送中心也具有集货中心、分货中心的职能。为了更有效地、更高水平地实现配送，配送中心往往还有比较强的流通加工能力。此外，配送中心还必须执行货物配备后送达客户的使命，这是和分货中心只管分货不管运达的重要不同之处。由此可见，如果说集货中心、分货中心、加工中心的职能还是较为单一，那么配送中心的功能则较全面、完整，也可以说配送中心实际上是集货中心、分货中心、加工中心功能的综合，它将"配"与"送"有机结合。这样，配送中心作为物流配送中心的一种主要形式，有时便和物流配送中心等同起来了。综上所述，凡从事大规模、多功能物流活动的场所在本书中统称为物流配送中心。

7.1.2 物流配送中心的功能

一般地讲，物流配送中心的功能主要包括以下几方面。

1. 集货发货功能

这一功能就是指将分散的、小批量的货物集中起来，便于集中处理的功能。集货发货功能要求物流配送中心一般具有实现长短途两种运输方式货物交换的平台和工具，如码头、站台、库房、吊车、传送设施、分拣设备等。

2. 储存功能

储存功能主要在于保存商品的使用价值，减少自然损耗，更重要的是保证生产企业的连续不间断生产和满足消费者的需求，以免引起因货物断档而造成的市场恐慌。任何时候，储存功能的蓄水池作用都是存在的。

3. 分拣功能

根据客户对多种货物的需求和运输配载的需求，将所需货物从储存货物中挑选出来，以便集中配货。

4. 加工包装功能

物流配送中心根据客户需要，将材料进行简单加工，方便客户的运输和精加工。这种加工在金属材料的剪切、弯折等项目上较为普遍。包装功能是将散货改为有包装货物，以及实现大改小、小并大等各项工作。

5. 配送功能

物流配送中心应根据客户需求，将货物按时按量送至客户。配送的核心是"配"，既有配货的含义，也有配载的含义。可以为同一客户配送多品种、多规格的货物，也可以是一台车次为不同客户配送一种或多种货物。

6. 商品展示与贸易功能

在日本及其他发达国家的物流配送中心里，还具备商品展示与贸易功能。东京和平岛物流配送中心就专门设立了商品展示和贸易大楼。这也是物流配送中心向高级阶段发展的必然趋势，因为货物只有被卖出去才能有价值。

7. 信息功能

由于多种功能齐聚在物流配送中心，因此物流配送中心必然会成为信息中心，货物到达、分发、装卸、搬运、储存保管、销售、客户、价格、运输工具及运行时间等各种信息在这里交汇、收集、整理和发布。

8. 增值服务功能

为了进一步挖掘第三利润源泉，延伸物流系统作用范围，提高竞争力，物流配送中心具有更多的增值服务功能。

（1）结算功能。

不仅仅是物流费用的结算，在从事代理、配送的情况下，物流配送中心还要替货主向收货人结算货款等。

（2）物流系统设计咨询功能。

为企业设计物流系统，协助企业选择与评价供货商、分销商以及物流服务供应商，开展"第四方物流"。

（3）物流教育与培训功能。

向客户提供物流教育和培训服务，提高企业的物流管理水平，培养客户与物流配送中心经营者的认同感。

（4）需求预测功能。

物流配送中心通过进出货信息预测市场对商品的需求，供生产企业参考。

（5）其他服务功能。

如报关、代理征税、协助订货、销售、提供售后服务、运输生产服务、生活服务等。

7.1.3 物流配送中心的分类

根据不同的分类方式，物流配送中心可以分为不同的类别。

1. 从隶属关系角度分类

（1）生产企业自办的物流配送中心。

这类物流配送中心一般由规模较大的跨国公司出资兴建，其目的是将本公司生产的产品进行实体分配。在发达国家，这类物流配送中心数量比较多。例如德国林德公司所建的物流配送中心，建筑面积为 12 000 米^2，主要从事林德产品的零部件维修服务。可以预见，尽管第三方物流日渐被人们接受，大企业的自办物流也不会消亡，因为这种物流配送中心有本企业产品的支持。

（2）商业企业自办的物流配送中心。

有的专家将这种物流配送中心细分为批发商的物流配送中心和零售商的物流配送中心，其实完全可以归结为商业企业物流配送中心，这类物流配送中心有的从事原材料、燃料、辅助材料的流转，有的从事大型超市、连锁店的产品配送，如沃尔玛、麦德龙、家乐福、易初莲花等大型零售企业自办的物流配送中心。这种物流配送中心的辐射半径为 150~200 千米。

（3）仓储、运输企业设立的物流配送中心。

仓储企业天然可以成为物流配送中心，因为它是物流的节点，拥有土地、库房、站点和装卸设备，功能的扩展使它演变成物流配送中心。运输企业设立物流配送中心，是因为它需要物流节点以整理、配载、换载货物，达到扩大功能、节约物流成本的目的。这里运输业务是主营业务，保管、分拣业务成了延伸业务。由此推及，轮船公司、邮政部门、铁路运营公司、机场及航空运输企业都可拥有自己的物流配送中心。

（4）社会化的物流配送中心。

这种物流配送中心往往为中小工商企业服务，或为物流公司服务。此类物流配送中心或由政府出资，或由众多企业集资建成。该类物流配送中心拥有公共使用的装卸货平台、设备、设施，拥有可以分割产权或分割成单元的库房。

2. 根据作业特点分类

（1）流通型物流配送中心。

这是一种基本上没有长期储存功能，仅以暂存或随进随出的方式进行配货、送货的物流配送中心。这种物流配送中心的典型作业方式是，大量货物整进并按一定批量零出，采用大型分货机。进货时直接进入分货机传送带，分送到各用户货位或直接分送到配送汽车上，货物在物流配送中心里仅做短暂停留。

（2）加工配送型物流配送中心。

加工配送型物流配送中心以加工产品为主，因此，在其物流配送作业流程中，储存作业和加工作业居主导地位。由于流通加工多为单品种、大批量产品的加工作业，并且是按照用户的要求安排的，因此对于加工配送型的物流配送中心，虽然进货量比较大，但是分类、分拣工作量并不太大。此外，因为加工的产品品种较少，所以一般都不单独设立拣选、配货等环节。通常，加工好的产品可直接运到按用户户头划定的货位区内，并且要进行包装、配货。

（3）批量转换型物流配送中心。

一般情况下，批量转换型物流配送中心主要以随进随出方式进行分拣、配货和送货，产品以单一品种、大批量方式进货，在物流配送中心转换成小批量，商品在物流配送中心仅做短暂停留。

3. 根据服务区域分类

（1）城市物流配送中心。城市物流配送中心是以城市区域为配送范围的物流配送中心。由于城市范围一般处于汽车运输的经济里程内，这种物流配送中心可直接配送到最终用户，且常常采用汽车进行配送，所以这种物流配送中心往往和零售经营相结合。由于运距短、反应能力强，因而从事多品种、少批量、多用户的配送较有优势。我国已建的北京市食品配送中心即属于这种类型。

（2）区域物流配送中心。区域物流配送中心是以较强的辐射能力和库存准备，向省（州）际、全国乃至国际范围的用户配送的物流配送中心。这种物流配送中心规模较大，一般而言，用户较多，配送批量也较大，而且往往是配送给下一级的城市物流配送中心，也配送给营业场所、商店、批发商和企业用户，虽然也从事零星的配送，但不是主体形式。这种类型的物流配送中心在国外十分普遍，《国外物资管理》杂志曾介绍过的阪神配送中心、美国马特公司的配送中心、蒙克斯帕配送中心等就属于这种类型。

4. 根据货物的流向分类

（1）供应物流配送中心。供应物流配送中心是专门为某个或某些用户（例如联营商店、联合公司）组织供应的物流配送中心。例如，为大型连锁超级市场组织供应的物流配送中心；代替零件加工厂送货的零件物流配送中心，可使零件加工厂对装配厂的供应合理化。我国上海地区六家造船厂的钢板配送中心就属于供应物流配送中心。

（2）销售物流配送中心。销售物流配送中心是以销售经营为目的，以配送为手段的物流配送中心。销售物流配送中心大体有三种类型：第一种是生产企业为本身产品直接销售给消费者而设立的物流配送中心，在国外，这种类型的配送中心有很多；第二种是流通企业作为本身经营的一种方式，建立物流配送中心以扩大销售，我国目前拟建的物流配送中心大多属于这种类型，国外的例证也有很多；第三种是流通企业和生产企业联合的协作性物流配送中心。比较起来，国外和我国的发展趋势都向以销售物流配送中心为主的方向发展。

5. 根据服务的适应性分类

（1）专业物流配送中心。专业物流配送中心大体上有两个含义：一是配送对象、配送技术属于某一专业范畴，在某一专业范畴有一定的综合性，可以综合这一专业的多种物资进行配送，例如多数制造业的销售配送中心；二是以配送为专业化职能，基本不从事经营类服务。

（2）柔性物流配送中心。柔性物流配送中心在某种程度上是和第二种专业物流配送中心相对立的物流配送中心。这种物流配送中心不向固定化、专业化方向发展，而向能随时变化、对用户的要求适应性强、不固定供需关系、不断发展配送用户并改变配送用户的方向发展。

6. 根据配送货物种类分类

根据配送货物种类不同，也可将物流配送中心分为食品物流配送中心、日用品物流配送中心、医药品物流配送中心、化妆品物流配送中心、家电产品物流配送中心、电子产品物流配送中心、书籍产品物流配送中心、服饰产品物流配送中心、汽车零件物流配送中心等。

7.1.4 物流配送中心规划与设计的主要内容

物流配送中心规划与设计是一项系统工程，包括设施选址、物流功能规划与设计、物流设施规划与设计、信息系统规划与设计、运营系统规划与设计等多方面内容。

1. 设施选址

物流配送中心位置的选择，将显著影响实际营运的效率与成本，以及仓储规模的扩充与发展。物流配送中心拥有众多建筑物以及固定机械设备，一旦建成很难搬迁，如果选址不当，将付出长远代价。

2. 物流功能规划与设计

物流功能规划与设计将物流配送中心作为一个整体的物流系统，依据确定的目标，实现一般物流功能和其他特色功能。物流配送中心的功能规划首先需要对配送中心的运输、配送、保管、包装、装卸、搬运、流通加工、物流信息等功能要素进行分析，然后综合物流需求的形式、发展战略等因素选择物流配送中心应该具备的功能和功能分区等。

3. 物流设施规划与设计

物流配送中心的设施是保证配送中心正常运作的必要条件。物流设施规划与设计涉及建筑形式、空间布局、设备安置等多方面问题，需要运用系统分析的方法求得整体优化，最大限度地减少物料搬运，简化作业流程，创造良好、舒适的工作环境。物流设施规划与设计一般包括原有设施分析、设施内部布局、设施选型规划、公用设施规划等。

4. 信息系统规划与设计

信息化、网络化、自动化是物流配送中心的发展趋势，因而信息系统规划与设计是物流配送中心规划与设计的重要组成部分。信息系统规划与设计一般包括网络平台架构及内部的信息管理系统分析与设计。在规划与设计中，既要考虑满足物流配送中心内部作业的要求，有助于提高物流作业的效率，又要考虑与物流配送中心外部的信息系统相连接，方便及时获取和处理各种信息。

5. 运营系统规划与设计

运营系统规划与设计的内容包括作业程序与标准，管理方法和各项规章制度，对各种票据的处理和各种作业指示图，设备的维修制度和系统异常事故的处理对策设计等。

物流配送中心规划与设计包括新建物流配送中心的规划与设计和对原有物流企业或企业的物流部门向物流配送中心转型的改造规划与设计。如表7-1所示，不同的规划与设计对象在规则目的、规划重点、规划内容等方面都存在着一定差异。

表 7-1 新建、改造物流配送中心规划与设计内容比较

类型	新建		改造
	单个	多个	
委托方	新型企业、跨国企业等		多为传统物流企业
规划目的	较高的起点、较高的标准、较低的成本	成为企业、区域新的经济增长点	实现从传统物流设施向现代物流配送中心的转变
规划重点	物流配送中心选址及功能布局	物流系统构造及节点布局	充分利用现有设施，进行企业作业流程及组织重组
规划内容	设施选址 物流功能 作业流程 物流设施 信息系统	物流功能 物流系统 信息系统 网络网点布局 物流设施	企业发展战略 物流功能 作业流程 物流设施

7.1.5 物流配送中心规划与设计流程

在借鉴传统的系统规划与设计方法的基础上，结合物流配送中心的特点，并参考国内外的研究成果，物流配送中心规划与设计流程如图7-1所示。

物流配送中心规划与设计流程主要可分为四个阶段，分别是准备阶段、总体规划阶段、详细设计阶段和实施阶段。

（1）准备阶段。

首先，必须明确物流配送中心规划的目标，以利于有针对性地收集资料和分析规划需求，并确定规划与设计的限制条件。

（2）总体规划阶段。

进行物流配送中心的功能、设施、区域平面布置和信息系统规划与设计，包括作业功能需求规划、信息系统规划、功能区布局规划、物流设施设备的规划与设计、周边设施规划与设计、方案评估与选择等。

（3）详细设计阶段。

对经过评估选定的方案进行详细设计，主要确定各设施设备的详细设计内容，并结合设

施设备的特性对各区域面积进行详细规划。若局部调整难以满足规划与设计需要，需回到总体规划阶段调整区域的平面布置。完成详细布置设计之后，进行管理组织机构、作业的详细规划与设计，并完成成本分析和效益评估。

（4）实施阶段。

完成各项成本及效益评估分析后，如果决定设立物流配送中心，即可进入实施阶段。在运营过程中，根据企业的运营情况，对设计方案进行必要改进与完善。

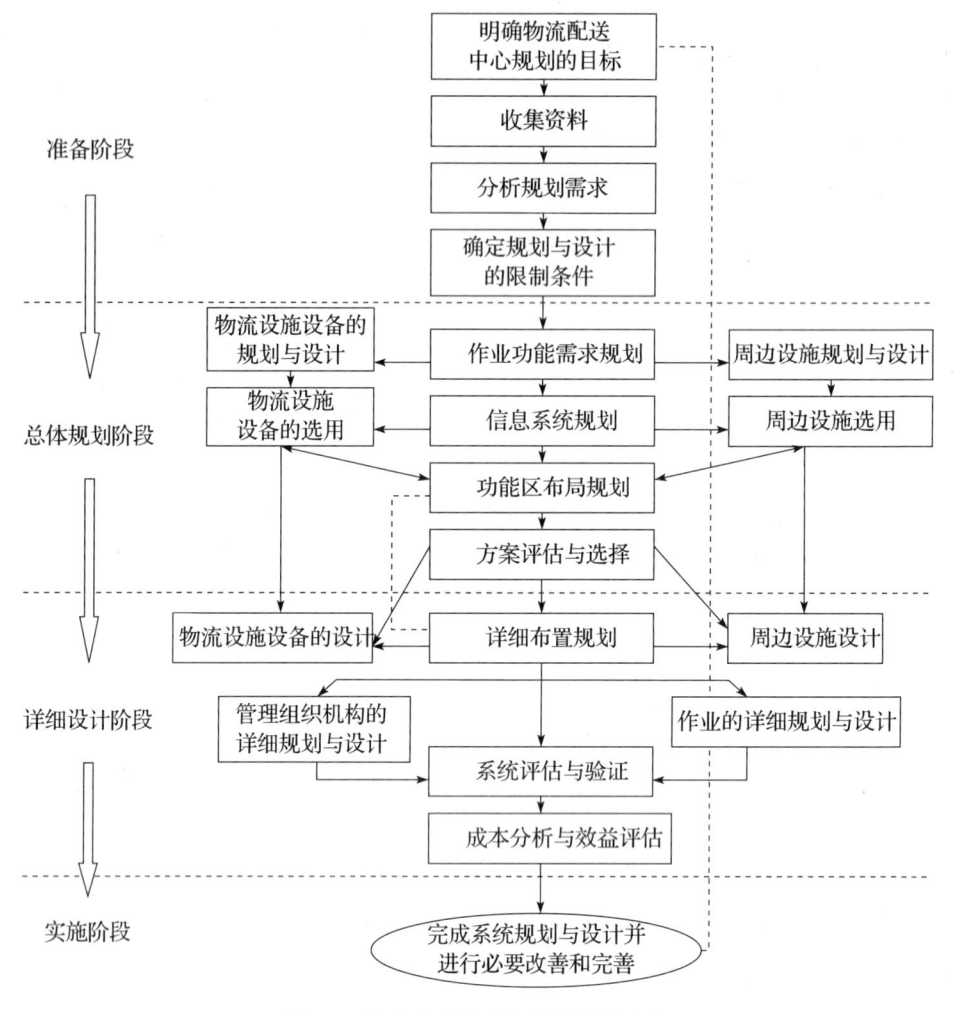

图 7-1 物流配送中心规划与设计流程

7.2 物流资料收集与 EIQ 分析

7.2.1 基础资料的收集

物流配送中心规划与设计中所要收集的基础资料包括现行作业资料和未来规划需求资料两部分。其中，现行作业资料主要针对物流配送中心的定位和现实需求的确定，而未来规划需求资料则面向物流配送中心未来在目标市场和服务区域发展需要的确定。调查采集方法包括现场询问、网上调研以及对实际使用的表单进行搜集等。具体所需的资料类型详见表 7-2。

表 7-2 物流配送中心规划所需的资料类型

资料类型		资料内容
现行作业资料	基本运营资料	业务类型、营业额、运输车辆数、供应商和用户数量等
	商品资料	商品类型、品种规格、品项数、供货渠道和保管形式等
	订货资料	商品种类、名称、数量、单位、订货和交货日期、生产厂家等
	货物特征	货物形态、温湿度要求、腐蚀变质特性、规格、包装形式等
	销售资料	按商品、种类、用途、地区、客户及时间等的统计结果
	作业流程	进货、搬运、储存、拣选、补货、流通加工、配送、退货等
	事务流程和单据传递	按单分类处理、采购任务指派、发货计划传送、相关库存及账务管理等
	厂房设施资料	厂房结构与规模、地理环境与交通特性、主要设备规模、生产能力等
	人力与作业工时资料	机构设置、组织结构、各作业区人数、工作时数、作业时序分布等
	物料搬运资料	进货及发货频率、数量、在库搬运车辆类型及能力、作业形式等
	供货厂商资料	供货种类、规格、地理位置、厂商规模、交货能力、厂商总数、分布等
	配送网点资料	配送网点分布及规模、配送路线、具体状况、特殊配送要求等
未来规划需求资料	运营策略和中长期发展计划	国家经济发展和产业政策走向、区域（城市）发展规划、企业未来发展、国际现代物流技术、国外相关行业发展趋势等
	商品未来需求变化	商品现在销售增长率、未来商品需求预测、未来消费增长预测
	商品品项变化趋势	商品在品种和类型方面可能发生变化的趋势
	配送中心未来可能的发展规模和水平	可能的预定地址和面积、作业实施限制与范围、预算范围、未来扩充需求等

对已有物流配送中心进行改造的项目中，可以收集到相对较全面的资料，但由于原有运作模式和信息系统情况各异，在资料收集的广度和深度上也会有所不同。新建物流配送中心因为缺乏历史资料，在资料收集上应着重关注潜在客户市场的需求。企业自有的物流配送中心应对企业集团的物流需求做详细调研。

7.2.2 资料分析方法

对于物流配送中心规划与设计，要进行有效的运行特性分析，因此必须首先进行规划所需的基本资料的收集和调查研究工作。主要包括三个方面的内容：一是客户需求资料；二是企业运作资料；三是外部资料。客户需求资料主要是订单资料、商品资料、客户类型等。企业运作资料主要是运营战略规划、作业流程、事务流程、作业工时、厂房设施资料等。外部资料包括国家相关产业政策与发展规划，周边环境资料（交通、城市规划等），国内外先进物流技术信息等。对于新建物流配送中心，以上资料可以从规划前期的工作成果以及类似物流配送中心的资料分析中得到。对于改扩建物流配送中心，主要从本企业运营历史资料以及企业战略规划中得到。

对所收集的资料，必须通过整理分析，并结合拟建的物流配送中心的实际情况加以修订，才能作为规划与设计的重要参考。在分析过程中，要避免仅对资料进行整理、统计和计算之类的工作，应把原始资料与规划和设计结合起来。传统的系统布置分析方法以制造业工厂设计为研究对象，其资料收集与分析较为注重产品的质量、数量、生产路径与流程等信息；物流配送中心属于服务行业设施，在规划时需要增加对能代表客户需求的变化因素，如订单等相关的分析。通常可以用以下方法对收集来的资料进行分析。

1. ABC 分析法

一般物流配送中心的商品品种与数量繁多，为了产生最大效益，根据商品特性或者订货数量和频率等，可以将商品品种划分为 A 群组、B 群组、C 群组，并依照品种群组将物流配送中心分为若干个小区，分别适用不同形态的设备和作业方式，以便集中资源重点管理并避免彼此干扰，若某两个群组的变动趋势互补，可考虑合并成同一区域。

2. 订单变动趋势分析法

对订单变动趋势的分析，可用来规划物流配送中心的作业流程和作业能力，以及设定未来的扩充弹性。首先要总结历史收发货资料，并进行分析，从而了解收发货趋势和变化情况，寻找有关的变化趋势以利于后续资料分析。常用的订单变动趋势分析方法包括时间序列分析、回归分析法和统计分析法等。

3. EIQ 分析法

由于订单的品名、数量、发货日期千变万化，针对不确定和波动条件的物流配送中心系统，日本铃木震先生提出 EIQ 分析法（E——entry of order，订单；I——item，品种；Q——quantity，数量）。EIQ 分析法从订单、品种、数量三项主要资料出发，据此分析出货的形态变化，其目的在于了解物流配送中心的订货特征、接单特征和作业特征等，进而了解客户特征、货品特征、储存特征等，以此作为物流配送中心作业流程分析、功能区域规模确定的依据，将整体设计容量转变为个别功能区的容量大小，确保设计方案中不发生瓶颈现象。其意义在于根据物流配送中心的目的，掌握物流特性，为从物流特性衍生出来的物流状态到运作方式规划出合理的物流系统。EIQ 分析法的主要步骤包括订单资料的收集、分解、统计和分析。下面将结合一个例子对其详细方法加以说明。

（1）订单资料的收集。

订单资料的收集从收集订单开始，收集的订单量以能反映和代表物流配送中心的全面状态为标准。由于物流配送中心订单资料数据量庞大，因此在实际分析中需要对资料进行取样分类，通常先选取一个作业周期内的订单加以分析，若有必要再扩大采样范围进一步分析。

（2）订单资料的分解。

获得所需的订单资料后，就要对每张订单的出货品项、各品项出货量等，以表格的形式进行资料分解。在填表时需注意数量单位的一致性，考虑商品的物性和储运单位，将所有订单品项的出货数量转换成相同的计算单位。在以某一工作日为单位的分析数据中，订单资料可分解成表 7-3；如果分析资料的范围为一定时间周期，则需要加入时间参数 T，见表 7-4 的格式。

表 7-3　EIQ 资料分析格式（单日）

出货订单 E	出货品项 I						订单出货量 Q	订单出货品项数 N
	I_1	I_2	I_3	I_4	I_5	…		
E_1	Q_{11}	Q_{12}	Q_{13}	Q_{14}	Q_{15}	…	A_1	N_1
E_2	Q_{21}	Q_{22}	Q_{23}	Q_{24}	Q_{25}	…	A_2	N_2
E_3	Q_{31}	Q_{32}	Q_{33}	Q_{34}	Q_{35}	…	A_3	N_3
…								
…								
单品出货量	B_1	B_2	B_3	B_4	B_5	…	Q	N
单品出货次数	K_1	K_2	K_3	K_4	K_5		—	K

注：A_1（订单 E_1 的出货量）= $Q_{11}+Q_{12}+Q_{13}+Q_{14}+Q_{15}+\cdots$
　　B_1（品项 I_1 的出货量）= $Q_{11}+Q_{21}+Q_{31}+Q_{41}+Q_{51}+\cdots$
　　$Q = A_1+A_2+A_3+\cdots = B_1+B_2+B_3+B_4+B_5+\cdots$
　　N_1（订单 E_1 的出货品项数）= 计数（$Q_{11},Q_{12},Q_{13},Q_{14},Q_{15},\cdots$）>0
　　K_1（品项 I_1 的出货次数）= 计数（$Q_{11},Q_{21},Q_{31},Q_{41},Q_{51},\cdots$）>0
　　N（所有订单的出货品项数）= 计数（$N_1,N_2,N_3,N_4,N_5,\cdots$）>0
　　K（所有品项的总出货次数）= $K_1+K_2+K_3+K_4+K_5+\cdots$

表 7-3 只针对某一天的出货资料进行分析。另外，若分析资料范围为一定时间周期内（如一周、一月或一年等），则另需要加入时间的参数，即为 EIQT 的分析，如表 7-4 所示。

表 7-4　EIQT 资料分析格式（加入时间参数）

日期 T	出货订单 E	出货品项 I						订单出货量 Q	订单出货品项数 N
		I_1	I_2	I_3	I_4	I_5	…		
T_1	E_1	Q_{111}	Q_{121}	Q_{131}	Q_{141}	Q_{151}		Q_{11}	N_{11}
	E_2	Q_{211}	Q_{221}	Q_{231}	Q_{241}	Q_{251}		Q_{21}	N_{21}
	…								
	单品出货量	Q_{11}	Q_{21}	Q_{31}	Q_{41}	Q_{51}		A_1	N_1
	单品出货次数	K_{11}	K_{21}	K_{31}	K_{41}	K_{51}		—	KA_1
T_2	E_1	Q_{112}	Q_{122}	Q_{132}	Q_{142}	Q_{152}		Q_{12}	N_{12}
	E_2	Q_{212}	Q_{222}	Q_{232}	Q_{242}	Q_{252}		Q_{22}	N_{22}
	…								
	单品出货量	Q_{12}	Q_{22}	Q_{32}	Q_{42}	Q_{52}		A_2	N_2
	单品出货次数	K_{12}	K_{22}	K_{32}	K_{42}	K_{52}		—	KA_2
…	…								
合计	单品总出货量	B_1	B_2	B_3	B_4	B_5		Q	N
	单品出货次数	KB_1	KB_2	KB_3	KB_4	KB_5			K

注：A_1（品项 I_1 的出货量）= $Q_{11}+Q_{12}+Q_{13}+Q_{14}+Q_{15}+\cdots$
　　Q（所有品项的总出货量）= $A_1+A_2+\cdots = B_1+B_2+B_3+B_4+B_5+\cdots$
　　KA_1（品项 I_1 的出货次数）= $K_{11}+K_{12}+K_{13}+K_{14}+K_{15}+\cdots$
　　K（所有品项的总出货次数）= $KA_1+KA_2+\cdots = KB_1+KB_2+KB_3+KB_4+KB_5+\cdots$

（3）订单资料的统计。

主要采用柏拉图分析、次数分布，结合 ABC 分析法等多种统计方法，从订单量（EQ）

分析、订单品项数（EN）分析、品项数量（IQ）分析、品项受订次数（IK）分析 4 个方面对分解的订单资料按类进行统计整合，并以直观的图表形式表现出来。以 EQ 分析为例，首先对各订单的出货量按大小顺序排序，做出订单出货量分布图，并将其出货累积量（出货单位或是百分比）以曲线形式表现出来，得到柏拉图；接着将出货量进行适当分组，算出各订单出货量出现于各分组内的次数，做出次数分布图；若各订单的出货量存在较明显的差异，还可在柏拉图统计的基础上，进一步将特定百分比内的主要订单找出，实施重点分析和管理，即进行 ABC 分析。此外，在进行 ABC 分析后，这 4 个方面还可根据不同需要进行交叉汇编分析，进一步挖掘数据包含的有用信息。

（4）订单资料的分析。

根据获得的统计图表，对物流配送中心的模式、各个功能区域的规划等分别提出直接建议和要求，以备实际规划参考。EIQ（EQ、EN、IQ、IK）分析的主要应用范围如表 7-5 所示。

表 7-5　EIQ 分析的主要应用范围

类型	分析对象	主要应用范围
EQ	针对每张订单出货数量，可了解每张订单订购量的分布情况	用于决定订单处理的原则、拣货系统的规划，并将影响出货方式及出货区的规划 • 掌握货品配送的需求及客户 ABC 分析，重点客户重点管理 • 决定物流配送中心的模式类型，并依此决定拣货设备的选用和拣货策略 • 根据订单量分布趋势决定储区规划
EN	针对每张订单出货品项数，可掌握客户订货品项数的分布	决定使用的拣货方式，判断物品拣货时间与拣货人力需求，影响拣货系统及出货区的规划
IQ	针对每单一品项出货总数量，可以知道哪些品项为当期出货的主要商品	对出货商品进行 ABC 分类，重点商品重点管理 • 把握物流配送中心处理商品的模式，与 EQ 分析中所得的模式类似 • 对存储系统进行规划（包括储区的规划、存储设备的规划和选用、储存单位和库存水平的确定等） • 对搬运系统进行规划
IK	针对每单一品项出货次数的分析	根据 IK 分布图的类型，结合 IQ 分布类型，决定仓储及拣货系统的设计，并进一步划分储区及储位配置

4. EIQ-PCB 分析法

商品在各作业区域流动是以不同包装单位为基础的，不同的作业单元可能产生不同的设施配备、人力需求。在进行物流配送中心规划时，还应考虑商品的相关特性、包装规格及特性、储运单位等因素。EIQ-PCB 分析法是依照各品种的计量换算单位，以转换订单内容成整托盘（P）、整箱（C）或单件（B）形态的 EIQ 相关分析，借以了解物流配送中心内部的托盘、箱或单件存取的需求分析状况，作为整体系统设计时，设计设施的参考依据，以提升物流作业效率。

配送中心的储运单位主要包括托盘、箱和单件，不同的储运单元适用于不同的储存和搬运设备。由于配送中心的品种繁多，个别品种每托盘、每箱、每件的组合都存在差异，物流作业中货品的包装单元也会因不同的需求而变化，因此订单分析中货物单位的统一需以各环节储运单位的转换情况为基础。PCB 分析通过考察和分析配送中心各个主要作业环节（进货、储存、拣货、集货、出货）的基本单元，使储运单位易于量化及转换，从而正确计算各区实际的需求，使储存与拣货区得到适当的规划，并作为设备选型的考虑依据。

PCB 分析除了可得到配送中心处理的各种货品与各储运单位之间转换的对应数量关系之外，还可得到配送中心内各作业流程储运单位的转换关系图，如图 7-2 所示。

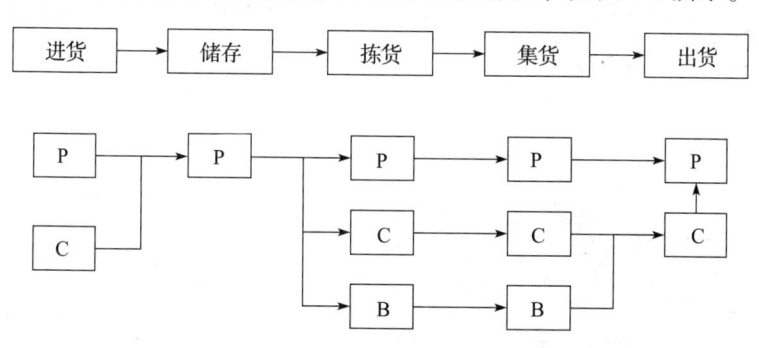

图 7-2 配送中心各作业流程储运单位转换关系图

该图表现的 PCB 关系为以托盘、箱为主要进货单位，然后统一以托盘进行储存，而拣货和集货则分别包括了 P、C、B 3 种储运单位，最后通过包装集中以托盘和箱为单位出库运输。

EIQ 分析是建立在 PCB 分析结果的基础上的，又称为 EIQ-PCB 分析，其具体应用如下。

1）出货单位的 PCB 分布状态可作为计算拣货与出货人力需求，以及选用搬运与配送设备的依据。

2）从 PCB 分析中得知出货量与标准工时，便可计算出托盘、箱和单件拣取时所需的设备数目与人力需求预估。

3）由 EQ 分析客户订单量，并依订单内容分析其 PCB 的分布，可了解出货状态及区域销售的数量和包装特征。

4）结合 IQ 分析做 PCB 分布分析，可知单一品种被订购的状态和包装单位，并以此作为拣货系统、储存方式和设备设计的参考。

5）EIQ 分析法可结合不同的 PCB 单位分别制定拣货策略，以比较不同拣货单位的拣货效率，并从中选出效率最高的拣货单位和拣货策略组合。

7.2.3 EIQ 图表数据判读与分析

EIQ 图表分析是订单资料分析过程中最重要的步骤，通常需要对各个分析图表进行认真分析，并配合交叉分析及其他相关资料做出综合判断。

1. 订单量（EQ）分析

EQ 分析主要是了解单张订单订购量的分布情形，决定订单处理的原则，以对拣货系统进行规划。EQ 分析通常以单一营业日为主。各种 EQ 分布图的类型分析如表 7-6 所示。

表 7-6 各种 EQ 分布图的类型分析

EQ 分布图类型	分析	应用
(曲线急剧下降，分 A、B、C 三段)	为一般配送中心常见模式，由于订单量分布呈两极化，故可利用 ABC 分析法做进一步分类	规划时可将订单分类，少数而量大的订单可做重点管理，相关拣货设备的使用也可分级
(大部分平缓，两端突变)	大部分订单量相近，仅少部分有特大量及特小量	可以就主要量分布范围进行规划，少数差异较大者可以特例处理，但需注意规范特例处理模式
(直线递减)	订单量分布呈逐次递减趋势，无特别集中于某些订单或范围	系统较难规划，宜采用泛用型的设备，以增加运用的弹性，货位也以容易调者为宜
(前段平缓后段陡降)	订单量分布相近，仅少数订单量较少	可区分成两种类型，部分少量订单可以采用批处理方式或以零星拣货方式进行规划
(阶梯状递减)	订单量集中于特定数量而无连续性递减，可能为整数（箱）出货，或为大型货物的少量出货	可采用较大单元负载单位规划，而不考虑零星出货

EQ 分布图可作为决定储区规划及拣货方式的参考，订单量分布趋势越明显，则分区规划的原则越易运用，否则应以弹性化较高的设备为主。当 EQ 量很小的订单数所占比例很高时（>50%），可将该类订单另行分类，以提高拣货效率；如果以订单别拣取则需设立零星拣货区，如果采取批量拣取则需要视单日订单量及物性是否具有相似性，综合考虑物品分类的可行性，以决定是否于拣取时分类或于物品拣出后于分货区进行分类。

2. 品项数量（IQ）分析

主要了解各类产品出货量的分布状况，分析产品的重要程度与运量规模。可用于仓储系统的规划选用、储位空间的估算,并将影响拣货方式及拣货区的规划。各 IQ 分布图类型分析如表 7-7 所示。

表 7-7 各 IQ 分布图的类型分析

IQ 分布图类型	分析	应用
(曲线急剧下降型，标有 A、B、C 区域)	为一般配送中心常见模式,由于量分布趋两极化,可利用 ABC 分析法做进一步分类	规划时可将产品以划分储区方式储存,各类产品储存单位、存货水平可设定不同标准
(两端陡降中间平缓型)	大部分产品出货量相近,仅少部分有特大量及特小量	可以同一规格的储存系统及寻址型储位进行规划,少数差异较大者可以特例处理
(线性递减型)	各产品出货量分布呈逐次递减趋势,无特别集中于某些产品	系统较难规划,宜规划泛用型的设备,以增加运用的弹性,货位也以容易调者为宜
(平缓后急降型)	各产品出货量相近,仅部分产品出货量较少	可区分成两种类型,部分小、少量产品可以轻量型储存设备存放
(阶梯递减型)	产品出货量集中于特定数量而无连续递减,可能为整数(箱)出货或为大型对象但出货量较小	可以较大单元负载单位规划,或以重量型储存设备规划,但仍需配合物性加以考虑

在规划储区时应以一时间周期的 IQ 分析为主(通常为一年),若配合进行拣货区的规划,则需参考单日的 IQ 分析。另外单日 IQ 与全年 IQ 是否对称也是分析观察的重点,因为结合出货量与出货频率进行关联性的分析时,整个仓储与拣货系统的规划将更趋于实际,因此可进行单日 IQ 与全年 IQ 的交叉分析。

若利用单日及全年的 IQ 分布图以 ABC 分析法将品项依出货量分为 A、B、C(大、中、小）三类，并在产生对照组合后进行交叉分析，则将其物流特性分成以下几类，如表7-8所示。

表 7-8　品项依出货量的物流特性分类

单日	全日		
	A	B	C
A	Ⅰ	Ⅱ	Ⅱ
B	Ⅰ	Ⅴ	Ⅴ
C	Ⅲ	Ⅲ	Ⅳ

Ⅰ：年出货量及单日出货量均很大，为出货量最大的主力产品群，仓储与拣货系统的规划应以此类为主，仓储区以固定储位为较佳，进货周期宜缩短而存货水平较高，以应付单日可能出现的大量出货，通常为厂商型配送中心或工厂发货中心。

Ⅱ：年出货量大但单日出货量较小，通常出货天数多且出货频繁，而使累计的年出货量增大。可考虑以零星出货方式规划，仓储区可以固定储位规划，进货周期宜缩短并采取中等存货水平。

Ⅲ：年出货量小但单日出货量大，虽总出货量很少，但是可能集中于少数几天内出货，是容易造成拣货系统混乱的可能因素。若以单日量为基础规划易造成空间浪费及多余库存，宜以弹性储位规划，基本上平时不进货，于接到订单后再进货，但前提是必须缩短进货前置时间。

Ⅳ：年出货量小且单日出货量也小，虽出货量不高，但是所占品项数通常较多，是容易造成占用仓储空间，使周转率降低的主要产品群。因此，仓储区可以弹性储位规划，以便调整货位大小的储存设施，通常拣货区可与仓储区合并规划以减少多余库存，进货周期宜缩短并降低存货水平。

Ⅴ：年出货量中等但单日出货量较小，为分类意义较不突出的产品群，可视实际产品分类特性再归纳入相关分类中。

3. 订单品项数（EN）分析

订单品项数（EN）分析主要了解订单别的订购品项数的分布。该分析对于订单处理的原则及拣货系统的规划有很大影响，并将影响出货方式及出货区的规划。通常对单一订单出货品项数、总出货品项数、订单出货品项累计次数三项指标进行分析。

以 $Q_{ei}=$数量（订单 e，品项 i）符号表示单一订单订购某品项的数量，则分析各指标的意义如下。

（1）单一订单出货品项数。

计算单一订单中出货量大于 0 的品项数，就个别订单来看，可视为各订单拣取作业的拣货次数。

$$N_1 = \text{COUNT}(Q_{11}, Q_{12}, Q_{13}, Q_{14}, Q_{15}, \cdots) > 0$$

（2）总出货品项数。

计算所有订单中出货量大于 0 或出货次数大于 0 的品项数。

$N=\text{COUNT}(Q_1, Q_2, Q_3, Q_4, Q_5, \cdots)>0$ 或 $\text{COUNT}(K_1, K_2, K_3, K_4, K_5, \cdots)>0$，且 $N \geq Ne$（总出货品项数必定大于单一订单的出货品项数）。

此值表示实际有出货的品项总数，其最大值即为配送中心内的所有品项数。若采用订单批次拣取策略，则最少的拣取次数即为总出货品项数。

（3）订单出货品项累计次数。

将所有订单出货品项数加总所得数值，即为 EN 绘制柏拉图分析图累计值的极值。

$$\text{GN} = N_1 + N_2 + N_3 + N_4 + N_5 + \cdots$$

$\text{GN} \geq N$（个别订单间的品项重复率越高，则 N 越小）

此值可能会大于总出货品项数甚至所有产品的品项数。若采用订单别拣取作业，则拣取次数即为订单出货品项累计次数。

由以上说明可知，针对 EN 分布图与总出货品项数、订单出货品项累计次数两项指标，再比较物流配送中心库存商品总品项数，可整理如表 7-9 所示的模式。基本上图中各判断指标的大小，需要视物流配送中心产品特性、品项数、出货品项数的相对大小及订单品项的重复率来决定，并配合其他的因素综合考虑。

表 7-9　EN 分布图的类型分析

EN 分布图类型	分析	应用
（图：N 品项数 / N 总品项数 / GN 出货品项累计数 / N. 总出货品项数 / EN=1 曲线）	单一订单的出货品项数较小，EN=1 的比例很高，总品项数不大而与总出货品项数差距不大	订单出货品项重复率不高，可考虑采用订单拣取方式作业，或采用批量拣取，配合边拣边分类作业
（图：N 品项数 / N 总品项数 / GN 出货品项累计数 / N. 总出货品项数 / EN≥10 曲线）	单一订单的出货品项数较大，EN≥10，总出货品项数及累计出货品项数均仅占总品项数的小部分，通常为经营品项数很多的配送中心	可以订单别拣取方式作业，但由于拣货区路线可能很长，可以订单分割方式分区拣货再集中，或以接力方式拣取
（图：N 品项数 / N 总品项数 / GN 出货品项累计数 / N. 总出货品项数 / EN=1 曲线）	单一订单的出货品项数较小，EN=1 的比例较高，由于总品项数很多，总出货品项数及累计出货品项数均仅占总品项数的小部分	可以订单别拣取方式作业，并将拣货区分区规划，由于各订单品项少，可将订单以区域别排序并以分区拣货

(续)

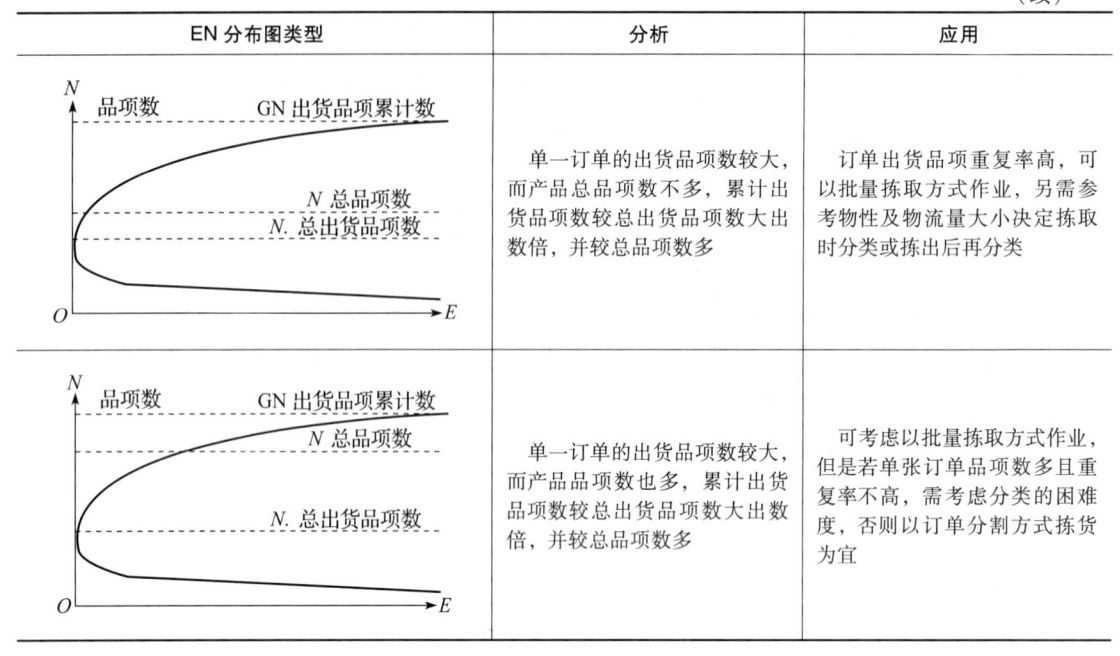

EN 分布图类型	分析	应用
(图：N 品项数曲线，GN 出货品项累计数，N 总品项数，N. 总出货品项数)	单一订单的出货品项数较大，而产品总品项数不多，累计出货品项数较总出货品项数大出数倍，并较总品项数多	订单出货品项重复率高，可以批量拣取方式作业，另需参考物性及物流量大小决定拣取时分类或拣出后再分类
(图：N 品项数曲线，GN 出货品项累计数，N 总品项数，N. 总出货品项数)	单一订单的出货品项数较大，而产品品项数也多，累计出货品项数较总出货品项数大出数倍，并较总品项数多	可考虑以批量拣取方式作业，但是若单张订单品项数多且重复率不高，需考虑分类的困难度，否则以订单分割方式拣货为宜

4. 品项受订次数（IK）分析

品项受订次数分析主要分析产品别出货次数的分布，对于了解产品别的出货频率有很大的帮助，主要功能是可配合 IQ 分析决定仓储与拣货系统的选择。另外，当储存、拣货方式已确定后，有关储区的划分及储位配置均可利用 IK 分析的结果作为规划参考的依据，基本上仍以 ABC 分析为主，从而决定储位配置的原则。IK 分布图的类型分析如表 7-10 所示。

表 7-10 IK 分布图的类型分析

IK 分布图类型	分析	应用
(图：K（出货次数）曲线，分为 A、B、C 三段)	为一般配送中心常见模式，由于量分布趋两极化，可利用 ABC 分析法做进一步分类	规划时可依产品分类划分储区及储位配置，A 类可接近出入口或便于作业的位置及楼层，以缩短行走距离，若品项多时可考虑作为订单分割的依据来分别拣货
(图：K（出货次数）曲线)	大部分产品出货次数相近，仅少部分有特大量及特小量	大部分品项出货次数相同，因此储位配置需要依物性决定，少部分特异量仍可依 ABC 分类方法决定配置位置，或以特别储区规划

5. IQ 及 IK 交叉分析

将 IQ 及 IK 以 ABC 分析法分类后，可为拣货策略的决定提供参考的依据。将 IQ 及 IK 以 ABC 分析法分类后，所得交叉分析的分类整理如表 7-11 所示。依据表中的品项分布的特性，可将物流配送中心规划为以订单别拣取或批量拣取的作业形态，或者以分区混合处理方式运作。实际上拣货策略的决定，仍需要将品项数与出货量的相对量来作为判断的依据。

表 7-11 IQ 及 IK 交叉分析

IK	IQ		
	高	中	低
高	可采用批量拣货方式，再配合分类作业处理	可采用批量拣货方式，视出货量及品项数是否便于拣取时分类来决定	可采用批量拣货方式，并以拣取时分类方式处理
中	以订单别拣取为宜	以订单别拣取为宜	以订单别拣取为宜
低	以订单别拣取为宜，并集中于接近出入口位置处	以订单别拣取为宜	以订单别拣取为宜，可考虑分割为零星拣货区

7.3 物流配送中心选址规划

物流配送中心选址是指在一个具有若干供应点及若干需求点的经济区域内，选一个地址设置物流配送中心的规划过程。较佳的物流配送中心选址方案是使商品通过物流配送中心汇集、中转、分发，直至输送到需求点的全过程的总体效益最好。

7.3.1 物流配送中心选址的原则

物流配送中心的选址过程应同时遵守以下 4 项原则。

1. 适应性原则

物流配送中心的选址应与国家或地区的经济发展方针、政策相适应，与我国物流资源分布和需求分布相适应，与国民经济和社会发展相适应。

2. 协调性原则

物流配送中心的选址应将国家或地区的物流网络作为一个大系统来考虑，使物流配送中心的设施设备在地域分布、物流作业生产力、技术水平等方面与整个物流系统协调发展。

3. 经济性原则

在物流配送中心的发展过程中，有关选址的费用，主要包括建设费用及物流费用（经营费用）两部分。物流配送中心的选址定在市区、近郊区或远郊区，其未来物流活动辅助设施的建设规模及建设费用，以及运费等物流费用是不同的，选址时应以总费用最低作为物流配送中心选址的经济性原则。

4. 战略性原则

物流配送中心的选址应具有战略眼光。一是要考虑全局，二是要考虑长远。局部要服从全局，眼前利益要服从长远利益，既要考虑目前的实际需要，又考虑日后发展的可能。

7.3.2 物流配送中心选址所要考虑的因素

1. 经济环境因素

（1）货流量的大小。

物流配送中心设立的根本目的是降低社会物流成本，如果没有足够的货流量，物流配送中心的规模效益便不能发挥。所以物流配送中心的建设一定要以足够的货流量为条件。

（2）货物的流向。

货物的流向决定着物流配送中心的工作内容和设施设备配备。对于供应物流来说，物流配送中心主要为生产企业提供原材料、零部件，应当选择靠近生产企业的地点，便于降低生产企业的库存，随时为生产企业提供服务，同时还可以为生产企业提供暂存或发运工作。对于销售物流来说，物流配送中心的主要职能是将产品集结、分拣，及时配送到门店或用户手上，故应选择靠近客户的地方。

在货物的流向分析上要考虑客户的分布和供应商的分布。

1）客户的分布。为了提高服务水准及降低配送成本，物流配送中心多建在城市边缘接近客户分布的地区，如零售商型配送中心。其主要客户是超市和零售店，这些客户大部分分布在人口密集的地方或大城市，物流配送中心选址要接近这样的城市或区域。

2）供应商的分布。供应商的分布地区也是物流配送中心选址应该考虑的重要因素。因为进入物流的商品全部是由供应商所供应的。如果物流配送中心接近供应商，则其商品的安全库存就可以控制在较低的水平上。因为我国的一般进货输送成本是由供应商负担的，因此这个因素往往不受重视。

（3）城市的扩张与发展。

物流配送中心的选址，既要考虑城市扩张的速度和方向，又要考虑节省分拨费用和减少装卸次数。中国物资储运总公司的许多仓库在20世纪70年代以前处于城乡接合部，不对城市产生交通压力，但随着城市的发展，这些仓库现处于闹市区，大型货车的进出受到管制，专用线的使用也受到限制，不得不选择外迁。物流配送中心选址必须考虑城市发展状况，应有前瞻性。

（4）交通条件。

交通条件是影响物流的配送成本及效率的重要因素之一，交通条件的不便将直接影响车辆配送的进行，因此在物流配送中心选址时必须考虑对外变通的运输通路，以及未来交通与邻近地区的发展状况等因素。物流配送中心选址宜紧临重要的运输线路，以方便配送运输作业的进行。考核交通方便程度的条件有高速公路、国道、铁路、快速道路、港口、交通限制规定等几种。一般物流配送中心应尽量选择在交通方便的高速公路、国道及快速道路附近的地方，如果以铁路及轮船当运输工具，则要考虑靠近火车编组站、港口等。对于综合型物流配送中心，一定要选择在两种以上运输方式的交汇地，如港口水运、公路运输、铁路运输、航空运输的各种组合。对于港口物流配送中心，还要选择内河运输与海运的交汇地，既要满足水较深、能浮靠大型货船的需要，又要克服内河泥沙淤积、河道疏通的困难。

对于城市物流配送中心，既要选择干线公路或高速公路与城市交通网络的交汇地，又要拥有铁路专用线或靠近铁路货运编组站。

（5）经济规模的要求。

一般认为物资年吞吐量小于 30 万吨，设置铁路专用线不经济。若物流配送中心仓库位于铁路编组站附近，则能有较好的车源供应。仓库距编组站 2 千米以内不仅基建费用少，而且管理营运费用也少，营运方便。

（6）人力资源条件。

在仓储配送作业中，人力资源是重要的资源需求。由于一般物流作业仍属劳动力密集型的作业形态，在物流配送中心内部必须要有足够的作业人力，因此在决定物流配送中心位置时必须考虑员工的来源、技术水准、工作习惯、工资水准等因素。如果物流配送中心的选址位置附近人口不多且交通不方便，则基层的作业人员不容易招募；如果附近地区的薪资水准太高，也会影响到基层作业人员的招募。因此必须调查该地区的人力、上班交通及薪资水准等评估条件。

2. 自然环境因素

（1）地理因素。

市镇的规模应该与物流配送中心的大小相适应。地形对仓库基建投资的影响也很大，地形坡度应在 1%~4%，在外形上可选择长方形，不宜选择狭长或不规则形状；库区设置在地形高的地段，容易保持物资干燥，减少物资保管费用；临近河海地区，必须注意当地水位，不得有地下水上溢；土壤承载力要高，避免地面以下存在淤泥层、流沙层、松土层等不良地质条件，以免受压地段出现沉陷、翻浆等严重后果。另外由于物流配送中心作业比较繁忙，容易产生许多噪声，所以应远离闹市或居民区。应考虑物流配送中心周边不应有产生腐蚀性气体、粉尘和辐射热的工厂，至少应处于这些企业的上风方向。还应与易发生火灾的单位保持一定的安全距离，如油库、加油站、化工厂等。

（2）气候因素。

在物流用地的评估当中，自然条件也是必须考虑的，事先了解当地自然气候环境有助于降低建设的风险。例如在自然环境中有湿度、盐分、降雨量、风向、风力、瞬时风力、地震、山洪、泥石流等多种因素，有的地方靠近山边湿度比较高，有的地方湿度比较低，有的地方靠近海边盐分比较高，这些都会影响商品的储存品质，尤其是服饰产品或电子产品等对湿度及盐分都非常敏感。另外，降雨量、台风、地震及河川分布等对于物流配送中心的影响也非常大，必须特别留意并且避免被侵害。选址时要避开风口，因为大风会加速露天堆放商品的老化。

3. 政策环境因素

政策环境因素也是物流配送中心选址评估的重点之一，尤其是在物流用地取得困难的现在，如果有政府政策的支持，则更有助于物流业者的发展。政策环境因素包括企业优惠措施

（土地提供、减税）、城市规划（土地开发、道路建设计划）、地区产业政策等。目前，我国许多城市建立了现代物流园区，其中除了提供物流用地外，也有关于税赋方面的减免措施，有助于降低物流业者的运营成本。另外，还要考虑土地大小与地价，在考虑现有地价及未来增值状况下，配合未来可能扩充的需求程度，决定最合适的用地面积大小。

7.3.3 物流配送中心选址的程序

物流配送中心选址的程序如图 7-3 所示。

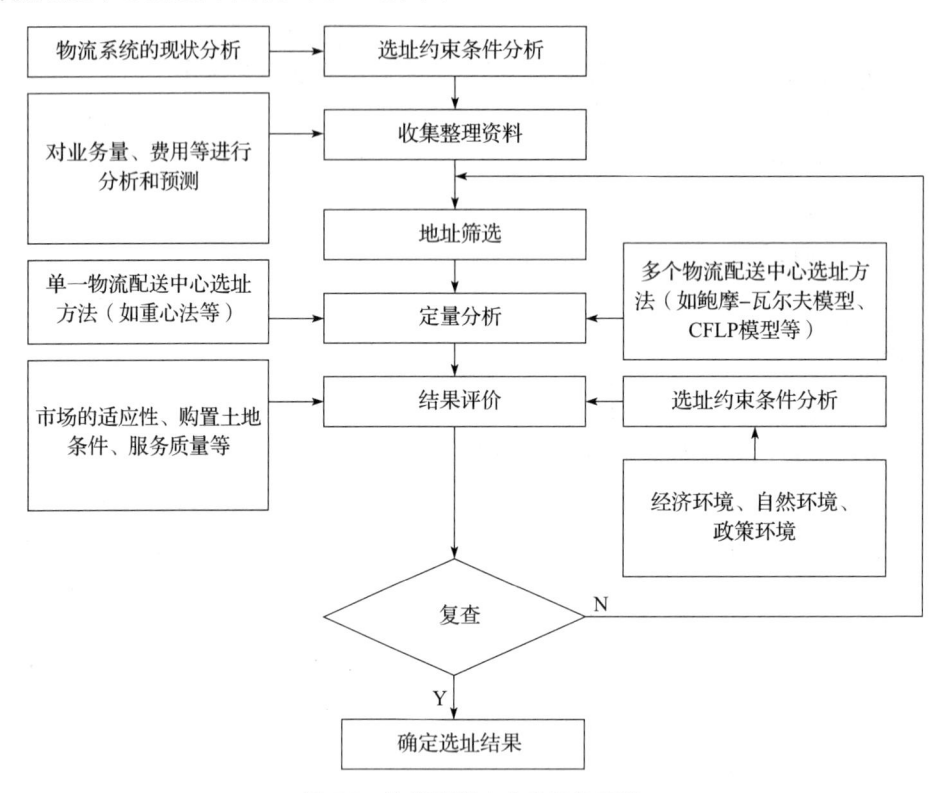

图 7-3 物流配送中心选址的程序

1. 约束条件分析

物流配送中心选址时，首先要明确建立物流配送中心的必要性、目的和意义，然后根据物流系统的现状进行分析，制订物流系统的基本计划，确定所需要了解的基本条件，以便大大缩小选址的范围。

（1）需求条件。

主要分析物流配送中心的服务对象——顾客现在的分布情况，对其未来分布情况进行预测，分析货物作业量的增长率以及物流配送的区域范围。

（2）运输条件。

应靠近铁路货运站、港口和公共车辆终点站等运输节点，同时也应靠近运输业者的办公地点。如北京市的四道口蔬菜、果品配送中心就建在铁路货运站的旁边，并且紧靠公路，交通运输十分便利。

（3）配送服务的条件。

根据客户要求的到货时间、发送频率等计算从物流配送中心到客户的距离和服务范围。

（4）用地条件。

是利用现有土地还是重新征用土地？重新征用土地的成本有多大？地价允许范围内的用地分布情况如何？

（5）区域规划。

根据区域规划的要求，了解选定区域的用地性质，看是否允许建立物流配送中心。

（6）流通职能条件。

商流职能是否要与物流职能分开？物流配送中心是否也附有流通加工的职能？考虑到通行方便，是否要限定物流配送中心的选址范围？

（7）其他。

不同的物流类别有不同的选址要求。如货物的冷冻或保温保管、危险品的保管等，对选址都有特殊要求。

2. 收集整理资料

物流配送中心选址的方法一般是通过成本计算，也就是将运输费用、配送费用及物流设施等费用模型化，根据约束条件及目标函数建立数学公式，从中寻求费用最小的方案。但是，采用这样的选址方法，寻求最优的选址解时，必须对业务量和费用等进行正确的分析与预测。

（1）掌握业务量。

物流配送中心选址时，应掌握的业务量主要包括工厂到物流配送中心的运输量、向客户配送的货物量、物流配送中心保管的数量和配送路线上的业务量等。由于这一数量在不同时期会有种种波动，因此要对所采用的数据进行研究。除了对现状的各项数据进行分析外，还必须确定物流配送中心运行后的预测数据。

（2）掌握费用。

物流配送中心选址时，应掌握的费用主要包括工厂至物流配送中心的运输费、物流配送中心到顾客的配送费和与设施、土地有关的费用及人工费、业务费等。由于运输费和配送费会随着业务量与运送距离的变化而变动，所以必须对每一吨千米的费用进行（成本）分析。

（3）其他。

用地图表示客户的位置、现有设施的位置和工厂的位置，并整理各候选地址的配送路线及距离等资料，与成本分析结合起来，综合考虑必备车辆数、作业人员数、装卸方式、装卸费用等。

3. 地址筛选

在对所取得的上述资料进行充分的整理和分析，考虑各种因素的影响并对需求进行预测后，就可以初步确定选址范围，即确定初始候选地点。

4. 定量分析

针对不同情况运用运筹学的原理，选用不同的模型进行计算，并得出结果。如对单一物流配送中心进行选址，可以采用重心法等；如对多个物流配送中心进行选址，可采用鲍摩-瓦尔夫模型、CFLP 模型等。

5. 结果评价

结合市场适应性、购置土地条件、服务质量等，对计算所得结果进行评价，看其是否具有现实意义及可行性。

6. 复查

分析其他影响因素对计算结果的相对影响程度，分别给予它们一定的权重，采用加权法对计算结果进行复查。如果复查通过，则原计算结果即为最终结果；如果经复查发现原计算结果不适用，则返回地址筛选阶段，重新分析，直至得到最终结果为止。

7. 确定选址结果

在用加权法复查通过后，计算所得的结果即可作为最终的选址结果，但所得解不一定为最优解，可能只是符合条件的满意解。

7.4 物流配送中心规模确定

7.4.1 概述

确定物流配送中心的规模也是物流配送中心规划与设计中最重要的部分之一。规模一旦确定，它将在其设计年限（一般是 10 年或更长）内成为物流配送中心运营发展的约束条件。设施内部的布局相对容易调整，但要改变整体规模就较为困难了。若设施规模小于实际需要，会因为频繁倒库或租用其他设施引起搬运成本增加；若设施规模大于实际需要，空间利用率降低，空间占用成本增加，富余的空间也会增加搬运的距离。因此最理想的状态就是两者恰好平衡。

物流配送中心的规模确定与选址是相互影响的。但是在规划过程中，物流配送中心的规模确定还会受到城市规划、土地征用等因素的影响，因此通过一定方法或理论确定配送中心的位置之后，综合考虑多方面影响因素来确定配送中心的规模更具有理论和实际意义。

7.4.2 确定物流配送中心规模的影响因素

影响物流配送中心规模的因素有很多，可将其归纳为以下两方面。

（1）宏观影响因素，包括候选地的地理环境和区域社会经济因素。

1）经济发展水平。国际物流实践表明，物流量的大小与一个国家或地区的经济发展水平和区域的经济规模总量具有正相关关系。

2）产业结构及产品结构。从运输需求来看，区域的产业结构和产品结构对运输需求量的影响表现为：原材料和低附加值的产品对运输需求大，农业、轻工业和服务业对运输需求小。

3）交通运输等基础设施的发展水平及交通规划。运输港站布局、运输网的密度和等级对运输需求规模有着重要的影响。

4）城市规划及区域自然特征。它包括区域土地利用、社会经济发展规划以及人口规模和密度、人均收入水平、地理分布等。

5）社会环境问题。社会环境对物流配送中心的影响是非常重要的，如在大气污染、废弃物、劳动问题、法规问题、经济发展动向及各种政策与法律法规等方面都有影响。

（2）微观影响因素。为适应物流配送中心建设的目的、方针，所设定的物流配送中心的战略规划，包括功能定位、技术水平、服务水平、可用投资等因素。

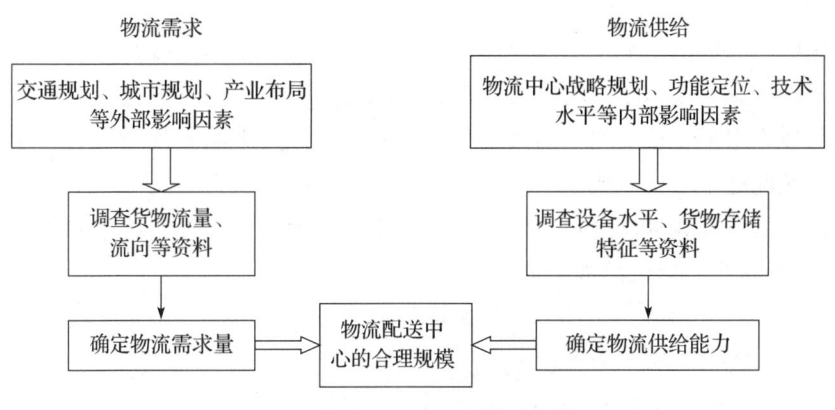

7.4.3 物流配送中心规模确定的方法

目前，国际上还没有一套较为成熟的物流配送中心规模确定方法。主要采用两类方法确定物流配送中心的规模：一类方法是通过横向对比国内外已有的物流配送中心建设规模来确定；另一类方法是借鉴交通规划中确定货运场站规模的办法。两类方法都有一定的局限性，类比方法通过结合企业发展战略，类比国内外物流企业规模得到本企业的规模，较少考虑宏观因素的影响；交通规划方法主要从宏观角度出发确定物流配送中心规模，但是物流配送中心与传统的货运场站存在着本质的区别，该方法基于物流企业特点的考虑不足。

本节参考经济学中供需平衡原理，从物流供需平衡角度出发，研究影响物流配送中心规模的宏观因素与微观因素之间的关系，建立物流配送中心规模确定模型。根据供需平衡原理建立的物流配送中心规模确定模型如图 7-4 所示。

图 7-4 物流配送中心规模确定模型

1. 需求分析

物流配送中心主要为区域经济发展服务，我国的物流需求市场主要由大量的非物流企业（主要集中在制造业和商贸流通业）差异化的物流需求构成。目前，我国的物流产业发展尚不成熟，物流企业特别需要根据这些需求并结合自身条件，找到适合自己进入和发展的市场,进而完成企业的市场定位,同时也为节约相关的社会成本做出贡献。

区域物流需求中对物流配送中心规模产生直接影响的是必须经过物流配送中心处理的物流量。目前,我国还没有系统的社会物流量统计资料,由于货物运输是物流过程中实现位移的中心环节,一般运输需求占物流总需求的60%左右,其成本在物流总成本中所占比例最大。因此,可以通过显示运输需求的大小来间接反映物流需求量的变化情况。

公路枢纽中的适站量是指需要进入货运场站进行作业的货运量,是货物运输量的一部分。在确定物流配送中心的规模时,根据概念的相似性,我们引入区域适站量的概念,并将此作为主要参考依据。其中,区域物流适站量是在全社会货运量预测的基础上,经进一步分析测算而定的。其测算方法大致可分为总量分析法和直接推算法两种。总量分析法是根据规划区域分货类的出入境流量、流向资料,分析并确定其中适合物流配送中心作业的货物流量、流向及货类构成比例,并按照其构成比重的发展趋势,分货类进行预测,从而得到区域物流适站量。直接推算法是在总运输量预测的基础上按照不同的运输方式(或作业方式)分别分析和预测其货运适站量,然后求和确定总适站量,进而得到规划物流配送中心的适站量,从而确定物流配送中心的吞吐量。结合物流操作系数,即可确定物流配送中心的作业需求量。

物流配送中心的作业需求量为:

$$R = \alpha \times \beta \times M \tag{7-1}$$

式中　R——物流配送中心的作业需求量;
α——物流操作系数;
β——物流配送中心分担的区域物流适站量比例;
M——区域物流适站量。

2. 供给分析

物流配送中心的供给水平是由其规模以及生产组织水平、作业效率、硬件设备水平等因素决定的。随着信息与技术条件的发展,物流管理与技术的信息化程度越来越高。物流企业总体的设施与技术水平直接反映了物流服务供给的规模并可影响服务的质量。这里我们简单考虑,假设物流配送中心机械化水平及生产组织水平一定,认为物流配送中心供给能力与规模成正比,用变量k来表示物流功能区单位面积作业能力。为了提高设施的柔性,引入弹性系数f,则物流配送中心的供给能力为:

$$P = \lambda \times f \times k \times S \tag{7-2}$$

式中　P——物流配送中心的供给能力;
λ——物流功能区占总占地面积的比例;
f——弹性系数;
k——物流功能区单位面积作业能力;
S——物流配送中心占地面积。

3. 供需平衡

规模合理的物流配送中心应当供需平衡,因此有,

即
$$R = P$$
$$\alpha \times \beta \times M = \lambda \times f \times k \times S$$

即
$$S = \frac{\alpha \times \beta \times M}{\lambda \times f \times k} \tag{7-3}$$

显然，若 α、β、M、λ、f、k 已知，便可通过式（7-3）解得 S，得到物流配送中心的占地规模。

4. 参数确定

物流配送中心分担的区域物流适站量比例 β，可由区域交通运输统计资料分析得到，分析区域内物流流量、流向以及其分布规律，考虑规划物流配送中心对物流的吸引力，并结合其战略规划发掘潜在的物流调控能力来确定 β。若该区域有 n 个物流配送中心，则可得 $\sum_{i=1}^{n} \beta_i$，其中，β_i 为第 i 个物流配送中心所分担的区域物流适站量比例。

物流操作系数 α 是指物流操作量与相应适站量之比。货物经过物流配送中心至少要进行一次装卸，因此 $\alpha \geq 1$。该值与物流配送中心的功能、作业流程、区域布局以及操作组织完善程度等因素有关。

物流功能区单位面积作业能力 k，体现着物流配送中心的组织管理水平以及设施设备的利用水平，其通过调查各类不同发展阶段的物流配送中心，结合企业战略发展规划以及组织管理水平、机械化水平，由一定方法推算得到。一方面，由于我国物流配送中心建设还缺乏经验积累，以及数据收集存在一定的难度，故 k 值的推算有待进一步研究，这里参照国外物流配送中心的建设经验来取值。日本东京物流基地的单位生产能力用地参数 k 为 40~60 米^2/吨，考虑到目前我国的物流发展刚刚起步，社会物流需求还没有完全被激发出来，物流服务需求水平总体还比较低，因此在我国物流配送中心规划建设时，k 的取值要比 40~60 米^2/吨略小。物流配送中心的建设规划还可以参考公路枢纽货运站场的布局规划。在公路枢纽货运站场规划中，k 通常取值为 20~40 米^2/吨。考虑到物流配送中心要比公路枢纽货运站场的功能全面、强大，作业环节多，因此在物流配送中心规划建设时 k 的取值要比 20~40 米^2/吨略大。综合上述两种因素，在物流配送中心规划中，参数 k 可以取值为 30~50 米^2/吨。当地经济总量大，对周边地区影响辐射强，则 k 取大值；反之取小值。

物流功能区占总占地面积的比例 λ，根据物流配送中心的业务范围以及功能构成确定。

弹性系数 f 通过分析影响企业发展的各种不确定性因素，结合企业战略规划，由专家以及经营者共同确定。

基于物流供需平衡确定物流配送中心规模的方法，通过分析物流需求与物流供给两方面的因素，能有效地控制物流配送中心占地规模，使之既具有满足必需的物流需求的能力，又可以有效地提高土地利用率。此外，区域公路运输适站量的预测已有较为成熟的理论和方法，所需的基础资料可以通过统计资料得到。经过上述分析，运用基于物流中供需平衡理论的方法确定物流配送中心规模具有较强的科学性、可操作性和适用性。

7.5 物流配送中心功能区布局规划

在物流配送中心布局规划过程中,各种有形的生产和服务设备都会碰到布置与重新布置的问题,要达到高效率运行,必须解决好这个问题。设施布置(facility layout)设计将解决不同情况下的布置问题,其中,功能区内部详细布置设计和物料搬运系统规划的方法与功能区布置设计的方法基本上是一致的,因此物流配送中心系统规划的核心就是功能区布局规划问题。

7.5.1 布局规划目标与流程

1. 布局规划目标

功能区布局规划的目标主要有以下六方面。

(1) 符合物流配送中心流程操作工艺过程的要求。

尽量使货物流动顺畅,避免作业间的往返交错,使设备投资最小,生产周期最短。

(2) 最有效地利用空间。

要使场地达到适当的建筑占地系数(建筑物、构筑物占地面积与场地总面积的比率),应使建筑物内部设备的占有空间和单位制品的占有空间较小。

(3) 货品搬运费用最小。

要便于货品的输入,使货物的运输路线尽量短捷并尽量避免运输的往返和交叉。

(4) 保持生产和安排的柔性。

使之适应服务需求的变化、设备的更新及扩大生产能力的需要。

(5) 适应组织结构的合理化和管理的方便。

将有密切关系或性质相近的作业单位布置在一个区域,并就近布置。

(6) 为员工提供方便、安全、舒适的作业环境。

使之合乎生理、心理的要求,为提高生产效率和保证员工身心健康创造条件。

2. 布局规划流程

物流配送中心功能区规划与设计就是根据物流配送中心的战略定位和经营目标,在已确认的空间场所内,按照物流配送中心的作业流程,力争将人员、设备和物料所需要的空间做最适当的分配和最有效的组合,以获得最大的经济效益。当物流配送中心战略规划、作业流程等工作完成之后,要进行的就是功能区布局规划与设计,借鉴系统布置方法(SLP)的思想,结合物流配送中心的特点,确定功能区布局规划与设计的技术路线,如图7-5所示。

其中关键步骤如下。

(1) 基础资料分析。

对订单等原始资料以及企业战略规划、作业流程进行详细分析,明确功能规划的目标。

(2) 功能区作业功能规划。

根据运营特征以及作业流程,确定物流配送中心各功能区及其功能。

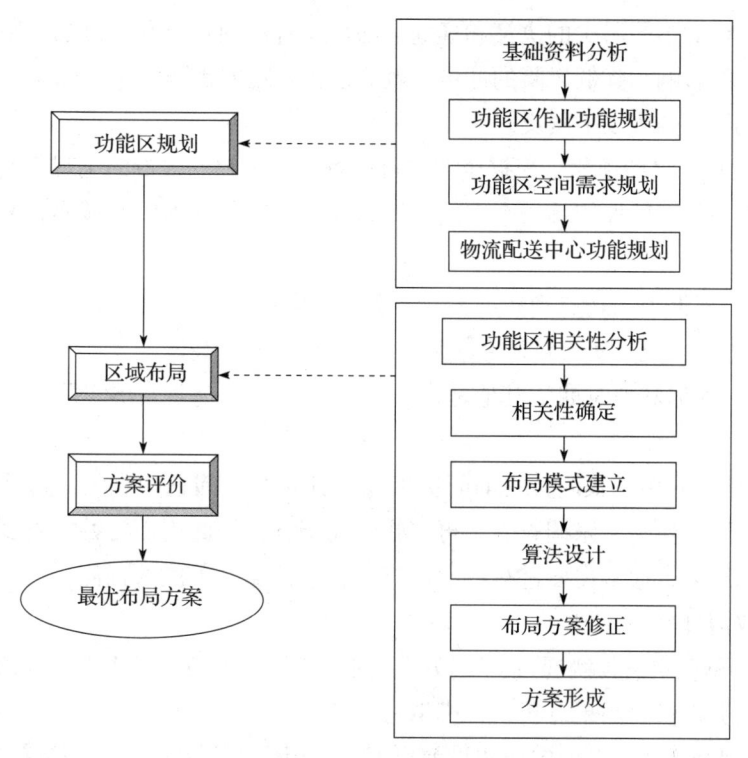

图 7-5　功能区布局规划与设计的技术路线

（3）功能区空间需求规划。

根据企业规模及作业流程确定各功能区的作业量，考虑区域内配置的设施设备类型，估算功能区的空间需求面积。同时，对区域之间的连接通道进行规划、设计。

（4）功能区相关性分析。

分析各功能区之间的物流关系、流程关系、管理关系、安全关系、作业相关程度等影响功能区布局的因素，通过定性与定量方法确定功能区之间的关联度。

（5）算法设计。

根据各功能区之间的关联度，建立布局模型并进行求解，然后结合功能区空间需求面积，在可用空间上布置各功能区。

（6）布局方案修正。

对空间布局图进行动线分析，保留在条件允许范围内物流作业区内物流顺畅、场区内车流顺畅的方案。

（7）方案评价。

对设计的方案进行比选评价，选出最优方案，进而进行详细布置设计。

7.5.2　功能区需求规划

1. 需求预测方法

规划与设计不仅要满足当前需求，更重要的是适应市场需求的变化，满足未来企业发展的需要。因此，针对不同层次的决策和规划，都存在着不同种类和程度的风险，要减少未来不确定因素带来的影响、降低风险的冲击，就要进行合理的预测。

预测方法大致可分为以下两类。

(1) 定性预测。定性预测是根据企业中对市场较为了解的人员的主观判断和假设所做出的预测。这类方法的准确性依赖于个人的经验和知识、判断能力以及诚实程度等，主要有以下几种。

1) 想象法：根据个人观点判断过去的事实，以推测未来。此法太过主观。

2) 市场调查法：就真实市场做系统调查，了解市场需求。

3) 类比法：根据其他时期或其他地区企业的资料，与企业发展实际情况做比较，作为预测依据。

4) 德尔菲法：先用一张调查表询问一组专家针对某些问题的意见，再从收回的调查表中，利用四分位数产生另一张调查表，再实施问卷调查，如此周而复始，直到大部分的专家都同意某种预测结果，通常需要进行三次循环，属于长期且单次的预测。由于多次考虑不同专家的意见，故信息更为客观。

(2) 定量预测。定量预测通过历史数据，建立定量化模型，以用于对未来值的预测。它可分为时间序列分析法、因果分析法、模拟法三类。

1) 时间序列分析法：在一定的假设前提下，利用历史资料来对将来活动进行合理预测。可分为：移动平均法、指数平滑法、Box-Jenkins 法、趋势投射法、回归分析法。

2) 因果分析法：以数学方程式来表示有关联的因果关系，是预测方法中最复杂的一种。常用的方法为：回归分析法、投入产出模型。

3) 模拟法：为动态模型，利用程序模拟进行预测。一般情况下，影响预测准确性的因素有很多，常采用定性预测与定量预测相结合的方法对同一对象进行预测。另外，影响预测的因素可能会随时变化，很难找到一种适用于不同长度预测时间段的模型方法，应针对短期、中期以及长期不同时间段建立不同的预测模型，其中短期预测模型将提供最为准确的预测结果信息。

2. 功能区需求规划流程

根据对物流配送中心战略规划以及现状资料的分析，可以确定物流配送中心的具体功能。为了减少各项作业之间的干扰、便于管理和更好地组织生产，通常管理者会将物流配送中心场地及场内各建、构筑物，按其使用功能不同分为若干功能区。然而目前文献资料上记载的有关功能区如何划分、划分多少个区域较为合适尚无统一的方法，以致物流配送中心功能区划分较为混乱，设置也不规范，这从某种程度上甚至增加了管理以及生产组织的难度。针对这一问题，本节从物流配送中心各发展阶段的特点及其功能的完善程度出发，采用分步规划的方法规划物流配送中心功能区。根据物流配送中心的具体功能，规划功能（大）区；当作业流程明确后，我们结合物流配送中心的作业特征将各项物流功能细化，借鉴模块化方法的思想把功能（大）区分为若干功能子区。物流配送中心功能区规划流程如图 7-6 所示。

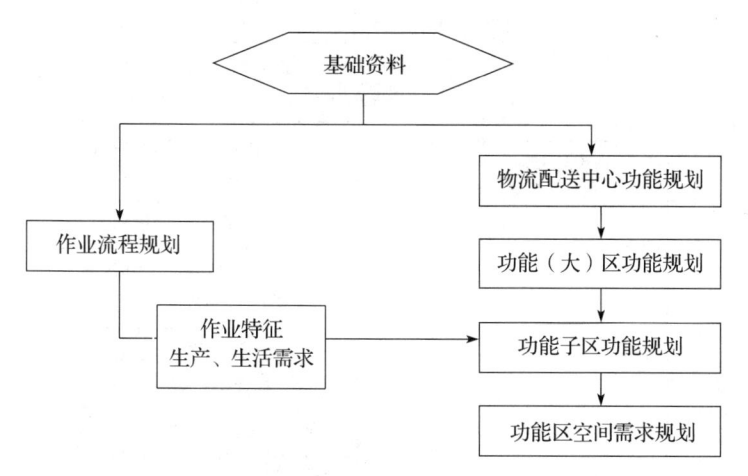

图 7-6　物流配送中心功能区规划流程

分步规划物流功能区使规划工作更具系统性和条理性，并能防止重要功能区遗漏的现象发生，也方便后续区域之间关联性分析以及功能区布置工作的进行。

（1）物流配送中心功能规划。

物流配送中心功能是物流配送中心能够提供的各种物流服务的总称。物流配送中心作为一种专业化的物流组织，不仅需要具备一般的物流服务功能，还应该具备提供适合不同需要的高附加值和定制化个性服务的增值功能。因此，比较合理的规划和设计物流配送中心的功能，是物流配送中心作业流程规划、功能区功能规划、设施规划等工作的基础。物流配送中心的功能设计采用自上而下的方法，根据物流配送中心的规划原则，对物流配送中心功能规划所涉及的核心因素进行列举和分析，针对物流需求的多样性，找到适合自己进入的细分市场。然后通过收集与整理国内外物流配送中心的案例，分析并讨论物流配送中心运作与发展情况，结合企业战略规划设定物流配送中心的功能。

（2）功能区作业功能规划。

一般物流配送中心功能区作业功能规划如图 7-7 所示。根据区域内作业性质，一般物流配送中心功能区分为两大类：物流功能区和非物流功能区。其中，在物流功能区内完成对应相关物流作业，分析物流作业流程与物流配送中心功能的关系以及物流活动之间的联系，将物流功能区分为进货区、仓储区、流通加工区、理货区、出货区、逆向物流作业区等。物流辅助作业、配合作业以及行政、生活服务等在非物流功能区进行。

1）物流功能区。

①进货区。从货物运达到入库所要进行的相关作业，包括车辆到达、卸货、验收等操作。各种操作对应的功能子区包括卸货区、入库验货区、进货暂存区等。

②仓储区。主要进行仓储保管工作。根据所储存货物的性质，仓储区包括普通储存区、特殊商品储存区以及堆场等。

③流通加工区。主要完成针对一些初级产品进行的二次加工，或零配件重新组装成产品等加工作业，以及产品包装、运输包装、流通包装、打印条码等作业。流通加工区包括加工区、包装区等。

```
                              ┌─→ 卸货区、入库验货区、
                              │    进货暂存区等
                              │
                              ├─→ 普通储存区、特殊商品
                              │    储存区、堆场等
                              │
                   ┌─物流功能区─┼─→ 加工区、包装区等
                   │          │
                   │          ├─→ 称重区、拣货区、补货区、
                   │          │    分类区、集货区、配货区等
                   │          │
                   │          ├─→ 出库验货区、出货
  物流              │          │    暂存区、装货区等
  配送──┤          │
  中心              │          └─→ 退货卸货区、退货处理区、换货区、
                   │               退货暂存区、瑕疵品暂存区等
                   │
                   │          ┌─→ 容器回收区、废料处理区、设备
                   │          │    停放区、设备维修区、停车场等
                   │          │
                   └非物流功能区─┼─→ 办公事务区、能源动力区、
                              │    绿化区、通道等
                              │
                              └─→ 展示大厅、商务洽谈区、餐饮休息
                                   区、车辆检修中心、休息服务区等
```

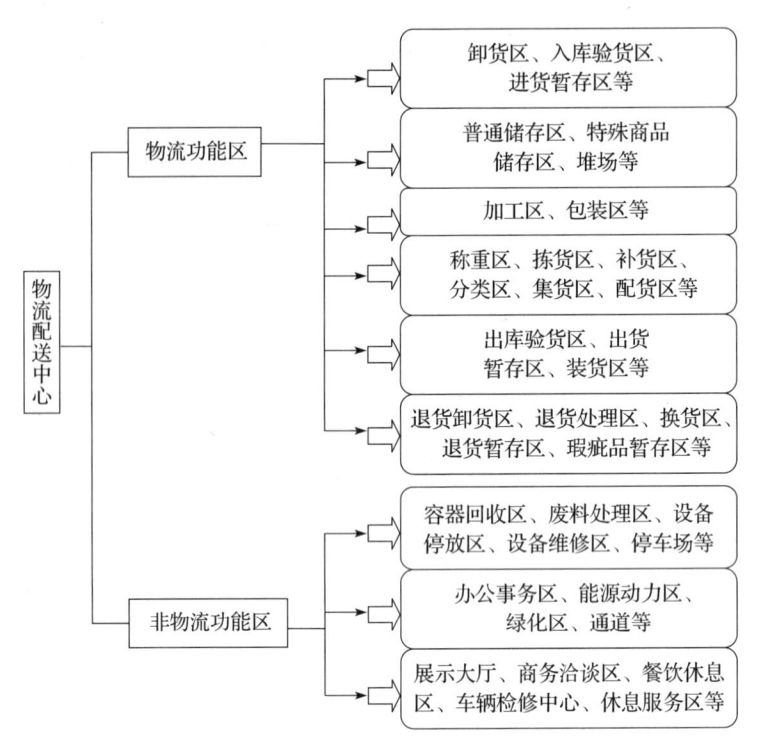

图 7-7　一般物流配送中心功能区作业功能规划

④理货区。主要完成理货、拣货、补货、分类、集货、验货、配货等作业，进行货物运达物流配送中心后进入后续流程的先期处理，以及货物即将从物流配送中心出去前的先期处理。理货区一般分为两类，即进货理货区与出货理货区。理货区也可细分为称重区、拣货区、补货区、分类区、集货区、配货区等。

⑤出货区。将集中待发的货品经过检验至装车起运全过程的相关作业。从布局和结构看，出货区与进货区类似。各种操作对应的功能子区包括出库验货区、出货暂存区、装货区等。

⑥逆向物流作业区。物流配送中心对退货、瑕疵品及废品等进行处理及存储的作业区域，包括退货卸货区、退货处理区、换货区、退货暂存区、瑕疵品暂存区等。

2）非物流功能区。

①辅助作业区。辅助物流作业的场所，如容器回收区、废料处理区、设备停放区、设备维修区、停车场等。

②配合功能区。为配合物流配送中心正常运营所必需的业务管理，提供安全、消防、绿化以及车辆通行等的区域，包括办公事务区、能源动力区（配电室、空调机房等）、绿化区、通道等。

③服务功能区。提供增值服务以及生活服务的场所。如为供货商提供展览、促销、交易场所；提供金融、工商、海关、税务等配套服务；提供车辆检修、加油等服务；为客户及工作人员提供休息、接待、娱乐、餐饮等服务。包括展示大厅、商务洽谈区、餐饮休息区、车

辆检修中心、休息服务区等。

功能子区的划分根据作业特征、作业量以及作业的繁杂程度细化，有些作业可能在几个功能区均有发生，规划与设计时要尽量保证不同工作区有适当隔离，且工作区的划分灵活、简单。

(3) 功能区空间需求规划。

空间需求规划在整个物流配送中心规划与设计中占有重要的地位。明确了物流配送中心所需要的功能区之后，即可进行功能区空间需求规划。

一般来说，决定物流配送中心空间规模需求的方法有五种，每种方法各有其使用时机和特点，在设计方案时也可同时使用多种方法，通过不同方法对空间需求进行估算，核查估算数量的可靠度。

1) 计算法。

分别根据各功能区人员活动和货物储存的空间需求计算各个活动或区域所需要的个别空间或小区域，然后汇总而获得空间需求的方法。

2) 换算法（又称为因素法）。

根据现有布局的占地面积，通过分析未来布局计划中可能改变的因素做出合理的预测，得出所需面积，常用于初期估算需求面积，且较为常用。

3) 空间标准法。

参考已建设施的空间标准来决定规划设施所需空间，该方法也较为常用。

4) 经验推算法。

根据以往经验，在掌握可能的物流作业量的基础上推算出需求规模。

5) 比率趋势法。

以面积对某些因素的比率（如人数/米^2），做出空间需求的估算。该法适用于固定设备和投资较少且设备有多种用途的区域（如储存区）的长期计划。

一般在规划物流配送中心各区域时，应以物流作业区为主，再延伸到相关非物流作业区域。对物流作业区的规划，可根据流程进出顺序逐区进行，避免由于区域规划不当引起的瓶颈；当缺乏有关资料无法逐区规划时，可从仓储区规划开始，根据仓储区规划进行前后相关作业的规划。对于各类功能区域，由于其功能不同，空间面积估算应依各自主要影响因素进行。下面我们对物流配送中心各大功能区域的空间需求估算进行分析。

1) 进、出货区。

物流配送中心内所有货流都会流经进货区、出货区，因此进、出货区的设计是物流配送中心规划的重要内容之一。由于出货区与进货区在结构上有相似性，故设计过程也相似，在此以进货区设计为例进行分析。

分析进货区的影响因素，主要是进货量、进货频率、进货时间、进出货口是否共用、卸货车辆特征及进出频率、货物特征及装载特性、卸货方式及配置设备的特征等。

装卸区是整个物流配送中心实现高效率运转的一个至关重要的环节，其设计得是否合理将直接影响到进出货的效率。进货区的安排形式可根据作业性质、厂房形式以及仓库内物流动线来决定。

根据进货区的构成，进货区面积可按下式计算：

$$S_I = \sum S_i, \quad i = 1, 2, \cdots, n \tag{7-4}$$

式中 S_I——进货区面积；

S_i——进货区功能子区（如卸货区、进货暂存区等）的面积；

n——功能子区的数量。

2) 仓储区。

在计算仓储区的空间需求时，无论仓储区如何布局，均应首先考虑存货所需占用的空间大小，并考虑货品特征及数量、存储方式、储存设备规格、通道空间以及作业要求等因素。

由于目前只是为总体布置做初步规划，故可采用周转率估计法估算仓储区储运能力。其计算公式为：

$$\text{平均库存需求量} = (\text{年仓储运转量}/\text{年周转次数}) \times \text{安全系数} \tag{7-5}$$

或

$$\text{平均库存需求量} = (\text{年仓储运转量}/365) \times \text{平均在库时间} \times \text{安全系数} \tag{7-6}$$

3) 流通加工区。

分析流通加工区空间需求的影响因素，主要是流通加工作业量、加工作业方式、加工设备规格等。

$$S_P = S_{m1} + S_{a1} \tag{7-7}$$

式中 S_P——流通加工区占用空间；

S_{m1}——加工设备占用空间；

S_{a1}——操作活动占用空间。

4) 理货区。

理货区涉及的操作较多，如理货、拣货、补货、分类、集货、验货、配货等作业，影响因素也各有不同。在规划理货区的各个区域时，需针对不同的需求情况分别考虑。无论面对何种情况，首先应该确定在该区域的货物作业量，一般以单日进出货品所需理货区空间大小为依据进行估算。

$$S_T = S_{m2} + S_{a2} \tag{7-8}$$

式中 S_T——理货区占用空间；

S_{m2}——理货设备占用空间；

S_{a2}——操作活动占用空间。

5) 逆向物流作业区。

预测处理退货、瑕疵品及废品等的工作内容及工作量，以此确定逆向物流作业区空间需求的大小。

6) 非物流功能区。

非物流功能区包括辅助作业区、配合功能区、服务功能区。非物流功能区对物流活动的进行起重要的支持作用，并对生产活动的效率、安全和顺畅进行有着重要的影响。

辅助作业区与物流作业联系最为密切，应根据其辅助功能需求结合物流配送中心的吞吐量以及设施设备选用情况进行规划。

配合功能区的规划应能满足物流配送中心正常运营需要，根据工作人员配置情况、设备选用情况以及相关规定来规划。

服务功能区的设置比较灵活，主要取决于将为制造企业以及分销商提供的附加服务，随着物流配送中心向大型化、综合化方向发展，将会有更多的物流配送中心把该区域纳入规划与设计中。

总之，物流功能区具有物流作业相关性，其空间需求的估算与各区域的功能、货物流量、作业方式以及所配备的设施和设备等有关；非物流功能区的空间需求依据人员、设备需求而定。

3. 通道规划

通道将物流配送中心的各个功能区域连接成一体，通道的规划与设计合理与否将是影响物流系统作业效率的一个关键因素，也将直接影响到场区总平面布置的合理性，以及建设投资和经营效益。物流配送中心的通道可分为物流功能区内的物流通道和物流配送中心内的交通通道。

（1）物流功能区内的物流通道规划。

物流通道主要影响物流配送中心的物流作业能力和效率，一般在规划布置厂房时，首先应结合功能区布置来设计通道的位置和宽度。

通道的规划与设计要注意以下几方面。

1）流量的经济性。即货物和工作人员在工作场区内的移动路线顺畅且最短。

①空间经济性。

尽量用较小的空间占有率发挥最大的空间效益。一般情况下，厂房越大，通道空间占用率相对越小。

②设计顺序。

结合进出口位置设计主要通道，在详细规划阶段再考虑次要通道设计。

③安全原则。

确保消防通道、紧急疏散通道顺畅，保证工作人员安全，尽量减少突发情况造成的损失。

④楼层间的交通。

对于多层库房，电梯是楼层间的主要交通工具，电梯与主通道衔接顺畅，并不影响主要通道的交通与安全。

2）通道的重要性。物流通道可分为以下三类。

①运输通道（主通道）。

连接场区进出口与各作业区，供装卸运输设备在场区内运行，其宽度主要取决于装卸运输设备的类型、外形尺寸和单元装载的大小。

②作业通道（副通道）。

连接主通道与各作业区，供作业人员存取搬运货物的行走通道，一般平行或垂直于主通道，其宽度取决于作业方式和货物的大小。

③检查通道。

供仓库人员检查库存货物时的行走通道，其宽度只要能使检查人员通过即可。

不同功能区的通道空间占有比例不同，与区域内作业量、货物特征等因素有关。不同类型的物流配送中心，通道占有率也不相同，如储存型仓库比流通型仓库的保管效率高，即使使用叉车托盘作业，储存型仓库的通道占仓库面积的30%以下，而流通型仓库往往要占到50%。

（2）物流配送中心内的交通通道规划。

物流配送中心内的交通通道规划联系着场内与外界以及场内各功能区，将对车辆、人员的进出，车辆回转，上下货等动线有影响。尤其是大型、综合性物流配送中心的车流量很大，影响更为显著。一个进出货口处理量达10万箱商品的物流配送中心每天的车流量约为500辆次；而实际上，送货、发货的车辆大多集中在几个时间带（即高峰时间）。因此，道路、停车场地及车辆运行路线的设计显得尤为重要。可以说，物流配送中心总体设计的成败，很大程度上取决于场内交通通道规划以及场内外交通衔接合理与否。

场内交通通道规划主要有三个方面：车流行驶线路规划、通道规划和停车场设计。显然，车流行驶线路的设计直接影响着场内通道规划和停车场设计。场内通道和停车场是车辆处于运动或静止状态的承载区域。

物流配送中心内的交通流组织是场内交通规划的重点。在空间功能布局确定的基础上进行车流行驶线路规划，应主要考虑以下三点。

1) 快速集散交通流。

物流配送中心吸引了大量的车流，为确保在该区域内各种车流有序、安全、便捷、快速地疏散，必须使功能分区布局合理、组织有序，最大限度地减少往返、穿插车流；同时物流配送中心内道路应与城市道路保持良好衔接，形成内外一体、通畅有序的物流通道。

2) 有序组织交通流。

在规划区内部可实行单向交通，以提高货物运输速度。同时，力求做到交通流线通顺简捷，避免干扰迂回现象，尽可能缩短各种流线的流程。

3) 交通流线适当分开。

在物流配送中心内部运作的交通工具种类繁多，需要适当考虑不同运输性质车辆的分流。如运输进站货物的车流与运输出站货物的车流适当分开，小客车车流与货车车流分开等。另外，主要货运线路和主要人流线路应尽量避免交叉，合理组织货流与人流。

根据交通流组织规划，设计场内道路系统，除了应满足车流、人流通行需求以外，还要遵从以下几条规则。

1) 物流配送中心内道路布置要与总平面布置协调一致。

一般情况下，物流配送中心主干道道路与大多数建筑物的长轴和主要出入口的位置相适应。

2) 场内道路系统一般宜采用正交和环形布置，尽量避免尽端式。

3）在满足运输要求的前提下，应尽量缩减场内道路敷设面积，节约投资和用地。

4）满足消防、卫生、安全等环境保护要求及排除雨水要求。

对于场区内通道布置主要应解决三个问题。

1）通道的走向和位置。应根据场内货流和人流的组织分配特点，结合出入口数量与位置等情况，因地制宜地布设。为了保证场内车辆行驶秩序井然，有的物流配送中心还根据需要设置大型卡车、中型卡车、乘用小车的出入口以及车辆行驶路线。大中型物流配送中心应考虑设置两个以上的出入口，一般采用"单向行驶、分门出入"的原则。

2）通道的宽度。

根据场内进出车辆车型所需的路面宽度设计，双车道的路面宽度原则上应使该路线的主要型号车辆在一定速度下能正常会车。一般物流配送中心的运输车辆包括普通卡车、双轮拖车和重型卡车。根据发展的需要，按照双轮拖车的规格尺寸来建造相应的建筑用地的道路。在非物流功能区，人员活动较为频繁，可根据需要考虑增加人行道宽度。

3）停车场规划。

停车场是物流配送中心的主要设施，其目的是提供足够的空间、便利的位置和方便的进出。根据使用对象和车型分析停车场的需求。

停车场主要有以下两种。

①客户与员工停车场。为了降低运输和配送成本，易于补充劳力，新建物流配送中心大多设置在城市郊外。由于交通不便，客户和员工都须自备交通工具，因此必须具备较大的停车场。此类停车场多停放小汽车、摩托车以及自行车。

②运输车辆停车场。大多数物流配送中心都自备运输车辆，需要配有停车场。另外，对于转运、分货功能较强的物流配送中心，在司乘人员休息过程中，也需要为其他单位长途运输车辆提供停放场地。此类停车场一般停放大型货车。

停车场的一般规划步骤如下。

a. 停车需求调查。

b. 分析停车需求，决定停车场容量（包括各类停车位的需求量）。

c. 根据车型决定每辆汽车所需停车面积，进而确定停车场所需的总空间需求。若物流配送中心停车场停放车辆车型结构复杂，计算面积时可采用如下方法：

$$T = k \times S \times N \tag{7-9}$$

式中　T——停车场面积；

　　　k——车辆换算系数（按面积，$k=2$ 或 3）；

　　　S——单车投影面积（米^2）；

　　　N——停车场容量。

单车投影面积根据选取主要车型的投影面积来确定。

d. 依据现有空地面积发展不同停车场形式及其布局方案，并形成数个可满足需求的布局方案。

e. 选择最佳的空间利用率和最方便实用的停车场布局。

7.6 系统布置方法

系统布置设计（systematic layout planning，SLP）是美国的理查德·缪瑟（Richard Muther）提出的极具代表性的系统布置方法。系统布置设计是一种久负盛名的经典方法。这种方法要建立一个相关图，表示各部门的密切程度。相关图类似于车间之间的物流图。相关图要用试算法进行调整，直到得到满意方案为止。接下来就要根据建筑的容积来合理地安排各个部门。为了便于对布置方案进行评价，系统布置设计也要对方案进行量化。根据密切程度的不同赋予权重，然后试验不同的布置方案，最后选择得分最高的布置方案。

缪瑟的系统布置方法是一种条理性很强，将物流分析与作业单位关系密切程度分析相结合，求得合理布置的技术，因此在布置设计领域获得极其广泛的运用。20 世纪 80 年代，该方法传入中国并逐步成为工厂布局设计的主流方法。

1. SLP 方法的特点

SLP 将设施规划和设计向科学化、精确化和量化方向迈进了一大步。它主要有以下特点。

（1）定性分析与定量分析有机结合。
（2）以大量的图表分析和图形模型分析为手段，直观清晰。
（3）采用了严密的系统分析手段和规范的设计步骤，逻辑性和条理性较强。
（4）着眼于整个物流系统，反复修正与调整，设计方案具有很强的合理性和实用性。
（5）操作性和实践性强，适用范围广，可以应用于各种类型的企业。

但由于历史的局限性，SLP 方法没有充分考虑利用计算机技术。传统的 SLP 主要是手工布置，受主观经验、自身知识及能力等多种因素的影响，往往得不到较优解。

因此，针对 SLP 的这些优缺点，相关学者做了相应的改进。20 世纪 60 年代以来，以 J. M. 摩尔等为代表的一批设施规划与设计学者开始利用计算机的强大功能，帮助人们解决设施布置的复杂任务，节省了大量的人力、物力。

20 世纪 80 年代，日本物流技术研究所铃木震提出的 EIQ 分析法应用于系统布置设计，在一定程度上大大改善了 SLP 方法，拓宽了 SLP 方法的应用范围。

缪瑟自己也在 20 世纪 90 年代，在 SLP 的基础上，针对日常处理最多的布置设计中的中小项目，提出了简化的系统布置设计（simplified systematic layout planning，SSLP），SSLP 比 SLP 在工作过程方面更为简捷。

同时，威廉·温拿等工厂设计师们在实践中不断对 SLP 进行发展和完善，在 20 世纪 90 年代提出了新的战略设施规划（strategic facilities planning，SFP），其核心思想表现为两个方面。

第一，把设施布置提升至战略高度，通过一次根本性的再聚焦以及精益原则来提高企业整体生产力。实施的关键是企业流程再造原理，并进行业务重组。

第二，新的战略设施规划融合了优良的计算机辅助设施布置方法，在一定程度上实现了设施布置的快速响应，在设施布置项目向大型化、复杂化方向发展的今天，考虑到时效性，计算机辅助设施布置方法已经逐渐成为设施布置设计的主流。

2. SLP 方法的基本思路

在 SLP 方法中，缪瑟将研究设施布置问题的依据和切入点，归纳为 P——产品、Q——产量、R——工艺过程、S——辅助部门、T——时间这五个基本要素，采用 SLP 法进行总平面布置的首要工作是对各作业单元之间的相互关系做出分析，包括物流关系和非物流关系，经过综合得到作业单元相互关系图，然后根据相互关系图中作业单元之间相互关系的密切程度，决定各作业单元之间距离的远近，安排各作业单元的位置，绘制作业单元位置相关图，将各作业单元实际占地面积与作业单元位置相关图结合起来，形成作业单元空间相关图；通过作业单元空间相关图的修正和调整，得到数个可行的布置方案；最后采用系统评价方法对各方案进行评价择优，以得分最多的布置方案作为最佳布置方案。具体流程如图 7-8 所示。

选出最佳布置方案后，整个物流系统布置设计要分四个阶段进行，称为"布置设计四个阶段"，即确定位置阶段、总体区划阶段、详细布置阶段和施工安装阶段。

这四个阶段交叉进行，其中总体区划阶段与详细布置阶段是布置设计最重要的阶段，也是布置设计的关键所在。在物流配送中心的整个规划与设计中，需要经历物流配送中心选址、平面布置、搬运系统设计、辅助部门设置、方案评价与选择等众多细化的工作，而平面布置设计处于其中的核心位置，其主要任务就是确认各作业单元、职能管理部门、辅助管理部门的功能，确定它们的占地面积和外形尺寸，根据它们之间的联系和运作流程，确定其平面位置。

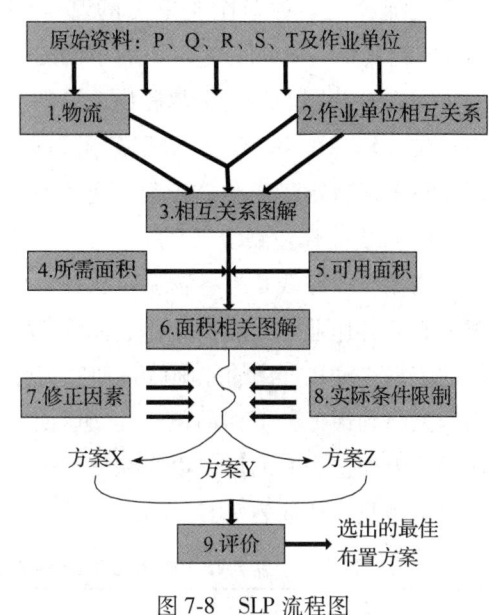

图 7-8 SLP 流程图

3. 原始资料分析

在 SLP 方法中，缪瑟最初是以工厂布置问题为依据和出发点的，故把产品（P）、产量（Q）、工艺过程（R）、辅助部门（S）和时间（T）作为五个基本要素。这五个基本要素是设施规划时不可缺少的基础资料。在物流配送中心布置规划中，可以把这些要素的概念适当修正为物流对象（P）、物流量（Q）、物流作业路线（R）、辅助部门（S）和作业时间安排（T）。其中物流对象（P）、物流量（Q）、物流作业路线（R）是重点分析的对象。

（1）物流对象（P）。

在物流配送中心规划中，物流对象是进出物流配送中心的货物。不同的物流对象对整个物流作业路线的设计、设施装备、存储条件都有不同的要求，在一定程度上决定了布置规划的不同。因此，需要对货物进行分类。物品特征分析结果是货物分类的重要参考因素，如按储存保管特征可分为干货区、冷冻区及冷藏区，按货物重量可分为重物区、轻物区等。因此，物流配送中心规划时首先需要对货物进行物品特征分析，以划分不同的储存和作业区域以及作业线路。

（2）物流量（Q）。

在物流配送中心规划中，物流量是指各类货物在物流配送中心里的物流作业量。物流量不仅直接决定着装卸、搬运等物流成本，还在一定程度上影响着物流设施的规模、设施数量、建筑物面积、运输量等。但物流量的确定较麻烦，为了准确地测定物流配送中心的物流量，需要收集每一类货物出入中心的数量以及各单元之间的流量变化。在收集过程中必须考虑物流配送中心各个作业单元的基本储运单位。一般物流配送中心的储运单元包括托盘（P）、箱（C）和单件（B），而不同的储运单元，其配备的储存和搬运设备也不同，所需要的空间也有差别。因此，掌握物流量的同时，掌握储运单位转换也相当重要，需要将这些包装单位（P、C、B）纳入分析范围，即进行所谓的PCB分析。在考虑实际的物流量的同时，还要对未来货物量变动趋势有一定的预见性，对未来的流量进行预测。

（3）物流作业路线（R）。

物流作业路线是指各物流对象在各作业单元之间的移动路线。作业路线既反映了物流配送中心的各作业单元的物流作业流程，也反映了各个功能区之间的联系，是后面物流相关分析的依据。SLP方法的原则就是使物流作业路线简捷顺直，减少不必要的搬运，并试图使下列因素降到最低：①移动距离；②返回次数；③交叉运输；④费用。物流作业路线的确定往往受物流配送中心的运作模式和管理模式等的影响。物流配送中心各作业单元间的物流作业路线类型及描述如表7-12所示。

表7-12　物流配送中心各作业单元间的物流作业路线类型及描述

序号	作业单元间的物流作业路线类型	图示	描述
1	直线型		适用于出入口在作业区域两侧、作业流程简单、规模较小的物流作业，无论订单大小与配货品种多少，均需通过作业区域全程
2	双直线型		适用于出入口在作业区域两侧、作业流程相似，但是有两种不同进出货形态或作业需求的物流作业
3	锯齿型或S形		适用于较长的流程，需要多排并列的作业
4	U形		适合于出入口在作业区域的同侧的作业，可依进出货频率大小安排接近进出口端的储区，以缩短拣货、搬运路线
5	分流型		适用于批量拣取后进行分流配送的作业
6	集中型		适用于因储存区特点将订单分割在不同区域拣取后进行集货的作业

4. 物流分析

物流分析主要是确定物流对象在物流作业过程中每个作业单元之间移动的最有效顺序以及移动的强度和数量。物流分析是物流配送中心布置设计的核心工作。物流分析通过对基础数据相互之间的依赖关系分析,为后续的布置设计提供参考。物流分析方法通常由物流对象(P)和物流量(Q)的性质决定,不同的运作类型应采用不同的分析方法。

(1) 物流作业过程图。

对于物流量(Q)很大而物流对象(P)的种类或品种比较少的物流系统,采用标准符号绘制物流作业过程图,在作业过程中注明各作业单元之间的物流量,可以直观地反映出物流配送中心的作业情况。因此,只要物流对象比较单一,无论物流配送中心规模大小如何,都适合用物流作业过程图来进行物流分析。

(2) 从至表(from-to charts)。

当物流对象(P)种类很多,物流量(Q)也比较大时,用物流从至表研究物流状态是比较方便的,如表7-13所示。通常用一张方阵表来表示各物流作业单元之间的物流方向和物流量。方阵表中的行表示物流作业单元之间物流的源头,而列表示物流的目的地。行列交叉点表明从源头到目的地的物流量。

表 7-13 物流从至表

从/至	作业单元 1	作业单元 2	…	作业单元 n
作业单元 1				
作业单元 2				
⋮				
作业单元 n				

(3) 成组分析法。

当物流对象的品种较多,而物流量的规模较小时,可以将作业流程相似的物流对象进行分组归类,根据每一组物流对象及其对应的物流量画出从至表。

5. 作业单元相关性分析

物流分析是物流配送中心规划的重要依据,但有时还存在一些非物流关系。这些非物流关系可能对物流运作产生重大影响,是必须要重视的。另外,在物流配送中心内还存在一些管理或辅助性的功能区域,这些区域尽管本身没有物流活动,但却与作业区有密切的业务关系,而这些非物流的业务关系必须通过作业单元相关性分析来反映。不同的是,物流分析的基础是物流对象(P)、物流量(Q)、物流作业路线(R),而作业单元关系分析是以物流对象(P)、物流量(Q)和辅助部门(S)为基础的。

评价作业单元相互关系时主要考虑以下几个方面。

(1) 程序性关系:因物料流、信息流而建立的关系。
(2) 组织与管理上的关系:部门组织形成的关系。
(3) 功能上的关系:区域间因功能需要而形成的关系。
(4) 环境上的关系:因操作环境、安全考虑而需保持的关系。

根据相关要素，可以对任何两个区域的相关性进行评价。评价相关紧密性程度的参考因素主要包括人员往返接触的程度、文件往返频度、组织与管理关系、使用共享设备与否、使用相同空间区域与否、物料搬运次数、配合业务流程顺利与否、是否进行类似性质的活动、作业安全上的考虑、工作环境是否改善、是否提高工作效率及人员作业区域的分布如何等内容。作业单元之间关系的密切程度可划分为 A、E、I、O、U、X 六个等级，其含义及表示方法如表 7-14 所示。根据 Heragu 的建议，一般来说，一个布置内 A、E、I 级的关系不超过 30%，其余为一般关系（O、U 级），X 的关系需要视具体情况而定。

表 7-14 作业单元之间关系密切程度的等级及表示方法

符号	含义	色彩	线型	占有比例/%
A	绝对重要（absolutely important）	红色	4 条平行线	2~5
E	特别重要（especially important）	橙色或黄色	3 条平行线	3~10
I	重要（important）	绿色	2 条平行线	5~15
O	一般（common）	蓝色	1 条平行线	10~25
U	不重要（unimportant）	无色	无	25~60
X	禁止（forbidden）	褐色	折线	

为了简明地表示所有作业单元之间的物流关系，采用作业单元相互关系图来描述，即在行与列交叉的菱形框中填入相关的作业单元之间的关系密切程度等级，以此来反映所有的物流关系，如图 7-9 所示。在绘制作业单元相互关系图时，也可将确定各作业单元之间的物流关系等级的所有理由列成编码表，根据编码表，管理者应将关系等级与确定该等级的理由一同填入行与列交叉的菱形框中。

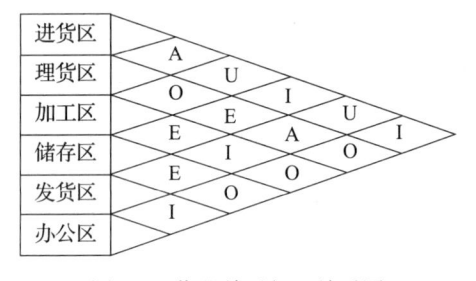

图 7-9 作业单元相互关系图

6. 作业单位综合相互关系分析

物流配送中心内部布置规划中，各作业单元之间既有物流联系，又有非物流联系。在 SLP 中，要将作业单元之间的物流关系和非物流关系进行合并，求出综合相互关系，然后由这个综合相互关系出发，实现各作业单元的合理布置。综合过程按以下步骤进行。

（1）确定物流关系与非物流关系的相对重要性。

一般来说，物流（m）与非物流（n）之间的比重应介于 $1:3 \sim 3:1$。在实际布置中，一般相对重要性的比值 $m:n$ 取 $3:1$，$2:1$，$1:1$，$1:2$ 以及 $1:3$ 几个值。

（2）将关系密切程度等级量化。

一般取 A=4，E=3，I=2，O=1，U=0，X=-1。

（3）计算两个作业单元之间综合相互关系的量化值。

设两个作业单元为 i，j，其综合相互关系的值为 TR_{ij}，物流关系的量化值表示为 LR_{ij}，非物流关系密切程度的量化值为 NR_{ij}，则 $TR_{ij} = m \times LR_{ij} + n \times NR_{ij}$。

(4) 综合相互关系等级划分。

对 TR_{ij} 进行等级划分，建立作业单元综合相互关系表。根据递减的 TR_{ij} 值再将关系等级划分为 A、E、I、O、U、X 六个等级。划分等级的比例如表 7-15 所示。

表 7-15 综合相互关系等级表及比例

符号	含义	所占比例/%
A	绝对重要	1~3
E	特别重要	2~5
I	重要	3~8
O	一般	5~15
U	不重要	20~85
X	禁止	

在对物流与非物流相互关系进行合并时，任何一级物流相互关系与 X 级非物流相互关系等级合并后的等级不应该超过 O 级，对于某些极不希望靠近的作业单元可以设为 XX 级，表示绝对不能相互靠近。

(5) 经过调整，建立综合相互关系图。

综合相互关系图的形式与图 7-9 中作业单元相互关系图一致。

7. 作业单元位置和空间关系图确定

在布置与设计位置时，首先应根据综合相互关系图中级别高低按顺序先后确定不同级别作业单元的位置，关系级别高的作业单元之间距离近，关系级别低的作业单元之间距离远，而同一级别的作业单元按综合相互关系级别高低顺序来进行布置。作业单元综合关系级别高的应处于中间位置，分值低的处于边缘位置。

在 SLP 中，缪瑟采用了线型图"试错"来生成空间关系图，各个级别的线型用表 7-14 中的线型表示。在绘制线型布置图时，首先将 A、E 级关系的作业单元放进布置图中，同级别的关系用相同长度的线段表示。经过调整，使 E 级关系的线段长度约为 A 级关系的 2 倍。随后，按同样的规则布置 I 级关系。若作业单元比较多，线段比较混乱，则可不必画出 O 级关系，但 X 级关系必须表示出来。调整各作业单元的位置，以满足关系的亲疏程度。根据图 7-9 的作业单元相互关系图的关系等级可生成初步线型关系图，如图 7-10 所示。

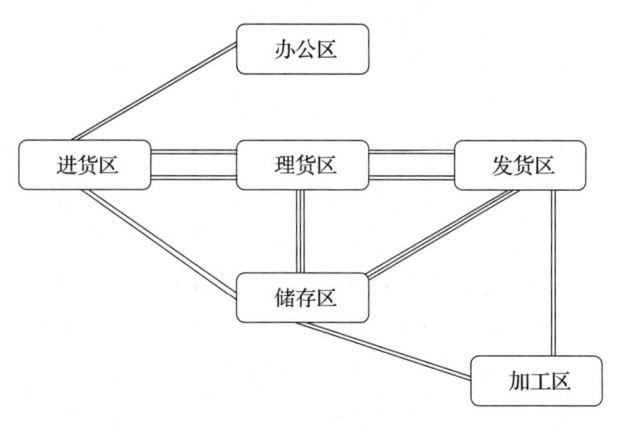

图 7-10 线型关系图

作业单元空间关系的确定是和配送中心的平面形状和建筑空间几何形状结合起来的。各个作业单元的占地面积由设备占地面积、物流模式、人员活动场地等因素决定。将各个作业单元的面积加入布置图中，可生成空间关系图。

SLP 中直接生成的空间关系图只能代表理想情况下的布置方案，在实际规划中，还需要考虑场址条件和周围情况、建筑特征、容积率、绿地与环境保护空间的比例及限制、人员需要、搬运方法、资金等实际限制条件，以及各种修改意见，通过调整修正得到多个可行的布置方案。

8. 方案评价与选择

对调整修正得到的多个可行的布置方案进行综合评价，在综合评价的基础上，最后选择一个最优的布置方案。

本章小结

物流配送中心是综合性、地域性、大批量的物资实现物理位移的集中地，它把商流、物流、信息流和资金流融为一体，成为产销企业之间的中介。物流配送中心有不同的分类方式，比如，根据作业特点可分为流通型物流配送中心、加工配送型物流配送中心、批量转换型物流配送中心。

物流配送中心规划与设计包括设施选址、物流功能规划与设计、物流设施规划与设计、信息系统规划与设计、运营系统规划与设计等多方面内容。物流配送中心规划与设计过程主要可分为四个阶段，分别是准备阶段、总体规划阶段、详细设计阶段和实施阶段。物流配送中心规划与设计中所要收集的基础资料包括现行作业资料和未来规划需求资料两部分。通常可以用以下方法对收集来的资料进行分析：ABC 分析法、订单变动趋势分析法、EIQ 分析法。

物流配送中心选址是指在一个具有若干供应点及若干需求点的经济区域内，选一个地址设置物流配送中心的规划过程。选址规划所要考虑的因素有：经济环境因素、自然环境因素、政策环境因素。

确定物流配送中心的规模也是物流配送中心规划与设计中最重要的部分之一。影响物流配送中心规模的因素可以概括为宏观影响因素和微观影响因素两个方面。宏观影响因素包括候选地的地理环境和区域社会经济因素；微观影响因素包括功能定位、技术水平、服务水平、可用投资等因素。

系统布置设计（SLP）方法的基本思路是：将问题归纳为 P——产品、Q——产量、R——工艺过程、S——辅助部门、T——时间这五个基本要素，采用 SLP 法进行总平面布置的首要工作是对各作业单元之间的相互关系做出分析，包括物流关系和非物流关系，经过综合得到作业单元相互关系图，然后可以根据相互关系图中作业单元之间相互关系的密切程度，决定各作业单元之间距离的远近，安排各作业单元的位置，绘制作业单元位置相关图，将各作业单元实际占地面积与作业单元位置相关图结合起来，形成作业单元空间相关图；通过作业单元空间相关图的修正和调整，得到数个可行的布置方案；最后采用系统评价方法对各方案进行评价择优，将得分最多的布置方案作为最佳布置方案。

复习思考题

1. 简述物流配送中心的功能和分类。

2. 简述物流配送中心规划的主要内容。
3. 简述 EIQ 分析法的步骤。
4. 如何确定物流配送中心的规模?
5. 简述系统布置设计方法的步骤。
6. 如何绘制线型关系图?它需要哪些信息?
7. 如何评价作业单元的相互关系?根据其密切程度如何分级?
8. 物流配送中心的物流作业路线类型有几种?

案例分析

某配送中心规划的 EIQ 分析

某连锁超市配送中心负责其辖区(含郊区)及周边 4 个县的连锁分店配送工作。商品库存量为 60 万箱,日均分拣量达 7 万箱,日最大分拣量达 10 万箱。根据其去年销售数据分析可知,销量前 40 名品牌的日分拣量占总分拣量的 80%。由于本配送中心库存品牌较多,且日均出货品牌达 235 个,每日订单数约为 5 600 单,因此对某日其中的 100 单订单进行抽样,进行 EIQ 分析。

1. 订单量(EQ)分析

对订单出货资料进行 EQ 分析可了解单张订单出货量的分布情形,以此来确定储区规划及拣货模式,且可做以下几个方面的统计与分析。

(1) EQ 分布图。

如图 7-11 所示,通过 EQ 图不仅可以了解单日订单订货数量的趋势,确定此配送中心为一般型的配送中心,还可以大体确定对于客户 ABC 分类的初步标准及对于分拣设备的选用,可以采用分类分批的方式进行分拣。

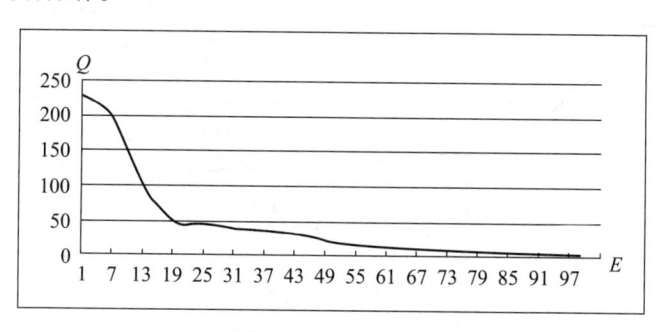

图 7-11 EQ 分布图

(2) EQ-ABC 分类分析如表 7-16 所示。

表 7-16 EQ-ABC 分类分析

分类	订单数量/单	比例	订货数量/箱	比例	平均订货量/箱
A	19	19%	2 947	65.4%	155.11
B	28	28%	786	17.5%	28.07
C	53	53%	770	17.1%	14.52
合计	100	100%	4 503	100%	44.03

(3) 分析结论。

订单出货量分布分散，趋于两极分化，说明订单的订货量波动范围很大，可进行 ABC 分类。

A 类订单为大订单，出货总量 2 947 箱，可考虑利用订单分割策略进行分区分拣作业。

B 类订单为较大订单，订单数量占总数量的 28%，可以进行一般分拣作业，如有可能也可以与 A 类部分订单合并分拣。

C 类订单虽然总出货量很少，但是其订单数较多，占总订单数量的 53%，可以适当采用订单合并的分拣方式，提高分拣作业效率。

从以上分析可知，若采用一种拣选策略，虽说可满足需求，但拣选效率太低，拣选成本太高。故应采取订单分批拣选方式。

2. 订单品项数（EN）分析

EN 分析主要就订单与订单所订货物的品项数两个关键要素进行统计分析。在连锁商业系统，一般每个连锁超市配送中心的商品总品项数为 450~520，但是每日订单所涉及的品项数只有 180~200。

(1) EN 分布图。

下面的分析抽取了 10 月消费平均季节周四的一个牙膏订单，因为牙膏属于日用品，没有诸如峰值和低谷等特定因素的影响，比较具有代表性。绘出 EN 分布图，如图 7-12 所示，所抽取日的总出货品项数为 54。由 EN 分布图可以看出，单张订单最多出货品项数为 25，最少为 1，大部分订单的出货品项数集中在 10 以下。这样，如果在一台分拣设备上进行全部订单的操作，就会造成分拣设备的庞大与分拣工作量的不平衡，由此推断订单分拣适合采用分区规划的方法，可将订单在不同的区域、不同的时间段或不同的分拣设备上进行分拣作业。

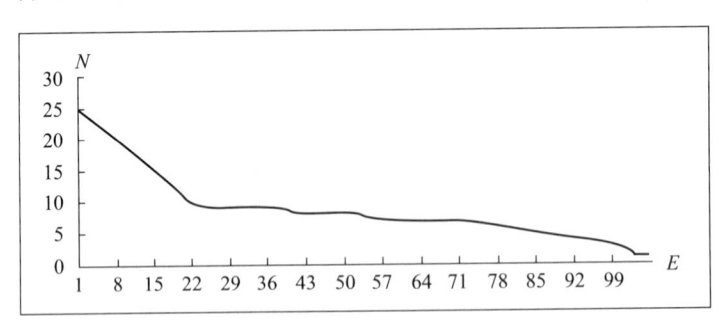

图 7-12 EN 分布图

(2) EN-ABC 分类分析。

我们在订单 EN 分析的基础上进行 ABC 分类分析，确定关键品项数及关键订单数。EN-ABC 分类分析如表 7-17 所示。

表 7-17 EN-ABC 分类分析

分类	订货品项数/项	订单数量/单	订单比率
A	10 以上	15	15%
B	6~9	35	35%
C	1~5	50	50%

（3）单张订单总出货品项数、出现频率如表 7-18 所示。

表 7-18　单张订单总出货品项数、出现频率

出货品项数/项	25	23	22	21	19	18	15	12	11	10	9	8	7	6	5	4	3	2	1
出现频率/次	1	1	2	2	1	2	2	1	1	2	3	5	16	11	12	8	9	7	4

（4）分析结论。

由 EN 分布图与 EN-ABC 分类分析表可知，订单品项数分布分散，两极分化，可进行 ABC 分类。

A 类订单为多品项订单，订货量较大，可考虑采用订单分割策略进行分区分拣作业。

B 类订单为较大订单，也是较为普遍的分拣品项数范围，故采用一般分拣方式。

C 类订单品项少，但其订单数较多，占总订单数量的 50%，建议在一般分拣方式的同时，可以采用订单合并分拣策略，对相对较小出货量订单运用合并订单分拣方式。

由以上的分析可知，单张订单最多出货品项数为 25 种，最少出货品项数为 1 种，若采用同一种订单处理策略，则分拣效率太低，故需要采用不同的订单处理策略。

3. 品项数量（IQ）分析

IQ 分析主要用来分析各类产品出货量的分布状况，分析产品的重要程度与出货量规模。通过对该配送中心某一天 100 个订单的出货品项的出货量进行 IQ 分析，分析该配送中心的关键品牌，并找出关键品牌在整个分拣作业中的地位。

（1）IQ 分布总图。

通过数据分析可以给出该配送中心的订单品项数量 IQ 分布图，如图 7-13 所示。由图可知其趋于两极分化，出货量很大的品项为畅销品牌，而出货量极小的品项也只有很少数的几个偏僻品牌。

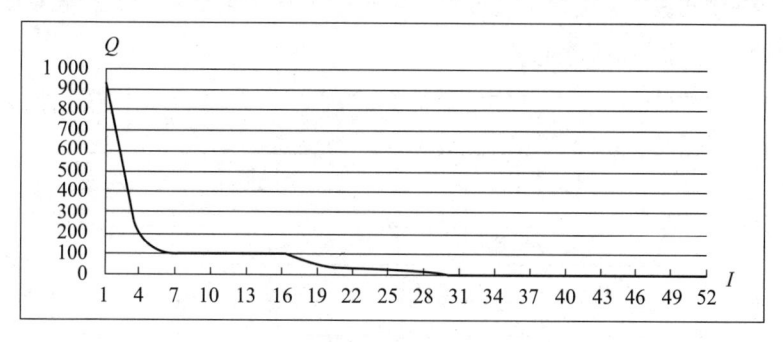

图 7-13　IQ 分布图

（2）IQ-ABC 分类分析，如表 7-19 所示。

表 7-19　IQ-ABC 分类分析

分类	出货量分布/箱	品项数量/项	品项比例	出货量/箱	出货量比例
A	900 以上	1	1.9%	940	20.9%
	500~899	2	3.7%	1 097	24.4%
B	100~499	13	24.1%	1 856	41.2%
	50~99	5	9.3%	321	7.1%

（续）

分类	出货量分布/箱	品项数量/项	品项比例	出货/箱	出货量比例
C	10~49	14	25.9%	199	4.4%
	1~9	19	35.1%	90	2.0%
总计		54	100%	4 503	100%

（3）分析结论。

由 IQ 分布图和 IQ-ABC 分类分析表可知，订单品项数量分布分散，两极分化，可进行 ABC 分类，控制出货方式或进行库存管理。

由表 7-19 的 IQ-ABC 分类分析表可知，单品项出货量在 100 箱以上的品项有 16 种，占总出货品项数的 29.7%，而其出货量占总出货量的 86.5%，因此 16 种品牌应作为重点管理。

由 IQ 统计可知，最多出货量的品项与最少出货量的品项之间的数量差还是很大的，考虑到补货的频率与分拣的整体作业流程，要在一台分拣机上完成所有品项的分拣是不太合理的，会浪费人力和物力，同时造成工作量的不均衡，所以在这里依然可以看出应该对关键品牌采用分类分批分拣方式。若 ABC 类商品都堆存在一个区域，会造成补货、出货效率低，人力、设备浪费严重等问题，故还要采用分区堆存。

4. 品项受订次数 (IK) 分析

IK 分析主要是对订单中的品项及受订次数两个关键要素进行的统计分析，具体分析如下。

（1）IK 分布图。

通过 IK 总体分布图，我们主要可以了解到本配送中心的各品项的出货次数的分布。对其出货频率的了解可以配合上面 IQ 分析决定仓储与拣货系统的选择。通过图 7-14 可以进一步看到对品项进行 ABC 管理的必然性，同时可以考虑对出货量大的订单施行订单分割的方法；对出货量小而且品项少的订单采用订单合并的方法。

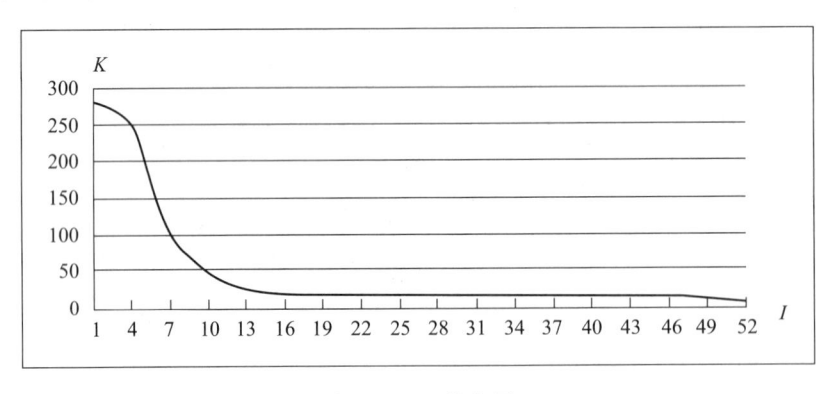

图 7-14 IK 分布图

（2）IK-ABC 分类分析。

由表 7-20 可以看出其确实存在少部分品项出货频率较大的现象，其中最大的出货频率 IK_{max} = 282 次，最小出货频率 IK_{min} = 1 次，平均出货频率 IK_{avg} = 36 次，总拣选次数为 1 958 次。

表 7-20　IK-ABC 分类分析

分类	频率范围	品项数量/项	品项数比例	总拣选次数/次	拣选次数比例
A	200 次以上	3	5.6%	725	37.0%
	100~199 次	3	5.6%	444	22.7%
B	10~99 次	15	27.8%	579	29.5%
C	1~9 次	33	61%	210	10.7%
合计		54	100%	1 958	100%

（3）分析结论。

由表 7-20 参照 ABC 重点管理 A 类品项可知，在重点关注的 16 类品项中，也可以分为两部分，一部分是高分拣率高出货量的，另一部分是高出货量较高分拣率的，在这里为了统一管理，均建议采用重点管理的方式及采用分拣线、分拣设备进行分拣作业。

5. EIQ 综合分析

EIQ 综合分析如表 7-21 所示。

表 7-21　EIQ 综合分析表

1	总库存 256I	拣选单位 $C=50B$	基本拣选模式 P→C+B	
2	订单件数 $E=100$	品项数 $I=54$	总订货数量 GEQ=GIQ=4 503B	
3	总拣选数 GIK=1 958		$I_{max}=50B$	
4	$EQ_{max}=230B$	$EQ_{min}=1B$	$EN_{max}=25I$	$EN_{min}=1I$
5	$IQ_{max}=940B$	$IQ_{min}=1B$	$IK_{max}=282$ 次	$IK_{min}=1$ 次

分析结论

由 EQ、EN、IQ、IK 综合分析可知，此配送中心应该属于一般型配送中心，因其单客户的出货量与拣选品项数分布都趋于两极化，故建议采用不同的拣选方式进行拣选策略组合。

第 8 章 物流系统综合评价方法

学习目标

- 了解物流系统评价的含义、目标及范围。
- 了解物流系统评价指标体系设计的方法。
- 了解物流系统评价的方法。

开篇案例

物流园区新升级：智慧物流园

物流园区是多种物流服务模态转换和物流功能集中体现的聚集物流节点与核心场所，具有物流系统功能化、集约化、规模化和范围经济等优势。然而，中国物流信息中心的统计数据显示，2022 年社会物流总费用 17.8 万亿元，同比增长 4.4%。社会物流总费用与 GDP 的比率为 14.7%，与上年提高 0.1 个百分点。从结构看，运输费用 9.55 万亿元，增长 4.0%；保管费用 5.95 万亿元，增长 5.3%；管理费用 2.26 万亿元，增长 3.7%。在物流业降本增效的大趋势下，仓储费用依然上升较大，而以劳动力要素为主的管理成本也有所提升，物流节点上存在的高成本、低效率等问题依旧突出。如何采用最先进的技术产品和管理理念来实现降本增效、良性经营，成为各物流园区率先考虑的问题。

以网络技术和数字技术驱动的物流园区业务模式转型与经营结构调整已成为必然，智慧物流园区必将成为物流业数字化、智慧化变革的关键杠杆支点和首要突破口。智慧物流园区的一种最新发展模式是以物流信息化平台为核心运营纽带，通过整合有形资源和无形资源，提供增值服务。当前,许多物流园区争相构建物流园区集成化综合管理信息平台、监控信息平台/系统、自动巡检系统和车位/库位导引系统等;基于5G技术的高智能、自决策和一体化等物流装备、系统与平台等,将进一步促进"大数据、云计算、移动互联网、物联网和人工智能"快速融合发展,实现物流的可视化、可控化、自动化、智能化,有效解决物流园区资源利用效率低的问题。传统物流园区向智慧物流园区转型升级,应是物流园区发展的必然趋势。

资料来源:根据网络资料整理编写。

案例思考

1. 搜集文献资料,回答目前物流园区的开发运营模式主要有哪些?
2. 请你结合有关资料,讨论智慧物流园是如何赋能物流"降本增效"的。

8.1 物流系统评价

8.1.1 物流系统评价概述

1. 物流系统评价的含义

物流系统规划与设计及建设项目涉及面广,除了技术、经济因素以外,还包括政治、国防、社会、生态环境、自然资源等方面的因素。不同层次的物流系统及规划项目还需要与组织结构、运行机制和管理方法等非软件方面因素相匹配。在物流项目尚未投入建设之前,对物流项目进行全面评价,有利于及早发现和解决有关问题,减少决策失误。因此,需要研究物流系统及项目方案综合评价的理论和方法,从而以较少的总投入,获得理想的或满意的物流项目规划方案。

物流系统评价是物流系统规划与设计的一个必不可少的步骤和重要组成部分,同时也是物流系统规划与设计的一种方法。对于各种设计方案和系统经常需要做出能否满足需要、在经济上的合理性、在实施上的可能性、是否为最优或最满意的等几个方面的评价。物流系统一般都具有多个目标,在对多个目标进行评价时,一方面要将目标进行分解,分别建模、分别评价;另一方面,要将这些子目标作为一个整体进行综合评价,因此还需要将各种指标归一化,以便进行比较。另外,涉及每一研究对象的评价指标至少有几十种,精确的量化不等于评价的精确。因此,应该选取恰当数量的指标,既能反映较全面的信息,而数量又尽可能少。因此,物流系统评价与方案选择具备综合性、系统性的特点。

2. 物流系统评价的目的

物流系统规划与设计及实施需要解决的重要问题是方案的抉择,涉及项目建设的必要性、方案的合理性、运营的经济性和对社会环境的影响性等方面。投资很大的物流基础设施规划建设项目,建设规模大,持续时间长,投入人力、物力、财力多,影响决策的因素多,决策过程复杂,决策结果影响巨大,决策正确与否对建设项目的成败和经济效益好坏起着决定性作用。而且,物流设施建设项目投资决策还会对环境及区域经济发展产生一定或较大的影响。因此，对物流建设项目规划方案、初步设计方案进行综合评价，在一定程度上可以从许多方面有助于完善物流项目规划方案或初步设计，能将未来可能产生的一些遗憾消灭在萌芽阶段，减少投资的盲目性，从而确保物流通道畅通，提高物流建设项目投资的经济效益。

3. 物流系统评价的范围

物流系统的形成与发展是涉及众多因素的规划、设计和实施过程，其中既包括硬件部分，也包括软件部分。事实上，一些城市建设的货运站、物流设施，因当时规划不当或考虑不周，有的在其寿命期内已经没有发展余地，有的已成为城区建设的障碍。在今后的规划工作中应尽量减少由于规划不当造成的各种资源损失、对环境的不良影响。解决的途径之一，就是需要选择和运用能够综合考虑各类因素、融合各方意见的多目标、多层次、多因素的综合评价方法。

综合评价对象主要有：①区域物流枢纽站场规划布局方案；②不同层次物流基础设施（区域物流中心、物流配送中心、专项物流仓库等）建设项目方案；③物流设施设备购买与租用决策方案；④物流组织及运行机制重新设计方案等。

根据评价对象不同，评价的目标不同，评价的指标体系也应有所差别或有所侧重。运输枢纽站场规划布局侧重于从所涉及的整个区域寻求物流系统的合理化，此外还要考虑与其他物流设施的配套性、兼容性。在这一方面，政府及主管部门应在其中起规划、协调、监督和服务等作用。物流设施（物流中心等）建设投资的主体多为微观经济运行主体，规划方案的综合评价更注重微观物流运行的技术可行性、经济合理性。配送中心的布局与选址还直接影响到城市的交通、环境、景观等方面。

8.1.2 物流系统规划方案评价的要求

对运输枢纽站场、物流中心（配送中心）、仓库等项目建设规划方案的综合评价必须明确评价目的与要求，并依此设计综合评价指标体系。规划方案综合评价一般应满足以下要求。

（1）实现投资项目的宏观监督控制。

避免重复建设，避免不合理布局造成浪费；贯彻区域社会经济可持续发展的战略思想。政府及主管部门应承担一定的行政指导、服务职责。

（2）为投资决策提供依据。

通过评价项目规划方案的综合水平、评价项目规划方案所涉及各主要因素方面的综合水平，可以提出和发现许多原先考虑不周的问题，从而可以为决策者提供更多的投资决策参考信息。

（3）弥补原规划方案的不足。

通过综合评价可以发现原规划方案的不足，明确规划方案需要改进的主要方面，明确需要改进的一些主要指标。

(4) 弥补可行性研究的不足。

对已通过可行性研究的规划方案、初步设计方案进行综合评价时，管理者应兼听各方面的意见，并用相应的评价方法，将其意见融进项目的综合评价过程中。

(5) 全面考察物流设施建设项目。

包括与环境、景观和其他物流设施的关系，如兼容性等问题。

8.2 物流系统评价的指标体系

8.2.1 物流系统评价指标体系的设计方法

为了保证整个评价体系的合理性，应关注物流评价指标体系的构建过程，并运用一些理论与方法指导。下面介绍两种评价指标设计模型与方法。

1. 关键绩效指标法

企业关键绩效指标（key performance indicator，KPI）是通过对组织内部流程的输入端、输出端的关键参数进行设置、取样、计算、分析，衡量流程绩效的一种目标式量化管理指标，是把企业的战略目标分解为可操作的工作目标的工具，是企业绩效管理的基础。KPI 可以使部门主管明确部门的主要责任，并以此为基础，明确部门人员的绩效衡量指标。建立明确的切实可行的 KPI 体系，是做好绩效管理的关键。

确定关键绩效指标有一个重要的 SMART 原则。SMART 是 5 个英文单词首字母的缩写。

S——具体（specific），指绩效考核要切中特定的工作指标，不能笼统。

M——可度量（measurable），指绩效指标是数量化或者行为化的，验证这些绩效指标的数据或者信息是可以获得的。

A——可实现（attainable），指绩效指标在付出努力的情况下可以实现，避免设立过高或过低的目标。

R——相关性（relevant），指年度经营目标的设定必须与预算责任单位的职责紧密相关，它是预算管理部门、预算执行部门和公司管理层经过反复分析、研究、协商的结果，必须经过他们的共同认可和承诺。

T——有时限（time-bound），注重完成绩效指标的特定期限。

物流系统关键绩效指标是一类能衡量其实际运行绩效的标准，它们数量虽少，但对整个物流系统的运行是否成功起到举足轻重的作用。

KPI 的精髓是指出评价指标体系的建立必须与物流系统的战略目标挂钩，其"关键"一词的含义是指在某一阶段一个物流系统在总体目标上要解决的最主要的问题。解决这些问题便成为对整个物流系统具有战略意义的关键所在，评价指标体系则必须相应地针对这些问题的解决程度设计衡量指标。这些指标的设立有助于对物流系统进行合理的规划和有效的控制，有助于准确反映物流系统合理化状况和评价改善的潜力与绩效。

2. 平衡计分卡

平衡计分卡（balanced scorecard，BSC）是绩效管理中的一种新思路，适用于对部门的团队考核。它是在 20 世纪 90 年代初由哈佛商学院的罗伯特·卡普兰（Robert Kaplan）和诺朗诺顿研究所所长、美国复兴全球战略集团创始人兼总裁戴维·诺顿（David Norton）发展出的一种全新的组织绩效管理方法。平衡计分卡自创立以来，在国际上特别是在美国和欧洲，很快引起了理论界和客户界的浓厚兴趣与反响。

平衡计分卡被《哈佛商业评论》评为 75 年来最具影响力的管理工具之一，它改变了传统的单一使用财务指标衡量绩效的方法，而是在财务指标的基础上加入了未来驱动因素，即客户因素、内部经营管理过程和员工的学习成长。该体系提出了一套系统的评价和激励企业绩效的方法，共由四组指标组成：财务角度、顾客角度、内部运作过程和学习与成长。在此，我们仅讨论平衡供应链计分卡相应的评价指标。

平衡计分卡可应用在物流系统评价指标体系的设计中。马士华等人提出了在卡普兰和诺顿的平衡计分卡法基础上改进的平衡供应链计分卡法（BSC-SC）以及相应的评价指标：客户导向、内部运作、未来发展性、财务价值。

(1) 客户导向角度。

系统的目标是在正确的时间、正确的地点，将正确的产品或服务以合理的价格和方式交付给特定的客户，以满足和超过客户的期望。经营中的关键问题是所提供的产品或服务是否增加客户的价值，是否达到客户满意。关键成功因素是建立和保持与客户的密切关系，快速响应并满足客户的特定需求，提高客户群的价值。因此，评价指标的选择有：订单完成总周期、客户保有率、客户对供应链柔性响应的认同和客户价值表。

(2) 内部运作角度。

系统的目标是能够在合理的成本下，以高效率的方式进行运作。经营中的关键问题是系统内部流程的增值活动的效率有多高，能否更好地实现核心竞争力。关键成功因素是实现较低的流程运作成本，较高的运作柔性——适应性，提高经营中增值活动的比例，缩短生产提前期。因此，评价指标可选为：供应链有效提前期率、供应链生产时间柔性、供应链持有成本和供应链目标成本达到比率。

(3) 未来发展性角度。

系统的目标是集成系统内部的资源，注重改进创新，抓住发展机遇。经营中的关键问题是管理系统是否具备这种机制。关键成功因素是集成合作伙伴，稳定战略联盟；加强信息共享，减少信息不对称；研究可能的生产、组织、管理各方面技术。因此，评价指标可选择为：产品最终组装点、组织之间的共享数据占总数据量的比重。

(4) 财务价值角度。

系统的目标是突出供应链的竞争价值，达到供应链伙伴的盈利最大化。经营中的关键问题是供应链伙伴对供应链的贡献率是不是从供应链整体的角度考虑的。关键成功因素是供应链资本收益最大，保证各伙伴在供应链中发挥各自的贡献率；控制成本以及良好的现金流。因此，评价指标可选择为：供应链资本收益率、现金周转率、供应链的库存天数和客户销售增长率以及利润。

8.2.2 物流系统评价指标体系的构成

由于物流系统的复杂性，设计一个物流系统的评价指标体系存在一定的困难。一般来说，评价指标范畴越全面，指标数量越多，则方案之间的差异越明显，越有利于判断和评价，但是确定指标的大类与指标的重要程度或权重也就越困难，如在用层次分析法进行评价时，每层指标数量就规定最好不要超过 5 个，否则两两比较时会变得非常复杂，而且容易产生错误。因此，在确定指标体系时，不仅要考虑指标体系能否全面而客观地反映所评价的物流系统的各项目标要求，还需要考虑指标体系的重要性、层次性的判断，以及数据采集的难易程度、数据处理与建模情况。

为了更好地进行物流系统的评价，使设计出的评价指标体系更加科学、合理，并且符合实际情况，在评价指标设计过程中，要遵循如下几个步骤。

(1) 认真、全面地分析拟评价的物流系统的各项目标要求。

(2) 拟订指标草案，在调查分析基础上，运用头脑风暴法或德尔菲法制定出指标体系。

(3) 广泛征求专家意见，反复交换信息、统计处理和综合归纳，不断调整评价指标。

(4) 考虑各种因素后，确定系统的评价指标体系。

评价指标体系本身的内容通常涉及以下几方面。

(1) 政策性指标。政策性指标包括政府的方针、政策、法律、法规和区域经济发展的规划要求等。这一类指标对社会物流系统的评价尤其重要。

(2) 技术性指标。技术性指标包括系统所使用设备的性能、寿命、可靠性、安全性、服务能力与灵活性等。

(3) 经济性指标。经济性指标包括各个方案成本效益、建设周期与投资回收期、财务评价类指标等。

(4) 社会性指标。社会性指标包括社会福利、社会节约、对所在的区域或国家经济所做的贡献、对生态环境与环保的影响因素等。

(5) 资源性指标。资源性指标包括物流工程项目中的人、财、物、能源、水源、土地条件等。

8.2.3 物流系统评价指标体系举例

1. 快递行业物流效率评价指标体系

我国快递行业发展迅速，但相比国际的先进水平还存在差距。我国与发达国家在物流成本方面、周转速度方面以及产业化方面存在较大差距，服务水平和效率较低。目前，物流各环节的衔接还不够顺畅，运转效率不高，反映为货物在途时间、储存时间、基础设施劳动生产率等方面均有较大改善和提高的空间。各地域经济发展的不平衡，导致物流基础设施的规划和建设的配套性、兼容性差，系统功能不强。

对于物流效率的评价指标体系，根据有关研究，可以从业务流程水平、基础设施及信息化水平、物流成本费用、客户服务水平 4 个方面设计评价指标，并在每个一级指标下设计二级、三级评价指标，如表 8-1 所示。

表 8-1 快递行业物流效率评价指标体系

一级指标	二级指标	三级指标
业务流程水平	装卸、搬运	设备利用率
		装卸、搬运效率
		装卸、搬运货损率
	仓储	仓库仓容利用率
		仓库面积利用率
		库存周转率
	订单处理	订单处理效率
		订单处理出错率
		订单处理设备利用率
	运输配送	运输设备空载率
		运输配送出错率
基础设施及信息化水平	硬件水平	基础设施完备程度
		服务网络覆盖率
	软件水平	物流设备的利用率
		物流设备的先进性
	信息系统水平	信息系统使用水平
物流成本费用	隐性成本	缺货成本
		库存货损成本
		库存资金占用的机会成本
	显性成本	运输配送成本
		仓储成本
		装卸、搬运成本
		物流信息成本
		其他成本
客户服务水平	人员沟通质量	服务人员的专业性
		服务人员的态度
		服务人员解决问题的能力
	服务质量	信息反馈的及时性
		信息的完备性
		货物完好率
		送货的速度
		货物送达的准时性
		单货相符率
	服务柔性	交付时间、地点的柔性
		个性化、定制化服务
	客户满意度	客户投诉率

2. 区域物流设施规划方案评价指标体系

根据不同层次物流系统发展的需要，对于区域物流设施（货运枢纽站场、物流中心等）、城市集配中心（配送中心等）等规划方案的评价可以根据评价目的、要求和规划内容的差异设计评价指标。就其共性而言，进行物流设施规划方案评价的指标体系，可以概括为如图 8-1 所示的范畴。

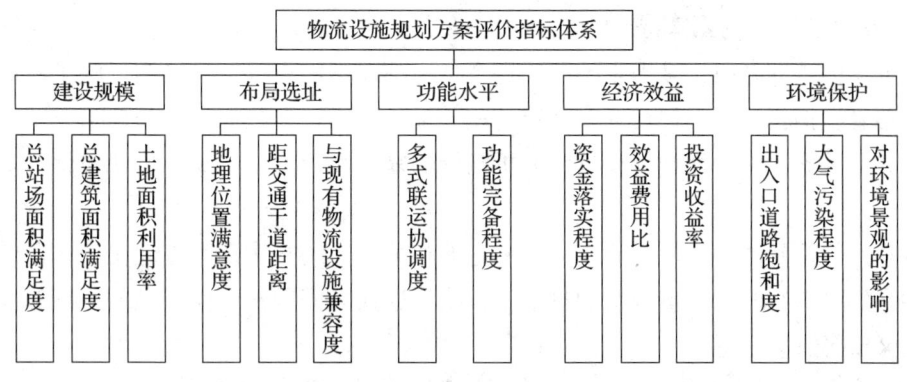

图 8-1　物流设施规划方案评价指标体系示意图

对于具体的物流设施（货运枢纽站场、物流中心等）、城市集配中心（配送中心等）项目规划的评价，还必须增设货运与集散一体化、延伸服务功能、建设规模等方面的评价指标。如设施功能的完备性、最大货物吞吐量等，以及与社会环境、人文景观、服务功能相关的评价指标。

3. 物流中心规划方案评价指标体系

物流中心规划的影响因素可以抽象与归纳为社会效益、经济效益、技术效益 3 个层面，每一层下又可分为更多因素，且各影响因素的评价标准不同。结合各指标的特点以及在规划方案评价过程中的实用性，有关研究确定的物流中心规划方案评价指标体系如表 8-2 所示。

表 8-2　物流中心规划方案评价指标体系

一级指标	二级指标	评价标准
社会效益	对城市居民的影响	尽量减少对居民出行、生活的干扰
	环境保护程度	尽量减少对环境的污染
	对区域经济发展的贡献	较大程度地促进整个区域经济发展
	服务范围	服务范围越大越好
经济效益	单位生产能力占地面积	单位生产能力占地面积越小越好
	单位生产能力投资数目	单位生产能力投资数目越小越好
技术效益	公铁协调性	公路与铁路衔接方便
	规模合理性	物流中心规模大小应合理
	交通顺畅性	交通状况良好

8.3　物流系统评价方法

8.3.1　主成分分析法

主成分分析法具有理论和实践的简洁性、所得结果的客观性等特点，并且其降维的思想与多指标评价指标序化的要求非常接近,所以近年来该方法被广泛地应用于社会、经济、管理等领域的众多对象的综合评价中,逐渐成为一种独具特色的多指标评价技术,并成为最常用的排序方法之一。

1. 主成分分析法的基本原理

在研究多因素问题时,多因素问题的每个指标都在不同程度上描述和反映了所研究问题的某方面信息,但指标之间往往存在一定的相关性,所得统计数据反映的信息在一定程度上有重叠,并且因素太多会增加计算量和分析问题的复杂性,难以客观地反映被评价对象的相对地位。

多因素问题涉及的多指标之间既然有一定的相关性,就必然存在着起支配作用的共同因素。人们自然希望在进行定量分析的过程中,找到这些共同因素,使涉及的指标较少,得到的信息量又较多。

主成分分析法利用降维的思想和信息浓缩的技术,以较少的主成分综合代替原来较多的评价指标,使综合指标为原来变量指标的线性组合,并使这些主成分能尽可能地反映原来指标的信息,而且彼此之间相互独立,使我们在研究复杂问题时更容易抓住主要矛盾。

利用该方法进行评价,也包含了两个层次的线性合成。第一层次将原始指标恰当地线性组合成主成分,按累计方差不低于某个值的原则确定前几个主成分。第二层次是各主成分以各自的方差贡献率为权重,通过线性加权求和得到各个样本的评价值。

2. 模型形式

原理:假定有 n 个样本,每个样本共有 p 个变量,构成一个 $n \times p$ 阶的数据矩阵,即

$$\boldsymbol{R} = \begin{pmatrix} x_{11} & x_{12} & \cdots & x_{1p} \\ x_{21} & x_{22} & \cdots & x_{2p} \\ \vdots & \vdots & & \vdots \\ x_{n1} & x_{n2} & \cdots & x_{np} \end{pmatrix} \tag{8-1}$$

记原变量指标为 x_1, x_2, $\cdots$, x_p,设它们降维处理后的综合指标,即新变量为 z_1, z_2, $\cdots$, $z_m (m \leq p)$,则

$$\begin{cases} z_1 = l_{11}x_1 + l_{12}x_2 + \cdots + l_{1p}x_p \\ z_2 = l_{21}x_1 + l_{22}x_2 + \cdots + l_{2p}x_p \\ \vdots \\ z_m = l_{m1}x_1 + l_{m2}x_2 + \cdots + l_{mp}x_p \end{cases} \tag{8-2}$$

系数 l_{ij} 的确定原则如下。

(1) z_i 与 $z_j (i \neq j;\ i, j=1, 2, \cdots, m)$ 相互无关。

(2) z_1 是 x_1, x_2, $\cdots$, x_p 的一切线性组合中方差最大者,z_2 是与 z_1 不相关的 x_1, x_2, $\cdots$, x_p 的所有线性组合中方差最大者;z_m 是与 z_1, z_2, $\cdots$, z_{m-1} 都不相关的 x_1, x_2, $\cdots$, x_p 的所有线性组合中方差最大者。

新变量指标 z_1, z_2, $\cdots$, z_m 分别称为原变量指标 x_1, x_2, $\cdots$, x_p 的第 1 个，第 2 个，$\cdots$，第 m 个主成分。

从以上的分析可以看出，主成分分析法的实质就是确定原变量 $x_j(j=1, 2, \cdots, p)$ 在诸主成分 $z_i(i=1, 2, \cdots, m)$ 上的荷载 $l_{ij}(i=1, 2, \cdots, m; j=1, 2, \cdots, p)$。

从数学上可以证明，它们分别是相关矩阵的 m 个较大的特征值所对应的特征向量。

3. 主成分分析法的计算步骤

（1）计算相关系数矩阵。

$$\boldsymbol{R} = \begin{pmatrix} r_{11} & r_{12} & \cdots & r_{1p} \\ r_{21} & r_{22} & \cdots & r_{2p} \\ \vdots & \vdots & & \vdots \\ r_{p1} & r_{p2} & \cdots & r_{pp} \end{pmatrix} \quad (8\text{-}3)$$

$r_{ij}(i, j=1, 2, \cdots, p)$ 为原变量 x_i 与 x_j 的相关系数，$r_{ij}=r_{ji}$，其计算公式为：

$$r_{ij} = \frac{\sum_{k=1}^{n}(x_{ki}-\bar{x}_i)(x_{kj}-\bar{x}_j)}{\sqrt{\sum_{k=1}^{n}(x_{ki}-\bar{x}_i)^2 \sum_{k=1}^{n}(x_{kj}-\bar{x}_j)^2}} \quad (8\text{-}4)$$

（2）计算特征值与特征向量。

解特征方程 $|\lambda \boldsymbol{I}-\boldsymbol{R}|=0$，常用雅可比法（Jacobi）求出特征值，并使其按大小顺序排列，即 $\lambda_1 \geq \lambda_2 \geq \cdots \geq \lambda_p \geq 0$。

分别求出对应于特征值 λ_i 的特征向量 $\boldsymbol{e}_i(i=1, 2, \cdots, p)$，要求 $\|\boldsymbol{e}_i\|=1$，即 $\sum_{j=1}^{p} e_{ij}^2 = 1$。其中 e_{ij} 表示向量 $\boldsymbol{e}_i$ 的第 j 个分量。

（3）计算主成分贡献率及累计贡献率。

主成分贡献率为：

$$\frac{\lambda_i}{\sum_{k=1}^{p}\lambda_k}, \quad i=1,2,\cdots,p \quad (8\text{-}5)$$

累计贡献率为：

$$\frac{\sum_{k=1}^{i}\lambda_k}{\sum_{k=1}^{p}\lambda_k}, \quad i=1,2,\cdots,p \quad (8\text{-}6)$$

一般取累计贡献率达 85%~95% 的特征值 λ_1, λ_2, $\cdots$, λ_m 所对应的第 1 个，第 2 个，$\cdots$，第 $m(m \leq p)$ 个主成分。

（4）计算主成分载荷。

$$l_{ij}=p(z_i,x_j)=\sqrt{\lambda_i}\,e_{ij}, \quad i,j=1,2,\cdots,p \quad (8\text{-}7)$$

(5) 各主成分得分。

$$Z = \begin{pmatrix} z_{11} & z_{12} & \cdots & z_{1m} \\ z_{21} & z_{22} & \cdots & z_{2m} \\ \vdots & \vdots & & \vdots \\ z_{n1} & z_{n2} & \cdots & z_{nm} \end{pmatrix} \tag{8-8}$$

主成分分析法在物流领域的应用十分广泛，由于计算过程略复杂，故一般采用有关软件如 SPSS 等进行计算。由于已有诸多研究文献可以参考，故本书不再举例。

8.3.2 层次分析法

层次分析法（AHP）是 1973 年由著名运筹学家 T. L. Saaty 教授提出的定性与定量相结合的评价决策分析法。它是一种处理将存在于现代管理中的许多复杂、模糊不清的相关关系转化为定量分析问题的有效方法。层次分析法的提出不论在理论研究上还是在实际工作中都得到了极为广泛的应用与发展。这一方法在美国国防部对"应急计划"进行研究的时候起到了很大的作用。1977 年，Saaty 教授在其发表的《无结构决策问题的建模——层次分析法》一文中对层次分析法做了进一步阐述。自此以后 AHP 广泛应用于各个行业和研究领域。

1. 层次分析法的基本思路与步骤

（1）建立层次结构模型。

用层次分析法进行评价时，首先要把问题层次化。通过对面临的问题进行深入分析后，根据问题的性质和需要达到的总目标，将问题分解为不同的组成因素，并按照各因素间的相互关联及从属关系，将因素划分成不同层次，再进行分类组合，形成一个多层次结构的分析模型。这些层次分为目标层、判断层和方案层。目标层表示解决问题的目标，即层次分析法需要达到的总目标。判断层表示采取某一方案来实现预定总目标所涉及的中间环节，包括准则层与指标层。在分析更为复杂的评价问题时，某一个准则因素下还可细分为几个具体的指标，指标也可分为多个层次。方案层表示要选用的解决问题的各种方案、策略与措施。递价层次结构与因素从属关系如图 8-2 所示。关于因素的个数，在理论上层次结构的层数以及同一层次的因素个数，可依据系统的需求而定，不过 Saaty 教授建议为了避免决策者对准则的相对重要性的判断产生偏差，同一层次的因素个数最好不超过 7 个。

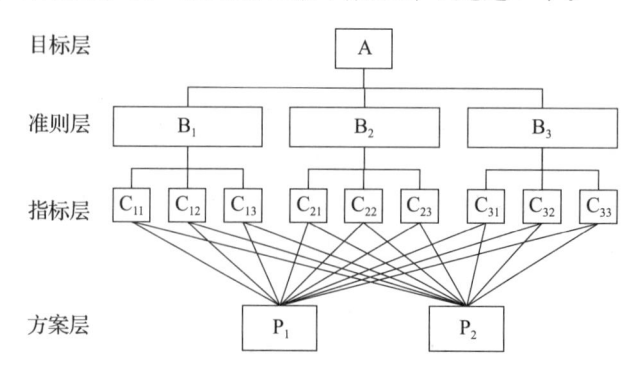

图 8-2 递价层次结构与因素从属关系示意图

（2）构造判断矩阵。

建立递价层次结构以后，上下层因素之间的隶属关系就被确定了。判断矩阵表示针对上一层次的某个因素、下一层次的几个因素之间进行相对重要性两两比较的结果。一般情况下，请评价专家以头脑风暴法或德尔菲法的方式来比较，为了使决策判断定量化，通常根据其相对重要程度赋予1~9的比例标度。比例标度的含义如表8-3所示。

表8-3 构造判断矩阵中的比例标度及其含义表

标度	含义
1	表示两个因素比较，前一个因素与后一个因素同样重要
3	表示两个因素比较，前一个因素比后一个因素稍微重要
5	表示两个因素比较，前一个因素比后一个因素明显重要
7	表示两个因素比较，前一个因素比后一个因素强烈重要
9	表示两个因素比较，前一个因素比后一个因素极端重要
2，4，6，8	表示上述各相邻标度的中间值，如2处于同样重要与稍微重要之间

一般来说，应由若干位专家填写相应的判断值。假设因素 B_k 下有 A_1，A_2，$\cdots$，A_n 个因素与之有关联，则经两两比较得到 B_k 下的判断矩阵如表8-4所示。

表8-4 判断矩阵（例表）

B_k	A_1	A_2	$\cdots$	A_n
A_1	1	a_{12}	$\cdots$	a_{1n}
A_2	a_{21}	1	$\cdots$	a_{2n}
$\cdots$	$\cdots$	$\cdots$	$\cdots$	$\cdots$
A_n	a_{n1}	a_{n2}	$\cdots$	1

将填写后的判断矩阵记为 $A=(a_{ij})_{n\times n}$，则该矩阵具备下列性质：①$a_{ij}>0$；②$a_{ji}=1/a_{ij}$；③$a_{ii}=1$。

由以上性质可知，判断矩阵具有对称性，因此一般只需要填 $a_{ii}=1$ 的元素和上三角形或下三角形的 $n(n-1)/2$ 个元素，然后按照对称的原则填写余下部分就可以了。

（3）单排序权重计算。

在层次分析法中采用特征向量法来计算单排序权重，其数学原理如下。

若有 n 个方案要比较，已知它们各自的相对重要性，即权重，它们的重要程度可分别用 w_1，w_2，$\cdots$，w_n 表示，那么对这 n 个方案做两两比较，得到它们的判断矩阵 A 为：

$$A = \begin{pmatrix} w_1/w_1 & w_1/w_2 & \cdots & w_1/w_n \\ w_2/w_1 & w_2/w_2 & \cdots & w_2/w_n \\ \vdots & \vdots & & \vdots \\ w_n/w_1 & w_n/w_2 & \cdots & w_n/w_n \end{pmatrix} = (a_{ij})_{n\times n}$$

对判断矩阵 A 左乘权重向量 $W=[w_1 \quad w_2 \quad \cdots \quad w_n]^T$，其结果为：

$$AW = \begin{pmatrix} w_1/w_1 & w_1/w_2 & \cdots & w_1/w_n \\ w_2/w_1 & w_2/w_2 & \cdots & w_2/w_n \\ \vdots & \vdots & & \vdots \\ w_n/w_1 & w_n/w_2 & \cdots & w_n/w_n \end{pmatrix} \begin{pmatrix} w_1 \\ w_2 \\ \vdots \\ w_n \end{pmatrix} = \begin{pmatrix} nw_1 \\ nw_2 \\ \vdots \\ nw_n \end{pmatrix} = nW$$

从式子 $AW=nW$ 可以看出：权重向量 W 正好是判断矩阵 A 对应于特征根 n 的特征向量。根据矩阵理论可知，n 为判断矩阵 A 的唯一非0解，也是最大的特征根，而权重向量 W 则为最大特征值所对应的特征向量。因此，求权重变为求判断矩阵的最大特征值所对应的特征向量。

在层次分析法中，判断矩阵的特征根与特征向量的求解方法采用几何平均法或规范列平均法。

1) 几何平均法。

第一步，计算判断矩阵每一行元素的乘积：$M_i = \prod_{j=1}^{n} a_{ij}$，$i=1, 2, \cdots, n$。

第二步，计算 M_i 的 n 次方根 $\overline{W_i} = \sqrt[n]{M_i}$。

第三步，对向量 $\overline{W} = [\overline{W_1} \quad \overline{W_2} \quad \cdots \quad \overline{W_n}]^T$ 规范化，则向量的第 i 个元素为：$W_i = \dfrac{\overline{W_i}}{\sum_{i=1}^{n} \overline{W_i}}$，$i=1, 2, \cdots, n$。整理后得到 $\boldsymbol{W} = [W_1 \quad W_2 \quad \cdots \quad W_n]^T$，即为所求的特征向量。

2) 规范列平均法。

第一步，对判断矩阵每一列规范化：$\overline{a}_{ij} = \dfrac{a_{ij}}{\sum_{k=1}^{n} a_{kj}}$。

第二步，求规范列的平均值：$W_i = \dfrac{1}{n} \sum_{j=1}^{n} \overline{a}_{ij}$，则向量 $\boldsymbol{W} = [W_1 \quad W_2 \quad \cdots \quad W_n]^T$，即为所求的特征向量。

第三步，计算判断矩阵的最大特征根 $\lambda_{\max} = \dfrac{1}{n} \sum_{i=1}^{n} \dfrac{(\boldsymbol{AW})_i}{W_i}$。

(4) 一致性检验。

从理论上来说，求出的最大特征值应该为 n，但实际情况往往有偏差，这是判断矩阵的误差造成的。因为对于多个复杂的因素采用两两比较时，不可能做到判断完全一致，形成的判断矩阵可能存在着估计误差，这样就会导致最大特征根和特征向量计算的偏差。因此，为了保证得到的结论的可靠性，必须对最大特征根做一致性检验。一致性检验的具体步骤如下。

第一步，计算一致性指标（consistency index，CI），$CI = \dfrac{\lambda_{\max} - n}{n-1}$。

第二步，通过查表得到平均随机一致性指标（random index，RI）。按照判断矩阵相应的阶数查表，就可得出相应的 RI 值，其值如表 8-5 所示。

表 8-5 平均随机一致性指标

矩阵数	1	2	3	4	5	6	7	8	9	10
RI 值	0.00	0	0.58	0.9	1.12	1.24	1.32	1.45	1.49	1.52

第三步，计算一致性比例（consistency ratio，CR），$CR = \dfrac{CI}{RI}$。

当 CR<0.1 时，则表示判断矩阵的一致性是在我们要求的范围之内的；当 CR≥0.1 时，则认为该判断矩阵的一致性没有在我们要求的范围，需要重新对该判断矩阵做出一些调整。

（5）层次总排序权重计算。

计算完各层的单排序权重并完成一致性检验后，就可以计算同一层次所有指标对于上一层次指标的相对重要性的总排序权重。这一过程是由高到低逐层计算权重值，主要采用线性加权和的方法来计算，最后按各方案对于总目标的权重排序，分析出各方案的优劣。总排序权重值的计算如表 8-6 所示，其中假设在层次结构中，对于某一层次 A 包含 m 个元素 A_1，A_2，…，A_m，其层次总排序权重分别为 a_1，a_2，…，a_m，层次 A 的下一层 B 包含 n 个元素 B_1，B_2，…，B_n，对于 A 层某个元素 A_j 在 B 层中各元素 $B_i(i=1,2,…,n)$ 的单排序权重分别为 b_{1j}，b_{2j}，…，b_{nj}（当 B_i 与 A_j 无联系时，$b_{ij}=0$）。

表 8-6　总排序权重值的计算

B 层次	A 层次				层次 B 总排序权重
	A_1	A_2	…	A_m	
	a_1	a_2	…	a_m	
B_1	b_{11}	b_{12}	…	b_{1m}	$\sum_{j=1}^{m} a_j b_{1j}$
B_2	b_{21}	b_{22}	…	b_{2m}	$\sum_{j=1}^{m} a_j b_{2j}$
…	…	…	…	…	…
B_n	b_{n1}	b_{n2}	…	b_{nm}	$\sum_{j=1}^{m} a_j b_{nj}$

2. 应用层次分析法的注意事项

层次分析法可以应用于物流系统的以下诸多方面。

（1）物流系统及建设项目评价因素重要度的权重确定。

（2）物流系统及建设项目评价因素重要度排序。

（3）所设计的物流系统或建设项目的决策方案优劣的排序等方面。

应用层次分析法时，如果所选的要素不合理，其含义混淆不清，或者要素间的关系不正确，都会降低其结果的质量，甚至导致层次分析法决策失败。

为保证递阶层次结构的合理性，需把握以下原则。

（1）分解简化问题时把握主要因素，不漏不多。

（2）注意相比较因素之间的强度关系，相差太悬殊的因素不能在同一层次比较。

（3）同一层次的因素个数最好不超过 7 个。

层次分析法是经由群体讨论的方式，汇集专家学者及各层面实际参与决策者的意见，将错综复杂的问题评估系统简化为简明的要素层级系统，以提供给决策者选择适当方案的充分信息，同时减少决策错误的风险。

例 8-1 某连锁超市企业选择一家第三方物流提供商来外包其部分物流业务,选择的标准是从服务质量、服务能力与服务成本这三个方面来考察,经过一段时间的准备,有三家物流服务提供商入围。现考虑应用层次分析法对这三家企业提供的物流方案进行评价和排序,从中选出一家最佳的企业来提供物流外包服务。该评价系统的递阶层次结构如图 8-3 所示,其中 G 表示评价系统的总目标,判断层中 C_1 表示服务质量,C_2 表示服务能力,C_3 表示服务成本;P_1、P_2、P_3 分别表示候选的三家物流服务提供商提交的三套方案。

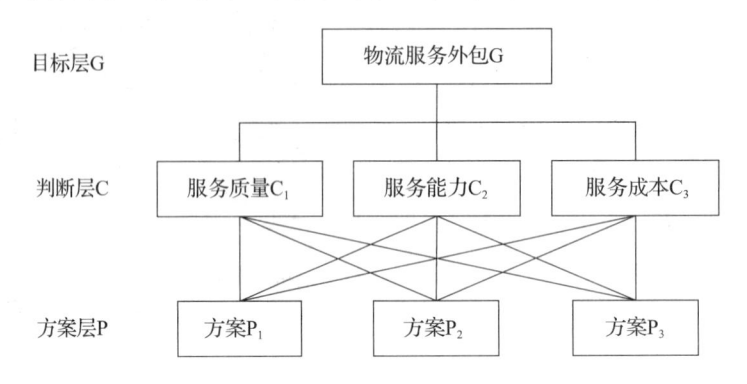

图 8-3 该评价系统的递阶层次结构图

解:(1)构造判断矩阵。

根据如图 8-3 所示的层次结构,请一组领域专家对各因素两两进行判断与比较,构造判断矩阵。其中判断矩阵 G-C 如表 8-7 所示,它是相对于总目标 G,将判断层各因素的相对重要性进行比较的判断矩阵;判断矩阵 C_1-P 如表 8-8 所示,它是相对于服务质量 C_1,将各方案的相对重要性进行比较的判断矩阵;判断矩阵 C_2-P 如表 8-9 所示,它是相对于服务能力 C_2,将各方案的相对重要性进行比较的判断矩阵;判断矩阵 C_3-P 如表 8-10 所示,它是相对于服务成本 C_3,将各方案的相对重要性进行比较的判断矩阵。

表 8-7 判断矩阵 G-C

G	C_1	C_2	C_3
C_1	1	5	3
C_2	1/5	1	1/2
C_3	1/3	2	1

表 8-8 判断矩阵 C_1-P

C_1	P_1	P_2	P_3
P_1	1	1/7	1/2
P_2	7	1	3
P_3	2	1/3	1

表 8-9 判断矩阵 C_2-P

C_2	P_1	P_2	P_3
P_1	1	1/5	1/2
P_2	5	1	3
P_3	2	1/3	1

表 8-10 判断矩阵 C_3-P

C_3	P_1	P_2	P_3
P_1	1	7	3
P_2	1/7	1	1/5
P_3	1/3	5	1

(2)计算各判断矩阵的层次单排序及一致性检验指标。

先计算判断矩阵 G-C 的特征根、特征向量与一致性检验。按照几何平均法,有:

$$M_1 = \prod_{j=1}^{3} a_{1j} = 15, \quad \overline{W}_1 = \sqrt[3]{M_1} = \sqrt[3]{15} = 2.466$$

类似地，有：$\overline{W}_2 = \sqrt[3]{M_2} = \sqrt[3]{1/10} = 0.464$，$\overline{W}_3 = \sqrt[3]{M_3} = \sqrt[3]{2/3} = 0.874$。

对向量 $\overline{W} = [\overline{W}_1 \quad \overline{W}_2 \quad \overline{W}_3]^T$ 规范化，则：

$$W_1 = \frac{\overline{W}_1}{\sum_{i=1}^{3} \overline{W}_i} = \frac{2.466}{2.466 + 0.464 + 0.874} = 0.648$$

同样可以求得 $W_2 = 0.122$，$W_3 = 0.230$。于是，所求得的特征向量 $\boldsymbol{W} = [0.648 \quad 0.122 \quad 0.230]^T$，

$$\boldsymbol{AW} = \begin{pmatrix} 1 & 5 & 3 \\ 1/5 & 1 & 1/2 \\ 1/3 & 2 & 1 \end{pmatrix} \cdot \begin{pmatrix} 0.648 \\ 0.122 \\ 0.230 \end{pmatrix} = \begin{pmatrix} 1.978 \\ 0.367 \\ 0.690 \end{pmatrix}$$

计算判断矩阵最大特征根 $\lambda_{\max} = \sum_{i=1}^{3} \frac{(\boldsymbol{AW})_i}{W_i} = 3.004$。一致性检验有：

$$CI = \frac{\lambda_{\max} - n}{n - 1} = \frac{3.004 - 3}{3 - 1} = 0.002, \quad RI = 0.58, \quad CR = \frac{CI}{RI} = 0.003 < 0.1$$

再对判断矩阵 C_1-P 计算特征根、特征向量和一致性检验。类似的可以得到：

$$\boldsymbol{W} = [0.081 \quad 0.731 \quad 0.188]^T, \quad \lambda_{\max} = 3.065, \quad CR = 0.056 < 0.1$$

再对判断矩阵 C_2-P 计算特征根、特征向量和一致性检验。类似的可以得到：

$$\boldsymbol{W} = [0.122 \quad 0.648 \quad 0.230]^T, \quad \lambda_{\max} = 3.004, \quad CR = 0.03 < 0.1$$

再对判断矩阵 C_3-P 计算特征根、特征向量和一致性检验。类似的可以得到：

$$\boldsymbol{W} = [0.649 \quad 0.072 \quad 0.279]^T, \quad \lambda_{\max} = 3.065, \quad CR = 0.056 < 0.1$$

（3）求层次总排序，并做出决策。在层次单排序的基础上，求出层次总排序，如表 8-11 所示。

表 8-11 层次 P 的层次总排序的计算结果

P 层次	C 层次			层次 P 总排序权重
	C_1	C_2	C_3	
	0.648	0.122	0.230	
P_1	0.081	0.122	0.649	0.217
P_2	0.731	0.648	0.072	0.569
P_3	0.188	0.230	0.279	0.214

由表 8-11 可知，三家物流服务提供商的评价顺序为：P_2、P_1、P_3。因此，选择提供 P_2 方案的物流承包商。

8.3.3 模糊综合评价法

模糊综合评价法就是以模糊数学为基础，应用模糊关系合成的原理，将一些边界不清、

不宜定量的因素定量化，从多个因素对被评价事物隶属等级状况进行综合性评价的一种方法。它具有结果清晰、系统性强的特点，能较好地解决模糊的、难以量化的问题，适合各种非确定性问题的解决。

人们在评价事物时，对于同一件事物的评价会不一样，往往会从多种因素出发，参考了有关的数据、经验与具体情况，根据他们的判断对复杂问题分别做出一些模糊评价，诸如"大、中、小""高、中、低""好、较好、一般、较差、差"这样的模糊描述。为了更精确地反映模糊评价，需要运用模糊数学理论，通过模糊数学提供的方法进行运算，从而得出定量化的综合评价结果。模糊综合评价法的基本步骤如下。

1. 建立因素集

因素集是影响评价对象的各种元素所组成的一个普通集合，记为 $U=\{u_1, u_2, \cdots, u_m\}$，各元素 u_i 代表各影响因素。在这些因素中，可以是"模糊的"，也可以是"非模糊的"。

2. 建立评价集

评价集是评判者对评判对象可能做出的各种评判结果所组成的集合，记为 $V=\{v_1, v_2, \cdots, v_n\}$，各元素 v_i 是模糊的，表示各种可能的总的评价结果。

3. 建立权重值

各个影响因素的重要程度是不一样的，因此需对各个影响因素 u_i 赋予一个权重 a_i。由各影响因素权重组成的模糊集合，记为向量形式：$\underset{\sim}{A}=(a_1, a_2, \cdots, a_m)$。

通常，各权重 a_i 应满足归一性和非负条件，即 $\sum_{i=1}^{m} a_i = 1$，且 $a_i \geq 0 (i=1, 2, \cdots, m)$。

各权重 a_i 可视为各因素 u_i 对"重要性"的隶属度，因此权重值可视为评价因素集上的模糊子集，即

$$\underset{\sim}{A} = \frac{a_1}{u_1} + \frac{a_2}{u_2} + \cdots + \frac{a_m}{u_m}$$

上式中的加号和除号仅仅表示各因素 u_i 及其对模糊子集的隶属程度，绝没有算术和与算术商的含义，权重值可以由主观判断法，或确定隶属度的方法加以确定。所以就算是同样的因素，如果权重不同，相对应的评价结果也不同。

4. 单因素的模糊评价

单独从一个因素出发进行评价，以确定评判对象对评价集的隶属程度，称为单因素的模糊评价。一个单因素模糊评价问题的评价结果 $\underset{\sim}{R}$ 是评价集 V 这一论域上的一个模糊子集。

设评判对象按因素集中第 i 个因素 u_i 进行评判，对评价集 V 中第 j 个元素 v_j 的隶属程度为 r_{ij}，则按第 i 个因素 u_i 进行评判的结果可用模糊集合 $\underset{\sim}{R_i}=\frac{r_{11}}{v_1}+\frac{r_{12}}{v_2}+\cdots+\frac{r_{1m}}{v_m}$ 表示。

$\underset{\sim}{R_i}$ 称为单因素评价集，是评价集 V 上的一个模糊子集，可以简单记为 $\underset{\sim}{R_i}=(r_{11}, r_{12}, \cdots, r_{1m})$。

例如，某公司在网上开展直销业务，并委托第三方物流企业进行货物配送。对于这项服务措施，有些客户很喜欢，有些客户不喜欢，还有一些客户觉得还可以，那么该如何客观评价？一般采用"民意测验"的方法来处理，随机选一些客户进行问卷调查，规定每个客户可以在集合 V 给出的答案中挑一种：评价集 $V=\{$很喜欢，喜欢，不太喜欢，不喜欢$\}$。结果是 22%的客户很喜欢，40%的客户喜欢，26%的客户不太喜欢和 12%的客户不喜欢。这一评价结果可用模糊集合表示：$\underset{\sim}{R}=0.22/$很喜欢$+0.40/$喜欢$+0.26/$不太喜欢$+0.12/$不喜欢，也可记为向量形式：$\underset{\sim}{R}=(0.22, 0.40, 0.26, 0.12)$。

单因素评价集中的隶属度 r_{ij} 是根据各因素 u_i 对评价因素 v_j 的隶属度来确定的，确定隶属函数的方法有很多，本书不再专门介绍，读者可以参考有关书籍资料。由上述关系可以求得每个因素的单因素评价集：

$$\underset{\sim}{R_1} = (r_{11}, r_{12}, \cdots, r_{1n})$$
$$\underset{\sim}{R_2} = (r_{21}, r_{22}, \cdots, r_{2n})$$
$$\vdots$$
$$\underset{\sim}{R_m} = (r_{m1}, r_{m2}, \cdots, r_{mn})$$

以各单因素评价集的隶属度为行组成的矩阵 $\underset{\sim}{R}$ 称为单因素评价矩阵：

$$\underset{\sim}{R} = \begin{pmatrix} r_{11} & r_{12} & \cdots & r_{1n} \\ r_{21} & r_{22} & \cdots & r_{2n} \\ \vdots & \vdots & & \vdots \\ r_{m1} & r_{m2} & \cdots & r_{mn} \end{pmatrix}$$

因为评价集实际上反映了因素集 U 和评价集 V 之间的一种模糊关系，因此，又可以表示为：

$$\underset{\sim}{R_i} = \frac{r_{i1}}{(u_i, v_1)} + \frac{r_{i2}}{(u_i, v_2)} + \cdots + \frac{r_{in}}{(u_i, v_n)}$$

r_{ij} 表示 u_i 与评价因素 v_j 之间的隶属"合理关系"的程度，即按 u_i 评价时，评价对象取 v_j 的合理程度，因此，单因素评价矩阵 $\underset{\sim}{R}$ 又称为从 U 到 V 的模糊关系矩阵。

5. 模糊综合评价

对于单因素的评价通常比较容易，但实际问题往往涉及多个因素。同样以网上商店配送服务为例，为什么有的客户喜欢，有的客户不喜欢，原因有很多，往往涉及好几个因素，比如送货是否延误、货物有无破损、送货是否有差错、是否有经常性断货、服务的应变能力如何等。如何来评价配送服务质量的优劣？对于同一服务，由于每个客户对服务质量的看法和感受不同，即期望值不同，因此评价也不同，这是一个模糊综合评价问题。

假设关注的因素有送货及时性、货物完好性、送货正确性、订单满足性以及服务柔性，给出的评价集 $V=\{$很高，较高，一般，偏低$\}$。首先考虑各个单独因素，用单因素模糊评价的方法对上述 5 个因素进行单因素模糊评价，其结果如下。

$$\underset{\sim}{R}_1 = (0.3, 0.4, 0.2, 0.1)$$
$$\underset{\sim}{R}_2 = (0.2, 0.3, 0.5, 0)$$
$$\underset{\sim}{R}_3 = (0.3, 0.4, 0.1, 0.2)$$
$$\underset{\sim}{R}_4 = (0, 0.3, 0.6, 0.1)$$
$$\underset{\sim}{R}_5 = (0.5, 0.3, 0.2, 0)$$

由它们构成的单因素评价矩阵为

$$\underset{\sim}{R} = \begin{pmatrix} 0.3 & 0.4 & 0.2 & 0.1 \\ 0.2 & 0.3 & 0.5 & 0 \\ 0.3 & 0.4 & 0.1 & 0.2 \\ 0 & 0.3 & 0.6 & 0.1 \\ 0.5 & 0.3 & 0.2 & 0 \end{pmatrix}$$

在评价时由于对各个因素的关注度不同，或者说侧重点不同，得出的综合评价也可能会不尽相同。因此，给每个因素确定相应的"权"，来说明大多数客户对各因素的侧重程度。假设各因素相应的权重可表示成如下模糊集，简记为向量：$\underset{\sim}{A} = (0.2, 0.25, 0.35, 0.1, 0.1)$。

设评价集 V 上的等级模糊子集为：$\underset{\sim}{B} = \dfrac{b_1}{v_1} + \dfrac{b_2}{v_2} + \cdots + \dfrac{b_n}{v_n}$。根据模糊数学理论有 $\underset{\sim}{B} = \underset{\sim}{A} \cdot \underset{\sim}{R}$，即

$$\underset{\sim}{B} = \begin{bmatrix} a_1 & a_2 & \cdots & a_m \end{bmatrix} \cdot \begin{pmatrix} r_{11} & r_{12} & \cdots & r_{1n} \\ r_{21} & r_{22} & \cdots & r_{2n} \\ \vdots & \vdots & & \vdots \\ r_{m1} & r_{m2} & \cdots & r_{mn} \end{pmatrix} = \begin{bmatrix} b_1 & b_2 & \cdots & b_n \end{bmatrix}$$

$\underset{\sim}{B}$ 称为模糊综合评价集，模糊矩阵乘积运算与普通矩阵乘积运算类似，不同的是并非两项先相乘后相加，而是先取小后取大，如 b_{ij}、a_{ik}、r_{kj} 分别是模糊集 $\underset{\sim}{B}$、$\underset{\sim}{A}$、$\underset{\sim}{R}$ 的元素，则模糊矩阵乘积的结果是：

$$b_{ij} = \bigvee_k (a_{ik} \wedge r_{kj})$$

其中，$\vee$ 为取大运算符，$\wedge$ 为取小运算符。

在网上商店配送服务评价中，已知 $\underset{\sim}{A}$ 与 $\underset{\sim}{R}$，则：

$$\underset{\sim}{B} = \begin{bmatrix} 0.2 & 0.25 & 0.35 & 0.1 & 0.1 \end{bmatrix} \cdot \begin{pmatrix} 0.3 & 0.4 & 0.2 & 0.1 \\ 0.2 & 0.3 & 0.5 & 0 \\ 0.3 & 0.4 & 0.1 & 0.2 \\ 0 & 0.3 & 0.6 & 0.1 \\ 0.5 & 0.3 & 0.2 & 0 \end{pmatrix} = \begin{bmatrix} 0.3 & 0.35 & 0.25 & 0.2 \end{bmatrix}$$

归一化处理后，$\underset{\sim}{B} \cong \begin{bmatrix} 0.27 & 0.32 & 0.23 & 0.18 \end{bmatrix}$。这一评价结果表明：27%的客户认为网上直销业务的配送服务质量"很高"，32%的客户认为配送服务质量"较高"，23%的客户

认为配送服务质量"一般",而18%的客户认为配送服务质量"偏低"。总体来说,大多数客户(占59%)还是对此配送服务的质量感到满意。

本章小结

物流系统评价是物流系统规划与设计的一个必不可少的步骤和重要组成部分,同时也是物流系统规划与设计的一种方法。对于各种设计方案和系统经常需要做出能否满足需要、在经济上的合理性、在实施上的可能性、是否为最优或最满意的等几个方面的评价。

为了保证整个评价体系的合理性,有必要重视物流评价指标体系的构建过程,可以采用关键绩效指标法(KPI)、平衡计分卡(BSC)等方法。物流系统关键绩效指标是一类能衡量其实际运行绩效的标准,它们数量虽少,但对整个物流系统的运行是否成功起到举足轻重的作用。平衡计分卡可应用在物流系统评价指标体系的设计中。采用平衡计分卡设计的评价指标有:客户导向、内部运作、未来发展性、财务价值。

另外,本章还介绍了用于物流系统评价的主成分分析法、层次分析法和模糊综合评价法。

复习思考题

1. 什么是物流系统评价?有什么现实意义?
2. 物流系统评价过程中的主要难点是什么?如何克服?
3. 主成分分析法的基本特征是什么?
4. 层次分析法的应用的技术难点主要有哪些?
5. 一个商品贸易企业现有3家第三方物流提供商承担其物流配送服务,为了更好地管理,企业根据自身的需要,考虑了5项物流服务评价指标对这3家物流服务提供商的配送系统进行评价,从中选择一家最满意的物流服务提供商。具体评价指标与3家物流服务提供商评价数据如表8-12所示。

表8-12 物流服务提供商评价数据

服务商	评价指标				
	送货及时率	货物完好率	送货准确率	订单满足率	服务变化满足率
甲	98	96	97	94	93
乙	94	99	99	93	95
丙	96	95	96	96	96

(1)试用层次分析法建立评价模型,评价各物流服务提供商,并做出决策。
(2)试用模糊综合评价法评价各物流服务提供商,并做出决策。

案例分析

基于层次分析法的运输方式的选择

层次分析法(AHP)充分研究人们的思维决策过程,合理处理定性问题定量化的过程。其主要特点是通过建立递价层次结构,把人们的判断集中在可操作性的重要度比较方面,决策者可以直接使用层次分析法进行决策,极大地提高了决策的有效性、可靠性和可行性。层次分析法把复杂评价问题的各种因素分为互相联系的有序层次，使之条理化，整个过程体现了人们思维的基本特征，即分解、判断、综合，克服了其他方法回避决策者主观判断的缺点。在运输方式选择中，很多因素都是决策者靠主观判断的，存在很大的缺点，而使用层次分析法可以很好地解决这个问题。

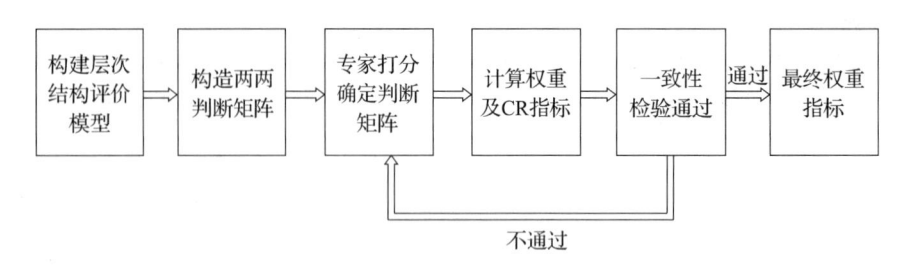

1. 层次分析法的步骤

层次分析法的步骤如图 8-4 所示。

图 8-4　层次分析法的步骤

2. 层次分析法模型的构建

明确运输方式选择的影响因素主要依据两个假设条件：可供物流公司选择的物流运输方式只有公路、铁路、水路，公司在选择物流运输方式时只考虑运输的经济性、及时性、便利性、安全性，暂不考虑其他因素的影响。

经济性。经济性表现为运输成本。一般来说，对于短途运输，公路的成本较低，对于中长途运输，铁路的成本较低，长途运输对时间有较高要求的，宜选择公路运输。

及时性。及时性体现为运输速度与准时率。不同的运输方式，运输速度各不相同。运输载体的最高技术速度一般受到运输载体运动的阻力、载体的推动技术、载体材料对速度的承受能力以及与环境有关的可操纵性等因素的制约。

便利性。便利性一般指运输网路的密度和覆盖面，也就是选择某种特定的运输方式的方便程度。一般情况下铁路和公路的便利性比较强，而水运受自然条件的限制，便利性相比起来就较弱。便利性一般很难定量表示，本案例利用发货人所在地至装车地的距离来表示，其距离越近便利性越好。

安全性。安全性包括货物运输的安全和人员的安全以及公共安全。就整个运输过程来说，与其他运输方式相比，载货卡车能够更好地保护货物的安全，因为卡车能够实现"门到门"的运输，而不需要中途装卸和搬运。

我们对问题所包括的因素根据是否具有共性进行分组，并将其之间的共性作为系统新的层次（即准则层）中的一些因素，而这些因素本身也是根据另外的特性组合起来的，形成更高层次因素（即目标层），层级的划分要根据情况而定，一般包括目标层、准则层、方案层。现以选择合理的运输方式为最高目标层来构建层次分析模型（见图 8-5），在图中最高层为目标层，即决策的总目标是选择合理的运输方式；第二层为准则层，即为实现总目标所要考虑的因素、条件、决策的准则；第三层为最底层的方案层，是根据考虑因素的特性做决策时的备选方案。

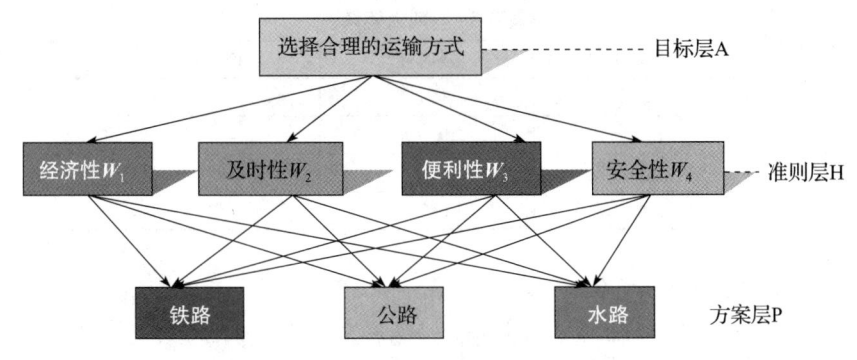

图 8-5　层次分析模型（W 为各指标权重）

3. 构造判断矩阵

判断矩阵是层次分析法的基本信息，也是进行相对重要度计算的重要依据。如上所述，判断矩阵 A 中的元素 a_{ij} 表示 i 元素与 j 元素相对重要度之比，且有下述关系 $a_{ij}=\dfrac{1}{a_{ji}}$，$a_{ii}=1$，i、$j=$ "1，2，…，n"，显然比值越大，则 i 的重要度就越高。为了方便，一般采用如下尺度。

以上海 A 公司到天津 B 公司为例，假设运的是 100 吨的汽车零部件，要求在 7 天内运达天津，对运费控制有较高的要求（经济性要求高、及时性符合正常要求），采用德尔菲法得出判断矩阵。方法如下：

1) 组成专家小组。按照方案所需要的知识范围确定专家组，由于该问题是运输方式的选择，所以可以选取在交通运输方面有较丰富经验的相关人员组成专家小组。

2) 向所有专家提出所要预测的问题及有关要求，并附上有关这个问题的所有背景材料，同时请专家提出还需要什么材料，然后由专家做书面答复。

3) 各个专家根据他们所收到的材料，提出自己的意见，说明自己是怎样利用这些材料并提出分值的。

4) 将各位专家第一次的判断意见汇总，列成图表并进行对比，再分发给各位专家，让专家比较自己同他人的不同意见，修改自己的意见和判断。

5) 将所有专家的修改意见收集起来并汇总，再次分发给各位专家，以便做第二次修改。在向专家进行反馈的时候，只给出各种意见，但并不说明发表各种意见的专家的具体姓名。这一过程要重复进行，直到每一个专家不再改变自己的意见为止。

6) 对专家的意见进行综合处理。根据标度比例表（见表 8-13），得出如表 8-14 所示的判断矩阵。

表 8-13　因素重要性标度比例表

标度	含义	标度	含义
1	两个因素同等重要	7	一个因素比另一个因素十分明显重要
3	一个因素比另一个因素稍微重要	9	一个因素比另一个因素绝对重要
5	一个因素比另一个因素明显重要	2，4，6，8	为上述两个相邻判断的中值

表 8-14　判断矩阵

因素	经济性	及时性	便利性	安全性
经济性	1	3	5	7
及时性	1/3	1	4	6
便利性	1/5	1/4	1	3
安全性	1/7	1/6	1/3	1

4. 计算各因素的权重及特征值

根据判断矩阵所提供的判断信息，求解得到任意精度的最大特征根和最大特征向量，其中特征向量就代表该层次各个风险因素对上一层次风险因素影响大小的权重。

(1) 判断矩阵 A 中每行元素连乘并开 n 次方。

(2) 求权重 $W_i = \dfrac{W_i^*}{\sum W_i^*}$，$W = [W_1 \quad W_2 \quad W_3 \quad W_4]^T$。

(3) 计算最大特征根。

将表 8-14 中的数据代入下面的公式，计算各因素的权重和最大特征根。

$$W_i^* = \sqrt[n]{\prod a_{ij}}$$

$$\lambda_{\max} = \sum_{i=1}^{n} \dfrac{(AW)_i}{nW_i} = \dfrac{1}{n}\sum_{i=1}^{n} \dfrac{\sum_{i=1}^{n} a_{ij}w_{ij}}{w_j}$$

得到：

$$W_1^* = \sqrt[4]{\prod a_{1j}} = \sqrt[4]{1 \times 3 \times 5 \times 7} = 3.0211$$

$$W_2^* = \sqrt[4]{\prod a_{2j}} = \sqrt[4]{\dfrac{1}{3} \times 1 \times 4 \times 6} = 1.6818$$

$$W_3^* = \sqrt[4]{\prod a_{3j}} = \sqrt[4]{\dfrac{1}{5} \times \dfrac{1}{4} \times 1 \times 3} = 0.6223$$

$$W_4^* = \sqrt[4]{\prod a_{4j}} = \sqrt[4]{\dfrac{1}{7} \times \dfrac{1}{6} \times \dfrac{1}{3} \times 1} = 0.2985$$

$$\sum_{i=1}^{4} W_i^* = 3.2011 + 1.6818 + 0.6223 + 0.2985 = 5.8037$$

$$W_1 = \dfrac{W_1^*}{\sum_{i=1}^{4} W_i^*} = \dfrac{3.2011}{5.8037} = 0.5516$$

$$W_2 = 0.2898$$

$$W_3 = 0.1072$$

$$W_4 = 0.0514$$

最大特征值为：$\lambda_{\max} = \sum_{i=1}^{n} \dfrac{(AW)_i}{nW_i} = \dfrac{1}{n}\sum_{i=1}^{n} \dfrac{\sum_{j=1}^{n} a_{ij}w_j}{nw_i} = 4.1724$。

5. 一致性检验

由于判断矩阵是人为的,所以需要进行一致性检验,即评价判断矩阵的可靠性。一致性检验的第一步为计算随机指标 CI,其中 $\lambda_{\max}$ 为最大特征根,n 为计算阶数。

$$CI = \frac{\lambda_{\max} - n}{n - 1}$$

计算一致性比率 CR,其中 RI 为平均随机一致性指标,$CR = \frac{CI}{RI}$,当 CR<0.1 时,一般认为判断矩阵可接受,而当 CR≥0.1 时,则该判断矩阵一般不可接受。

表 8-15 为随机一致性指标 RI 取值。

表 8-15 随机一致性指标 RI 取值

n	1	2	3	4	5	6	7	8	9
RI	0.00	0.00	0.58	0.90	1.12	1.24	1.32	1.41	1.45

评价的判断矩阵:

$$CI = \frac{\lambda_{\max} - n}{n - 1} = \frac{4.1724 - 4}{4 - 1} = 0.0575$$

$$CR = \frac{CI}{RI} = \frac{0.0575}{0.90} = 0.0639 < 0.1$$

则认为此判断矩阵具有满意的一致性。

同理,再根据表 8-16 中的数据分别计算每一准则层指标下方案层中各具体方案的权重和一致性比率。

表 8-16 各具体方案的权重和一致性比率

及时性	铁路	公路	水路	权重 W_i
铁路	1	1/7	3	0.1488
公路	7	1	9	0.7854
水路	1/3	1/9	1	0.0658
经济性	铁路	公路	水路	权重 W_i
铁路	1	5	3	0.2790
公路	1/5	1	1/7	0.0719
水路	1/3	7	1	0.6491
便利性	铁路	公路	水路	权重 W_i
铁路	1	1/5	3	0.1884
公路	5	1	7	0.7306
水路	1/3	1/7	1	0.0810
安全性	铁路	公路	水路	权重 W_i
铁路	1	1/3	3	0.2583
公路	3	1	5	0.6370
水路	1/3	1/5	1	0.1047

P_1 代表铁路运输方案,P_2 代表公路运输方案,P_3 代表水路运输方案,按照上述一系列数据

的排序比较得出最优方案,哪种运输方式的权重最大,则应选择以该种运输方式为主。

指标权重矩阵为:
$$W = [W_1 \quad W_2 \quad W_3 \quad W_4] = [0.5516 \quad 0.2898 \quad 0.1072 \quad 0.0514]$$

铁路、水路、公路运输方式各项指标的权重矩阵记为:
$$W_铁 = [0.1488 \quad 0.2790 \quad 0.1884 \quad 0.2853]^T$$
$$W_水 = [0.0658 \quad 0.6491 \quad 0.0810 \quad 0.1047]^T$$
$$W_公 = [0.7854 \quad 0.0719 \quad 0.7306 \quad 0.6370]^T$$

P_1 方案:铁路运输的权重 $= W \cdot W_铁 = 0.2305$。

P_2 方案:水路运输的权重 $= W \cdot W_水 = 0.3783$。

P_3 方案:公路运输的权重 $= W \cdot W_公 = 0.3912$。

案例思考

如何克服层次分析法判断矩阵取值主观性对评价结果的不利影响?

参 考 文 献

[1] 李浩,刘桂云. 物流系统规划与设计 [M]. 3版. 杭州：浙江大学出版社，2022.
[2] 潘文安. 物流园区规划与设计 [M]. 北京：中国物资出版社，2005.
[3] 周凌云,赵钢. 物流中心规划与设计 [M]. 2版. 北京：清华大学出版社，2014.
[4] 鞠颂东. 物流网络：物流资源的整合与共享 [M]. 北京：社会科学文献出版社，2008.
[5] 何明珂. 物流系统论 [M]. 北京：高等教育出版社，2004.
[6] 董千里. 高级物流学 [M]. 北京：人民交通出版社，2006.
[7] 毛海军. 物流系统规划与设计 [M]. 2版. 南京：东南大学出版社，2017.
[8] 张丽,郝勇. 物流系统规划与设计 [M]. 3版. 北京：清华大学出版社，2019.
[9] 王健. 现代物流网络系统的构建 [M]. 北京：科学出版社，2005.
[10] 汤普金斯,怀特,布泽,等. 设施规划：原书第3版 [M]. 伊俊敏,袁海波,等译. 北京：机械工业出版社，2008.
[11] 蔡临宁. 物流系统规划：建模及实例分析 [M]. 北京：机械工业出版社，2014.
[12] 董维忠. 物流系统规划与设计 [M]. 2版. 北京：电子工业出版社，2011.
[13] 冯耕中. 现代物流规划理论与实践 [M]. 北京：清华大学出版社，2005.
[14] 沈志云,邓学钧. 交通运输工程学 [M]. 北京：人民交通出版社，2003.
[15] 谢如鹤. 物流系统分析与规划 [M]. 北京：高等教育出版社，2015.
[16] 刘联辉,罗俊. 物流系统规划及其分析设计 [M]. 2版. 北京：中国财富出版社，2017.
[17] 刘刚,刘建香,李淑霞. 物流系统规划与设计 [M]. 2版. 北京：科学出版社，2017.
[18] 汪应洛. 系统工程 [M]. 4版. 北京：机械工业出版社，2011.
[19] 《运筹学》教材编写组. 运筹学 [M]. 4版. 北京：清华大学出版社，2012.
[20] 马士华,李华焰,林勇. 平衡记分法在供应链绩效评价中的应用研究 [J]. 工业工程与管理，2002(4).
[21] 邵正宇,周兴建. 物流系统规划与设计 [M]. 2版. 北京：清华大学出版社，2014.
[22] 吴兆麟. 综合交通运输规划 [M]. 北京：清华大学出版社，2009.
[23] 郝海,熊德国. 物流运筹学 [M]. 2版. 北京：北京大学出版社，2017.
[24] 王长琼,袁晓丽. 物流运输组织与管理 [M]. 2版. 武汉：华中科技大学出版社，2017.